佰利联钛白
美化新生活
钛白粉产能20万吨
2008、2009、2010年出口量名列前茅
钛白粉产品系列
BLR-601
BLR-699
BLR-631
BLR-688
锆产品系列
氧化锆磨介
锆结构件
佰利联 BILLIONS
河南佰利联化学股份有限公司
地址：河南省焦作市中站区
国内销售部
电话：0391-3126553
传真：0391-3126818
进出口部
电话：0391-3126903
传真：0391-3126275
E-mail:sales@billionschem.com
Http://www.billionschem.com

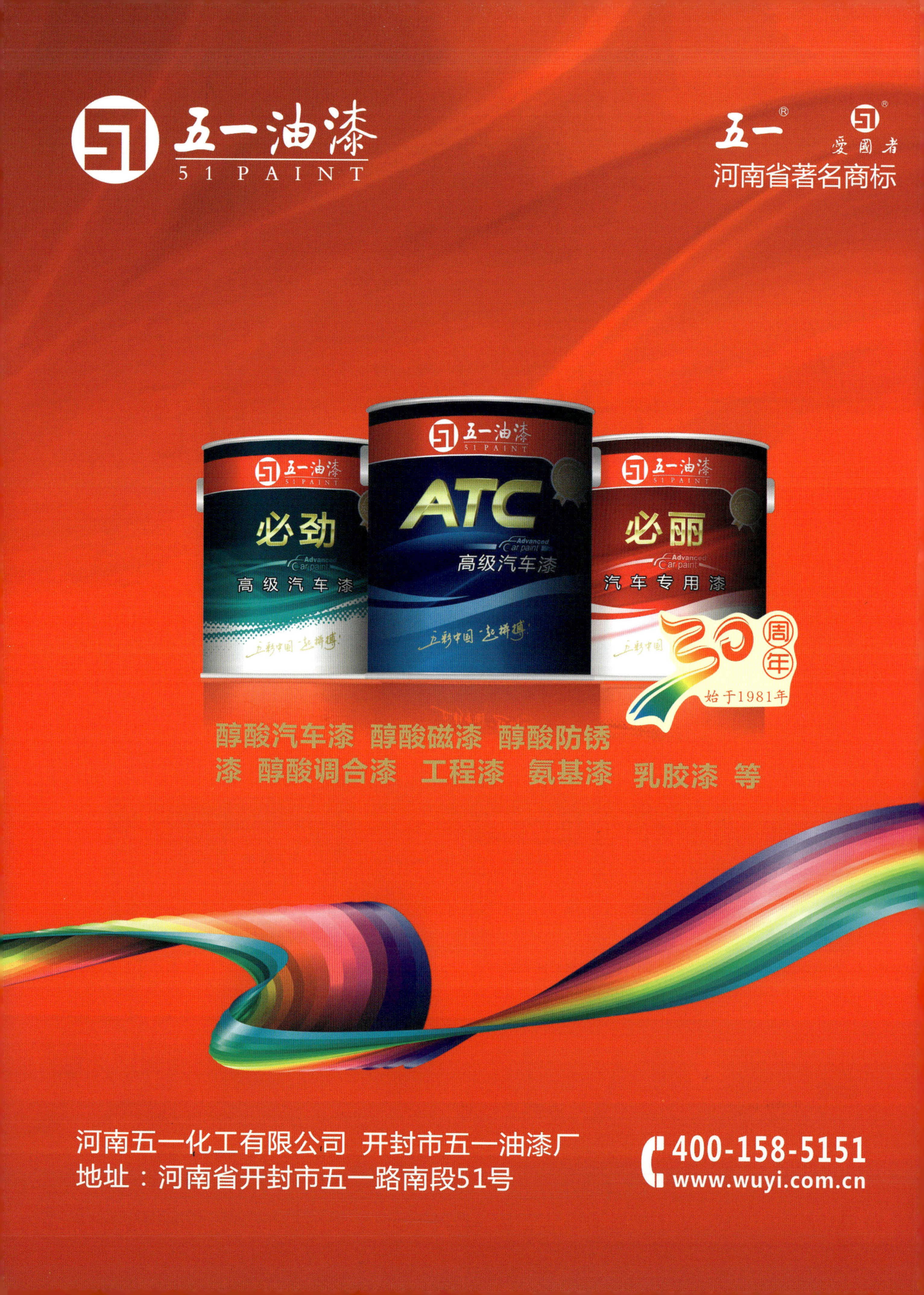
五一油漆
51 PAINT
五一®
爱国者
河南省著名商标
五一油漆
必劲
高级汽车漆
ATC
高级汽车漆
必丽
汽车专用漆
30周年
始于1981年
醇酸汽车漆 醇酸磁漆 醇酸防锈漆 醇酸调合漆 工程漆 氨基漆 乳胶漆 等
河南五一化工有限公司 开封市五一油漆厂
地址：河南省开封市五一路南段51号
400-158-5151
www.wuyi.com.cn

灯塔牌
BEACON BRAND
中国驰名商标
灯塔涂料
BEACON COATINGS
航空航天漆系列
汽车漆系列
电泳漆系列
船舶漆系列
重防腐漆系列
石油管道漆系列
桥梁防腐漆系列
地坪漆系列
有机硅漆系列
水性工业漆系列
薄型钢结构防火涂料
建筑内外墙涂料
家居装饰漆
中华老字号
China Time-honored Brand
津门老字号
Tianjin Time-honored Brand
天津灯塔涂料工业发展有限公司
TIANJIN BEACON COATINGS INDUSTRY DEVELOPMENT CO.,LTD
咨询电话：022-26340236
免费咨询电话：800-818-1896

中国涂料工业年鉴 2010

CHINA PAINT AND COATINGS INDUSTRY ANNUAL

中国涂料工业协会　全国涂料工业信息中心　编

化学工业出版社

·北京·

《中国涂料工业年鉴 2010》客观、全面地记录了中国涂料工业 2010 年所取得的辉煌成绩。年鉴从总结“十一五”期间涂料工业发展的成绩出发，介绍了 2010 年中国涂料各细分市场及相关领域的市场发展、法律法规建设等情况，并简要回顾了世界涂料工业概况。

全书每一部分内容都来自于相关领域的专家，对于从事涂料行业的管理人员、政策制定者有很好的参考价值。

图书在版编目（CIP）数据

中国涂料工业年鉴．2010/中国涂料工业协会．全国涂料工业信息中心．—北京：化学工业出版社，2011.7

ISBN 978-7-122-11632-1

Ⅰ．中… Ⅱ．①中…②全… Ⅲ．涂料工业-中国-2010-年鉴 Ⅳ．F426.7-54

中国版本图书馆 CIP 数据核字（2011）第 121920 号

责任编辑：仇志刚　　装帧设计：张　辉

责任校对：周梦华

出版发行：化学工业出版社（北京市东城区青年湖南街 13 号　邮政编码 100011）

印　　刷：北京永鑫印刷有限责任公司

装　　订：三河市万龙印装有限公司

880mm×1230mm　1/16　印张 15　字数 463 千字　　2011 年 8 月北京第 1 版第 1 次印刷

购书咨询：010-64518888（传真：010-64519686）　售后服务：010-64518899

网　　址：http://www.cip.com.cn

凡购买本书，如有缺损质量问题，本社销售中心负责调换。

定　　价：160.00 元

京化广临字 2011—26 号

《中国涂料工业年鉴 2010》

编委会名单

《中国涂料工业年鉴 2010》编辑部名单

前言

《中国涂料工业年鉴》是由中国涂料工业协会、全国涂料工业信息中心联合编撰的一本唯一逐年辑录中国涂料工业发展的权威性文献，是了解和介绍我国涂料工业现状与发展的史实性工具书。

《中国涂料工业年鉴 2010》回顾了我国涂料工业在“十一五”期间所取得的辉煌成就，主要反映了在“十一五”的最后一年——2010 年中国涂料工业的经济运行状况及发展，近年来国内部分地域的涂料工业运行现状及发展趋势以及国外部分区域涂料市场状况；总结了我国主要涂料领域、树脂及颜料、涂料用装备及相关行业的市场现状、新进展及今后的发展趋势、相关标准制定、成果及专利；记录了 2010 年我国涂料行业经历的重要事件，收集了涂料和颜料行业统计数据等。

(1) 2010 年正值“十一五”的最后一年，本书回顾了中国涂料工业“十一五”期间在产业政策、科技创新等方面所取得的辉煌成就及走过的路程。

(2) 根据国家统计局涂料企业 2010 年 12 月份月报的统计数据，对 2010 年国内涂料行业规模以上企业经济运行情况进行了全面分析，并对相关下游产业家具行业的发展进行了简介。

(3) 阐述了我国建筑涂料、汽车涂料、道路交通标线涂料、船舶涂料、集装箱涂料、地坪涂料、风电涂料、光固化涂料、粉末涂料（由于粉末涂料 2010 年数据出版时未完全统计出来，此节收录的是 2009 年报告）等主要涂料领域的市场状况、技术新进展及发展趋势，为了解我国涂料行业各领域的发展提供了有价值的参考。

(4) 阐述了我国新型涂料用合成树脂的发展，分析了我国主要无机颜料及涂料装备运行状况与发展趋势。

(5) 区域涂料工业的发展反映了中国涂料工业的面貌，本章辑录了具有代表性的广东省、浙江省、宁波市 2010 年及“十一五”期间涂料工业的发展状况。

(6) 对 2010 年涂料和颜料标准的制定情况进行了详细介绍，重点介绍了强制性国家标准 GB18581 与现行标准的主要差异、国家科技部社会公益研究项目——《建筑涂料质量安全标准体系的研究》的制定情况。可供参考。

(7) 收录了 2009 年美国、日本、韩国、印度和澳大利亚涂料市场的状况，为行业提供了了解世界涂料工业发展的窗口。

(8) 汇总了 2010 年中国涂料及相关行业的主要记事，展示了涂料行业的主要成果和发展里程。

(9) 根据 2010 年国家统计局数据，列出了 2010 年全国涂料产量统计（分省市），涂料、颜料制造业工业产值，2009 年 1～11 月涂料行业经济指标统计（分地区），涂料及颜料进出口统计，以及世界涂料制造企业排名等。并首次列出了当年中国涂料产量及主营业务排行榜，为读者提供了了解行业概况的依据。

(10) 汇总了 2010 年涂料和颜料部分科技成果及专利公开情况。

《中国涂料工业年鉴 2010》的编撰完成得到了业内专家和相关企业的大力支持，并首次由化学工业出版社公开出版。在此对所有关心和帮助年鉴出版的各界人士谨表由衷的感谢！编撰中难免有不足之处，请不吝指正！

《中国涂料工业年鉴》编辑部

2011 年 7 月

目　录 CONTENTS

《中国涂料工业年鉴 2010》

目　录 CONTENTS

《中国涂料工业年鉴 2010》

2010

第一章

回眸“十一五”

回眸“十一五”：涂料这五年

中国涂料工业协会　樊　森

前进的脚步已迈进“十二五”。回眸“十一五”，我们心潮澎湃，我们感慨万千；我们披荆斩棘，我们拼搏奋进；我们喜获丰收，我们铸就辉煌……历尽了千难万阻，领略了惊心动魄，也感受了跌宕起伏，有悲，有喜，有遗憾，有欣慰，可谓是一言难尽……

同样，“十一五”是中国涂料工业不同寻常的五年，是处于战略转型期的五年，是超常规发展的五年，也是铸就辉煌的五年——生产总量节节攀升，经济运行质量稳步提高，销售收入和利润增长递加，行业结构和产品结构进一步优化，法规标准体系进一步完善，自主创新体系建设初见成效，环保、低碳、节能减排不断推进，可持续发展进一步体现……特别是，我国成为了全球第一大涂料生产和消费国。其中，有许多值得我们去记录，去回味，去思考。回眸“十一五”，将从一组数据和一些事件切入，再从不同视角、不同层面来反映我国涂料行业“这五年”发生的翻天覆地的变化，以更好地布局“十二五”……

生产总量：

2006 年，507.84 万吨；2007 年，597.28 万吨；2008 年，638 万吨；2009 年，755.44 万吨；2010 年，966.63 万吨。

现价工业总产值：

2006 年，991.16 亿元；2007 年，1320 亿元；2008 年，1550.83 亿元；2009 年，1835.91 亿元；2010 年，2324.59 亿元。

现价销售产值：

2006 年，963.16 亿元（产品销售收入）；2007 年，1281 亿元；2008 年，1520.15 亿元；2009 年，1791.28 亿元；2010 年，2282.52 亿元。

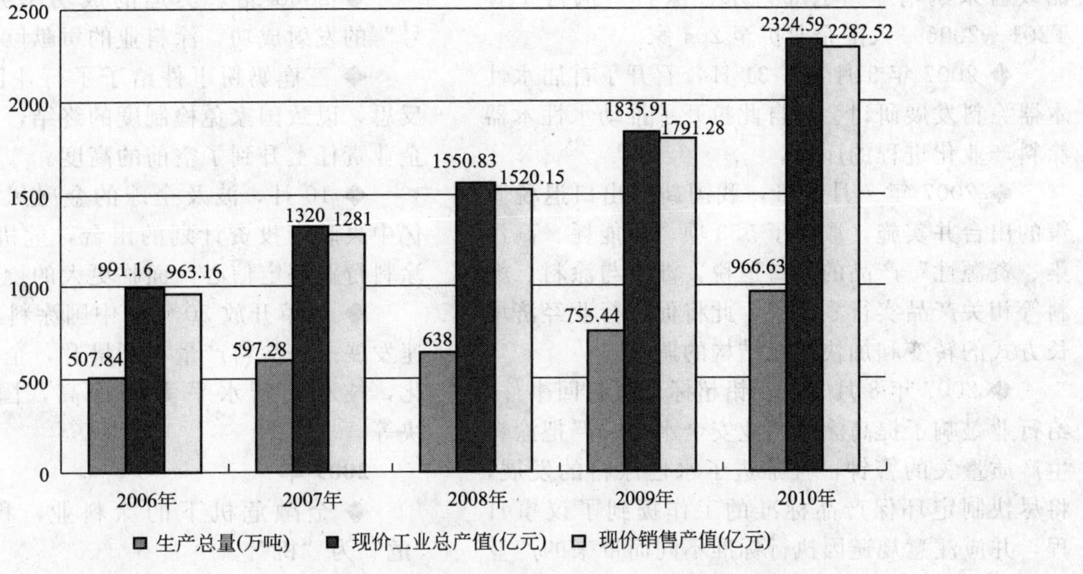

表 1　“十一五”（2006～2010 年）涂料行业主要指标变化趋势图

“十一五”事件回放（2006～2010年）（节录）

2006年

◆涂料行业“十一五”发展规划思路出台。

◆提出涂料、颜料行业“十一五”名牌战略规划。

◆中国涂料工业协会首次发布行业协会规范CNCIA-HG/T0001—2006《石油贮罐导静电防腐蚀涂料涂装与验收规范》。

◆2006年6月第一个“中国涂料之乡”在顺德诞生。

◆2006年7月，美国威士伯公司以巨额并购华润，昭示涂料行业资本重组和结构调整步伐加快。

◆2006年11月，中国涂料行业“十一五”科技创新发展纲要正式发布。

◆2006年11月，“中国涂料行业行为准则”正式发布。

◆中国涂料工业协会职业技能培训工作全面启动，并于2006年12月14日进行了首批职业技能培训鉴定。

◆《中国涂料》创刊20周年。

2007年

◆2007年1月1日起，进口高钛渣被列入中国海关进口商品税则号38249090项下，并且2007年税率暂定为“0”。

◆2007年3月14日，第二批“环境标志产品政府采购清单”公布，水性涂料（执行HJ/T201—2005）入围企业扩至204家。

◆2007年5月29～31日，召开了首届水性木器涂料发展研讨会，自此拉开了推动水性木器涂料产业化进程的序幕。

◆2007年7月1日，我国新的出口退税政策的出台并实施，取消了553项“高能耗、高污染、资源性”产品的出口退税，涉及与涂料、颜料等相关产品实行零退税，此将促进行业经济增长方式的转变和加快产业结构的调整。

◆2007年8月2日，铅超标玩具召回事件，给行业敲响了提高涂料工业安全水平、严把涂料生产质量关的警钟，且推进了水性涂料的发展，将尽快制定环保产品标准的工作提到了议事日程，并应注意规避因执行标准不同而带来的产业损害。

◆2007年8月27日，中国涂料工业协会第六届理事会及常务理事会产生。

◆2007年11月16日，中国涂料协会第二届专家委员会成立，为涂料行业搭建了积极的沟通交流平台，建立了良好的社会资源及人才资源。

◆“GB 18582《室内装饰装修材料内墙涂料中有害物质限量》”的修订。

◆《高污染、高环境风险产品名录》编制工作实施。

2008年

◆涂料、颜料行业污染源产排污系数核算子课题胜利完成。

◆2008年5月12日，汶川大地震，情系灾区，抗震救灾，重建家园，涂料人积极参与其中。

◆2008年5月，涂料行业全面推进信用等级评价工作。

◆2008年6月1日涂料行业欧盟REACH法规化学物质预注册工作启动，涂料、颜料企业积极主动参与应对。

◆中国涂料工业协会完成2008年“双高”产品目录的编制工作。

◆《产业结构调整指导目录》（2008年版）（征求意见稿）发布。

◆2008北京奥运的成功举办与“神舟七号”的发射成功，涂料业的贡献巨大。

◆三鹿奶粉事件给予了行业巨大的警示和反思，以致国家免检制度的终结，再次把质量及企业责任上升到了空前的高度。

◆10月，波及全球的金融风暴来袭，4万亿中央政府投资计划的出台，危机和机遇并存，涂料行业坚定信心，面临更大的挑战。

◆改革开放30年，中国涂料工业实现了快速发展——涂料产量不断攀升，企业体制改革深化，技术创新水平大幅提高，国际化进程加快等。

2009年

◆金融危机下的涂料业，积极应对，化“危”为“机”。

◆新中国成立60年，是涂料业取得辉煌成

就的60年。

◆2009年2月22日，中国涂料业最大的一起民族品牌间的并购案尘埃落定——民营企业富思特并购老国有企业红狮新闻发布会召开。

◆2009年4月1日，行业巨头陶氏化学完成了对罗门哈斯的收购。

◆2009年10月20日，《石油和化工产业结构调整指导意见》出炉，加快了涂料行业产业结构调整步伐。

◆2009年10月，继喷涂聚脲弹性体成功应用于京津高速铁路防水工程建设之后，聚脲技术的应用在中国也达到了前所未有的高潮。

◆2009年11月，随着聚焦低碳经济的哥本哈根会议的召开，为涂料业提出了新的课题。

◆风电涂料迎来空前发展期。

◆搬迁与产业园区建设加快产业升级步伐。

◆2009年11月18日，三棵树一举拿下新闻联播标版等4个黄金标段，赢得“中国建材行业第一标”的称号，把涂料行业产品及形象宣传推向了新的高度。

◆涂料行业开展“十二五”重大关键技术战略研究。

◆2009年，鉴于环境经济政策制定和实施过程中的新情况、新要求以及国际经济形势的变化，环境保护部将制定“双高”名录调整成为制定环境经济政策配套综合名录。

◆《涂料工业》创刊50周年。

◆GB6944《危险货物分类和品名编号》和GB12268《危险货物品名表》修订。

2010年

◆我国涂料行业恢复性增长凸显，经济平稳中速增长。到11月份，产量累计达到871.19万t，同比增长23.9%；工业总产值达2 074.27亿元，同比增长24.6%。

◆《中国涂料行业“十二五”规划》编写完成。

◆2010年3月，涂料行业结构调整意见出炉。

◆2010年3月，中国涂料行业“十二五”重点发展方向提出。

◆2010年3月，2010中国国际涂料博览会彰显中国涂料工业的不凡魅力。

◆涂料行业园区化建设迈出实质性一步——2010年1月26日，中国涂料沈阳示范产业园揭牌；3月24日，首批5家企业签约入驻。

◆2010年9月，限制溶剂型木器涂料、促进水性木器涂料推广的政策性建议正式提出。

◆2010年6月，第六届IPPIC防污涂料工作组会议促进中国防污涂料业的发展。

◆涂料，让2010上海世博会更精彩。

◆2010年10月，涂料行业获得2010年度中国石油和化学工业联合会多项科学技术奖。

◆2010年10月，亚洲涂料工业会议（第14届）再次在中国召开。

◆2010年10月，涂料行业首次举行全国性职业技能大赛。

◆2010年10月，首批涂料工程卓越工程师人才培养基地诞生。

◆2010年11月，涂料行业5家企业产品入选首批石化行业知名品牌。

◆水性涂料取得道路运输豁免资格并将执行。

◆中国涂料工业协会积极申请推动将“涂料”列入“建材下乡”名录。

◆《钛白粉行业准入条件》完成报批。

◆截止到2010年，已有21家涂料企业获得信用评价A级以上等级。

我国涂料工业“十一五”期间产业政策回顾

中国涂料工业协会　杨渊德

“十一五”期间，是我国涂料工业发展史上极不平凡的五年。面对国际国内经济环境的复杂变化和多种风险的严峻挑战，我国涂料行业和企业有效应对、逆水行舟，综合实力大幅提升，经营结构不断改善，抗风险能力明显增强，国际地位和市场影响力显著提高，保持了平稳较快发展。回首这五年，我们可以用“波澜壮阔，史无前例”来形容涂料工业发展神秘莫测的环境。因为，没有哪个五年，会遭遇如此严重的国际金融危机的冲击和原材料的飙涨狂跌；没有哪个五年，奥运、世博、亚运三大国际盛会在一个国家接连上演；也没有哪个五年，地震、冰冻、泥石流、干旱、洪涝等严重自然灾害在神州大地频繁发生；更没有哪个五年，中国油品市场会有如此快速、巨量的增长。

1　我国涂料工业“十一五”发展概述

“十一五”期间，我国涂料工业在发展中求优化，产业和布局结构调整步伐较快，经济增长方式有所转变，化工新材料、涂料新产品发展提速，园区化、基地化的生产格局基本形成，自主创新能力进一步增强，涂料生产、检测、施工国产化装备取得突破。在涂料行业发展的不确定因素增加的背景下，仍然取得较好的效果。“十一五”期间，我国涂料产品市场活跃，装置高负荷运行，企业效益较好，涂料总产量由 2006 年的 508 万吨增加到 2010 年的 966.6 万吨，总体增长率为 90.28%；涂料总产值由 2002 年的 991 亿元增加到 2010 年的 2 324.6 亿元，总体增长率为 134.58%；涂料产销率每年均高于 97%。涂料总产值的总体增长率远高于总产量，说明涂料行业在“十一五”期间，新产品和高附加值产品比重加大，产品结构逐步趋于合理。

“十一五”期间，是我国涂料行业实施全面提升的重要时期，在产量、产值快速增长的同时，政策法规、科技标准、质量品牌、环保安全等方面的工作不断完善，取得了可喜的成绩。涂料行业政策法规及标准的制定，突出了“十一五”期间的主旋律，突出了“社会责任关怀”和“以人为本”的时代理念，突出了节能环保的规划导向，突出了品牌建设和战略转型的途径和方法，对涂料行业的技术进步和完善管理起到了积极的推动作用，为涂料行业未来产业政策的发展指明了方向。而且，随着政策执法力度的逐步加强，创造了公平的竞争环境，进一步提升了行业的整体竞争能力，从而带动了整个行业的品牌建设、文化建设、人才建设和科技创新体系的建设，使我国在“十一五”期间产量和产值超过美国，高居世界第一位。

涂料行业和企业的发展离不开政策法规的引导和支持。政策环境的好坏，直接决定了企业的效益和行业发展的方向，没有政策的保障，国家经济不会每年以接近两位数的增长率发展，作为配套材料的涂料行业也不会健康持续发展。大到产业结构调整、安全环保法规、行业准入条件，小到某一类产品贸易政策、某一个产品的质量标准，都会决定涂料行业的发展方向和企业的兴衰存亡。下面就我国涂料工业“十一五”期间主要产业政策进行简要的回顾。

2　我国涂料工业“十一五”主要产业政策回顾

随着我国经济快速发展和国力的增强，新兴

工业和产品不断涌现，原有产品和技术不断得到改善和提高，我国的指导性文件《产业结构调整指导目录（2005年本）》已不适合新的经济和社会发展需求，有必要对该指导目录进行修订。

为了提高涂料高端产品自给率和降低"两高一资"涂料产品的比重，积极开发涂料原材料和新产品，淘汰落后产能，改善涂料产业、产品结构；为了实现涂料企业规模经济，协调国营、外资、民企的经营方式，提高涂料产业集中度，鼓励企业兼并重组和采用园区化、上下游一体化的发展模式，改善企业组织结构，发展民族品牌；为了促进区域协调发展，鼓励资源性产品有效转移和资源本身的完整利用，优化涂料产业布局；为了提升节能环保和安全生产水平，大力支持自主创新和传统产业改造，提高行业的整体素质和市场竞争力。同时，为了明确哪些产品、工艺和设备需要鼓励发展，哪些需要规范发展，哪些需要控制发展，哪些需要予以淘汰。根据国务院产业结构调整和十大产业振兴规划的要求，在国家发改委、国家工信部和石化联合会的支持和指导下，中国涂料工业协会制定了"涂料行业产业振兴支撑技术"，向国家发改委提出了"涂料行业产业结构调整升级立项申报"意见，修订了《石油和化工行业产业结构调整指导目录（2005年本）》（涂料类），制定了《涂料行业结构调整指导意见》。

2.1 《涂料和无机颜料行业振兴支撑技术》的制定

2008～2009年，国务院制定了十大产业振兴规划，由石化联合会和十多个相关专业协会联合制定的《石油和化工产业振兴规划》是其中之一，细则中包含"石油和化工产业振兴支撑技术指导意见"。该指导意见是为了全面推进《石化产业调整和振兴规划》的实施，认真落实国务院《关于发挥科技支撑作用，促进经济平稳较快发展的意见》（国发［2009］9号），充分发挥科学技术在产业结构调整中的引领和支撑作用。而涂料行业制定的《涂料和无机颜料行业振兴支撑技术》是该指导意见的一部分。《涂料和无机颜料行业振兴支撑技术》主要论述了"高性能、绿色、环保涂料制备的关键技术"。要求重点以水性化和粉末化为代表的环境友好型涂料技术的开发，以高固体分和无溶剂化涂料为发展方向的工业防腐涂料的开发，以高耐候性、高防腐性为代表的并在建筑、桥梁、航空、汽车、船舶等领域应用的高性能涂料技术的开发，以功能性为代表的特种涂料的开发，以自动化、环保安全和节能减排为目标的涂料生产技术和装备技术的开发。要求在"十二五"末，开发新品种10个以上，水性涂料、粉末涂料、无溶剂型涂料和高固体分涂料占涂料总产量的65%（2009年底约占48.3%，2010年暂无统计），各种涂料挥发性有机化合物（VOC）含量降低30%。

在《涂料和无机颜料行业振兴支撑技术》中，重点推荐了4个"先进、适用、成熟技术"的产品，即水性木器涂料、以功能性涂料为饰面的外墙外保温技术、硫酸法钛白粉清洁生产集成技术和氧化铁颜料生物法氨氮废水处理技术。推荐了2个"需要攻关解决的重大关键共性技术"，即水性船舶涂料和水性汽车涂料。

2008～2009年，国家发改委和工信部要求行业协会申报产业结构调整升级项目，涂料行业申报的项目如表1所示（仅供参考）。

涂料企业在2009年、2010年申报，以及在2011年仍可申报的"产业振兴与技术改造专项资金重点安排"的项目就来源于此次立项。水性木器涂料和高功能水性防腐涂料获得立项批准。

2.2 《石油和化工行业产业结构调整指导目录》（涂料类）的制定与修订

2008～2010年，《石油和化工行业产业结构调整指导目录（2005年本）》（涂料类）经过行业专家和相关企业多次商讨修改，最终形成了该指导目录的修订版。

修订后涂料行业鼓励类产品为"水性木器、工业、船舶涂料，高固体分、无溶剂、辐射固化、功能性外墙外保温涂料等环境友好、资源节约型涂料生产"；以及"单线产能3万吨/年及以上并以二氧化钛含量不小于90%的富钛料（人造金红石、天然金红石、高钛渣）为原料的氯化法钛白粉生产"。涂料行业限制类产品为"新建硫酸法钛白粉、铅铬黄、1万吨/年以下的氧化铁系颜料、3万吨/年以下的溶剂型涂料（不包含鼓励类的涂料品种和生产工艺）、含异氰脲酸三缩水甘油酯（TGIC）的粉末涂料装置"。涂料行业淘汰类的落后生产工艺装备为"用火直接加热的涂料用树脂、四氯化碳溶剂法制取氯化橡胶的生产工艺"；淘汰类的落后产品为"改性淀粉、改性纤维、多彩内墙（树脂以硝化纤维素为主，溶剂以二甲苯为主的O/W型涂料）、氯乙烯-聚氯乙烯共聚乳液外墙、焦油型聚氨酯防水、水性

表 1 涂料行业申报的项目

项目名称	项目规模/万吨	投资额度	申报理由
水性木器涂料	3	8000 万元	a. 木器涂料 70 万吨/年，90%以上是溶剂型，溶剂含量 50%以上，消耗资源，排放后污染环境； b. 木器涂料常使用于人们家居，在室内涂刷，危害人体健康； c. 水性木器涂料以水为溶剂，性能不低于溶剂型涂料，节约石油资源，保护环境和人体健康
高功能水性防腐涂料	5	1.5 亿元	a. 环保、健康，以水为资源，减少 VOC，从而减少对人及环境的危害； b. 高性能防腐涂料的应用，延长对被保护体的使用寿命，减少重涂，增加保护体的使用价值，节省钢铁等资源； c. 若防腐涂料的水性化、高功能化得以规模化，中国防腐涂料产业将迈上一大台阶，达到世界领先水平
以功能性涂料为饰面的外墙外保温技术	3	3000 万元	a. 建筑能耗占总能耗的 30%，每年新建约 20 亿平方米的建筑，此技术是最有效的节能方法； b. 保温隔热层可有效地防止热辐射和热交换，做到冬暖夏凉； c. 外墙外保温技术配以功能性涂料为饰面，可通过暖气、空调等节能 20%～30%
硫酸法钛白粉连续酸解生产工艺	3	3500 万元	a. 清洁生产，减少 SO_2 排放； b. 钛白粉品质改善，可以替代进口； c. 提高设备效率，节约动力消耗
氧化铁颜料生物法氨氮废水处理技术	废水量 6450t/d	1300 万元	a. 生物法较其他脱氮技术具有工艺简单、成本低廉、较易推广、氨氮去除效果好等特点，治理后污染物指标可达到综合污水排放标准(GB8978—96)一级； b. 可节能降耗，节约用水，污水治理后可回收利用 35%； c. 有利于净化和保护水资源，改善环境质量

聚氯乙烯焦油防水、聚乙烯醇及其缩醛类（106、107 涂料等)、聚醋酸乙烯乳液类（含乙烯/醋酸乙烯共聚乳液）外墙涂料”；以及“有害物质含量超标的内墙、溶剂型木器、玩具、汽车、外墙涂料，含双对氯苯基三氯乙烷、三丁基锡、全氟辛酸及其盐类、全氟辛烷磺酸、红丹等有害物质的涂料，含苯类、苯酚、苯甲醛和二（三）氯甲烷的脱漆剂，立德粉”。

该指导目录预计 2011 年由国家发改委正式颁布实施。相信该指导目录对涂料技术创新的系统化和集成化，对涂料技术的引进吸收和技术改造，推动涂料产业结构升级换代，促进涂料产业振兴和高端产品的发展产生重大影响。

2.3 《涂料行业结构调整指导意见》的制定

2009～2010 年，根据国家工信部和产业振兴规划的要求，在指导目录的基础之上制定了《涂料行业结构调整指导意见》。结构性问题主要体现在“高端产品供应不足，低端产品产能过剩”。涂料行业的结构调整，将通过“增量”调节；对于中小涂料企业来说，则是加快落后产能、产品的淘汰。

该指导意见阐述了涂料行业进行产业结构调整的重大意义，指出了我国涂料行业在快速发展的过程中出现的一些问题，如：一是生产企业多，规模小，经济效益差；二是科研开发投入不足；三是国内企业竞争力不足；四是产品标准制定滞后；五是三废治理没有引起足够重视。

该指导意见指出了涂料行业结构调整的目标、重点和方向。总体目标又分为环保、节能目标和技术创新目标。环保、节能目标是：全面推进涂料水性化，高固体分醇酸涂料份额提高 20%；履行相关国际公约，禁止溶剂法氯化橡胶生产和替代，禁止使用 DDT、TBT 等有机锡防污涂料；全面推动钛白粉、氧化铁颜料清洁生产工艺评价指标体系，促进以高品位（大于 90%）钛原料氯化法钛白粉生产工艺；单位综合能耗下降 20%。技术创新目标是：获得具有自主知识产权重大科技成果 3～5 项；开发高性能涂料，开发特种用途无机颜料；开发国家重点工程用涂料，如大飞机、大船和高铁；申报有价值的中国和外国专利 100 项以上；完善标准体系建设，推行国家、协会、企业标准的配套体系。涂料行业结构调整的重点和方向是：提高准入门槛，限制低端产品无序扩张。重点发展水性涂料、粉末涂料、高固体分涂料、辐射固化涂料等环境友好型产品，以及建筑、汽车、船舶、防腐等领域专用的产品。

加快研发具有特殊用途的无机颜料和国家重点工程用涂料，提升钛白粉和氧化铁产品的深加工能力，大力推进节能减排改造和淘汰落后产能。争取到2015年，氯化法钛白粉产能提高到15%。

该指导意见提出了促进涂料产业结构调整的措施和政策建议。一是加快新产品、新技术的研究。建议国家加大对于基础理论研究的投入，开发核心技术，整合核心要素，建立和形成自主知识产权体系。二是进一步健全标准体系，逐步提高标准水平。建立健全低污染化涂料产品及测试方法标准体系，适时制修订产品性能标准，加大标准宣贯和执行力度，全面了解相关国际标准和法规，密切关注国际标准动向。三是优化产业结构，提升民族企业和品牌的竞争力。重点是促进涂料企业向专业化、集团化、规模化方向发展，引导企业竞争向良性化方向发展，加强涂料行业品牌建设，推进企业的联合、重组、并购，实现优势互补。四是建立健全涂料产品市场准入制度，促进涂料行业向低污染化方向健康发展。加快组织结构调整，引导企业向大型化方向发展，对涉及人体健康和环境安全的产品，建议实施强制性认证，加强环境保护并加大执法力度。五是其他措施和建议。重点是提高涂料生产和检测设备的水平，提高涂料的施工应用水平，加强涂料行业信息工程建设，提高与涂料上下游企业技术合作水平，建立联动机制，改进、完善涂料统计方法，与世界涂料工业保持一致，统一税制，为企业创造公平竞争的环境，充分发挥行业组织在市场准入、标准制定、信息建设以及企业与政府沟通等各个方面的主导作用，切实提高行业质量水平。

3 结 语

“十一五”期间是我国涂料工业高速发展时期，也是我国涂料工业变革的关键时期，它为我国涂料工业在“十二五”期间从大国走向强国、从国内经营走向国际贸易并进一步走向国际化奠定了基础，为全面提升我国涂料工业在国际上的地位做出了巨大贡献，而产业结构调整和关键技术的支撑是实现我国涂料工业从大国走向强国、从国内经营走向国际贸易的关键之所在。

路漫漫其修远兮，吾将上下而求索

——回顾“十一五”涂料行业科技创新之路

中国涂料工业协会专家委员会　刘登良

0 前 言

“十一五”注定将载入我国国民经济发展“五年计划”史册的辉煌的一页。不仅仅是继续改革开放30年快速增长的历史，而且经受了全球金融危机和经济衰退的考验，也是我国经济增长方式和结构调整的转折点。更加重要的是从“十一五”开始，中央正式提出和实施“创新”战略——创新是民族和国家进步的灵魂。所以说“创新”也是这五年媒体上出现频率最高的用词之一。我国涂料行业正是在“十一五”发展成为世界第一涂料生产和消费大国，为走向涂料强国奠定了坚实的基础。

1 中国涂料行业“十一五”科技创新发展纲要

从2005年开始在中国涂料工业协会（以下简称“中涂协”）的领导下，由协会专家委员会具体编写了《中国涂料行业“十一五”科技创新发展纲要》，并于2006年正式公布。其主要内容包括：涂料行业“十一五”科技创新发展目标；“自主创新”研究方向与重点；行业结构调整、技术集成创新及流程创新；涂料和涂装整体解决方案及应用技术创新；企业自主创新体系的建设和人才战略；制度创新及设想。其中，对科技创新发展目标有较为明确的要求：

（1）科技投入　行业科技投入达到产值的1.5%～2%；科技型企业大于3.5%。

（2）研究机构　建成10～15个博士后工作站；成立25个省、市级涂料涂装工程技术中心；成立3～5个国家级涂料涂装工程技术中心。

（3）环保目标　①VOC：建筑内墙涂料VOC＜100g/L，外墙涂料VOC＜200 g/L；溶剂型装饰涂料VOC减低量为100～150 g/L；高固体分醇酸涂料所占份额提高30%。②完成禁止使用DDT、TBT有机锡防污涂料；履行相关国际公约；禁止生产和使用溶剂法氯化橡胶树脂和涂料，推广应用水相法氯化聚烯烃树脂和涂料。③全面推进涂料清洁生产工艺评价指标体系国家标准的实施。④禁止使用红丹等有害重金属颜料。

（4）节能目标　单位综合能耗下降20%；涂料制造业清洁生产评价指标体系标准——10%的企业达到先进指标标准。

（5）创新目标　具有自主知识产权重大成果——国家级奖3～5项；申报中国和外国专利150～200项。

（6）标准化　配合国家标准化管理机制改革，完成10个产品标准；完成5项涂装标准和规范的编写。

以下结合上述的发展目标，回顾行业实施创新战略的得失。

2 “十一五”我国涂料行业创新战略的实施

2.1 科技创新投入大幅增加

国家在“十一五”期间每年增加1 000亿元的科技投入，加上企业配套基金2 000亿元以上，占 GDP 的 1%～1.5%。从企业来看，许多大中型企业争取“高新企业”认证（硬指标要求科技投入大于 3.5%），促进了企业投入积极性。

各地企业充分利用地方政府鼓励科技创新和创建创新平台的优惠政策，争取政府投入。例如，广东省企业建设地、市级涂料涂装工程技术开发中心，配置资金 300 万元以上；升级到省级中心将配套 500 万元以上。各省市均有相应的规定。

相当一批大中型企业抓住搬迁、建新厂的机会，重视和加大对企业创新体系和技术开发中心的投入和建设。其中投入千万元以上已经建成或将建成的企业有：华润广东省涂料涂装工程技术开发中心、中华制漆、中山大桥、展辰涂料、武汉双虎、重庆三峡、南京长江等。在新厂设计、设备和工艺、环保等进行产业升级和技改的投入，从几千万元到几个亿。“十一五”期间涂料行业涌现出一批达到跨国公司水平的现代涂料企业。

跨国公司和外企也是中国涂料行业的重要组成部分。在完成大中华区的战略部署后，他们改变以生产、销售和服务为中心的运营模式，逐步将研发中心向中国转移。投入上千万美元建设研发和服务中心的有十多家。例如，陶氏化学、阿克苏诺贝尔、拜耳、巴斯夫、立邦等。

2.2 企业创新体系和平台建设加速

到 2010 年底，行业已建立并运行的博士后流动站有 10 家，包括：华润、鸿昌、秀珀、中山大桥、嘉宝莉与华南理工、大连振邦、武汉双虎、江苏三木、天津灯塔、海洋化工研究院等；正在申报的有中华制漆等 3 家。初步达到“十一五”的目标。每个站保持 2～4 名博士后工作。经过 5 年运行，逐步积累了博士后流动站的管理经验，走上正轨。

省市级的（含副省级计划单列市）的涂料涂装工程研发中心建成并运行有近 40 家，其中仅广东省就有 7 家。还不包括省经贸委认定的企业创新中心，以及市级中心。西北、西南和东北地区尚较落后，还有发展潜力。创新平台的建立是企业创新的基础，其装备、人才和管理是企业可持续发展的关键。

海洋涂料国家重点实验室于 2010 年初获科技部正式批准，落户海洋化工研究院。这是涂料行业获批的第一家企业国家重点实验室，其运行必将对我国海洋和重防腐涂料行业技术进步起很大推动作用。

随着涂料涂装一体化理念深入，企业对技术服务的重要性和必要性日益重视，尤其是工业涂料部门加强技术服务队伍的培训和规范。中涂协培训中心近 5 年为 10 多家企业培训几百名技术代表。

2.3 创新和研发成果大幅提升

5 年间依托企业创新平台积极争取各级政府科技投入支持，从国家自然科学基金、973 计划、863 计划、国防科工委民口配套项目、新产品试制项目、星火和火炬计划、中小企业创新基金、各级经贸委的工业化试验示范工程及产业化项目等，争取到上千个项目和数亿元经费，仅海化院“十一五”期间就争取到 1.2 亿元。华润、中山大桥、展辰等运作较好的企业每年可争取 300 万～500 万元经费。

5 年间鉴定的成果和申请的专利呈现爆炸式增长。2006～2009 年国家专利局统计的与涂料行业相关的专利数据见表 1。

表 1　2006～2009 年国家专利局统计的与涂料行业相关的专利数

年份	2006	2007	2008	2009
专利数/个	360	1000	1400	1720

此外，承担的项目质量上也在逐步提高。涂料行业开始涉足与应用基础研究相关的基金项目、973 项目及 863 项目。与国家重大装备制造配套的涂料产品和配套材料基本上立足国内配套，例如，大运输机、大客机、风电设备等。

2.4 基本达到环保和节能减排目标

“十一五”科技创新的核心是开发符合法规要求的环境友好型、资源节约型、节能减排型的涂料产品及涂装工艺。

强制性国家标准 GB18582—2001 及 GB18581—2001 标准实施，并分别于 2008 年和 2009 年进行了修订。GB18581 修订前后将 VOC 限量分别由硝基涂料 750 g/L 减少到 720 g/L，醇酸类涂料由 550 g/L 减少到 500 g/L，聚氨酯类面漆光泽（60°）≥80%时，由 600 g/L 减少到 580 g/L，光泽（60°）＜80%时，由 700 g/L 减少到 670 g/L。当然这个标准与欧盟和 EPA 的 420 g/L 标准还有相当距离。目前我国大多数企业可满足要求，符合国情。水性木器涂料近 5 年在中涂协的大力推动下有长足的进步，已连续召开四届。水性乳胶内、外墙涂料的 VOC 限量基本上与欧美的标准接轨。

配合环保部履行蒙特利尔国际公约，禁止四氯化碳氯化橡胶生产工艺的工作取得圆满结果，推动水相法高氯化聚乙烯、水相法氯化橡胶、氯醚树脂等替代品的产业化，以及在涂料行业的推广应用。

为贯彻国际海事组织 IMO 于 2008 年全面禁止使用有机锡船底防污涂料和履行斯德哥尔摩公约禁止使用含 DDT 防污涂料，船舶涂料行业完成了产品升级换代，有的后继工作尚在进行中。

2006～2007 年中涂协配合国家化工生产力促进中心完成了《涂料制造业清洁生产评价指标体系》标准的制定，并由国家发改委作为国家标准颁布实施。其主旨在于节能、减排和节省资源、环保。

3 路漫漫其修远兮，吾将上下而求索

尽管“十一五”期间我国涂料行业取得长足的进步，科技创新能力有所提升，但是与发达国家和跨国公司相比，我们的行业基础相当薄弱。从经济发展的大层面讲千万要记住在相当长的时期内我国仍然是发展中国家，仍处于社会主义市场经济的初级阶段。同时我国又是经济结构复杂、经济发展区域性差别大的国家——既有发达的沿海地区，又有相对落后的中西部；既有向发达国家出口配套的产品（此是与世界接轨的标准要求），又要考虑适合国情的内需产品。这就对产品定位和市场需求提供更多的选项。

整个行业缺失自主创新，尤其是缺乏原始创新能力是不争的事实。无论是创新平台的建设和管理、人才数量和结构，还是资金投入、知识产权保护等与跨国公司相比差距甚大，从长远发展看是影响行业和企业整体竞争力的核心。因此，提升行业的创新能力是“十二五”行业发展的核心。

我国有机颜料工业“十一五”发展回顾

中国染料工业协会　康宝祥　田利明

0 前言

“十一五”期间，中国染料行业面对国内外复杂多变的环境和重大风险挑战，全面贯彻落实科学发展观，推进改革开放，调整产品结构，转变经济增长方式。伴随着中国化学工业蓬勃发展，通过全行业的艰苦努力，“十一五”期间我国染颜料行业保持了经济平稳较快发展良好态势。全行业生产、销售和进出口情况都保持了良性发展的趋势，主要经济指标实现全面增长。5年来，整个行业的生产销售和进出口情况，从“十五”期间的全面快速发展，过渡为“十一五”期间的平稳持续增长。由原来的注重产品数量、经济规模的增长，发展为注重品质、品牌的提升。特别是经历金融危机的洗礼后，行业的发展更趋于重科学性、理性化。“十一五”期间有机颜料工业的良性发展，为我国有机颜料工业的长远可持续发展奠定了重要基础。“十一五”期间，随着国内外印刷、涂料、塑料、纤维等相关行业的快速增长，大大促进了我国有机颜料工业的发展。通过全行业的共同努力，有机颜料工业产量年平均增长5.18%；出口量年平均增长2.62%；出口创汇年平均增长13.31%。出口创汇增长远高于出口量的增长，说明我国有机颜料的制造水平、产品品质、销售单价都有了明显的提高。

1 “十一五”期间我国有机颜料工业生产经营情况

“十一五”期间，我国染料行业产量保持在70万～80万吨左右，约占世界总量的70%；近几年染料的出口量保持在23万～28万吨左右，占染料总产量的40%；我国每年从国外进口染料在5万～8万吨，占染料总产量的10%左右；“十一五”期间，我国有机颜料产量保持在18万～22万吨左右水平，约占世界总量的40%左右。“十一五”期间全行业各项指标完成情况见表1。

“十一五”期间，我国有机颜料生产保持了较高的增长速度，到“十一五”末年总产量已经超过22万吨。江苏北美颜料化学有限公司、浙江杭州百合花集团化工有限公司、富林特化学品（中国）公司、河北美利达颜料有限公司、山东龙口太行化学有限公司、上海捷虹颜料化工有限公司、上海泗联实业总公司等主要有机颜料生产企业都出现了大幅度增长，到“十一五”末有机颜料产量超过万吨的企业达到7个。高性能有机颜料的比重在逐年增加。有机颜料重点生产企业生产情况详见表2。

表1　2006～2010年全国染料、有机颜料产量

产品类别	产量/万吨					平均增长/%
	2006年	2007年	2008年	2009年	2010年	
染料产量	69.9	75.4	67.8	71.9	75.6	1.98
有机颜料产量	18.3	20.0	18.5	18.2	22.4	5.18

表 2　2006～2010 年有机颜料为主产品重点企业产量统计

企业名称	产量/t					平均增长/%
	2006 年	2007 年	2008 年	2009 年	2010 年	
江苏北美颜料化学	22000	31500	31826	30996	36272	13.31
浙江杭州百合集团	14097	17004	17723	20527	22109	11.91
富林特化学品（中国）	13081	17392	15642	13293	15201	3.83
河北美利达颜料公司	9383	10205	9049	9560	10710	3.36
山东龙口太行化学	7000	7500	10000	9800	10500	10.67
上海捷虹颜料化工	6152	13352	11840	18360	19265	33.03
江苏双乐化工颜料	5130	7921	7927	8361	10301	19.04
上海泗联实业总公司	5035	8810	8869	8869	9170	16.17

2　“十一五”期间各类染料及有机颜料出口情况统计

在各类染颜料出口统计中，分散染料、还原染料、活性染料的出口都保持了 4%以上的年平均增长速度。其中活性染料的年增长速度接近 7%，是所有品种染料中增长速度最快的。染料、有机颜料的出口量都保持了 2%以上的发展速度；出口创汇除其他类染料外全部保持了正增长，活性染料的创汇年增长速度接近 16.7%，是所有品种染料增长速度最快的。出口创汇的增长明显高于出口量的增长。详细情况见表 3、表 4。

2.1　“十一五”期间有机颜料主要出口省市统计

“十一五”期间，我国有机颜料出口的省市保持在 26～29 个。其中浙江、江苏、上海是我国主要出口省市，连续保持在前 3 位，都保持了较高的发展速度。且出口创汇增长速度明显高于出口量的增长。“十一五”期间，我国主要有机颜料出口省市依次为浙江、江苏、上海、广东、山东、天津。浙江省的增长速度最快，2008 年以后已经超过江苏，列各省出口首位，“十一五”期间的出口量、出口创汇年平均增长速度分别达到 12%、22%（在有机颜料的出口统计中含涂料印花浆和色母料等颜料制品）。“十一五”期间有机颜料出口前 6 位的省市详细统计情况见表 5、表 6。

2.2　“十一五”期间有机颜料主要出口国家和地区

“十一五”期间，我国有机颜料出口国家和地区保持在 111～124 个，数量基本保持稳定。主要出口国家和地区是美国、德国。有颜料出口前 10 位的国家中，荷兰的增长速度最快，出口量、出口创汇分别为 24%、32%。到“十一五”末已经位居第 2 位。详细情况见表 7、表 8。

表 3　2006～2010 年全国有机颜料出口数量

产品类别	出口数量/t					平均增长/%
	2006 年	2007 年	2008 年	2009 年	2010 年	
有机颜料合计	138617.7	161872.4	152086.5	120302.6	153749.2	2.62

注：在有机颜料的出口总量中含涂料印花浆和色母料等颜料制品。

表 4　2006～2010 年全国有机颜料出口创汇统计

产品类别	创汇金额/万美元					平均增长/%
	2006 年	2007 年	2008 年	2009 年	2010 年	
有机颜料合计	62038.01	82767.69	94597.20	71910.51	102275.46	13.31

注：在有机颜料的出口创汇总额中含涂料印花浆和色母料等颜料制品。

表 5　2006～2010 年主要省市有机颜料出口数量

省市	出口数量/t					平均增长/%
	2006 年	2007 年	2008 年	2009 年	2010 年	
江苏省	30810.0	34050.7	27920.6	21979.5	34399.7	2.79
浙江省	27352.0	33191.5	34784.4	34556.8	43644.7	12.39
上海市	26985.9	42130.6	38410.7	29213.0	33622.1	5.65
广东省	12782.3	14893.5	16636.8	7591.1	10617.6	−4.53
山东省	11736.3	14274.4	13319.3	11847.7	11749.2	0.03
天津市	10007.5	11397.1	12060.2	9409.8	11088.6	2.60

表 6 2006～2010 年主要省市有机颜料出口创汇情况

省市	出口创汇/万美元					平均增长/%
	2006 年	2007 年	2008 年	2009 年	2010 年	
江苏省	13990.77	17763.23	19345.30	14790.56	25010.57	15.63
浙江省	12927.80	18145.49	22929.11	19687.99	28717.17	22.08
上海市	13865.22	23775.81	26415.27	19001.24	23750.98	14.40
广东省	4831.75	6287.98	6734.52	3881.41	5491.21	3.25
山东省	4083.85	5737.25	6941.08	5255.39	6128.07	10.68
天津市	4248.46	5413.17	6084.11	4803.55	6286.04	10.29

表 7 2006～2010 年有机颜料主要国家和地区出口数量

主要出口国家及地区	出口数量/t					平均增长/%
	2006 年	2007 年	2008 年	2009 年	2010 年	
美国	20889.5	25255.6	22755.6	17042.2	21714.4	0.97
德国	10153.1	13631.2	11464.1	10411.3	12748.3	5.86
比利时	9613.3	11413.5	10145.6	7242.1	8845.4	−2.06
日本	8975.3	5126.6	4149.4	4696.3	6166.3	−8.96
韩国	6395.7	7442.0	5831.3	3256.0	4764.8	−7.09
荷兰	5881.3	8844.2	7594.9	9273.1	14002.7	24.22
英国	5736.0	5563.4	5159.8	4563.7	5225.9	−2.30
意大利	5509.2	5659.8	4743.6	3321.3	4132.5	−6.94
印度尼西亚	4882.2	6273.2	5742.0	5214.0	6089.1	5.68
中国香港	4309.4	13631.2	4149.4	1401.1	1975.7	−17.71

表 8 2006～2010 年有机颜料主要国家和地区出口创汇情况

主要出口国家及地区	出口创汇/万美元					平均增长/%
	2006 年	2007 年	2008 年	2009 年	2010 年	
美国	10637.88	14346.47	16448.34	11686.02	16577.64	11.73
德国	4483.33	6765.54	8183.86	6296.18	7987.47	15.53
比利时	4972.81	5780.01	7983.37	5329.01	7714.74	11.60
日本	3481.14	2574.07	2874.54	3284.03	4537.22	6.85
韩国	3282.69	4458.13	4105.53	2902.18	4519.28	8.32
荷兰	3029.80	4921.08	5518.77	5931.42	9103.30	31.66
英国	3577.39	3630.31	4215.04	3020.30	4175.49	3.94
意大利	2101.69	2514.76	2574.55	2148.67	3290.24	11.86
印度尼西亚	1906.44	2762.27	3035.52	2981.40	3708.80	18.10
中国香港	2242.03	6765.54	2874.54	1071.79	1637.56	−7.55

3 “十一五”期间各类染颜料进口情况统计

“十一五”期间，随着我国染料工业的发展进步，染料、有机颜料进口呈逐年下降趋势。分散染料、碱性染料、直接染料、还原染料、有机颜料的进口基本保持了 2 位数的下降速度。染颜料替代进口取得了突出成绩。“十一五”期间，我国各类染颜料中除了硫化染料、其他类染料正增长外，全部实现了负增长。染料进口年平均下降 4.7%、有机颜料进口年平均下降 9.4%。其中还原靛蓝进口下降最大，进口量、用汇量下降分别达到 57.5%、38.1%。但染料、有机颜料用汇都出现了 4%以上的正增长，说明我国对高端染颜料进口的依存度还比较高，应该引起我们的高度重视。详细情况见表 9、表 10。

3.1 “十一五”期间有机颜料主要进口省市统计

“十一五”期间，我国有机颜料进口省市在 23～26 个。广东省是我国染料和有机颜料的进口大省，“十一五”期间有机颜料进口连续列各省之首。“十一五”期间，我国主要有机颜料进口省市为广东、上海，进口量前 5 位的省市依次为广东、上海、江苏、山东、浙江。“十一五”期间，有机颜料进口前 5 位省市中上海和山东出现了正增长，其中山东省有机颜料进口增长达到 5.4%，用汇增长达到 19.6%。详细情况见表 11、表 12。

表 9　2006～2010 年全国有机颜料进口数量统计

产品类别	进口数量/t					平均增长/%
	2006 年	2007 年	2008 年	2009 年	2010 年	
有机颜料合计	34334.5	15857.4	23293.1	19042.5	23183.4	−9.35

注：在有机颜料的进口总量中含涂料印花浆和色母料等颜料制品。

表 10　2006～2010 年全国染料、有机颜料进口用汇统计

产品类别	用汇金额/万美元					平均增长/%
	2006 年	2007 年	2008 年	2009 年	2010 年	
有机颜料合计	20621.92	12795.37	19561.07	16591.59	24127.86	4.00

注：在有机颜料的进口用汇额中含涂料印花浆和色母料等颜料制品。

表 11　2006～2010 年主要省市有机颜料进口数量

主要进口省市	进口数量/t					平均增长/%
	2006 年	2007 年	2008 年	2009 年	2010 年	
广东省	17504.2	18285.2	12290.1	9629.1	10341.4	−12.33
江苏省	6207.6	4075.4	3443.8	2217.5	3179.3	−15.40
上海市	4523.1	4547.1	4231.7	3802.7	4882.5	1.93
山东省	1094.3	1220.7	910.3	611.3	1351.3	5.42
浙江省	813.6	741.6	666.6	547.1	749.8	−2.02

表 12　2006～2010 年主要省市有机颜料进口用汇情况

主要进口省市	用汇金额/万美元					平均增长/%
	2006 年	2007 年	2008 年	2009 年	2010 年	
广东省	8933.57	10354.95	7737.42	6592.40	8446.83	−1.39
江苏省	2831.48	2553.41	2481.18	1748.04	2358.98	−4.46
上海市	4856.51	5310.07	6026.79	5344.98	8688.84	15.65
山东省	772.62	972.57	962.90	634.76	1579.20	19.57
浙江省	772.14	739.20	724.23	719.79	987.52	6.34

表 13　2006～2010 年有机颜料主要国家和地区进口数量

主要进口国家和地区	进口数量/t					平均增长/%
	2006 年	2007 年	2008 年	2009 年	2010 年	
韩国	6433.8	3173.2	2741.4	2264.6	2634.2	−20.01
中国台湾	5849.2	2332.2	2158.6	3885.0	5175.2	−3.01
中国香港	863.5	14986.5	10283.6	354.3	200.5	−30.58
日本	5117.7	4107.3	2700.2	2961.9	3639.5	−8.17
德国	4032.1	739.3	753.1	1840.6	2448.1	−11.73
美国	2322.2	1841.9	1643.3	1597.0	1831.7	−5.76
英国	1208.4	267.5	204.0	357.1	510.6	−19.38
印度尼西亚	1203.6	76.5	73.9	636.9	646.0	−14.41
印度	745.4	547.7	737.7	1439.3	1961.5	27.36
瑞士	529.4	57.6	107.3	294.3	162.7	−25.54

3.2 “十一五”期间有机颜料主要进口国家和地区统计

“十一五”期间，我国有机颜料进口国家和地区在 40～52 个，进口国家和地区数量呈上升趋势。染料、有机颜料主要进口国家和地区都在亚洲地区。“十一五”期间，我国主要有机颜料进口国家和地区是韩国、中国台湾、日本。在前 10 位的进口国家和地区中，进口量除印度外，年平均全部保持了负增长趋势。主要进口国家和地区中韩国的年平均增长下降 20%。值得关注的是，近几年我国从印度进口有机颜料呈上升趋势。我国海关统计数据显示，“十一五”期间有机颜料从印度进口量、用汇年平均增长分别为 27.4%、32.3%。2010 年进口量已经超过美国，由原来第 9 位，上升到第 5 位。应该引起关注。详细情况见表 13、表 14。

表 14　2006～2010 年有机颜料主要国家和地区进口用汇情况

主要进口国家和地区	用汇金额/万美元					平均增长/%
	2006 年	2007 年	2008 年	2009 年	2010 年	
韩国	2615.68	1582.48	1502.66	1384.86	2038.12	−6.05
中国台湾	2684.70	1593.92	1645.37	2270.26	2817.50	1.21
中国香港	240.32	8523.07	6698.65	162.56	91.04	−21.55
日本	4003.21	3487.67	3221.30	3805.54	6311.32	12.05
德国	3857.90	1356.26	1245.49	3016.86	4367.87	3.15
美国	1544.10	1463.08	1324.64	1361.03	1957.35	6.11
英国	6979.0	313.93	284.29	308.06	540.67	−47.24
印度尼西亚	344.29	35.71	29.14	354.54	313.50	−2.31
印度	527.35	476.23	835.52	1050.50	1616.69	32.32
瑞士	565.20	207.42	235.53	382.90	509.42	−2.56

4　“十一五”期间有机颜料工业存在问题和未来发展建议

4.1　提高企业集中度，向集约化发展

“十一五”期间，有机颜料工业取得了长足的发展，万吨级以上的生产企业由“十五”期间的 3 个，发展到“十一五”末的 7 个。有机颜料产量、出口量、出口创汇都有了大幅提高。行业龙头企业的年平均增长达到 10%以上，发展速度高于全行业的平均水平。但主要产品、企业的集中度不高，整个行业的集团化、集约化发展和国际先进水平比还有很大的差距。“十一五”期间，全国有 20 多个省市有有机颜料生产和进出口，目前仍然有 100 多家有机颜料生产企业，且中小企业占大多数。这种现状不利于行业快速发展，是目前生产成本高、治理成本高的主要原因。我国染颜料要成为世界强国，就必须走集约化发展道路，加快提高企业集中度的步伐。

4.2　加强品牌建设，提高国际营销能力

“十一五”期间，与国际染颜料跨国公司比较，我国染颜料产品在世界上的知名度和品牌效应存在较大差距，同我国的染颜料生产大国地位不成比例。在国际市场还没有叫得响的中国染颜料知名品牌，出口多以贴牌、加工贸易等形式出现。造成目前这种现状的主要原因是发展速度相对过快，在品牌建设的投入少及意识薄弱所致。这也直接造成了我国染颜料在国际市场价格低、营销能力差的现状。“十一五”期间，这种状况虽然有所改观，但仍然是困扰我国染颜料发展的关键问题。我们要加大、加快树立自主品牌力度，同时加强售后跟踪服务和应用技术服务投入。加大品牌的建设和宣传投入，提高国际营销能力。这是我国染颜料做大、做强的必由之路。

4.3　调整产品结构，加大高档有机颜料生产比重

“十一五”期间，我国有机颜料在产品质量、稳定性、商品化技术等方面有了明显提高。但产品结构仍然不尽合理，产品大多数为附加值较低的常规品种。厂家之间产品同质化现象严重，产品缺乏特点或特色，高性能有机颜料所占比例偏低。这是造成价格竞争激烈、产品利润率低的主要原因。有些品种产能增加过快，出现库存增加，销售压力大的局面，这些现象必须引起业内的高度重视。未来几年我们要在调结构、控制产能过快增长、加大高档有机颜料产品比重方面下功夫，走合理增长、可持续发展的道路。

4.4　加大清洁生产推广力度，发展循环经济

染料、有机颜料行业作为传统精细化工产业，“三废”排放量大，特别是废水的产生量大，是制约行业发展的关键所在。2009 年在中国染料协会的大力推动下，将染料膜过滤、原浆干燥清洁生产制备技术、染颜料中间体加氢还原等清洁生产制备技术、有机溶剂替代水介质清洁生产制备技术和低浓酸含盐废水循环利用技术等四项减排效果明显、推广普及面广的清洁生产技术列入《染料行业清洁生产重点技术需求及应用推广目录（第一批）》。实施清洁生产工艺，发展循环经济，从源头减少废水的大量产生，既降低了生产成本和治理成本，同时节约了大量的水资源。

这项工作得到了国家有关部门的认可与支持，活性、分散、还原类别染料等不再列为“双高”产品，同时不再受环境经济政策的制约。我们要加大清洁生产推广力度，为染料行业的可持续发展创造了有利条件。

4.5 加快园区化进程，调整产业布局

按照产业集聚、集约发展的原则，大力推进染颜料企业集中在沿海、沿江地区发展，发挥区域优势，优化区域布局，支持染颜料企业进入设施完备化工业园区生产，形成具有核心竞争力的上下游一体化的企业集团和产业集群。严格控制“双高”产品和产能过剩新上项目。严格控制非园区新上项目，提高行业准入门槛。

4.6 加快国际化进程，推进“走出去”发展战略

随着全球贸易自由化的发展，跨国经营成为我国染颜料工业发展的必然趋势，考虑到我国染颜料发展现状及环境容量等多方面的因素，推进“走出去”发展战略是我国染料工业发展的必由之路。2009 年 7 月 20 日浙江龙盛集团股份有限公司与印度最具竞争力的 Kiri 染料公司组建合资企业，Lonsen Kiri 公司正式投产。2010 年 2 月 4 日，龙盛集团通过其新加坡子公司成功收购了世界染料巨头德司达除美国以外的全球业务。为染颜料企业国际化运作开了一个好头。今后希望有更多的企业加入到国际化发展的进程中来。

4.7 重视环保工作，推进责任关怀机制

染料工业能否有效地减少和治理其在生产过程中产生的“三废”已成为这个行业能否继续发展的关键问题。中国染料工业协会对行业环保工作予以充分的重视。在宣传推广综合利用技术、清洁生产技术的同时，重视末端治理技术、设备的推广和普及。同时积极响应和推进国际上倡导的责任关怀机制。从软件、硬件两方面推进行业环保工作。只有这样，才能适应不断严格的环保法规，跟上发达国家的步伐，突破贸易“绿色壁垒”。这是一个长期而艰巨的任务，是我们行业未来的工作重点。

4.8 “十二五”期间染颜料工业发展建议

4.8.1 开发科技含量高的新产品

以适应不断涌现的新型纤维、新印染技术的需求，如：以数码喷墨印花用染颜料、高固色率活性染料、节能型分散染料和高性能颜料为代表的高品质、高附加值的染颜料品种，其中，有机颜料中高性能颜料品种的产量占有机颜料总产量的比例由“十一五”期间的 5%增加到 15%。在“十二五”期间，新兴产业对染颜料的需求将会明显增加，染颜料企业在满足市场需求的同时，要注重形成拥有自主知识产权的产品体系和技术体系，成为国际市场上高技术用染颜料的主要供应基地，增强市场控制能力。

4.8.2 开发和推广清洁生产工艺，减少“三废”的产生量

重点推广催化技术、三氧化硫磺化技术、连续硝化技术、绝热硝化技术、定向氯化技术、组合增效技术、溶剂反应技术以及其他清洁生产技术等，推广清洁生产技术和循环利用技术，减少废水产生 1200 万吨/年、减少 COD 产生 30 万吨/年，到“十二五”末期染料行业污水排放和 COD 削减量，将在“十一五”的基础上再下降 10%，分别占行业总量的 15%和 18%，行业整体环境水平将有明显提高。

4.8.3 染料工业绿色化、高端化、品牌化发展

要依靠科技进步和自主创新，提升传统产业，加快产业增长方式和出口增长方式的转变。加强国内品牌体系建设和国际化品牌建设，鼓励企业坚持走以质取胜，自主创新，促进自主品牌发展的道路，特别是在核心技术和关键技术上拥有自主知识产权的名牌产品，加快形成一批拥有自主知识产权，具有较强国际竞争力的知名品牌和优势企业集团，通过国际市场品牌的提升，实现由产品经营向品牌经营转变，促进全行业协调可持续发展。

4.8.4 遵循产业集聚、集约发展的原则

大力推进染颜料企业集中在沿海、沿江地区发展，发挥区域优势，优化区域布局，建成 4～6 个生产企业集中的工业园区，形成具有核心竞争力的上下游一体化的企业集团和产业集群。大力发展循环经济，推动行业节能减排，严格控制“双高”产品和产能过剩新上项目。严格控制非园区新上项目，提高行业准入门槛。

4.8.5 加强创新支持力度

积极推进以企业为主体、科研院所为支撑、市场为导向、产品为核心、产学研相结合的染颜料技术创新体系建设。通过科技创新，培养造就一批学术带头人，锻炼凝聚一支科技创新队伍，提升技术研究人员的应变能力及研发水平，做好梯队人才培养和储备，为整个行业的创新和发展

打下基础，逐步实现从跟随性创新发展到原始性创新。

4.8.6 加强售后服务，提高服务质量和服务水平

遵守商业道德，诚信经营，公平竞争。推行“责任关怀”机制，改善企业生产经营活动中健康安全及环境表现，树立企业和行业良好的社会形象。

4.8.7 加快实施“走出去”发展战略，拓展向外发展空间

随着全球贸易自由化的发展，跨国经营成为我国染颜料工业发展的必然趋势，考虑到我国染颜料发展现状及环境容量等多方面的因素，“十二五”期间要加大谋求海外市场发展的力度，要鼓励有实力的染颜料企业走出去，通过合资、合作、兼并与收购等资本运作，开拓国际市场并推动本土化进程，实现更多的中国跨国染料公司。

随着世界制造业全球化的快速发展，全球共同应对气候变化的呼声和压力越来越大，面对着巨大的低碳经济、循环经济和节能减排的环保压力，染料工业在“十二五”期间的发展必须由依靠资源开发向产业结构提升转变，由注重经济规模向注重发展质量转变，由追求经济增长向追求全面发展转变。理清发展思路，加快结构调整，实现发展方式转变，将是我国染颜料工业“十二五”时期面临的艰巨任务。

5 结　语

“十一五”期间，染颜料工业的发展经历了国家取消出口退税（其中染颜料由13%降到0）、禁止加工贸易等宏观调控的影响；经历了国家节能减排、环保政策限制；经历了行业多数重点企业进行产能转移、设备升级改造，进入化工园区等大的行业调整；经历了国际金融危机造成染料行业出口严重下滑的重大考验；染颜料工业依靠科技进步，管理创新，加大推广清洁生产技术的应用和综合利用技术。经过全行业的共同努力，依然保持了“十一五”期间染颜料工业的平稳运行态势。行业的发展更加趋于科学化、理性化。

今后我们要更加注重科技创新平台的建设，坚持科技是第一生产力。我们要把行业的产品创新、节能降耗、污染减排、环保治理、清洁生产、综合治理等关系到行业发展的重大问题同科技创新紧密地结合起来。发挥国家级企业技术中心的优势和作用，与专业院校紧密合作，走科技创新的发展道路。要更加注重标准体系的建立与完善，研究和吸收发达国家在标准制定方面的先进理念，注重人身健康与安全。要更加注重专业化人才引进与培养，完善行业培训机制建设，提升行业整体技术水平。

我们要全面贯彻落实科学发展观，努力推进行业技术创新、品牌建设和节能减排工作的深入开展，树立行业新形象，推进责任关怀机制的落实。坚持产量平稳增长、品质稳定提升、品牌走向国际的发展理念。坚持走国际化发展道路，坚持“走出去”发展战略。努力实现染料工业可持续发展。为完成“十二五”规划的发展目标努力奋斗！

“十一五”环保先进单位、优秀经理、先进工作者名单（涂料行业）

“十一五”全国石油和化学工业环境保护先进单位：

江苏三木集团有限公司

湖南三环颜料有限公司

“十一五”全国石油和化学工业环境保护优秀经理（厂长）：

企业名称	获奖人员	职　务
杭州油漆有限公司	包天雄	董事长
江苏长江涂料有限公司	张卫中	董事长兼总经理
湖南湘江涂料集团有限公司	曾兆敏	董事长

“十一五”全国石油和化学工业环境保护先进工作者：

企业名称	获奖人员	职　务
常州光辉化工有限公司	许建刚	董事长
陕西宝塔山油漆股份有限公司	李松财	董事长
山东乐化漆业股份有限公司	沈孝业	董事长
西北永新化工股份有限公司	王克俭	副总经理
上海涂料有限公司	黄志勇	总经理

2010

第二章

中国涂料工业及相关产业的发展

调结构，转方式，稳发展

——中国涂料行业2010年经济运行情况分析

中国涂料工业协会　孙莲英

0 前　言

2010年是“十一五”的收官之年，对于我国涂料工业来说，是富有挑战的一年，也是克服金融后危机关键的一年。2010年，在国务院《石化产业调整和振兴规划》、环保部“环境经济政策”、石化联合会《石油和化工产业结构调整指导意见》等国家政策的引导下，通过产业结构调整和发展方式的转变，涂料行业较快地摆脱了金融后危机带来的剧烈震荡，基本实现了“平稳中速发展”的预期目标。2010年，我国涂料市场活跃，装置高负荷运行，企业效益较好。但是，经济运行中仍存在一些复杂和不确定的因素，企业经济效益出现下滑的迹象，部分产品面临成本上升的压力，涂料出口环境和出口量仍然没有根本好转。为了正确把握我国涂料行业经济形势和运行态势，积极应对行业经济运行中出现的新情况、新问题，推动行业结构调整和适应国家节能减排的经济政策，在2009年“破局·振兴·谋变”的经济运行分析基础之上，有必要透过统计数据梳理2010年中国涂料行业的经济运行情况，分析2010年涂料行业经济运行特点，对行业中存在的问题和原因进行探讨，对2011年涂料行业的运行趋势进行预测，从而对涂料行业的健康持续发展提出合理化建议和对策。

1 2010年涂料行业经济运行基本情况

2010年，我国涂料工业在发展中求优化，产业布局，结构调整步伐较快，经济增长方式有所转变，化工新材料、涂料新产品发展提速，园区化、基地化的生产格局基本形成，自主创新能力进一步增强，涂料生产、检测、施工国产化装备取得较大突破。主要产品消费量和新产品产值出现大幅增长势头，企业经营模式、技术更新、产业结构调整等都取得了明显的进步。涂料行业经济规模明显扩大，经济运行的质量进一步提高，行业综合实力显著增强。面对后危机时期复杂的经济环境，在涂料行业发展的不确定因素增加的背景下，涂料行业仍然取得了可喜的成绩，实现了2009年经济运行情况分析中“2010年涂料行业总产量、总产值、利润总额均可能实现两位数的增长”的预测。

根据最新统计数据显示，各项经济指标均创历史最好水平。

2010年，我国1401家规模以上企业涂料总产量966.63万吨，同比增长22.8%（见表1），远远超过了800万吨的预期；比2009年1348家规模以上企业的755.44万吨增长了27.96%（非同比）。410家规模以上建筑涂料企业总产量351.82万吨，同比增长23.7%。其中，西藏和青海涂料产量统计表上数据为零，西藏、青海和内蒙古建筑涂料统计表数据为零，贵州摘掉了建筑涂料产量为零的帽子。

2010年，我国2 749家规模以上涂料企业现价工业总产值2 324.59亿元，同比增长25.7%（见表2）；比2009年2 571家规模以上企业的1835.91亿元增长了26.62%（非同比）。涂料现价工业总产值占整个石化行业总产值88 797.3亿元的2.62%，比2009年的2.77%略有降低，

表1　2010年全国涂料产量表（分地区）　　　单位：t

地区		涂料				建筑涂料			
		企业数	2010年	2009年	同比/%	企业数	2010年	2009年	同比/%
全国		1401	9666323	7868993	22.8	410	3518217	2844771	23.7
华北	北京	62	227545	184082	23.6	31	123092	97332	26.5
	天津	45	250609	181186	38.3	9	26497	24738	7.1
	河北	29	348202	262576	32.6	4	23167	18765	23.5
	山西	9	55938	53858	3.9	2	29757	31772	−6.3
	内蒙古	6	38148	8383	355.0	0	0	0	—
东北	辽宁	73	383792	329167	16.6	19	162055	148366	9.2
	吉林	14	180189	122950	46.6	8	150152	89363	68.0
	黑龙江	9	22379	14222	57.4	2	1807	105	1621.0
华东	上海	66	1328039	960767	38.2	46	752912	595648	26.4
	江苏	173	1112055	892446	24.6	39	377188	283671	33.0
	浙江	176	557198	515935	8.0	45	142344	122531	16.2
	安徽	49	237594	213080	11.5	17	97433	113512	−14.2
	福建	45	319064	238561	33.7	15	45224	31660	42.8
	江西	9	20092	15309	31.2	4	11575	10332	12.0
	山东	77	844035	676935	24.7	30	205671	112889	82.2
中南	河南	37	273488	278720	−1.9	13	57700	53301	8.3
	湖北	47	182231	143030	27.4	14	45560	43037	5.9
	湖南	32	505062	389439	29.7	30	388739	302714	28.4
	广东	329	2164059	1876943	15.3	45	690607	588819	17.3
	广西	16	50464	41512	21.6	5	11262	8227	36.9
	海南	1	3734	2895	29.0	1	3734	2895	29.0
西南	重庆	32	218141	202056	8.0	11	112112	120487	−7.0
	四川	26	147974	113881	29.9	3	6887	4258	61.7
	贵州	5	3796	2713	39.9	1	942	0	—
	云南	6	17737	16935	4.7	3	3821	4111	−7.1
	西藏	0	0	0	—	0	0	0	—
西北	陕西	12	91746	57261	60.2	6	41417	34073	21.6
	甘肃	3	19577	15865	23.4	2	2558	74	3356.8
	青海	0	0	0	—	0	0	0	—
	宁夏	2	2026	1664	21.8	1	676	491	37.7
	新疆	11	61409	56621	8.5	4	3329	1600	108.1

表明涂料的增长幅度略小于整个石化行业。其中，新产品产值103.44亿元，同比增长32.6%；现价销售产值2 282.52亿元，同比增长26.3%；出口交货值87.80亿元，同比增长22.5%。2010年，我国涂料市场整体产销顺畅，产销率达到98.2%，比2009年增加了0.48个百分点；部分省市还动用了2009年库存销售，产销率超过100%，如河北、湖南、海南、云南和宁夏。

2010年1～11月，全国涂料工业主要经济指标大多向好的态势发展，“同比增长”正值显现无遗。2 745家规模以上企业资产总计达1465.87亿元，同比增长17.3%（见表3）；主营业务收入2 026.82亿元，同比增长26.4%；利润总额140.77亿元，同比增长19.9%。

2010年1～11月，亏损企业数284家，相对于2009年的310家，降低了8.4%（见表4）；284家亏损企业亏损额5.45亿元，同比增长8.2%。2 745家规模以上企业应收账款361.52亿元，同比增长22.9%；流动资产平均余额960.33亿元，同比增长22.7%；存货191.40亿元，同比增长28.3%；负债合计759.64亿元，同比增长17.8%；产品销售税金及附加8.23亿元，同比增长63.1%；利税总额208.03亿元，同比增长18.5%；应交增值税59.03亿元，同比增长11.2%。产成品、财务费用、利息支出与2009年相比变化不大，增幅均小于5%。

2010年，全国涂料行业进出口贸易总额16.41亿美元，同比增长7.0%（见表5）；贸易逆差6.79亿美元，同比增长6.5%。其中，涂料进口数量25.77万吨，进口金额11.94亿美元（见表6）；涂料出口数量20.43万吨，出口金额

表 2　2010 年全国涂料工业产值表（分地区）

地区		企业数	现价工业总产值/万元			其中新产品产值/万元			现价销售产值/万元			其中出口交货值/万元			产销率/%		
			2010 年	2009 年	同比/%	2010 年	2009 年	同比/%	2010 年	2009 年	同比/%	2010 年	2009 年	同比/%	2010 年	2009 年	同比/%
全国		2749	23245914	18494497	25.7	1034425	780072	32.6	22825196	18071265	26.3	878034	716611	22.5	98.2	97.7	0.48
华北	北京	66	300215	239320	25.4	28698	19584	46.5	298677	236578	26.2	3333	4071	−18.1	99.5	98.9	0.63
	天津	84	815028	594527	37.1	177671	190015	−6.5	754022	560492	34.5	11169	11994	−6.9	92.5	94.3	−1.76
	河北	52	565595	463252	22.1	2405	603	298.9	578388	462567	25.0	4855	3326	46.0	102.3	99.9	2.41
	山西	9	37332	24778	50.7	533	0	—	34929	23816	46.7	0	0	—	93.6	96.1	−2.55
	内蒙古	7	19921	8756	127.5	0	72	—	19698	8624	128.4	0	0	—	98.9	98.5	0.39
东北	辽宁	149	1053658	720749	46.2	1507	1561	−3.4	1025232	695376	47.4	0	8	−97.3	97.3	96.5	0.82
	吉林	25	234336	159148	47.2	9289	467	1890.0	228310	157088	45.3	0	0	—	97.4	98.7	−1.28
	黑龙江	21	57876	35146	64.7	0	0	—	55194	34078	62.0	0	0	—	95.4	97.0	−1.60
华东	上海	235	2865454	2346576	22.1	57566	37481	53.6	2805073	2308345	21.5	100947	130898	−22.9	97.9	98.4	−0.48
	江苏	482	4369620	3535725	23.6	137911	70562	95.4	4313560	3486397	23.7	151150	122045	23.8	98.7	98.6	0.11
	浙江	270	1162368	973061	19.5	337384	255297	32.2	1142713	941177	21.4	54244	30181	79.7	98.3	96.7	1.59
	安徽	91	445770	283636	57.2	2338	637	266.9	430557	273953	57.2	13566	12744	6.5	96.6	96.6	0.00
	福建	109	828810	666791	24.3	7431	2942	152.6	807886	650261	24.2	21900	22304	−1.8	97.5	97.5	−0.05
	江西	27	178227	128770	38.4	2551	0	—	176653	128521	37.5	22	0	—	99.1	99.8	−0.69
	山东	156	1501284	1156604	29.8	4981	4157	19.8	1490054	1140966	30.6	9430	8703	8.4	99.3	98.6	0.60
中南	河南	61	376364	308230	22.1	2990	650	360.0	373189	296639	25.8	2562	3243	−21.0	99.2	96.2	2.92
	湖北	83	416900	311663	33.8	1444	0	—	395585	300790	31.5	0	0	—	94.9	96.5	−1.62
	湖南	56	774373	663596	16.7	57651	14803	289.4	774822	650289	19.2	49	0	—	100.1	98.0	2.06
	广东	596	6039903	4872246	24.0	141331	106823	32.3	5943660	4744451	25.3	498684	361534	37.9	98.4	97.4	1.03
	广西	21	126734	93752	35.2	241	0	—	123220	89682	37.4	2594	3096	−16.2	97.2	95.7	1.57
	海南	1	4038	3390	19.1	0	0	—	4796	4473	7.2	0	0	—	118.8	131.9	−13.17
西南	重庆	37	231447	174070	33.0	38319	23657	62.0	227761	173296	31.4	0	26	—	98.4	99.6	−1.15
	四川	71	644794	568984	13.3	22024	50077	−56.0	631645	549419	15.0	0	0	—	98.0	96.6	1.40
	贵州	7	35551	20886	70.2	0	0	—	32629	18259	78.7	0	0	—	91.8	87.4	4.36
	云南	5	16568	15433	7.4	0	0	—	16590	14876	11.5	119	54	120.6	100.1	96.4	3.74
	西藏	0	0	0	—	0	0	—	0	0	—	0	0	—	—	—	—
西北	陕西	15	96138	79854	20.4	0	0	—	95344	77506	23.0	1455	1462	−0.4	99.2	97.1	2.11
	甘肃	4	27882	26440	5.5	161	685	−76.6	25024	25832	−3.1	1	0	—	89.8	97.7	−7.95
	青海	0	0	0	—	0	0	242.0	0	0	29.2	0	0	—	—	—	—
	宁夏	2	3118	3032	39.4	0	0	6790.7	3648	2757	37.2	0	0	—	117.0	90.9	26.05
	新疆	7	16611	16084	3.3	0	0	—	16338	14756	10.7	1954	924	111.6	98.4	91.7	6.61

表 3　2010 年 1～11 月全国涂料工业主要经济指标（分地区）

地区		企业数	资产总计/万元			主营业务收入/万元			利润总额/万元			亏损企业亏损额/万元		
			1～11 月累计	上年同期	同比/%	1～11 月累计	上年同期	同比/%	1～11 月累计	上年同期	同比/%	1～11 月累计	上年同期	同比/%
全国		2745	14658693	12491713	17.3	20268169	16039725	26.4	1407748	1174326	19.9	54465	50357	8.2
华北	北京	66	282128	236026	19.5	277295	217722	27.4	19966	18098	10.3	3910	1854	110.9
	天津	84	754944	646671	16.7	702440	517598	35.7	68039	56168	21.1	4312	884	387.6
	河北	52	441639	340021	29.9	498311	426831	16.7	63717	58993	8.0	1449	1922	−24.6
	山西	9	22389	20917	7.0	30295	21626	40.1	1126	1259	−10.5	64	0	—
	内蒙古	7	6420	5052	27.1	14741	6418	129.7	230	−93	—	42	136	−69.4
东北	辽宁	149	383294	316513	21.1	857099	593687	44.4	31940	20236	57.8	2892	1804	60.3
	吉林	25	135063	115157	17.3	241377	141175	71.0	6898	1169	490.1	96	1788	−94.6
	黑龙江	21	27577	21600	27.7	42938	28840	48.9	1802	919	96.1	138	65	111.5
华东	上海	228	2543620	2339058	8.7	2574078	2105066	22.3	223451	219962	1.6	18214	14042	29.7
	江苏	482	2658671	2175775	22.2	3849137	3115851	23.5	281510	218896	28.6	5093	6931	−26.5
	浙江	270	1127252	969236	16.3	1014479	832975	21.8	81054	74223	9.2	1343	2206	−39.1
	安徽	91	252126	153159	64.6	388697	205845	88.8	22566	16967	33.0	371	610	−39.2
	福建	108	316531	259849	21.8	691309	569952	21.3	40741	28184	44.6	222	98	126.7
	江西	27	58067	46917	23.8	155264	111075	39.8	9533	5979	59.4	0	0	—
	山东	157	555604	422107	31.6	1395683	1047983	33.2	98725	71218	38.6	927	839	10.5
中南	河南	61	114837	104442	10.0	331014	267579	23.7	34602	26003	33.1	78	0	—
	湖北	85	251928	238153	5.8	336925	265298	27.0	16983	13573	25.1	495	122	307.7
	湖南	56	401161	355126	13.0	813659	577365	40.9	50108	33975	47.5	421	225	87.1
	广东	596	3516833	3037895	15.8	5041028	4171767	20.8	284085	255978	11.0	13380	16024	−16.5
	广西	21	55266	52362	5.5	100018	72068	38.8	5668	3481	62.8	26	85	−69.8
	海南	1	3853	4021	−4.2	4399	3990	10.2	32	−68	—	0	68	—
西南	重庆	37	224443	178456	25.8	212891	151149	40.8	21724	14762	47.2	222	110	101.0
	四川	72	272014	222692	22.1	531757	451759	17.7	38021	29791	27.6	25	48	−48.4
	贵州	7	36149	36231	−0.2	20670	12336	67.6	366	146	150.2	0	4	—
	云南	5	44190	40612	8.8	13679	11668	17.2	−90	−63	—	418	165	152.6
	西藏	0	0	0	—	0	0	—	0	0	—	0	0	—
西北	陕西	15	77483	61182	26.6	83684	72409	15.6	4000	3795	5.4	92	33	182.2
	甘肃	4	70645	69822	1.2	27486	23331	17.8	1104	737	49.8	0	0	—
	青海	0	0	0	—	0	0	—	0	0	—	0	0	—
	宁夏	2	5104	4119	23.9	2587	2136	21.1	−21	103	—	40	49	−19.3
	新疆	7	19465	18542	5.0	15232	14227	7.1	−132	−62	—	200	247	−19.1

表 4　2010 年 1～11 月全国涂料工业主要经济指标（分科目）

单位：万元

企业数	亏损企业数			亏损企业亏损额			应收账款			产成品		
	1～11 月累计	去年同期	同比/%	1～11 月累计	去年同期	同比/%	1～11 月累计	上年同期	同比/%	1～11 月累计	上年同期	同比/%
2745	284	310	−8.4	54465	50357	8.2	3615159	2942669	22.9	817238	796259	2.6
主要科目	流动资产平均余额			存货			资产总计			负债合计		
	1～11 月累计	上年同期	同比/%	1～11 月累计	上年同期	同比/%	1～11 月累计	上年同期	同比/%	1～11 月累计	上年同期	同比/%
	9603287	7826605	22.7	1913956	1491398	28.3	14658693	12491713	17.3	7596442	6448706	17.8
	主营业务收入			产品销售成本			产品销售税金及附加					
	1～11 月累计	上年同期	同比/%	1～11 月累计	上年同期	同比/%	1～11 月累计	上年同期	同比/%			
	20268169	16039725	26.4	16338841	12714025	28.5	82288	50441	63.1			
	产品销售费用			管理费用			财务费用			利息支出		
	1～11 月累计	上年同期	同比/%	1～11 月累计	上年同期	同比/%	1～11 月累计	上年同期	同比/%	1～11 月累计	上年同期	同比/%
	1093630	926103	18.1	1000163	828655	20.7	109061	105604	3.3	87228	86800	0.5
	利润总额			利税总额			应交增值税			从业人数/人		
	1～11 月累计	上年同期	同比/%	1～11 月累计	上年同期	同比/%	1～11 月累计	上年同期	同比/%	1～11 月累计	上年同期	同比/%
	1407748	1174326	19.9	2080331	1755812	18.5	590296	531045	11.2	230741	208275	10.8

表 5　2010 年全国涂料行业进出口贸易总额及贸易差

单位：万美元

项目	进出口贸易总额						贸易逆(顺)差					
	2010 年 12 月	上年同月	同比/%	2010 年	2009 年	同比/%	2010 年 12 月	上年同月	同比/%	2010 年	2009 年	同比/%
数值	15199	14379	5.7	164061	153339	7.0	−5876	−5749	2.2	−67896	−63724	6.5

表 6　2010 年涂料及无机颜料进出口统计表

产品代码　产品名称	进口				出口			
	2010 年		同比/%		2010 年		同比/%	
	数量/t	金额/万美元	数量/t	金额/万美元	数量/t	金额/万美元	数量/t	金额/万美元
无机颜料								
28170010 氧化锌	21510	4832	22.6	29.9	16536	2698	0.8	16.9
28211000 铁氧化物及氢氧化物	237376	13806	55.6	60.8	362230	30977	39.5	39.6
28241000 一氧化铅(铅黄,黄丹)	23	10	−35.8	−42.2	1182	312	58.8	90.7
32061110 钛白粉	269037	64413	9.9	19.8	266379	51872	157.1	199.6
32062000 以铬化合物为基本成分的颜料及制品	1890	1325	23.6	33.1	21064	8253	64.9	96.5
涂料(除去 32100000 中的皮革用水性颜料,涂料行业进出口贸易总额为 164061 万美元)								
32141090 安装玻璃用油灰等;漆工用填料	39687	18313	—	—	33353	2605	—	—
32081000 溶于非水介质的聚酯油漆及清漆等	41329	16511	30.6	32.2	53794	14607	8.6	7.0
32082010 溶于非水介质的丙烯酸聚合物油漆及清漆	26597	18723	20.5	6.5	15917	4572	30.4	6.2
32082020 溶于非水介质的聚乙烯油漆及清漆	700	412	−9.6	−12.7	285	93	53.9	106.7
32089010 溶于非水介质聚氨酯类化合物油漆及清漆	28532	10854	37.5	32.1	3024	925	47.9	66.6
32089090 溶于非水介质其他油漆清漆溶液	42539	23647	38.3	31.9	56280	18298	6.2	16.7
32091000 溶于水介质的聚丙烯酸油漆及清漆	20817	5479	13.4	13.4	7279	1108	6.6	−15.4
32099010 以环氧树脂为基本成分的油漆及清漆	20138	5201	39.9	24.9	1591	496	−45.8	−34.1
32099020 以氟树脂为基本成分的油漆及清漆	1839	2762	21.9	25.4	846	1223	−23.4	−18.6
32099090 溶于水介质的其他聚合物油漆及清漆	14508	5709	10.0	17.3	22426	3126	4.0	16.4
32100000 其他油漆及清漆,皮革用水性颜料	20965	11802	22.3	27.4	9474	1845	2.4	4.6
涂料合计	257651	119413			204269	48898		

4.89 亿美元。因"皮革用水性颜料"和"其他油漆及清漆"的共用税则号，分项的涂料行业进出口贸易数量和金额要去除产品代码 32100000 中"皮革用水性颜料"的数量和金额，这样分项的数据之和才能与进出口贸易总额和贸易逆差的数据一致。氧化铁颜料进口数量 23.74 万吨，同比增长 55.6%，进口金额 1.38 亿美元，同比增长 60.8%；出口数量 36.22 万吨，同比增长 39.5%，出口金额 3.10 亿美元，同比增长 39.6%。钛白粉进口数量 26.90 万吨，同比增长 9.9%，进口金额 6.44 亿美元，同比增长 19.8%；出口数量 26.64 万吨，同比增长 157.1%，出口金额 5.19 亿美元，同比增长 199.6%。2010 年是无机颜料值得庆贺的年份，售价攀升，购销两旺，进出口贸易活跃；特别是国际国内钛白粉企业连轴生产也满足不了市场需求，一流品牌的钛白粉售价接近 30000 元/t，这个售价是史无前例的。

2　2010 年涂料行业经济运行特点及原因分析

2010 年上半年，涂料产量 497 万吨，同比增长 24.4%；产值 1 026 亿元，同比增加了 29.7%。全年数据与上半年相比，增长幅度变化不大；上半年和下半年产量和产值基本相当，只是上半年产量略大，产值较小，表明下半年产品价位将高于上半年，附加值和利润明显提高。这与涂料产品的需求结构及价格增幅有关。2010 年涂料及无机颜料所需的大宗原材料数量和价位呈现逐月平稳上涨趋势，这一趋势将延续到 2011 年。总体来说，2010 年涂料工业产量、产值成波浪式发展，每个月的数据起起伏伏，但波形均在坐标轴正值区，涂料工业处于一个较为平稳增长的运行状况。但 2010 年的涂料行业运行表现出不同的特点。

2.1　政策导向和扶持对涂料行业的经济运行影响加大

2010 年，涂料行业在产量、产值快速增长的同时，政策法规、科技标准、质量品牌、环保安全等方面的工作不断完善，而且，随着政策执法力度的逐步加强，创造了公平的竞争环境，进一步提升了行业的整体竞争能力，从而带动了整个行业的品牌建设、文化建设、人才建设和科技创新体系的建设。

《石油和化工行业产业结构调整指导目录

(2005 年本)》(涂料类)修订后，涂料行业鼓励类产品为“水性木器、工业、船舶涂料，高固体分、无溶剂、辐射固化、功能性外墙外保温涂料等环境友好、资源节约型涂料生产”；以及“单线产能 3 万吨/a 及以上、并以二氧化钛含量不小于 90%的富钛料（人造金红石、天然金红石、高钛渣）为原料的氯化法钛白粉生产”。并且该指导目录也规定了限制类和淘汰类的涂料，该指导目录为未来涂料行业指明了方向，将极大地推动和扶持涂料行业的发展。

环境经济政策是指按照市场经济规律的要求，运用价格、税收、财政、信贷、收费、保险等经济手段，调节或影响市场主体的行为，以实现经济建设与环境保护协调发展的政策手段。涂料行业制定了环境经济政策的配套综合名录和“双高”产品名录，名录的制定，建立了政府与涂料行业的联系桥梁，使涂料行业对国家的环境经济政策有了较深入参与，使涂料企业能系统地了解绿色信贷、绿色保险、绿色证券、绿色贸易、环境收费、生态补偿、排污权交易等环境经济政策，并使他们认识到这些环境经济政策跟企业的命运是紧密相关的。

为了贯彻落实《中华人民共和国清洁生产促进法》，加快重点行业清洁生产技术的推行，国家工信部组织编制了涂料、钛白粉、黄磷、铬盐、碳酸钡五个行业清洁生产技术推行方案。“涂料、钛白粉”推行方案中的推行目标和各项清洁生产技术，是由涂料行业组织专家论证并出具了专家组推荐意见形成的。推行方案中的应用技术是指基本成熟、具有应用前景、尚未实现产业化的重大关键共性技术；推广技术是指已经成熟、行业急需应用、要加大推广力度或扩大应用范围的重大关键共性技术。涂料和钛白粉行业清洁生产技术推行方案的实施，将对企业采用先进技术、工艺和设备，实施清洁生产技术改造起到重要的指导作用。

2.2 自主创新和自有知识产权在涂料行业的重视度提高

首先，自主创新和自有知识产权的重视表现在企业对研究机构认定的追求。据不完全统计(仅供参考)，截止 2010 年底，涂料行业拥有以下与涂料相关的研究机构：青岛海化院 1 个国家重点实验室，北京东方雨虹 1 个国家企业技术中心，江苏晨光、江苏三木 2 个院士工作站（中山大桥正在申请筹建），北京东方雨虹、大连振邦、天津灯塔、青岛海化院、江苏晨光、江苏三木、武汉双虎、广东嘉宝莉、广东华润、广东鸿昌、广州秀珀、中山大桥等 12 个博士后工作站；高新技术企业和省级涂料工程技术开发中心更是数不胜数。

其次，多个涂料项目喜获科技奖项，如上海涂料有限公司的“彩色涂层钢板用功能性卷材涂料关键技术的开发和应用”获科技进步一等奖，北京化工大学等单位的“聚丙烯酸系高性能水性木器涂料的制备及应用技术”获技术发明奖一等奖，这标志着我国在涂料科技创新的征程上又迈出了坚实的一步。

另外，很多高校也进入涂料行业，要么进行基础理论的研发，要么开发新产品直接推向市场，要么和企业结合联合开发，如北京大学、北京化工大学、中国科技大学、厦门大学、华南理工大学等高校是研究成果产业化的佼佼者。

2010 年，新产品产值同比增长 32.6%，高于现价工业总产值的增长率，表明企业越来越重视自主创新开发和自有知识产权保护。新产品产值最高的省份是浙江，高达 33.74 亿元，约占全国新产品产值的 1/3，占该省现价工业总产值的 29.0%；其后依次是天津市 17.77 亿元，广东省 14.13 亿元，江苏省 13.79 亿元，湖南省 5.77 亿元，上海市 5.76 亿元；6 个省市的新产品产值占全国的 87.9%。新产品的高速增长，说明涂料行业产品转型升级的步伐不断加快，企业的研发和技改投入力度不断加大。但涂料行业新产品产值的比重仍然不高，全年新产品产值只占现价工业总产值的 4.45%，比重远远低于化工行业和全国平均水平，更是低于电子、IT、光伏产业等高科技行业。

2.3 内需保持旺盛，对涂料行业的支撑作用加强

一直以来，我国涂料行业进出口贸易被视为涂料市场国际化的短板，每年的贸易数量和金额都较低，长年都是贸易逆差。2010 年，涂料进出口贸易总额约占涂料工业总产值的 4.42%，涂料进出口数量仅占涂料总产量的 2.67% 和 2.11%，进出口俨然担当不起涂料行业发展的三驾马车角色。涂料行业的固定资产投资也是如此。而带动我国涂料行业快速发展的是内需，这就决定了涂料行业依附我国其他行业发展的产品特性愈发突出。

2010 年旺盛的内需，对涂料行业接近千万

吨的产量起到了强烈的支撑作用。基础设施大量投入、汽车行业产销两旺、大量的建筑竣工、造船企业订单不断，这些行业需要大量与之配套的产品，工业涂料、汽车涂料、建筑涂料、船舶涂料是这些行业不可缺少的配套产品之一，增长速度总体高于整个行业的平均增长速度。汽车涂料和船舶涂料增长的比例与汽车产量和船舶吨位增长的比例相当。建筑涂料比涂料总体产量增幅高0.9%，其中，山东和吉林基数较大，增长较为明显，同比增长了82.2%和68.0%；特别是吉林省，建筑涂料占该省涂料总产量的83.3%。

2.4 搬迁与产业园区加快产业升级步伐

经国务院同意，国家发改委、国土资源部、建设部公布的《中国开发区审核公告目录》显示，目前国家级开发区222家，其中涉及化工的开发区有85家；省级开发区1 346家，涉及化工的开发区有507家，均占总数的1/3以上。开发区在项目准入、单位土地面积投资强度、容积率，特别是生态环境保护等方面的标准要求较高。作为开发区的主要形式，化工园区已成为国内化工发展的主流模式，涂料产业园区又是化工园区的一个重要组成部分，而企业搬迁的最好归宿即是涂料产业园（或精细化工园区）。

随着城市规模化的步伐加快，以及环境保护政策的进一步严格，各个地方的涂料企业相继搬迁。在过去几年里，北京红狮、重庆三峡、南京长江、石家庄油漆厂等企业完成了搬迁和企业改造；2011年，武汉双虎、浙江环球、河北晨阳等企业正在或即将进行搬迁。为了适应企业搬迁对环保、安全、运输、市场、配套设施及上下游产业链等项目的统一需求，各个地方政府正在规划或兴建规模不一的涂料产业园区，如四川大邑、重庆江津、沈阳铁西、江苏沭阳、宁夏银川、河北香河、河北永清、广东武江、广东南雄等。企业搬迁和产业园区的建设必将加快涂料行业产业结构调整及升级步伐，从而推动整个涂料行业的发展。

2.5 “重质量、树品牌”对涂料行业的作用越来越明显

由涂料大国向涂料强国迈进，拥有具有国际竞争力的世界知名企业和知名品牌是必须具备的条件，品牌战略也是行业近年来一直所推动的。继国家质量奖、中国名牌之后，抓好知名品牌培育、提高产品的竞争力是行业期待的。在2010年11月24日召开的“2010年度全国石油和化学工业‘质量兴业’活动总结暨知名品牌表彰大会”上发布的全国石化行业首批知名品牌获奖企业中，有杭州油漆有限公司、广东嘉宝莉化工集团有限公司、湖南湘江涂料集团有限公司、江苏长江涂料有限公司、三棵树涂料股份有限公司5家涂料企业入选，成为行业的标杆。通过品牌战略的实施，加强了行业自主品牌的建设，引导企业加大力度提升产品质量，增强了产品的市场竞争力。“质量兴业”活动的开展，进一步提升了行业“重质量、重品牌”意识，意义重大。

作为品牌战略的一部分，商标权益在涂料行业越来越受到重视。据不完全统计，截止2010年底，中国涂料行业通过国家工商行政管理总局行政认定和司法认定，获取中国驰名商标的企业数及商标数超过39家（见表7）。中国驰名商标保护了商标专用权人的合法权益不受不法侵害，并使认定的驰名商标在相关人群和行业中具备极高的知名度和美誉度。

2.6 2010年行业就业形势有所好转

2010年，2 745家规模以上企业（直接）从业人数23.07万人，同比增长10.8%，净增从业人数2.25万人，与金融危机以后的从业人数持续负增长状况相比较，行业就业形势有所缓和，但与危机前从业人员每年均递增的水平仍有一定差距。

3 2010年涂料行业经济运行存在的问题

当前涂料行业经济运行情况总体良好，一些企业的产品质量、经济效益有所提高。同时，涂料行业经济运行形势的复杂性依然存在，一些企业的思维和认识脱离实际，许多企业的经营成本、用工压力增加，中小企业融资难度进一步加大，行业自身的产业结构、技术自主创新和人才短缺等主要矛盾没有根本解决。

3.1 一些企业思维和认识脱离实际

一是很少考虑某一类产品或专业领域产大于销的现实。二是担心自己企业限产而别的企业不限产丢掉市场。三是当发现市场有稳定或反弹趋势时，市场稍稳或价格有所上升就迫不及待抢先增产，产量增加后市场出现产大于销，价格下降，企业亏损，被迫减产；减产后市场稳定，亏

表 7　中国涂料行业驰名商标（截至 2010 年）(部分)

序号	商标	注册人/所有人
1	灯塔	天津灯塔涂料有限公司
2	汇丽	上海汇丽集团有限公司
3	嘉宝莉	广东嘉宝莉化工有限公司
4	天女	浙江天女集团制漆有限公司
5	奔腾牌 BENTENGPAI	山东奔腾漆业有限公司
6	摩天	山西摩天涂料实业有限公司
7	吉人 JIREN 及图	苏州吉人漆业有限公司
8	红狮	北京红狮漆业有限公司
9	7CF	深圳彩虹环保建材科技有限公司
10	雨虹 YUHONG 及图	北京东方雨虹防水技术股份有限公司
11	湘江	湖南湘江涂料集团有限公司
12	虎皇	无锡市虎皇漆业有限公司
13	禹王	盘锦禹王防水建材集团有限公司
14	三棵树 SAN KE SHU	莆田市三江化学工业有限公司
15	亚邦及图	亚邦化工集团有限公司
16	兰陵及图	江苏兰陵化工集团有限公司
17	路明 LUMING 及图	大连路明科技集团有限公司
18	三环牌及图	湖南三环颜料有限公司
19	立邦	立邦涂料（中国）有限公司
20	美涂士	广东美涂士化工有限公司
21	千色花 FORTRESS 及图	广东千色花化工有限公司
22	光辉 GUANGHUI 及图	亚邦化工集团有限公司
23	华润漆 Huarun 及图	广东华润涂料有限公司
24	巴德士	广东巴德士化工有限公司
25	大宝	东莞大宝化工制品有限公司
26	3A 及图	佛山市三爱化工有限公司
27	鲸海 JH 及图	江苏冠军涂料实业有限公司
28	鑫展旺 XZW 及图	福建鑫展旺集团有限公司
29	齐鲁	山东昌裕集团聊城齐鲁漆业有限公司
30	SANVO 三和	广东三和化工科技有限公司
31	红苹果	红苹果化工（福建）有限公司
32	金冠	佛山市顺德区金冠涂料集团有限公司
33	万美	青州市天源化工有限公司
34	经典漆	深圳市展辰达化工有限公司
35	乔本	乔本化学工业有限公司
36	汇龙	佛山市顺德区汇龙涂料实业有限公司
37	一品迪邦及世纪金彩	佛山市顺德区北滘镇迪邦涂料实业有限公司
38	嘉乐士	嘉乐士国际（香港）有限公司
39	鱼童	浙江鱼童发达造漆有限公司

损减少，就又增加产量；从进入增产降价、亏损减产恶性循环状态。如跟风卷材涂料、聚脲涂料、风力发电涂料等，跟风“净味”、“零 VOC”、“N 合一”等概念等都存在思维和认识脱离企业自己实际情况的因素。

3.2　中小企业仍面临资金紧张的状况

为防止经济发展出现过热，2010 年以来，我国央行开始实施一系列的锁定流动性措施，包括发行短、中、长期央票和提高大型金融机构的存款准备金率。2010 年 1 月 18 日、2 月 25 日及 5 月 10 日，央行多次提高大型金融机构的存款准备金率，全年央行货币政策显现适度从紧迹象。

存款准备金率上调没有直接增加企业的负担，但对于控制商业银行放贷规模具有重要意义。对部分产品结构不合理、效益较差的中小企业采取只收不贷，中小企业尤其是规模以下的企业，初创型企业资金紧张局面将日益明显。适度的货币紧缩在控制企业扩张欲望的同时，也必然对消费者需求产生一定的抑制作用，涂料行业的企业大多为中小企业，对于以配套为主的涂料行业将产生不利影响。发改委在新的产业结构调整目录里规定，不得新建（三千吨以下的）溶剂型涂料生产线，加之涂料行业的大部分高污染、高环境风险的产品被列入“双高”产品名录，这两项政策更加限制了生产低端产品、环境治理很难达标的中小企业的融资能力。

3.3　劳动力、管理费用、燃料等生产要素成本压力日益突出

2010 年以来，北京、上海、广州等 27 个省区市纷纷上调或计划上调最低工资标准，平均增幅多在 20%以上，全国进入了密集加薪期。而涂料行业更是受到市场回暖、用工需求增加等因素影响，企业普遍通过上调工资来缓解用工困局，用工成本大幅增加。结合调研估计，今年以来我国涂料企业用工成本同比增长 20%以上。这对劳动密集型的涂料行业来说，企业运营担子更为沉重不言而喻。企业用工压力具体表现为：一是工人缺乏具有普遍性、长期性，短期、游击、地域转移性工人较多。二是结构性岗位缺工，特别是缺乏制漆调色技术工人加料拌和体力劳动工人。三是缺少熟练技术工人和中高级管理

人才，特别是集团化、国际化的涂料管理人才。

与此同时，燃料动力、原材料等生产要素价格也持续上涨。根据国家统计局数据，2010 年国内工业企业的燃料动力购进价格指数同比上涨了 20%左右，主要原材料钛白粉空前热涨，吨价接近 3 万元大关。2010 年数据显示，2 745 家规模以上企业产品销售成本 1 633.88 亿元，同比增长 28.5%；产品销售费用 109.36 亿元，同比增长 18.1%；管理费用 100.02 亿元，同比增长 20.7%。可见，管理费用、生产要素价格的持续高涨已成为现阶段影响涂料行业运行的突出问题。

4 2011 年涂料行业经济运行趋势预测及建议

2011 年，涂料行业需求层面预期不景气，供过于求的压力或将增大。从 2010 年下半年的表现来看，涂料产品的下游市场需求并没有出现如预期的好转，如房地产“国八条”的影响，汽车行业“限行、限购”，加之 2011 年宏观经济走势的不确定性，2011 年下游市场需求明显好转的可能性不大，仍将持续增大的产能将进一步加剧供过于求的矛盾。

总体来说，2011 年国内涂料行业企业将面临较为复杂困难的运营环境，企业经营效益前景不容乐观，行业整体仍将处于高速发展后的震荡调整期，短期内难有实质性的改观。希望企业尽快提升工艺、技术、装备水平，重视开发新产品，开拓新市场；行业协会要抓协调服务，为企业排忧解难，努力优化企业发展环境。预计 2011 年涂料总产量会突破 1 000 万吨，产量和产值的同比增长率在 15%左右。

2010 年，我国涂料行业在产业升级、结构调整、战略转型方面发生了根本性变化，产业的区域结构、企业的分布结构、产品的品种结构等均朝着良性的态势发展。产业结构调整问题不仅仅是对产品进行调整，还应该是对企业分布结构、区域分布结构进行调整。未来一段时间内，行业整合、区域分布结构、企业结构的调整都将是产业结构调整的一个重要内容。企业创新问题，不仅仅有技术层面的，也有管理层面的，这涉及到创新体制的建设，更涉及到行业创新体制的建设。协会将积极建议国家产业部门、科技部门、财税部门在制定调整政策时，充分考虑涂料工业现状，鼓励促进涂料工业发展低能耗、低排放、高功能的新兴产业，鼓励促进涂料工业发展循环经济，促进涂料工业的产业结构健康有序调整，鼓励促进民族涂料工业发展。

总之，2010 年是国际金融危机以来世界经济形势最为复杂的一年，也是中国经济向好的态势进一步得到巩固的一年。虽然我国涂料工业保持了良好的增长势头，产业结构调整和市场发展方式转变得到了有效的支撑，但在产品结构上，则表现出许多深层次的缺陷和失衡。我国涂料行业快速、持续发展还存在明显的脆弱性，产能结构性、阶段性过剩，产品结构的不合理、研发投入不足、主要基础材料依赖进口、自主创新能力滞后已经成为我国涂料行业健康运行的最主要影响因素。

2010年中国家具行业发展概况

中国家具协会　陆　薇　陈宝光

2010年，中国家具行业在复杂的国内外经济环境下，总体发展形势良好，实现了平稳快速增长。

1　生产增速加快

根据国家统计局数据显示，2010年，家具行业规模以上企业5883家，累计完成工业总产值（下同）4487.65亿元，同比增长32.43%。其中，木质家具制造业完成了2610.06亿元，同比增长33.74%；金属家具制造业完成了1077.51亿元，同比增长30.18%。

同年，家具行业累计生产家具77032.83万件，同比增长27.76%。其中，生产木质家具26072.71万件，同比增长26.37%；生产金属家具42381.19万件，同比增长31.26%；生产软体家具4730.97万件，同比增长16.84%。

由图1可以看出，家具行业规模以上企业实现了工业总产值与产量的高速双增长，2010年4～10月的产量月度增速均超过了30.36%，与之相比同期工业总产值的月度增速相对较慢，这一期间家具产品量高价低，产能过剩进一步显现，进而说明着力调整和优化产业机构、切实转变经济增长方式已成为家具行业发展的迫切需要。

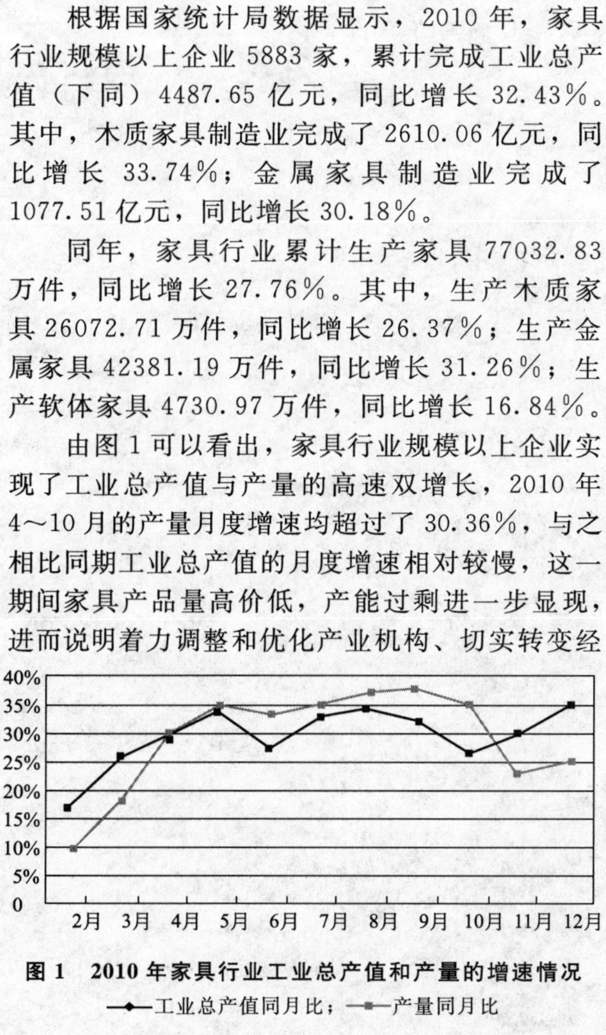

图1　2010年家具行业工业总产值和产量的增速情况

—◆—工业总产值同月比；—■—产量同月比

2　出口实现恢复性增长

根据海关总署统计数据显示，2010年，家具行业累计出口3372387.5万美元，同比增长29.95%。主要出口的9类家具商品中，出口坐具及其零件1494283.4万美元，占家具出口总值（下同）的44.31%；出口木家具1055721.1万美元，占31.30%（图2）。除弹簧床垫仍为负增长外，其他各类商品的增速均呈两位数正增长，其中木家具的增速最快达到39.14%，金属家具和塑料家具的增速也达到30%以上，坐具及其零件增速为28.02%。

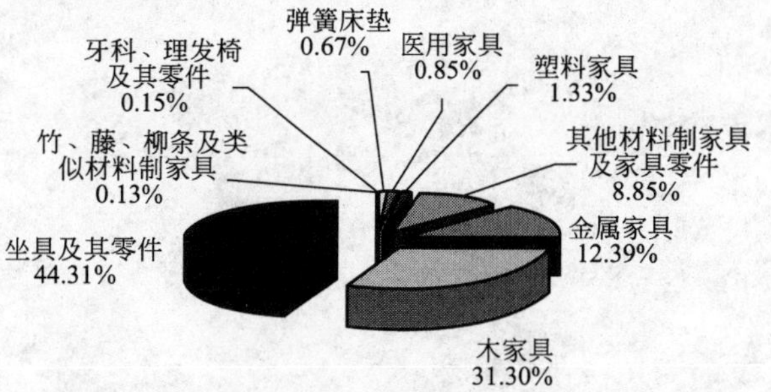

图2　2010年主要家具商品出口值结构

家具出口增速明显，彻底扭转了2009年的颓势，然而木家具、金属家具及塑料家具的出口均未实现量价同步上升，表现为出口值增速高于出口量增速，并且出口量中有一定比例的数量是国外补充国际金融危机期间消耗的库存量。

今后，家具商品出口的主体仍然是坐具及其零件、木家具，这两大类商品的合计出口比重保持在70%～75%；全世界对中国制中低档家具的依赖度较大，美欧日等国际传统市场在较长一段时间内依旧是支撑我国家具出口的主力；尽管我国的劳动力成本比较优势有所减弱，国际家具业开始转向东南亚国家，但是中国家具行业已具备雄厚的产业基础，生产能力较强，"人口红利"的延续也将使低成本优势继续保持，家具出口大国的地位难以动摇。

3 效益大幅提高，增幅逐渐收窄

家具行业属于劳动密集型产业，以中小民营企业为主，规模以上企业约只占全行业企业总数的13%。2010年1～11月，规模以上企业累计实现利税285.90亿元，比上年同期增长42.73%；累计实现利润186.08亿元，比上年同期增长46.80%。

利税与利润保持了高速增长，但这两项指标的增幅却不断收窄，与2009年1～8月相比，增速分别回落了2.78%和9.14%。行业效益有所下滑，除了因为下半年的同比基数提升外，更由于原材料价格上涨、用工成本增加、银行利息上调、人民币汇率升值、运费提高等多重因素叠加，导致企业经营压力加大，盈利空间受到一定的挤压。

2010

第三章

涂料领域市场状况及新进展

2010年我国建筑涂料情况和2011年发展趋势

中国涂料工业协会专家委员会　上海申得欧有限公司　林宣益

0 前　言

2010年，在2009年的丰收基础上，在原材料价格上涨的压力下，我国建筑涂料行业还是取得了不俗的成果。

1 建筑涂料市场

需求是市场的火车头。强劲的需求造就了我国蓬勃发展的建筑涂料市场。

1.1 建筑涂料市场的动力

1996～2010年，我国货币和准货币（M2）、国内生产总值（GDP）、房地产投资和建筑涂料产量如表1所示。14年增加倍数和平均增速如表2所示。数据从1996年开始，是因为我国建筑涂料是从1996年开始统计的。

可以看出，国内经济快速发展是建筑涂料行业发展的基础，2010年GDP名义增速是16.9%，14年年均GDP名义增速是13.1%。货币和准货币增速高，一方面是通货膨胀的根源，

表1　1996～2010年M2、GDP、房地产投资和建筑涂料产量

年份	M2/亿元	M2增速/%	GDP/亿元	GDP名义增速/%	房地产投资/亿元	房地产投资增速/%	涂料产量/万吨	涂料增速/%	建筑涂料产量/万吨	建筑涂料所占比例/%	建筑涂料增速/%
1996	76095	25.3	71177	17.1	3825	21.5	160	－5.7	29.6	18.5	
1997	90995	19.6	78973	11.0	3106	－18.8	166	3.8	30.9	18.6	4.3
1998	104499	14.8	84402	6.9	3580	15.3	168	1.4	46.5	27.6	50.5
1999	117638	12.6	89677	6.2	4103	14.6	171	1.7	51.6	30.1	10.9
2000	132488	12.6	99215	10.6	4984	21.5	184	7.4	56.3	30.6	9.3
2001	152889	15.4	109655	10.5	6344	27.3	182	－1.3	58.8	32.4	4.4
2002	183247	19.9	120333	9.7	7791	22.8	202	11.0	65.3	32.4	11.1
2003	219227	19.6	135823	12.9	10106	29.7	242	19.8	72.1	29.9	10.4
2004	250803	14.4	159878	17.7	13158	30.2	298	23.4	113.4	38.0	57.3
2005	296040	18.0	183217	14.6	15759	19.8	404	35.6	130.1	32.2	14.7
2006	345578	16.7	211924	15.7	19382	23.0	529	30.9	155.4	30.6	19.4
2007	403401	16.7	257306	21.4	25280	30.4	597	12.9	179.6	30.1	15.6
2008	475167	17.8	300670	16.9	30580	21.0	638	6.8	194.1	30.4	8.1
2009	610225	28.4	340507	13.2	36232	18.5	755	18.4	261.7	34.6	34.8
2010	725774	19.7	397983	16.9	48267	33.2	967	28.0	351.8	36.4	34.5

注：1. M0——流通中货币；

M1——货币，M1＝M0＋企事业机关团体部队存款＋农村存款＋信用卡类存款等；

M2——货币和准货币，亦称广义货币，M2＝M1＋居民储蓄存款＋企业定期存款＋外币存款＋信托类存款＋证券公司客户保证金等，广义货币M2最具代表性。

2. GDP名义增速是不考虑国内生产总值平减指数的增速。

表 2　M2、GDP、房地产投资和建筑涂料产量的 14 年增加倍数和平均增速

时间	M2/亿元	GDP/亿元	M2/GDP	房地产投资/亿元	建筑涂料/万吨
1996 年	76095	71177	1.07	3825	29.6
2010 年	725774	397983	1.82	48267	351.8
14 年增加倍数	9.5	5.6	1.70	12.6	11.9
14 年年均增速/%	17.5	13.1	3.87	19.9	19.3

表 3　以建筑面积来估算内外墙建筑涂料用量

时间	竣工建筑面积(1)/亿平方米	内墙面积(2)/亿平方米	外墙面积(3)/亿平方米	内墙用涂料比例(4)/%	外墙用涂料比例(5)/%	内墙涂料(6)/万吨	外墙涂料(7)/万吨	内外墙涂料总量(8)/万吨
1996	16.2	40.50	11.34	38	15	38.48	5.10	43.58
1997	16.61	41.53	11.63	43	21	44.64	7.33	51.96
1998	17.09	42.73	11.96	48	26	51.27	9.33	60.60
1999	18.74	46.85	13.12	52	30	60.91	11.81	72.71
2000	18.20	45.50	12.74	56	33	63.70	12.61	76.31
2001	18.24	45.60	12.77	60	36	68.40	13.79	82.19
2002	19.67	49.18	13.77	63	38	77.45	15.70	93.15
2003	20.23	50.58	14.16	66	40	83.45	16.99	100.44
2004	20.70	51.75	14.49	68	42	87.98	18.26	106.23
2005	22.76	56.90	15.93	70	44	99.58	21.03	120.61
2006	21.25	53.13	14.88	72	46	95.63	20.53	116.15
2007	23.84	59.60	16.69	74	48	110.26	24.03	134.29
2008	26.03	65.08	18.22	76	50	123.64	27.33	150.97
2009	28	70.00	19.60	78	52	136.50	30.58	167.08
2010	29	72.50	20.30	78	54	141.38	32.89	174.26

注：(2) ＝ (1) ×2.5；(3) ＝ (1) ×0.7；(6) ＝ (2) × (4) /6 (m^2/L) ×1.5/10；(7) ＝ (3) × (5) /5 (m^2/L) × 1.5/10；2009～2010 年的竣工建筑面积为估计数据。

另一方面对经济发展有一定刺激作用。2009 年货币和准货币增速是 28.4%，表现超高，2010 年增速是 19.7%，表现偏高，14 年年均增速 17.5%，高于 GDP 名义增速 4.4%。

这样的宏观环境，就造就了各行各业的发展。房地产投资 2010 年是 4.8 万亿元，比 2009 年增加了 33.2%，14 年年均增速是 19.9%。房地产投资高速增长是建筑涂料发展的强大动力。2010 年建筑涂料产量是 351.8 万吨，比 2009 年增加了 34.5%，2009 年对 2008 年的增速是 34.8%，14 年年均增速是 19.3%，与房地产投资增速相当。

由表 1 可以看出，以房地产投资（亿元）为自变量（X），以建筑涂料产量（万吨）为函数（Y），用表 1 中 15 年的数据，回归得：$Y=0.0066X+18.38$，相关系数 $r=0.99$。这说明建筑涂料产量和房地产投资有很好的相关性。

1.2　以竣工建筑面积来估算内外墙涂料用量

根据国家统计局的统计数据，我国近年每年竣工建筑面积接近 30 亿平方米。内外墙装饰大多使用建筑涂料。以竣工建筑面积来估算内外墙涂料需求量，结果列于表 3。

14 年来，全国竣工建筑面积的年均增速为 4.2%。建筑涂料的使用面积的比例也逐步提高。估算的 174.26 万吨只是新建建筑用的内外墙涂料，加上旧墙翻新和其他类建筑涂料等，所以实际建筑涂料需求量会更多一些。但约只有 351.8 万吨产量的一半。估计统计数据中包括有非建筑涂料产品，如干粉砂浆等。另外，部分建筑涂料，如防水涂料和防火涂料等，可能又没有统计进去。即部分该进的未进，而不该进的进去了，出入在所难免。

2010 年建筑涂料市场容量估计约 500 亿元。当然，这是指建筑涂料厂的销售额，不是建筑工程中建筑涂料市场容量，其差值是经销费用和经销利润等。

2　建筑涂料生产

我国建筑涂料的生产基本能满足市场需要。

2.1　建筑涂料产量

按国家统计局 2010 年公布的统计数据，2010 年建筑涂料产量是 351.8 万吨，2009 年是 284.5 万吨，同比增加 23.7%。分省市统计产量如表 4。

表 4　2010 年中国建筑涂料产量统计（分省市）

地区	2010 年统计数据				2009 年统计数据			2010 年平均规模/t
	企业数/个	2010 年/t	2009 年/t	同比/%	企业数/个	2009 年/t	同比/%	
全国	410	3518217	2844771	23.7	379	2616692	34.5	8581
华北	46	202513	172607	17.3	53	163467	23.9	4402
北京	31	123092	97332	26.5	36	94235	30.6	3971
天津	9	26497	24738	7.1	8	18171	45.8	2944
河北	4	23167	18765	23.5	6	19289	20.1	5792
山西	2	29757	31772	−6.3	3	31772	−6.3	14879
内蒙古	0	0	0	—	0	0	—	—
东北	29	314014	237834	32	27	236921	32.5	10828
辽宁	19	162055	148366	9.2	20	147514	9.9	8529
吉林	8	150152	89363	68	6	89302	68.1	18769
黑龙江	2	1807	105	1621	1	105	1621.0	904
华东	196	1632347	1270243	28.5	164	1203738	35.6	8328
上海	46	752912	595648	26.4	22	462073	62.9	16368
江苏	39	377188	283671	33	40	285318	32.2	9671
浙江	45	142344	122531	16.2	42	117668	21.0	3163
安徽	17	97433	113512	−14.2	14	112681	−13.5	5731
福建	15	45224	31660	42.8	14	28672	57.7	3015
江西	4	11575	10332	12	4	11334	2.1	2894
山东	30	205671	112889	82.2	28	185992	10.6	6856
中南	108	1197602	998993	19.9	107	852132	40.5	11089
河南	13	57700	53301	8.3	11	52747	9.4	4438
湖北	14	45560	43037	5.9	14	45979	−0.9	3254
湖南	30	388739	302714	28.4	30	288683	34.7	12958
广东	45	690607	588819	17.3	49	456738	51.2	15347
广西	5	11262	8227	36.9	2	5090	121.3	2252
海南	1	3734	2895	29	1	2895	29.0	3734
西南	18	123762	128856	−4.0	19	130181	−4.9	6876
重庆	11	112112	120487	−7.0	11	120487	−7.0	10192
四川	3	6887	4258	61.7	4	5388	27.8	2296
贵州	1	942	0	—	0	0	—	942
云南	3	3821	4111	−7.1	4	4306	−11.3	1274
西藏	0	0	0	—	0	0	—	—
西北	13	47980	36238	32.4	9	30254	58.6	3691
陕西	6	41417	34073	21.6	4	28089	47.4	6903
甘肃	2	2558	74	3356.8	1	74	3356.8	1279
青海	0	0	—	—	0	0	—	—
宁夏	1	676	491	37.7	1	491	37.7	676
新疆	4	3329	1600	108.1	3	1600	108.1	832

按国家统计局 2009 年公布的统计数据，2009 年建筑涂料产量是 261.7 万吨，2010 年同比就增加 34.5%。便于比较，本文采用此数据。

造成差别的主要原因是统计的企业数和企业不同所致。2009 年统计的企业是 379 家。2010 年统计的是 410 家企业。统计企业数多了 31 家。

建筑涂料基本上是以销定产，产量近似地可以被看成销量。

2010 年产量前 10 大建筑涂料生产省市排序如表 5。前 10 名分别是上海、广东、湖南、江苏、山东、辽宁、吉林、浙江、北京和重庆。吉林进入前 10 名，估计和干粉砂浆类产品被统计进入有关，安徽从 2009 年的前 10 名中被挤出。上海增速大的原因主要是统计企业从 2009 年的 22 个增加到 2010 年的 46 个，增加了一倍多。

2010 年建筑涂料产量按大区排序如表 6，各大区次序与 2009 年相同。其中，增速最大的是西北，其次是中南。

表5 2010年10大建筑涂料生产省市排序

地区	2010年统计数据					2009年统计数据			2010年
	排序	企业数/个	2010年/t	2009年/t	同比/%	企业数/个	2009年/t	同比/%	平均规模/t
上海	1	46	752912	595648	26.4	22	462073	62.9	16368
广东	2	45	690607	588819	17.3	49	456738	51.2	15347
湖南	3	30	388739	302714	28.4	30	288683	34.7	12958
江苏	4	39	377188	283671	33	40	285318	32.2	9671
山东	5	30	205671	112889	82.2	28	185992	10.6	6856
辽宁	6	19	162055	148366	9.2	20	147514	9.9	8529
吉林	7	8	150152	89363	68	6	89302	68.1	18769
浙江	8	45	142344	122531	16.2	42	117668	21.0	3163
北京	9	31	123092	97332	26.5	36	94235	30.6	3971
重庆	10	11	112112	120487	−7.0	11	120487	−7.0	10192

表6 2010年中国建筑涂料产量按大区统计排序

地区	2010年统计数据				2009年统计数据			2010年
	企业数/个	2010年/t	2009年/t	同比/%	企业数/个	2009年/t	同比/%	平均规模/t
全国	410	3518217	2844771	23.7	379	2616692	34.5	8581
华东	196	1632347	1270243	28.5	164	1203738	35.6	8328
中南	108	1197602	998993	19.9	107	852132	40.5	11089
东北	29	314014	237834	32	27	236921	32.5	10828
华北	46	202513	172607	17.3	53	163467	23.9	4402
西南	18	123762	128856	−4.0	19	130181	−4.9	6876
西北	13	47980	36238	32.4	9	30254	58.6	3691

表7 2010年建筑涂料平均产量按大区排序

地区	2010年统计数据				2009年统计数据			
	排序	企业数/个	2010年产量/t	2010年平均规模/t	排序	企业数/个	2009年产量/t	2009年平均规模/t
全国	—	410	3518217	8581	—	379	2616692	6904
中南	1	108	1197602	11089	2	107	852132	7964
东北	2	29	314014	10828	1	27	236921	8775
华东	3	196	1632347	8328	3	164	1203738	7340
西南	4	18	123762	6876	4	19	130181	6852
华北	5	46	202513	4402	6	53	163467	3084
西北	6	13	47980	3691	5	9	30254	3362

2.2 建筑涂料企业规模

根据国家统计局公布的统计产量和企业数，将2010年平均企业规模按大区排序列于表7。便于比较，将2009年平均规模也列于该表。2010年，410个建筑涂料企业，共生产3518217t建筑涂料，全国平均规模为8581t。平均规模最高的地区是中南，11089t。第二是东北，10828t，二大区都超万吨。华东居第三，8328t。这与人们东北没有大的建筑涂料厂的直觉不同，东北产量中可能含有较多的干粉砂浆类产品。

2010年按省市统计建筑涂料平均规模前10名如表8，山东和河北进入前10，安徽和陕西被挤出前10。吉林取代上海，成为建筑涂料平均规模最高的省市，平均规模为18769t。如前所述，估计吉林有较多的干粉砂浆类产品被统计入建筑涂料。吉林、上海、广东、山西、湖南和重庆的平均规模都在万吨以上。

2002～2010年平均统计企业规模列于表9。2010年统计企业平均规模是8581t，比2009年有较大提高。

2.3 建筑涂料品种和执行标准

《涂料产品分类和命名》(GB/T 2705—2003) 将建筑涂料分为墙面涂料、防水涂料、地坪涂料和功能性建筑涂料。

由于基层是涂装的基础，而腻子是修补和找平基层的材料。因此，建筑腻子也列于墙面涂料之中。

建筑涂料品种和执行标准如表10。

表 8　2010 年按省市统计建筑涂料平均规模前 10 名

地区	2010 年统计数据				2009 年统计数据			
	排序	企业数/个	2010 年产量/t	2010 年平均规模/t	排序	企业数/个	2009 年产量/t	2009 年平均规模/t
全国	—	410	3518217	8581	—	379	2616692	6904
吉林	1	8	150152	18769	2	6	89302	14884
上海	2	46	752912	16368	1	22	462073	21003
广东	3	45	690607	15347	6	49	456738	9321
山西	4	2	29757	14879	4	3	31772	10591
湖南	5	30	388739	12958	5	30	288683	9623
重庆	6	11	112112	10192	3	11	120487	10953
江苏	7	39	377188	9671	9	40	285318	7133
辽宁	8	19	162055	8529	8	20	147514	7376
山东	9	30	205671	6856	11	28	185992	6643
河北	10	4	23167	5792	13	6	19289	3215

表 9　2002～2010 年建筑涂料企业规模

年份	统计产量/t	统计企业产量/t	其他企业产量/t	统计企业/个	统计企业平均规模/[t/(个·a)]
2002	653167	631830	21337	185	3415
2003	721036	705177	15859	186	3791
2004	1133539	1132047	1492	228	4965
2005	1335149	1333565	1584	254	5250
2006	1554398	1553071	1327	242	6418
2007	1795623	—	—	—	—
2008	1940791	1940791	0	263	7379
2009	2616692	2616692	0	379	6904
2010	3518217	3518217	0	410	8581

表 10　建筑涂料品种和执行标准

类型	序号	品种	性能标准	环保标准
墙面涂料	1	合成树脂乳液内墙涂料和内墙底涂	GB/T 9756	GB18582
	2	合成树脂乳液外墙涂料	GB/T9755	GB24408
	3	合成树脂乳液砂壁状建筑涂料	JG/T24	GB24408 或 GB18582
	4	弹性建筑涂料	JG/T172	GB24408 或 GB18582
	5	复层建筑涂料	GB/T9779	GB24408 或 GB18582
	6	溶剂型外墙涂料	GB/T9779	GB24408
	7	外墙无机建筑涂料	JG/T26	GB24408
	8	交联型氟树脂涂料	HG/T3792	GB24408
	9	热熔型氟树脂涂料	HG/T3793	GB24408
	10	建筑用水性氟涂料	HG/T4104	GB24408
	11	建筑内外墙用底漆	JG/T210	GB24408 或 GB18582
	12	建筑外墙用腻子	JG/T157 GB/T23455	GB24408
	13	建筑室内用腻子	JG/T3049	GB18582
防水涂料	1	聚氨酯防水涂料	GB/T19250	
	2	聚合物乳液建筑防水涂料	JC/T864	
	3	聚合物水泥防水涂料	GB/T23445	
	4	水泥基渗透结晶型防水材料	GB18445	
	5	喷涂聚脲防水涂料	GB/T23446	
	6	水性沥青基防水涂料	JC408	
	7	溶剂型橡胶沥青防水涂料	JC/T852	
	8	聚氯乙烯弹性防水涂料	JC/T674	

续表

类型	序号	品种	性能标准	环保标准
地坪涂料	1	地坪涂料	HG/T3829	
	2	地坪涂装材料	GB/T22374	
	3	环氧树脂地面涂层材料	JC/T1015	
	4	溶剂型聚氨酯涂料(木地板)	GB/T23997	GB18581
	5	水性木器涂料(木地板)	GB/T23999	GB24410
	6	水泥地板用漆	HG/T2004	
	7	防静电地坪涂料	SJ/T11294	
防火涂料	1	饰面型防火涂料	GB12441	
	2	钢结构防火涂料	GB14907	
	3	混凝土结构防火涂料	GA98	
	4	隧道防火涂料	GA98	
功能性建筑涂料	1	建筑用钢结构防腐涂料	JG/T224	
	2	钢结构桥梁漆	HG/T3656	
	3	负离子功能涂料	HG/T4109	GB18582
	4	抗菌涂料	HG/T3950	GB18582
	5	建筑用反射隔热涂料	GB/T25261 JG/T235 JC/T1040	GB24408
	6	建筑用防涂鸦抗粘贴涂料	JG/T304	GB24408
	7	防霉涂料	GB/T1741	GB24408 或 GB18582
室内装饰木器涂料	1	室内装饰装修用溶剂型醇酸木器涂料	GB/T23995	GB18581
	2	室内装饰装修用溶剂型聚氨酯木器涂料	GB/T23997	GB18581
	3	室内装饰装修用溶剂型硝基木器涂料	GB/T23998	GB18581
	4	室内装饰装修用水性木器涂料	GB/T23999	GB24410
室内装饰金属板涂料	1	室内装饰装修用溶剂型金属板涂料	GB/T23996	

3 建筑涂料应用

3.1 建筑涂料特性和发展

从生产的角度来说，建筑涂料是成品。但从使用的角度来看，建筑涂料只是半成品，通过涂装应用，干燥成膜，并附着在基面上的涂膜才是成品。好的建筑涂料，只有通过专业的基层处理和涂装，在合适的干燥成膜条件下，才能形成牢牢地附着在基面上的涂膜。这种涂膜才能起到长久的保护、理想的装饰以及其他的作用。

建筑涂料的装饰作用主要通过颜色、质感、光泽和线条来体现。随着人们生活水平的提高，建筑装饰要求越来越高，在安全的前提下，逐步趋向自然化、个性化、特色化。花岗岩涂料等质感涂料，由于能较好地表达建筑装饰的语言，满足用户需求，备受市场青睐。

这几年，建筑涂料的应用取得较大发展。尤其是国家强制执行建筑节能政策以来，给建筑涂料的推广应用提供了契机。建筑涂料应用技术也有了很大发展，有不少该方面的专利问世。尤其是仿砖和仿石涂料，到了以假乱真、以假超真的境界。

3.2 仿砖涂料和瓷砖饰面对比

这里不妨把仿砖涂料和瓷砖饰面作一比较。

3.2.1 安全性

安全性对于建筑物外墙饰面材料的选用是非常重要的。

(1) 仿砖黏结强度高。如根据 JG/T 24—2000《合成树脂乳液砂壁状建筑涂料》的要求，其粘结强度要不小于 0.7MPa。而瓷砖黏结强度较低，按 JGJ110《建筑工程饰面砖粘结强度检验标准》规定，每组试样平均黏结强度不应小于 0.4MPa；每组可有一个试样的黏结强度小于 0.4MPa，但不应小于 0.3MPa。

(2) 仿砖自重轻，约 4kg/m²。而瓷砖、瓷砖胶黏剂和勾缝剂总质量为 21～40kg/m²。

(3) 瓷砖和黏结剂的热膨胀系数不同，在环境温度作用下，在黏结层中会产生应力，影响瓷砖和黏结剂界面的长期黏结强度。久而久之，有可能降至临界黏结强度以下。而仿砖为涂料，无此问题。

(4) 瓷砖饰面由于施工的问题，往往存在黏结层空鼓，冬季积水受冻融，体积膨胀，造成黏结强度下降等。但仿砖饰面不存在此类问题。

因此，仿砖饰面100%安全，而外墙砖存在脱落风险。

3.2.2 防水性

仿砖饰面的施工是一个无接缝的防水层，防水性较好。外墙瓷砖饰面砖缝易渗水、漏水。

此外，外墙外保温以涂料做仿砖饰面，不需要留膨胀收缩缝，无渗水风险。外墙外保温以瓷砖为饰面，需要做膨胀收缩缝，存在漏水隐患。

可见，仿砖饰面防水性优于瓷砖饰面。

3.2.3 透气性

仿砖饰面涂料的透气性好。仿砖饰面涂料也符合JG 149—2003《膨胀聚苯板薄抹灰外墙外保温系统》水蒸气湿流密度大于0.85的要求，能使水蒸气顺畅排出。

瓷砖饰面主要靠砖缝透气，透气性较差。

3.2.4 抗裂性

仿砖饰面涂料由柔性的高聚物和粒度适中的材料组成，能吸收开裂应力，抗裂性好。外墙砖是刚性材料，抗裂性较差。

仿砖饰面透气性好，水泥基抹灰层中氢氧化钙碳化较快，pH值较低，玻璃纤维腐蚀减少，抗裂性保持率高。外墙砖透气性差，水泥基抹灰层中氢氧化钙碳化较慢，pH值较高，玻璃纤维腐蚀较厉害，抗裂性保持率较差。

3.2.5 与外墙外保温的匹配性

仿砖饰面对于外墙外保温，以柔性饰面材料配柔性基层，匹配性好。外墙砖饰面对于外墙外保温，以刚性饰面材料配柔性基层，匹配性差。

3.2.6 耐久性

外墙砖本身经过高温煅烧，耐久性好。但根据水桶板理论，决定水桶盛水多少的是最短的一块水桶板。外墙砖饰面最短的一块板就是瓷砖黏结层，由于黏结层不饱满，空鼓、进水、结冰、膨胀、黏结力下降、脱落，使用寿命约为8～15年。

仿砖没有上述问题，且仿砖是厚涂膜，干膜厚度是毫米级，天然石材色彩，一般使用寿命可达15年以上，最多考虑罩光漆翻新，与外墙外保温使用年限25年配套性好。

3.2.7 装饰性

仿砖饰面色彩丰富、质感多样，施工结果砖缝横平竖直。瓷砖表面光洁，耐腐蚀，易清洗。二者的装饰性各有千秋。

3.2.8 施工

仿砖饰面的转角、大小、异型等可按需安排，施工都很方便，且施工速度快。而这些对于外墙砖饰面来说是很难的。

3.2.9 维护翻新

仿砖饰面维护翻新基本只需重涂罩光漆。外墙砖饰面如掉了一块砖，仅找相同的颜色就很困难，更不要说施工了。

3.2.10 节能减排

陶氏化学公司做过外墙水性涂料和建筑瓷砖的对比生命周期评价。结果表明，水性涂料在总能耗、总水耗、总固体废弃物、温室气体排放、非生物资源消耗、空气酸化潜值、水富营养化潜值和人类健康毒性类别中影响都比瓷砖小。瓷砖的VOC和COD排放较水性涂料小。因此，仿砖饰面有利节能减排。

通过以上分析比较可以看出，仿砖饰面比瓷砖饰面有较多的优势。在实际应用上，仿砖饰面已逐步被用户广泛接受。随着时间的推移，良好应用结果的进一步显现，仿砖饰面将得会到较好的发展，尤其是作为外墙外保温的饰面。它既安全，又耐久，装饰效果也好。

当然，外墙饰面应该是多样性的，但性价比较高的材料定将占有较多的市场份额。

4 我国建筑涂料在世界的地位

美国、日本和德国是经济大国，也是建筑涂料主要生产国。看看美国、日本和德国的建筑涂料情况，就能大致知道我国建筑涂料在世界的地位。据美国统计局数据，美国涂料和建筑涂料销量见表11。

从表11可以看出，美国正常年份建筑涂料销量约为400多万吨，约90亿美元，占涂料总销量的50%左右，占涂料总销售额的44%左右。2008年经济危机影响较大。建筑涂料销量2009年比2008年下降16%，2008年比2007年下降4%。2010年比2009年有所回升。

德国涂料产量和产值如表12所示。2009年德国涂料用量分类见表13。德国建筑涂料产量约占涂料总量的60%，约100多万吨。2009年建筑涂料用量95万吨。

表 11　美国涂料和建筑涂料销量

年份	涂料销量			建筑涂料销量				
	销量/百万加仑	销量/万吨	销售额/百万美元	销量/百万加仑	销量/万吨	份额/%	销售额/百万美元	份额/%
2001	1392.9	790.82	17274.7	667.0	378.69	47.9	7038.3	40.7
2002	1433.9	814.10	17465.8	709.8	402.99	49.5	7610.1	43.6
2003	1473.5	836.58	18092.0	762.0	432.63	51.7	8006.2	44.3
2004	1534.3	871.10	19233.2	803.6	456.24	52.4	8623.3	44.8
2005	1570.3	891.54	19945.2	759.3	431.09	48.4	8485.8	42.5
2006	1549.7	879.84	20870.1	767.6	435.80	49.5	9003.1	43.1
2007	1496.9	849.86	20812.1	776.7	440.97	51.9	9065.2	43.6
2008	1222.5	694.07	18936.3	682.0	387.21	55.8	8669.0	45.8
2009	1056.5	599.83	16220.1	616.6	350.07	58.4	8023.4	49.5
2010	1272.6	722.52	19008.1	658.9	374.09	51.8	8567.2	45.1

注：1 万吨＝百万加仑×3.785×1.5/10。

表 12　德国涂料产量和产值

年份	产量/t	产量增速/%	产值/万欧元	产值增速/%
2000	2089614	—	464600	—
2001	2027568	−3.0	460500	−0.9
2002	2036426	0.4	466500	1.3
2003	2045068	0.4	468400	0.4
2004	2126981	4.0	475000	1.4
2005	2160614	1.6	477000	0.4
2006	2245184	3.9	498000	4.4
2007	2229814	−0.7	505000	1.4
2008	2134605	−4.3	458709	−9.2
2009	1962699	−8.1	395921	−13.7

表 13　2009 年德国涂料用量分类

涂料种类	用量/万吨	份额/%	涂料子类	用量/万吨	份额/%
建筑涂料	95	65.8	内墙涂料	46	31.9
			外墙涂料	13.6	9.4
			合成树脂砂浆	11	7.6
			清漆和油漆	9.4	6.5
			底涂	5.7	4.0
			批刮材料，其他涂料	9.3	6.4
工业涂料	44.4	34.2	普通工业涂料	20	13.9
			汽车涂料	10.1	7.0
			木器涂料	5.9	4.1
			防腐蚀涂料	4.3	3.0
			汽车修补漆	2.3	1.6
			船舶涂料	1.8	1.2
			其他涂料	4.9	3.4
合计				144.3	100

据欧洲涂料、油墨和画家用颜料协会(CEPE)报道，欧盟 2001 年涂料年销量约 540 万吨，154 亿欧元，建筑涂料约占销量的 61.5%，销售额的 49.4%。2002 年涂料年销量基本与 2001 年持平，建筑涂料约占销量的 62%，销售额的 50.4%。近年，年销售建筑涂料约 330 万吨，年销售额约 70 亿欧元，约占涂料总销量的 60%，生产企业约 3300 个，销售单位 10 万个以上，专业用户约 250 万个，DIY 用户 1 亿以上。

据日本经济、贸易和工业部统计资料，日本的涂料产量和销量如表 14。

表 14 日本的涂料产量和销量

年份	产量/万吨	销量/万吨	销售额/亿日元
2001	181.1	195.8	6948
2002	178.1	191.4	6739
2003	178.4	190.6	6723
2004	183.3	195.2	6841
2005	190.4	200.9	7010
2006	195.1	205.6	7416
2007	193.9	207.5	7688
2008	183.8	198.3	7745
2009	148.4	163.7	6339
2010	160.0	174.1	6740

日本年涂料销量约 200 万吨，7000 亿日元。2008 年受经济危机影响销量下降。建筑涂料约占总涂料量 33%，约占总销售额的 28%。2010 年建筑涂料年销量约为 60 万吨，销售额约为 1900 亿日元。

由以上分析可以看出，我国建筑涂料的产量和销量与美国、欧盟差不多，而销售额比他们低。但产量和销量比日本高，建筑涂料销量占涂料总销量的比例和销售额占涂料总销售额的比例与日本不相上下。我国建筑涂料产品品种和性能等与发达国家相当，但我国对表面活性剂烷基酚聚氧乙烯醚类化合物也还没有限制，涂料原材料和涂料产品的材料安全数据表（MSDS）的编写和使用与国外发达国家比较还有较大差距。涂料内所含物质和对环境和人有何影响表述不清。

5 2011 年建筑涂料发展展望

明天是今天的继续。

5.1 我国经济基本面

2011 年我国国内经济估计能保持 9%～10% 的增长速度。M2 增速将逐步回归常态。城市化将继续推进。

5.2 宏观调控

政府的宏观调控，一方面，保障房建造量会提高，速度会加快。另一方面，对商品房限购、限贷。

北京央视新址附属文化中心、上海胶州教师公寓、沈阳皇朝万鑫大厦等，相继发生建筑外保温材料火灾后，外墙外保温的防火问题备受关注。公安部消防局发出公消［2011］65 号文，规定民用建筑外墙外保温材料采用燃烧性能为 A 级的材料。

这些都对房地产业产生较大影响，自然波及建筑涂料行业。

5.3 成本压力

物价本来已处于上升通道。又受日本福岛核事故的影响，雪上加霜，核电发展将会延缓，核能发电量将会下降，石油与天然气等化石能源的消费上升。再加上中东和非洲一些产油国局势不稳，世界石油和天然气价格大幅上涨。从而使建筑涂料企业受到比 2010 年较大的成本上涨的压力。

5.4 创新

在压力下，在竞争中，建筑涂料企业将通过创新，包括产品创新、涂装技术创新、管理创新和销售创新等，使企业的产品品种、产品质量、涂装技术、服务质量、解决问题能力等特色化，更好满足目标客户需要，这将是企业赢得市场和谋求发展的基础。

5.5 环境友好

环境友好将是一个永恒的课题，要求会不断提高。即使法规未提高要求，企业也会自我加压。

《建筑防水涂料有害物质限量》已在报批中，估计 2011 年将批准实施。根据有害物质含量将防水涂料分为 A 级、B 级。A 级为环保类防水涂料；B 级含量作为防水涂料进入市场的门槛，是防水涂料必须达到的最低要求。此外，建筑防水涂料又分为 3 类：水性、反应型、溶剂型。水性、反应型防水涂料根据有害物质含量分为 A、B 两级，溶剂型防水涂料仅有 B 级。

5.6 出口

在通讯、交通和贸易十分发达的今天，开辟建筑涂料出口市场也是明智的选择和自然的趋向，即以国内市场为主，以国外市场为补充。

2010年中国汽车涂料年度报告

中国涂料工业协会专家委员会　武汉双虎汽车涂料有限公司　吴绍林

0 前　言

汽车工业是我国国民经济支柱产业之一，其技术水平和产量在一定意义上代表了一个国家的工业发达程度。近30年来我国汽车工业持续高速发展，2010年汽车产销量分别达到1826.47万辆和1806.19万辆，蝉联世界第一大汽车生产大国，汽车涂料需求量约58万吨，汽车涂料原厂漆（OEM）市场总额达到约15亿美元。

1 技术进展

随着汽车工业快速发展，对汽车涂料的要求也越来越高。减少公害；降低成本；提高质量一直是涂装技术发展的主题，新涂装材料的应用是涂装技术进步的先导。所有的乘用车新建涂装线底漆全部采用了电泳底漆，中涂开始采用水性涂料或高固体分材料，面漆逐步采用水性底色漆加高固体分清漆。目前，粉末清漆也已经开始应用于轿车的车身涂装。这些新材料的应用都大大降低了VOC（挥发性有机物）的排放。

1.1 阴极电泳底漆

阴极电泳涂料具有优异的渗透性，可均匀覆盖在不易涂装的部位（如工件内腔等），并且具有极强的耐腐蚀性能，耐盐雾性能可达到1000h，目前汽车生产中有90%以上使用阴极电泳涂料，乘用车用底漆几乎已全部使用阴极电泳底漆，车架、车轮及其零部件采用阴极电泳涂料已成为必然，从而大大提高了汽车零部件的防腐性能。目前阴极电泳涂料在耐腐蚀方面基本能满足要求，但在高流平性和高耐候性以及环保型等新型阴极电泳涂料方面还有待开发。

在提高阴极电泳涂料产品性能的方面，主要在于提高电泳涂料产品泳透力、提高边角防锈性、提高槽液稳定性、提高耐候性等方面。

阴极电泳涂料泳透力越高，意味着电泳涂装时，在夹缝和内腔等受到电场屏蔽的部位上电泳成膜的能力越强，易于达到厚度均匀的涂膜，提高整体的防腐性能。早期的阴极电泳涂料的泳透力只有14cm以下，目前主流的阴极电泳涂料产品泳透力一般为20cm以上，最新的技术甚至可以达到26cm（均为福特盒法）。

在提高边角防锈性方面，主要的方法是采用微凝胶技术，通过在电泳涂料产品中添加触变性较高的硅氧烷改性环聚胺树脂微凝胶或改性树脂，降低烘烤时边角处涂料的流动性，从而保持边角处的膜厚，使得涂膜的防腐性能得到提高。

在提高槽液稳定性方面，主要采用新的分散树脂和降低颜基比的方法。早期的阴极电泳涂料产品一般采用溶剂型叔胺分散树脂，颜料稳定性差，通过采用季铵盐分散树脂能显著提高颜料的分散稳定性。另外，槽液的颜基比越低，稳定性越高。目前国内电泳涂料槽液的P/B为25%左右，国际上一些大公司的产品可以达到15%的水平，最新的产品甚至采用无色浆技术，完全不含颜料从而彻底解决颜料的絮凝和沉淀问题。但颜基比越低，涂料的抗缩孔能力越差，如何提高计提数值的抗缩孔能力是一个技术难题，目前在这方面国内的技术水平尚有一定差距。

阴极电泳涂料产品中常用的固化剂为封闭型异氰酸酯，耐候性阴极电泳涂料通过将以前的芳香族异氰酸酯改换成脂肪族异氰酸酯，并加入

UV稳定剂和耐UV颜料来提高涂料的耐候性，将环氧树脂与耐候性树脂混合，是制备耐候性阴极电泳涂料的第二条技术路线。耐候性阴极电泳涂料产品的耐UV性能达到了与粉末中涂相当的水平，且涂膜的耐腐蚀性能与常规电泳涂料产品相当，耐UV阴极电泳涂料产品与现有阴极电泳涂料产品的区别见表1。

表1 耐UV阴极电泳涂料产品与现有阴极电泳涂料产品的不同点

性能	不同点
原漆施工性能	耐UV阴极电泳涂料的烘干温度高5℃，烘干时间长5min，其他性能一样
涂膜性能	耐UV阴极电泳涂料的厚度稍厚（30～35μm），加热减量在10%左右，有优异的涂膜外观，耐候性能与粉末中涂相当，其他性能与现用的阴极电泳涂料相当

闪光底面合一阴极电泳涂料在车轮上的应用，具有跨时代的意义。该产品只需一次电泳，涂膜兼具电泳底漆的高耐候性和金属闪光漆的高装饰性，涂装效率高、能耗低。

无铅、无重金属的阴极电泳涂料已被市场普遍认可。目前含铅电泳涂料/无铅阴极电泳涂料，已达到87/13，而我国大约为60/40，国内新上的电泳线几乎全部采用无铅阴极电泳涂料，老线也在加快切换的速度。

电泳涂料发展的另一个方向是降低有机溶剂排放量（VOC）。电泳涂料虽然为水性涂料，但是槽液中仍然含有一定量的有机溶剂，20世纪90年代初期，电泳涂料原漆中含有高达15%的有机溶剂，目前，国外已通过真空闪蒸的工艺对电泳涂料乳液进行脱溶剂处理，使原漆溶剂含量降至3%以下，槽液中的溶剂含量保持在0.5%～1%的较低水平。

降低加热减量。在阴极电泳涂料烘烤固化时，由于封闭型异氰酸酯固化剂解封时释放出小分子封闭剂，对环境产生污染，并且产生涂料消耗，因此降低加热减量也是阴极电泳涂料发展的一个重要方向。目前国内的阴极电泳涂料产品的加热减量大致在13%左右，新颁布的《阴极电泳涂料涂料》行业标准将加热减量规定为低于10%，国际上的阴极电泳涂料产品的加热减量可达到低于6%的水平。

1.2 中 涂

中涂可分为溶剂型中涂、水性中涂和粉末中涂。目前，受制于高成本，市场上的溶剂型中涂仍占据了主导地位，国内市场采用水性中涂的厂家还仅有武汉本田、广州本田和江淮汽车少数几家，粉末中涂更是尚无应用先例，但从发展趋势来看水性中涂和粉末中涂必是未来的主流产品。各类中涂所占比例如表2所示。

表2 全球各类中涂所占份额

类别	溶剂型中涂	水性中涂	粉末中涂	其他
全球市场份额/%	69	22	7	2

溶剂型中涂漆的主体树脂为聚酯/三聚氰胺系列，涂装固体分为55%～60%，VOC为35%～40%，通过提高中涂的固体分可以显著降低VOC，高固体分中涂漆固体分为65%～70%，VOC量为20%～30%。而水性化中涂漆VOC的排放量可减少80%。

水性中涂制造成本和使用成本都高于溶剂型中涂，必须使用专用的静电涂装设备，施工时需要严格的恒温恒湿控制，比传统的溶剂型中涂更容易出现缩孔和气泡等涂膜弊病。目前，杜邦公司的LCCC（低成本转换系统）-新水性中涂技术可直接将溶剂型中涂线改造为水性中涂线，该水性中涂具有高固体分（>55%）和闪干时间短的特点，不需要严格的恒温恒湿控制，扩大了水性中涂的施工窗口，不需要延长喷涂间、闪干区和烘炉。该技术已得到欧洲GM的认可，并已在中国进行推广。

粉末中涂技术上的主要障碍是如何形成平滑均匀的涂膜、粉末粒子的微粒化技术以及涂装装置的稳定供给，目前离溶剂型中涂的性能仍有一定距离。

1.3 面 漆

汽车面漆朝高鲜映性、高丰满度、高装饰性的方向发展，珠光漆、梦幻涂料等层出不穷。由于金属闪光漆具有良好的装饰性，占据了国内80%的市场。

水性金属底色漆具有特殊的流动性，有利于铝粉定向，比溶剂型涂料具有更好的金属效应，所以水性金属底色漆取代溶剂型是必然的发展趋势。随着近年来国家的相关法规政策的出台，从溶剂化转向水性化的趋势明显，大多数新建的工厂都采用水性涂料。国内水性中涂及水性底色漆应用情况见表3。

表3 国内水性中涂及水性底色漆应用情况

集团名称	工厂名称	线名称	车型	中涂	底色
GM	GM上海	2	轿车	溶剂型	水性
	GM山东	1	轿车	溶剂型	水性
	GM沈阳	2	轿车	水性	水性
HONDA	1工厂	1	轿车	水性	水性
	2工厂	1	轿车	水性	水性
	武汉	1	轿车	水性	水性
TOYOTA	天津	2	轿车	溶剂型	水性
		3	轿车	水性	水性
	广州	1	轿车	水性	水性
NISSAN	花都工厂	2	轿车	溶剂型	水性
HYUNDAI	北京1工厂	1	轿车	溶剂型	水性
	北京2工厂	1	轿车	水性	水性
DC	北京工厂	1	轿车	水性	水性
KIA	盐城	2	轿车	水性	水性
SAIC	新上海工厂	1	轿车	水性	水性
JAC	2工厂	1	轿车	水性	水性

效应颜料在金属底色漆中的应用解决了珠光颜料遮盖率不足的弊端，从而使随角异色现象更加自然。

影响水性基色漆在我国推广的主要原因也是涂装成本和技术方面的障碍，但随着我国环保法规的日益完善，涂料水性化的进程必将加快。

1.4 清 漆

罩光清漆汽车用面漆是汽车整个涂层中的最后一层涂料，它在整个涂层中发挥着主要的保护作用，决定了涂层的耐久性能和外观等。市场上对清漆产品的保护性能要求越来越高，例如耐酸雨、耐鸟粪、耐化学介质等性能。

欧美广泛使用丙烯酸聚氨酯的双组分罩光清漆，而我国主要使用的是单组分溶剂型清漆。罩光清漆的主流仍是高固体分涂料，目前水性和粉末罩光清漆的技术尚不成熟，施工性能与溶剂型相比仍有差距。如果采用双组分高固体分涂料，施工固体分可达85％以上，VOC排放量已与水性涂料相似，近期是可行的。几种罩光清漆的性能比较和市场占有率分别列于表4和表5，溶剂型底色漆和罩光清漆与水性底色漆和罩光清漆的溶剂含量及VOC排放量比较见表6。

表4 几类罩光清漆技术经济性能比较

项目	溶剂型	水性	粉末
VOC排放量	30％以上	2％～10％	0.5％以下
施工工艺	施工工艺成熟，成本较低	需新建涂装线，包括烘干室，对施工环境要求苛刻	需新建涂装线，生产效率高，几乎无污染物排放
烘烤条件	成熟	需增加预烘干室	较为成熟
涂膜性能	综合性能好，成熟	硬度高	
发展方向	高固体分化	改进施工条件，扩大温、湿工艺窗口	提高耐候性、涂膜外观等

注：VOC的组成含有有机溶剂和涂膜烘干固化时的分解物。

表5 几类罩光清漆的市场占有率 单位：％

类型	欧洲	世界
单组分溶剂型	64	81
双组分溶剂型	33	18
单组分水性型	1	0
粉末型	2	1

表 6　溶剂型底色漆和罩光清漆与水性底色漆和罩光清漆的溶剂含量及 VOC 排放量比较

类别	膜厚/μm	漆基		溶剂含量/%		VOC 排放量/(g/m²)	
		溶剂型	水性	溶剂型	水性	溶剂型	水性
底色漆	18～20	丙烯酸/聚氨酯	丙烯酸/聚酯聚氨酯/	70～80	10～15	75～80	10～15
罩光清漆	35～40	丙烯酸/氨基树脂	丙烯酸树脂	30～40	≤5	30～35	5～10

1.5　纳米材料在汽车涂料中应用广泛

含纳米 TiO_2 的汽车面漆产品具有机械性能高、抗划痕性能好的优点，纳米金红石型 TiO_2 还能赋予涂层随角异色的视觉效果。纳米粉与闪光铝粉或云母珠光颜料、效用颜料并用于涂料体系时，能在涂层的光照区的侧光区反射蓝色乳光，从而增加金属面漆颜色的丰满度。纳米 SiO_2 能提高涂层的耐老化性，纳米 $CaCO_3$ 清漆具有高光泽、流平性佳、柔韧性和涂层硬度高的优点。另外采用纳米技术，还可使汽车涂料具有自修补能力和自洁能力。

1.6　新涂装工艺得到应用

3C1B 的涂装工艺能提高效率降低设备投资和能源消耗，它是中涂、底色漆和罩光清漆三个涂层"湿碰湿"喷涂，一次烘烤的工艺。与目前常用的采用 3C2B 工艺相比，3C1B 省略了中涂的烘烤过程，因此降低了约 30%～40%的能耗，且减少了 20%的投资。

为降低涂料和涂装成本，市场上还出现了省略中涂涂膜的无中涂面漆体系（1C1B）。该面漆直接喷涂与电泳涂料涂膜上，适用于农用车、载货车及微型客车、轻客等中档乘用车的涂装，并不明显降低涂膜的各项性能。该涂层在电泳涂料表面上润湿性良好且附着力优异，具有很强的遮盖底面涂层缺陷的能力，该体系节省了整整一道中涂涂装烘干工艺，所以可节约涂装车间运行成本 40%左右。

新一代 B1：B2 水性涂料涂装技术的应用，可减少涂装车间的生产步骤、降低能源消耗并提高整体流程效率，从而帮助汽车生产商大幅降低投资成本和运营成本。B1 涂层能提供中涂、平整、抗石击以及耐久性等功能；B2 涂层则起到覆色及提供进一步的耐久性的作用。B1 和 B2 涂层可以直接进行湿碰湿施工，即两涂层之间无需采用烘烤或加热脱水工艺。汽车涂料新建线涂装新工艺见表 7，2010 年涂装材料和工艺应用现状见表 8。

表 7　汽车涂料新建线涂装新工艺

车厂新线	中涂	底色漆	清漆
FAW-VW	无	水性双组分	溶剂型双组分
SVW	无	水性双组分	溶剂型双组分
Toyota	水性 3wet	水性 3wet	溶剂型单组分
Ford2 线	溶剂型高固体分 3wet	溶剂型高固体分 3wet	溶剂型单组分
GM	水性 3wet	水性 3wet	溶剂型单组分
Hyundai	水性 3wet	水性 3wet	溶剂型单组分
PSA/Citroen	无	水性双组分	溶剂型双组分
Honda	水性 3wet	水性 3wet	溶剂型单组分
Nissan	水性	水性	溶剂型单组分
FAW	无	水性双组分	溶剂型双组分
SAIC	无	水性双组分	溶剂型双组分
Dongfeng	水性	水性	溶剂型单组分
GAIC	水性	水性	溶剂型单组分
Chery	水性	水性	溶剂型单组分
Geely	溶剂型高固体分 3wet	溶剂型高固体分 3wet	溶剂型单组分

表 8　2010 年涂装材料和工艺应用现状

涂装材料和工艺	3C2B MS-SB	2C1B MS-SB	3C1B MS-SB	3C1B HS-SB	3C2B WB	3C1B WB
车厂	全部		Mazda, Brilliance		Toyota, Honda, GM, Kia, Hyndai, Nissan, SAIC, JAC, GMAC, Daimler Benz	
单位/a	4mio	2.5mio	0.2mio		>3mio	
市场		小型客车				

2 发展趋势

2.1 客户要求越来越高

商用车（卡车）涂装材料的要求不亚于乘用车。采用金属底色漆替代本色面漆，提供较高的装饰性。

对零部件的性能要求越来越高，汽车零部件如车轮、车架、底盘新上项目及旧线改造均采用耐候型 CED。

更加注重施工应用及市场技术服务。连续化静电旋杯喷涂工艺及机械手喷涂工艺的应用，需要专业服务确保汽车涂料的使用效果，同时能有效及时地反馈客户的使用状况和客户的新需求，指导研发过程中不断完善、提高产品的性能。

汽车涂料、涂装一体化成为趋势。即由专业化公司（如涂料公司、涂装设备公司等）来管理或总承包汽车厂的涂装生产线，由涂料转换成涂膜成为涂料公司的产品。这种经营管理方式有利于涂装材料利用率和涂装的一次合格率的提高，较大幅度地降低涂装成本。

2.2 绿色、环保成为发展趋势

随着国内环保意识的提高和国家节能减排产业政策的实施，对汽车涂料的要求也越来越高。减少公害，降低成本，提高质量一直是涂装技术发展的主题。《汽车涂料中有害物质限量》（GB 24409—2009）国家强制标准已于 2010 年 6 月 1 日起正式实施，该标准对汽车涂料中的 VOC、重金属和限用溶剂含量做出了限定，减少有害物质的排放，详见表 9 和表 10。

表 9 GB24409—2009 中关于汽车涂料产品有害物质限量的规定

（A 类涂料中有害物质限量的要求）

涂料种类		挥发性有机化合物(VOC)含量/(g/L)	限用溶剂含量/%	重金属含量(限色漆)/(mg/kg)
热塑型	底漆、中涂、底色漆（效应颜料漆、实色漆）、罩光清漆、本色面漆	≤770		
单组分交联型	底漆	≤750	苯≤0.3 甲苯、乙苯和二甲苯总量≤40 乙二醇甲醚、乙二醇乙醚、乙二醇甲醚醋酸酯、乙二醇乙醚醋酸酯、乙二醇丁醚醋酸酯总量≤0.03	Pb≤1000 Cr^{6+}≤1000 Cd≤100 Hg≤1000
	中涂漆	≤550		
	底色漆（效应颜料漆、实色漆）	≤750		
	罩光清漆、本色面漆	≤580		
双组分交联型	底漆、中涂	≤670		
	底色漆（效应颜料漆、实色漆）	≤750		
	罩光清漆	≤560		
	本色面漆	≤630		

注：1. 涂料供应商应提供组分配比和能保证湿涂的稀释比例范围，测试挥发性有机化合物含量和限用溶剂含量项目时按组分配比和最大稀释比例配制后进行测试。

2. 进行重金属项目测试可不加稀释剂。

3. 汽车发动机、排气管等部位使用的耐高温涂料归入底漆类别；单组分交联型中用于 3C1B（三涂一烘）涂装工艺喷涂的第 1、2 道涂料归入底漆类别。

4. 某个产品作为不同涂料品种使用，应执行最严要求。如双组分交联型涂料中既能作为实色漆也能作为本色面漆使用的产品，应执行本色面漆的指标。

表 10 GB24409—2009 中关于汽车涂料产品有害物质限量的规定

（B 类涂料中有害物质限量）

涂料种类	限用溶剂含量/%	重金属含量(限色漆)/(mg/kg)
水性涂料（含电泳涂料）	乙二醇甲醚、乙二醇乙醚、乙二醇甲醚醋酸酯、乙二醇乙醚醋酸酯、二乙二醇丁醚醋酸酯总量≤0.03	Pb≤1000 Cr^{6+}≤1000 Cd≤100 Hg≤1000
粉末涂料、光固化涂料	—	

注：对于水性涂料（含电泳涂料），涂料供应商应提供施工配比，进行限用溶剂含量测试时，不加水，将各组分和溶剂（如产品规定施涂时需加溶剂，试验时需要加入）混匀后进行测试，进行重金属含量测试时，水性涂料（含电泳涂料）不加水合溶剂，粉末涂料可直接进行测试，光固化涂料按照产品规定条件固化后测试。

《汽车涂料中有害物质限量》（GB24409—2009）标准适用于除腻子、特殊功能性涂料以外的各类汽车涂料。其中，特殊功能性涂料是指聚丙烯底材附着力促进剂（PP水）、主要功能为防（抗）石击性的涂料［不含辅助防（抗）石击功能的涂料］、消除新旧涂膜接合处痕迹的辅助材料（接驳口水）等。

国内汽车公司采用溶剂型涂料时每平方米车身涂装面积的VOC排放量约为130g/m^2，远不能满足环保要求。如采用水性底色漆和水性中涂＋水性底色漆＋溶剂型罩光清漆的涂装工艺，VOC可低于35g/m^2（如广州本田涂装新线采用水性中涂和水性底色漆后，VOC排放量已达21g/m^2）。

节能产品的市场呼声越来越高，如CED的烘烤温度从170～180℃/30min降至140℃/30min，中涂、面漆由140～150℃/30min降至120℃/30min。

在金属基材前处理方面，硅烷及锆盐技术已开始替代磷化工艺，减少了重金属、废渣和废水排放量，降低了综合成本。

3 结　语

当今正是我国汽车工业为适应环保清洁生产、节能减排的时代，要求以环保型汽车涂料材料（水性涂料、高固体分涂料和粉末涂料等）替代有机溶剂型汽车涂料。一批耐酸雨、抗划伤型汽车面漆、水性涂料、高固体分涂料和粉末涂料等环保型涂料相继开发，并广泛获得工业应用。我们民族涂料企业应瞄准上述环保型汽车涂装材料，在引进、消化、吸收技术基础上，联合攻关，自主创新，研究开发产品及相应的涂装工艺技术，以适应汽车（车辆）工业的需要，至少使自主民族品牌的轿车能用上物美价廉的民族品牌的环保型的涂装材料。

道路交通标线涂料的功能化和节能减排

北京市公安局公安交通管理局　李成瑞
中国涂料工业协会专家委员会　交通运输部公路科学研究院　杜玲玲

0　前　言

2010 年是我国经济发展中承上启下之年，公路的通车里程达到 398.4 万公里，高速公路发展到 7.4 万公里，加上四通八达的城市道路，需要划设大量的交通标线（人们称之为交通安全的生命线），对标线涂料行业提出了更新和更高的要求，在 2010 年体现为下列几方面的变化。

1　解决热熔反光标线涂层在北方少雨地区的沾污问题

热熔标线涂料的热塑性能使所划设的标线涂层在路面温度升高时略微变软、变黏，会黏附污染物，使标线的颜色变灰、变暗，减少反光标线的夜间反光效果和醒目指路功能。在南方多雨的地区，经常可以通过雨水的冲刷，将标线涂层冲洗干净，从而保持标线原有的反光和醒目的指路功能。但在少雨的北方地区，标线上的黏附污染物缺少雨水的冲洗，看上去灰蒙蒙的，削弱了反光标线的反光效果和视认性。

北京市公安交通管理局为解决热熔标线的沾污问题，从 2009 年起与标线涂料企业合作，共同研究攻关。研究的方向是采用双组分的标线涂料，在常温下刮涂施工。经过一年多的路用试验考核，证明双组分标线涂料的涂层与路面的附着力强，对玻璃珠的黏接力强，标线不易粘染污物。同样的路用试验还在山西省太原市进行，结果证明：使用双组分标线涂料可以解决热熔涂料划设的反光标线在北方少雨地区的沾污问题，目前正研究降低生产成本与适宜的施工工艺，准备进一步推广应用。

2　使用彩色防滑涂料铺装路面减少危险路段的交通安全事故

2004 年我国公路交通部门曾投入资金近 20 亿元用于减少交通安全事故的安全保障工程，治理安全隐患 7 万处，共 2.1 万公里，其中增设钢护栏 3443km，钢筋混凝土墙式护栏 2570km，设置各类标志 8544 块，完善减速设施 4976 处，划设标线 23026km，整治视距不良路段 9793 处。2004 年以后，第十一个五年计划内又陆续投入 100 亿用于安全保障工程，经过验证，在一些下坡路、长下坡道的高危路段上铺装彩色防滑路面后，交通安全事故减少 50%以上。在一些转弯路段、汽车即停即走的收费口、隧道口铺设彩色防滑路面能有效地减少交通安全事故，保证了行车的安全。

近几年，北京市城市道路的危险路段也逐步铺装彩色防滑路面，取得了良好的效果。2011 年还要加大铺装彩色防滑路面的涂装面积，确保首都的交通安全。

2010 年在上海市举办的世界博览会的道路和广场园区广泛铺设了彩色防滑路面，既保障了参观者的行走安全，又为世博会增光添彩。

3　研制、开发、推广环境友好型节能减排型的标线涂料

目前大量应用的热熔标线涂料和一些溶剂型

标线涂料存在耗费能源和排放有害挥发性有机化合物等问题，国外使用水性及双组分标线涂料已很成熟，我国也有十多年的推广应用的经历，如（北）京承（德）高速公路和八达岭高速公路等已有部分标线采用水性标线涂料划设。

2010年，沪宁高速公路上海段部分路段的路沿实线采用的是水性标线涂料，中心分道线采用的是双组分突起标线涂料；上海浦东国际机场的标线则是采用水性标线涂料划设，既环保又安全，取得了良好的经济技术效果，研制、开发、推广环境友好型节能减排的标线涂料是标线涂料行业始终不渝的努力方向。

4 总结出不少合理使用各种标线涂料的先进经验

我国的标线涂料历经30年的引进、研制、开发、应用，热熔标线涂料在高速公路和城市道路上已有广泛的应用，水性标线涂料和双组分标线涂料以及有振动防滑功能的突起标线涂料和彩色防滑涂料等品种涂料也逐渐用在不同等级、不同功能要求的各种道路上。但是，我国幅员辽阔，各路段所在地区有不同的气候特点、不同的路面种类、不同的车流量、不同的使用年限要求，因此，道路的业主、设计人员、涂料生产企业、施工队伍根据多年的实践，总结出不少合理使用各种标线涂料的先进经验，施工出合理的性价比高的标线。

4.1 采用突起振动反光标线提高行车的安全性

突起振动反光标线的突起部分高度为3～5mm，基线的厚度为1～2mm，也有不涂基线的。突起部分的形状有圆形、方形、矩形、菱形及不规则点状型等，当汽车的车轮碾压到这些突起结构时，会使汽车产生轻微的振动和响声。划设在高速公路路缘的突起振动反光标线在车轮压线时，引发的振动和响声提醒司机不能超越雷池一步，否则将撞到护栏。一般的反光标线在雨夜时会因雨水膜的覆盖而丧失反光作用，而突起振动反光标线的突起结构部分却能突出在水膜的上面，继续保持部分反光作用，提高行车的安全性。

4.2 用热熔喷涂标线代替热熔刮涂标线，获得最佳性价比

在一年左右时间段内将要翻修的路面上划设标线时，采用热熔喷涂1mm厚的标线代替热熔刮涂的方法，既能保证标线的有效使用，还能节省涂料一半的用量。

热熔刮涂施工的路缘实线厚度有2mm左右，会使路面积水，需要隔一定距离设一个排水口。然而用热熔喷涂划设的标线利于排水，无须另设排水口，既省料，又保证使用期限。

4.3 彩色防滑涂料铺防滑路面时，用局部间隔铺设方法代替满铺法

在需要铺装彩色防滑路面时，用局部间隔铺装方法代替满铺，不但节省涂料，而且防滑效果不减，据韩国的试验数据证实，在这种路面上行进，有时汽车的制动效果更好。防滑路面的铺设范围最好通过实地考察确定。

4.4 采用水性标线涂料，减少污染、施工安全

居住小区和地下停车场上的标线可采用水性标线涂料，既减少污染，又不用加热，确保施工安全。

5 提高标线用玻璃珠的质量要求

过去标线用玻璃珠执行的是交通行业标准《路面标线用玻璃珠》（JT/T 446—2001），2010年开始执行新的标线用玻璃珠国家标准《路面标线用玻璃珠》（GB/T 24722—2009），新标准的特点是，对反光标线施工时面洒的玻璃珠的成圆率要求提高10%，这就使标线的逆反射亮度系数得到提高，标线的夜间视认性更好。

6 C_5 石油树脂供应短缺和涨价

我国的道路交通标线主要是热熔反光标线，其关键的原材料是石油树脂C_5，十多年前要靠从日本和韩国进口，如今上海的金山石化与美国的埃克森公司合资生产了金森牌C_5石油树脂，逐步替代了日本和韩国的产品，并取得良好的使用效果。今后，国内还有一些厂陆续研制生产C_5石油树脂，还有些厂生产松香改性树脂，以满足标线涂料生产的需要。近来因南方松香减产和石油树脂出口量的加大，引发了涂料原材料供应短缺和涨价的局面，一些不合格的树脂乘机混入市场，使生产的热熔标线涂料出现质量问题，涂料的热稳定性差，贮存易变质等。

笔者认为，生产标线涂料用树脂的主管部门应大力支持国内树脂生产厂商，尽快制订出满足道路交通标线涂料需要的树脂质量技术标准，使标线涂料的生产建立在可靠的质量基础之上。

7 开展安全生产和“平安工地”建设活动

标线涂料企业有易燃物品，标线施工现场人来车往、交通繁忙，无论是生产企业还是施工现场安全第一不可忽视。2010 年，标线涂料企业积极响应交通运输部关于开展安全生产和“平安工地”的建设活动，预防安全事故的发生，落实了安全责任制，及时发现和处理安全隐患，确保了职工的安全和健康。

8 结 语

星罗棋布的道路交通网和日趋繁忙的交通运输，要求道路交通标线涂料划设的标线功能越来越多，从白天视认性要好，发展到晚上能反光，不因沾染污物而使标线变灰变暗，还要附着力好、耐候性好、经久耐磨、使用寿命长。从安全角度考虑，标线涂层要有一定的防滑能力。今后还可能要求汽车靠标线的感应引导，实现无人驾驶。

“十二五”期间，世界经济发展进入“低碳经济”时代。因此“节能减排”是基本要求，我国承诺在 2020 年比 2005 年减排 45%，单位 GDP 能耗降低 20% 以上。标线涂料企业要积极开发节能技术和产品，推动清洁能源发展及配套施工设备的开发。全面推行《涂料行业清洁生产工艺指标体系国家标准》，达到节能、节水、节约资源的目标，行业的发展由追求高增长转变为优质化。此外，要贯彻“以人为本”的方针，关心职工健康，开发无害化生产工艺，开发天然低毒和无毒原材料（包括环境可降解的原材料），更加严格控制有毒、有害的重金属在涂料中的使用并制定相关标准。

2010年中国船舶涂料市场状况和2011年发展展望

中国涂料工业协会专家委员会　中远佐敦船舶涂料（青岛）有限公司　王　健

0 前　言

2010年是我国船舶工业实现“十一五”规划目标的收官之年，也是应对国际金融危机、谋划“十二五”发展的重要一年。在国家《船舶工业调整与振兴规划》的指导下，我国造船工业各项经济指标平稳增长、国际市场份额继续扩大。这一年我国造船工业首次在造船完工量、新船接单量和手持订单量三大指标上均达世界第一的位置！

2010年与造船工业相配套的船舶涂料也随造船工业的发展而迅速发展。按《涂料行业“十一五”发展规划思路》，船舶涂料外资、民营和国有企业并存，但外资企业继续占主导地位，民营企业在不断兴起。船舶涂料技术不断发展以满足造船技术的需求，并满足环保、安全和健康，及对高性能保护涂层的需求。

1 2010年造船市场运行状况

“十一五”期间是我国船舶工业发展最快、最好的5年，规模总量跨越式发展，期间每年以超过30%的速度增长，2010年我国造船工业三大指标（交船量、接单量和手持订单量）均超过韩国，成为世界第一造船大国！这一年我国造船完工量超过6000万载重吨，占全球总造船完工量的41.5%；新接造船订单也达到近6000万载重吨，占全球新接造船订单的48.5%；到2010年底，手持订单超过1.9亿载重吨，占全球手持订单量的40.7%。表1～表3为“十一五”（2006～2010年）期间主要造船国造船指标（数据摘自Clarkson研究，与中国船舶工业行业协会统计数据略有不同）。从表中可以看出，中国造船工业在“十一五”期间的飞速发展。

表1　2006～2010年造船完工量及市场份额

国家	2006年		2007年		2008年		2009年		2010年	
	完工量/万载重吨	市场份额/%	完工量/万载重吨	市场份额/%	完工量/万载重吨	市场份额/%	完工量/万载重吨	市场份额/%	完工量/万载重吨	市场份额/%
中国	1320	17.3	1640	20.2	2120	23.1	3600	30.8	6120	41.5
韩国	2560	33.5	2900	35.7	3460	37.8	4400	37.6	4660	31.6
日本	2940	38.4	2740	33.7	2770	30.2	2920	25	3140	21.3
全球	7650	100	8120	100	9180	100	11690	100	14730	100

表2　2006～2010年新接订单量及市场份额

国家	2006年		2007年		2008年		2009年		2010年	
	完工量/万载重吨	市场份额/%	完工量/万载重吨	市场份额/%	完工量/万载重吨	市场份额/%	完工量/万载重吨	市场份额/%	完工量/万载重吨	市场份额/%
中国	5950	32.0	10790	39.0	6640	36.0	2390	49.2	5850	48.5
韩国	6060	32.6	9600	34.7	7130	38.7	1790	36.8	4610	38.2
日本	5150	27.8	4720	17.1	3360	18.2	410	8.4	730	6.0
全球	18570	100	27640	100	18420	100	4860	100	12070	100

表 3　手持订单量及市场份额

国家	2006年		2007年		2008年		2009年		2010年	
	完工量/万载重吨	市场份额/%	完工量/万载重吨	市场份额/%	完工量/万载重吨	市场份额/%	完工量/万载重吨	市场份额/%	完工量/万载重吨	市场份额/%
中国	8840	25.7	17680	32.9	21800	35.2	20080	38.0	19290	40.7
韩国	11310	32.9	17950	33.4	21220	34.3	17500	33.1	15660	33.1
日本	10860	31.6	13000	24.2	13520	21.9	10960	20.7	8300	17.5
全球	34420	100	53790	100	61870	100	52880	100	47340	100

表 4　"十一五"期间各主要船东国投资额及市场份额

排名		2006年		2007年		2008年		2009年		2010年	
1	投资额/亿美元	日本	206	希腊	378	德国	188	巴西	31	中国大陆	133
	市场份额/%		12.5		14.5		12.2		17.3		14.2
2	投资额/亿美元	希腊	200	德国	340	希腊	187	中国大陆	29	希腊	120
	市场份额/%		12.1		13.1		12.2		16.2		12.8
3	投资额/亿美元	德国	161	中国大陆	195	中国大陆	119	希腊	18	美国	55
	市场份额/%		9.7		7.5		7.7		10.1		5.9
4	投资额/亿美元	美国	123	美国	185	日本	101	中国香港	14	挪威	54
	市场份额/%		7.4		7.1		6.6		7.8		5.8
5	投资额/亿美元	中国大陆	65	日本	140	丹麦	81	韩国	13	韩国	44
	市场份额/%		3.9		5.4		5.3		7.3		4.7
6	投资额/亿美元	意大利	64	韩国	113	意大利	56	意大利	13	新加坡	39
	市场份额/%		3.9		4.3		3.6		7.3		4.2
总和/%			49.5		52.0		47.7		65.9		47.5

中国造船工业的发展得益于中国自己船东的迅速发展，表4为"十一五"期间各主要船东国投资额的发展。从表中可以看到，中国的船东投资迅猛增长，在2010年更是一跃以133亿美元的造船投资额（占全球造船投资额的14.2%）成为世界第一造船投资国家。

2　2010年中国船舶涂料市场运行情况

2.1　船舶涂料市场稳步快速增长

2010年造船完工量的大幅增加，带动了船舶涂料用量的迅猛增长。2010年船舶涂料用量（不包括集装箱涂料）约38000万公升（约合近48万吨），同比2009年增长近30%！继笔者2004年开始总结船舶涂料发展以来，船舶涂料的发展速度是惊人的：2004年船舶涂料量接近8000万公升（约合10万吨）；2009年船舶涂料量达到近3亿公升（约合38万吨）；到2010年船舶涂料量达到了近3.8亿公升（约合38万吨）。

中国造船持续增长，今后1～2年还会继续增长，图1为Clarkson研究预测今后几年造船完工量的趋势。从图可看出，全球2010年造船完工量已达到高峰，2011年后全球造船完工量预测会开始降低，但从掌握的资料来分析，2011年全球造船完工量还会继续走高，特别是我国造船完工量将在2011年迎来另一高峰，这一点可从图1及图2中国造船完工量预测中可以清楚地看出。

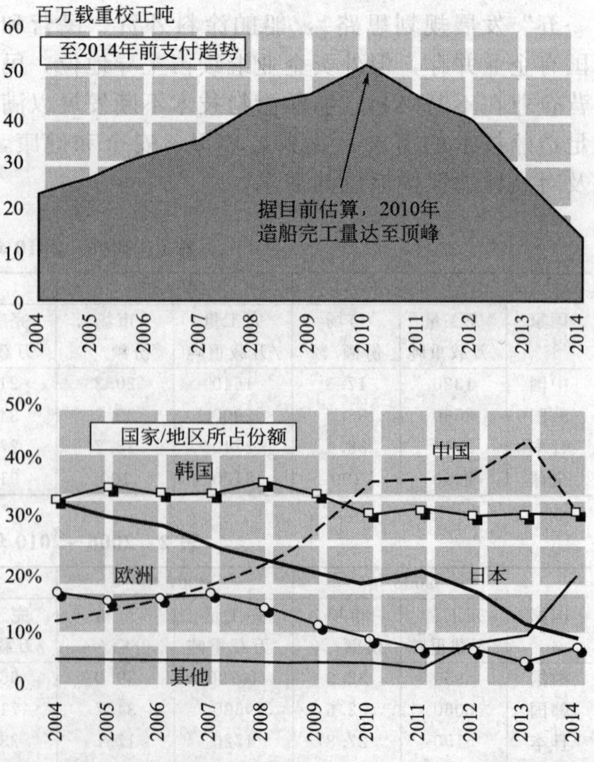

图1　新造船完工量预测（数据来源于Clarkson研究报告）

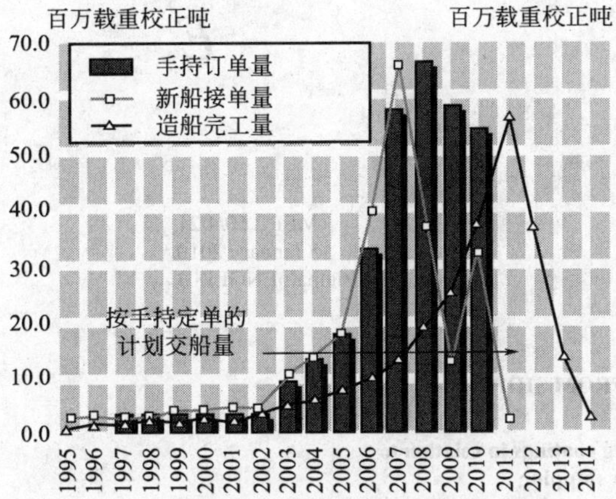

图 2　中国新造船完工量预测
（数据来源于 Clarkson 研究报告）

2.2　船舶涂料/涂装相关标准和法规加速出台

近年来国际海事组织（IMO）相继出台了一系列船舶涂层性能保护保准（Performance Standard for Protective Coatings 简称 PSPC）。至今已有相应的 5 个标准，见表 5。其中压载海水舱涂层性能标准（PSPC WBT）和货油舱涂层性能标准（PSPC COT）为强制性执行标准。国际船级社联合会（IACS）正考虑将散货/油轮空舱涂层性能标准（PSPC VS）也加入强制执行标准。这些标准的制定和执行将给船舶涂料和涂装带来更大的挑战。

另一热门议题是 IMO 船舶压载水管理公约（Ballast Water Management），其正在广泛的讨论中，且已开始选择性的实施。由于一些压载水处理装置采用活性化学物质，其潜在的对船舶压载舱涂层的影响还不被人们所熟知，尽管公约中提到在对压载海水处理装置认证中要求验证其对压载舱涂层的影响，但由于公约并未给出具体的验证方法，且现行涂层检验标准也没有相应的检测标准，因而现已认证的压载水处理装置并未明确其是否对压载舱涂层有何影响。

为了确定压载水处理装置是否对压载舱涂层有无影响，工业界包括船东、压载水处理装置供应商、涂料供应商（国际油墨和涂料联合会-IPPIC）船级社、相应的国际防腐协会（如 NACE）及船舶涂料检测机关等正积极合作，研究相应的对策，以期得到大家共同认可的测试和认证方法和手段。

2.3　高性能防污涂料——保证船速、降低燃油、减少废气排放

船体及舵浆的污损（贝壳，海藻，海生黏液等）将大大增加船体与水的摩擦力，从而导致船速降低，增加油耗，增加 CO_2 及氮氧化物等污染性气体的排放。船体的污损也可使船体涂层破坏，而加快船体的腐蚀。据统计，一条完全污损的船只，其油耗可比无污损的船只增加达 40%，给人类及环境带来极大的危害。

国际海事组织（IMO）对全球 2007 年航运燃油耗量、并由此产生的环境污染性物质进行了核算，并对 2020 年进行了估算，见图 3 和表 6（载自 IMO2010 年报告）。

表 7 为国际海事组织（IMO）2010 年讨论报告中不同船体表面可能造成船舶运营中动力的增加，及预计 2020 年航运中将导致的额外燃油增加，从而导致环境污染气体及有害微粒子的增加及船运费用支出的增加估算。

近年来，市场上对一些防污涂料能对航运节省燃油大有炒作之风。特别值得一提的是现在市场上将有机硅或氟改性的有机硅污损不粘型（Fouling Release Coating，简称 FRC）或称为低表面能防污涂料作为无所不能的防污涂料。众所周知，FRC 类防污涂料由于其极低的表面张力，一些大的污损物（如动物性污损物等）难以附着在其表面，即使附着于船体表面，在一定的航速下，也可非常容易的被海水流速冲掉。而且由于 FRC 类防污涂料不含杀虫剂，从而没有有害物质释放在海洋中，对海洋有好的保护作用。但该类防污涂料是无法避免其表面生长海生黏液之类的污损物的。图 4 可以清楚地看出 FRC 类防污涂料表面海生黏物的生长。

表 5　国际海事组织（IMO）近年来制定发布的船舶保护涂层性能标准（PSPC）

标准/指导性文件	批准时间	实施时间
MSC. 215(82)专用压载海水舱涂层性能标准(PSPCWBT)	2006. 12 强制执行	2008. 7. 1
MSC. 244(83)散货/油轮空舱涂层性能标准(PSPCVS)	2007. 10 非强制性标准	
MSC. 1/Circ. 1279 永久性通道腐蚀保护指南(PSPCPMA)	2008. 5 指导性文件	
MSC. 1/Circ. 1330 保护涂层的维护和保养指南(PSPCM&R)	2009. 6 指导性文件	建议 2011. 1. 1 开始执行
MSC. 288(87)货油舱涂层性能标准(PSPCCOT)	2010. 5 强制执行	2013. 1. 1

INTERNATIONAL MARITIME ORGANIZATION

IMO

E

MARINE ENVIRONMENT PROTECTION COMMITTEE
60th session
Agenda item 4

MEPC 60/4/21
15 January 2010
Original: ENGLISH

PREVENTION OF AIR POLLUTION FROM SHIPS

The importance of using effective anti-fouling coatings in relation to greenhouse gas emissions from shipping

Submitted by the International Paint and Printing Ink Council(IPPIC)

SUMMARY

Executive summary: The use of effective anti-fouling paints can considerably curtail the emissions of greenhouse gases (GHG) from a ship.A fouled hull leads to increased frictional resistance which results in excess fuel consumption and GHG emissions.Improved ship designs alone will not reduce the importance of keeping vessels fouling free.Use of the most effective anti-fouling systems with proper hull maintenance can therefore offer a viable contribution to abating GHG emissions from shipping

图 3　国际海事组织（IMO）文件——高效防污涂料对降低航运温室气体的重要性

表 6　国际海事组织（IMO）——航运对空气有害气体、物质释放的估算　　单位：百万吨

项目	2007 年	2020 年估算
全球航运燃油消耗	369	486
全球航运释放的 CO_2	1120	1475
全球航运释放的 SO_x	16.2	22.7
全球航运释放的 NO_x	25.8	34.2
全球航运排放的微粒子 PM_{10}	1.9	2.5

表 7　国际海事组织（IMO）文件（2010）——船体污损对船舶动力及 CO_2 释放量的影响

项　　目	船舶动力的增加/%	至 2020 年燃油的额外增加/百万吨	额外增加的 CO_2/百万吨	额外增加的航运燃油费用/亿美元
新施涂防污涂料	0	0	0	0
微损的涂层/薄的黏液污损	9	44	134	220
重度黏液污损	19	92	279	460
轻度钙化/大的海藻	33	160	486	800
中度钙化污损	52	253	768	1270
严重钙化污损	84	408	1238	2040

从表 7 可以看出，严重的海生黏物，将导致航运动力增长达 19%，从而显著增加燃油消耗，增加 CO_2 等的释放，严重污染空气。我们现在已看到经过一段时间的验证，一些船东已开始停止使用 FRC 类防污涂料（如马士基公司在其 2007 年度的环境报告第 27 页明确提出由于 FRC 防污涂料未能达到其预期的节省燃油、减少环境污染的效果，从而终止使用 FRC 防污涂料），转而使用节油明显的纯水解型自抛光防污涂料。从 2010 年至今，马士基在中国已有近 10 艘涂有 FRC 防污涂料的船只涂层被全部打掉，改为高性能的纯水解型丙烯酸甲硅烷基自抛光类防污涂料。

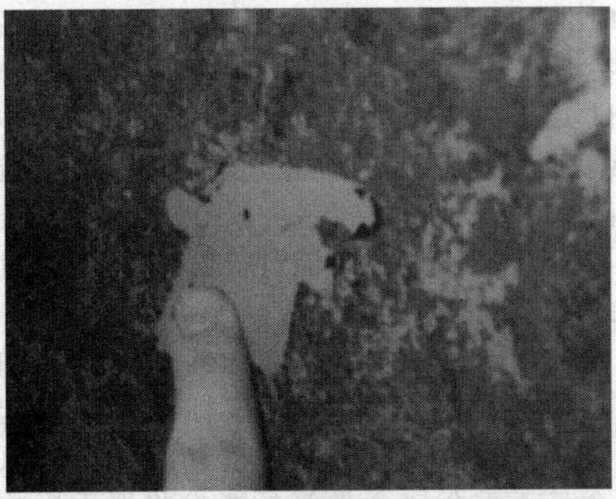

(a) 有机硅FRC防污涂料 —— 严重的海生黏物

(b) 氟改性有机硅FRC防污涂料 —— 严重的海生黏物

(c) 有机硅FRC防污涂料 —— 严重的海生黏物，中间红色为水解型防污涂料修补区域，无任何海生物生长

图 4　FRC 类防污涂料表面海生黏物的生长情况

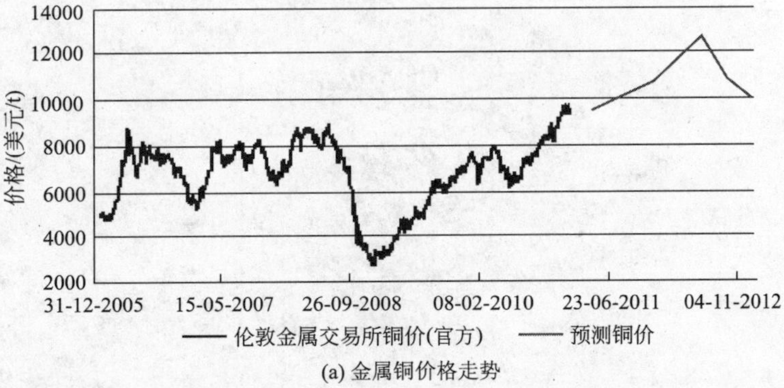

(a) 金属铜价格走势

(b) 金属锌价格走势

图 5　金融界预测的金属价格走势

3　2011年船舶涂料市场前景

随着全球低碳经济、绿色环保的日益推进，船舶涂料也将朝着这个方向推进，高性能、低VOC产品将占主导地位。水性和无溶剂类船舶涂料也将加快在船舶涂装中的应用。船舶涂料的另一大亮点将是真正节省燃油、减少CO_2释放的高性能防污涂料的广泛推广。

如前所述，2011年总体造船交船量仍将处于高峰，因而船舶涂料用量将继续增长。但由于船舶涂料市场竞争的加剧，特别是原材料价格的不断提升，图5（a）和（b）为金融界预测的船舶涂料主要原材料金属铜（用于防污涂料）和金属锌（用于车间底漆等）的价格走势，船舶涂料用原材料价格上涨的趋势是非常明显的，船舶涂料商的利润更加严峻。各涂料商纷纷提出涨价，以维持其可持续性增长，但是否可得以实施，大家将拭目以待。

船舶涂料的另一大挑战将是迎接不断推出的各项相关的标准、法律和法规。2011年当务之急是充分准备船舶压载舱PSPC的全面实施，其相应涂料体系的认证及与各不同厂商车间底漆的兼容性的认证；同时准备启动原油轮原油舱PSPC涂层体系的认证。特别值得关注的是现在原油轮PSPC涂层体系的测试实验室只有荷兰的EXOVA实验室和日本的JPIA实验室得到了认可资格，挪威的DNV实验室和中国厦门725所正在准备中。船舶涂料商也要积极参与压载水处理体系可能对压载舱涂层防腐性能影响的讨论，争取主动。

回到国内，国家环保部正着手制定《船舶防污漆环境标志技术要求》。该标准草案引起船舶涂料厂商极大关注，其中对防污涂料中氧化亚铜含量、重金属含量等的要求将严重影响现市场上广泛使用的常用防污涂料产品。该讨论还在进行中。再有，工信部牵头的船舶涂装节能减排也将在2011年继续展开，这也将对船舶涂料带来影响。还有随着船舶涂料涂装新标准的推出，相关的船舶涂料国家标准（GB），如防腐防污涂料体系等也将进行更新，以期与国际接轨。

致谢：在本文的编写中，中远佐敦船舶涂料有限公司的秦妮和张霁等提供了相关的图片、照片及数据，在此表示诚挚的谢意！

2010年中国集装箱涂料市场分析

中国涂料工业协会专家委员会　中远关西涂料有限公司　刘会成

0　前　言

2009年，尽管各个行业都受到经济危机的影响，涂料行业却一枝独秀，2009年全国涂料总产量达到了755万吨，比2008年大幅增加，但是集装箱涂料却是个例外，2009年总产量仅为2万吨左右，不足正常时期年产量的1/10。世界经济在进入2010年后实现了触底反弹，且反弹速度之快，势头之猛均远远超出2009年底的预期，2010年世界贸易增长13.5%，中国出口贸易增长达31.3%，全球经济增长达4.8%。在各行各业从恢复到快速增长的带动下，集装箱涂料市场也逐渐走出阴霾站稳脚跟，表现出强劲的反弹形势，全年集装箱涂料产量达20万吨，甚至超过了2008年的产量。

1　2010年的集装箱涂料市场

进入2010年，冷寂了一年的集装箱制造业又恢复了以往的喧嚣，2009年停业达半年之久的集装箱制造厂又重新开始了大规模的生产，遣散的工人又重新回到了工作岗位，工厂也开足马力。整个行业均利用这个难得的市场机会，各显其能，最大限度地弥补2009年的影响。同时，造箱厂和涂料厂利用2009年苦练内功的成效也在2010年集中体现，新技术、新工艺、新材料的大规模使用是2010年集装箱涂料业最大的特点。

1.1　2010年集装箱行业综述

笔者曾在2009年的年鉴上撰文预测，“2010的造箱量有可能突破200万TEU，甚至会接近2008年的水平”。的确，经过2009年的沉寂，集装箱市场逐步恢复了生机。在2010年全球经济的带动下，世界贸易出现整体复苏现象，形成了中国出口贸易量的增长态势，这带动了整个世界集装箱航运业。出现了集装箱货运量价齐升的航运市场局面，远超出2009年底、2010年初的贸易、航运市场预期。整体贸易增长势头呈现稳固、持续的特点。2010年的造箱量与往年的对比情况见图1。2010年全年集装箱造箱量达到274万TEU，超过了2008年的251万TEU。2010年和过去5年的造箱量对比见图1。

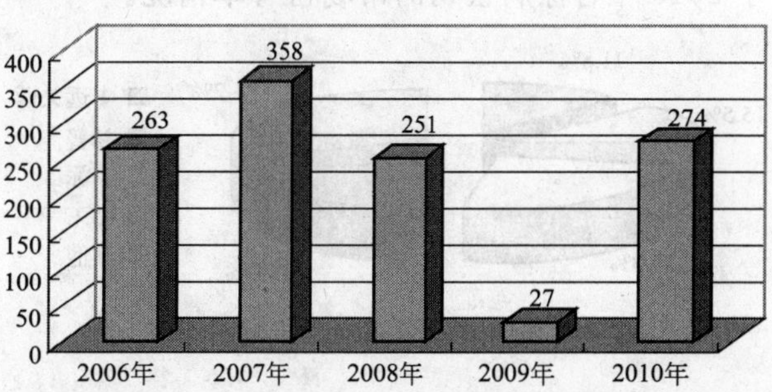

图1　2010年和历年造箱量统计对比

受集装箱需求量激增、箱厂一线劳动力短缺、造箱厂产能的平衡控制等因素的影响，2010年的集装箱供需形势出现了20多年从未有过的求远大于供的局面，促使箱价几乎一路高涨，四季度的箱价达到2700美元/TEU，比一季度增加了35%，甚至出现了箱东支付部分原材料预付款，确保拿生产空位现象。这种史上少有的箱价上涨幅度和速度绝不亚于2010年集装箱运费上涨的幅度和速度，不仅化解了由金融危机对集

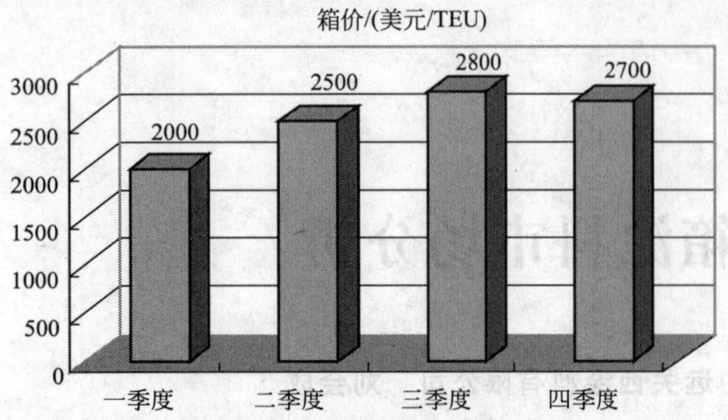

图 2　2010 年各季度箱价对比

装箱产业的冲击，而且为 2011 年集装箱市场发展奠定了扎实基础，各季度箱价情况见图 2。

1.2　集装箱涂料份额又恢复了往年的均衡

在经济危机严重影响的 2009 年，中远关西、中涂化工、赫普涂料和金刚化学四大传统集装箱涂料生产商，受原材料积压、资金占用等因素的影响，被其他中小型非主流的涂料商抢夺了大量的定单，虽然总体造箱量不高，但非主流的涂料商在 2009 年的集装箱涂料市场份额达到了历史最高的 23%，2010 年，集装箱制造业空前兴旺，四大涂料商由于其产能大，原料大批量集中采购的价格优势，产品性能突出，质量稳定以及与各箱东箱厂的长期合作关系等因素，市场份额的划分又回到 2008 年之前的模式，四大涂料商占据了集装箱市场近 90% 的市场份额。图 3 中列出了 2010 年各涂料公司的市场占有率情况。

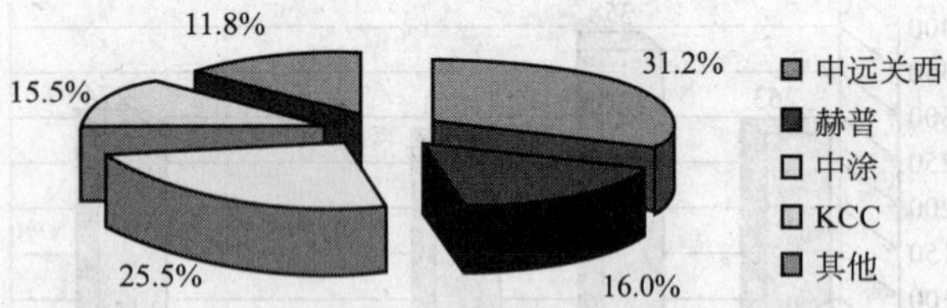

图 3　2010 年集装箱涂料市场占有率

2　新技术、新工艺、新材料的大规模使用

整个集装箱行业，虽然在 2009 年受到了前所未有的冲击，但也利用难得的生产淡季厉兵秣马，大量的新技术、新工艺和新材料在 2009 年得以研究和开发，并在 2010 年得到了广泛应用。

2.1　新的检测规则和检测方法的应用

和其他行业一样，为了追求降低成本、利益最大化，自 2005 年以来个别单位在制造过程中出现了富锌漆锌粉含量不足，甚至往富锌漆中掺入调制颜色接近的普通环氧涂料的问题，以箱东为代表的利益方一直在持续不断地探讨各种检测锌粉，随着不断总结经验，检测方法也趋于完善和科学。2010 年，以 FLORENS、CAI、CMA 等为代表的箱东开始全面使用实箱割板取样法测定环氧富锌底漆的干膜锌粉含量，具体规则如下。

以订单批量为单位，每批抽取一台已下线的集装箱，在验箱代表、箱厂代表及涂料代表的见证下，分别于箱体的侧板和前端，以打孔器钻取直径为 400mm 的样块，将样板上的涂层交由指定的分析机构进行分析检测。

检测方法为：用溶剂将样块表面的丙烯酸面漆溶解并清洗干净，烘干后，用 200# 水砂纸将样块正反两侧的环氧中间漆和环氧内面漆仔细打磨，直至彻底露出环氧富锌底漆，再用差示量热扫描仪（DSC）测定其干膜锌粉含量，要求测试结果不小于 55%。

在箱东、箱厂及涂料公司的努力及配合下，尽管 2010 年全年的产量激增，但集装箱的涂膜质量较往年却有了稳步的提高。

2.2　整箱全自动喷涂工艺得到广泛的应用

自 2008 年开始，在洋山中集箱厂率先实验并取得成功的整箱全自动喷涂工艺（行业内称为“排喷”工艺），一改过去的箱不动、喷枪动，自动喷涂与手工喷涂相结合的施工工艺，转变为喷枪不动而箱体移动的整箱全自动施工工艺，施工效率由原来的 3min/TEU 提高到 0.5min/TEU，涂料用量节约 10%，带来了可观的经济效益。2010 年“排喷”工艺在中集系统内得到了广泛的应用，南方中集、太仓中集、天津中集等箱厂均进行了生产线改造，后期计划进行的生产线新建或改造项目，如南方中集三期、大连中集水性漆生产线改造也均计划采用此“排喷”工艺，由此可见，这种新的施工工艺和新技术已经得到了广泛的应用。

另外，为适应“排喷”工艺，后期的生产线新建和改造在生产效率和产能方面得到了巨大的提升，如南方中集三期就对生产线进行了颠覆式的设计，将原有的集装箱纵向移动的生产线设计为横向移动，使理论产能达到 2000TEU/d，行业内称这条生产线为“梦幻线”，加之原有的一期生产线和二期生产线，当 2011 年中期“梦幻线”投入使用后，南方中集单日产量将会达到 3500TEU，在总的造箱需求不变的情况下，这势必会加剧造箱业的竞争，也会对集装箱的生产布局产生巨大的影响，因此，“排喷”工艺在未来几年内将会对整个造箱行业产生革命性的影响。

2.3 环保型涂料得到了广泛的应用

2010 年，环保型涂料在集装箱行业得到了更广泛的应用。例如。TRITON 箱东已全面规定其集装箱所使用的密封胶和地板清漆要使用水性产品，以保证箱内装载的食品等货物不被污染。对于整箱用水性涂料，各涂料公司与箱东和箱厂合作，也进行了大量的整箱和挂板试验，包括中远关西在南方中集进行的 TRITON 箱水性涂料 30TEU 的整箱施工，在大连中集进行的水性涂料挂板施工性测试，中涂化工在南方中集进行 MASTON 箱 50TEU 内面漆施工，赫普涂料在东莞马士基箱厂进行的 7 台整箱试验，其他涂料公司如维新涂料、红狮涂料、九天涂料等也分别在南方中集、大连中集进行了散客箱或挂板试验，太平集团研发中心也针对市场上的水性涂料进行了全面的性能测试，一时间，水性涂料在集装箱行业如火如荼地开展起来，因此行业内称 2010 年为集装箱涂料水性元年。

对于箱厂方面，除进行了大量的水性涂料施工测试和性能测试外，在 2010 年对生产线的改造过程中也充分考虑了水性涂料的施工要求，如南

图 4　中远关西在南方中集进行水性涂料施工

方中集三期梦幻线就设计为水性涂料与溶剂型涂料通用；太仓中集二期也设计为可施工水性涂料的生产线；尤其是大连中集，受地方政府环保政策的压力，已于 2010 年 8 月全面停产进行水性涂料生产线改造，完全废除了溶剂型涂装线。新生产线已于 2011 年 3 月改造完成，这是世界上第一条水性涂料专用集装箱生产线，截至 2011 年 4 月，已使用 Valspar 公司的水性涂料生产各类集装箱超过 2000TEU，并计划在 2011 年 5 月至 6 月使用中远关西水性涂料进行批量生产（图 4）。

3　2011 年集装箱涂料市场展望

基于来自箱东、箱厂的新造箱订单信息，以及全球经济复苏进程及世界贸易的发展趋势的分析，2011 年集装箱涂料市场将继续保持较乐观的趋势，预计全年总造箱量将不低于 2010 年，全年将有望突破 300 万 TEU。

3.1 集装箱需求趋势

根据经验，全球经济每增长 1 个百分点，集装箱海运量增长 2%左右。预计 2011 年世界经济增长 4.2%，全球集装箱海运需求的增幅将超过 8%。

据克拉克森统计，截至 2010 年 12 月 1 日，全球集装箱船手持订单量达到 388.02 万 TEU，约占现有船队规模的 27.6%，其中交付期在 2010 年内的运力约有 16.45 万 TEU。如果不考虑船舶拆解量与新造船的延迟交付，预计 2011 年全年集装箱船舶运力增幅达到 140 万 TEU，中国外贸进出口总额增幅在 15%～20%。基本确保了 2011 年的足够造箱需求。表 1 和表 2 分别为截至目前各主要租箱公司和航运公司的下单意向。两项合计 278 万 TEU，因此可以判断，2011 年集装箱行业将是蓬勃发展的一年。

表 1　主要租箱公司下单意向

箱东	数量/TEU
TRITON	250000
TAL	200000
TEXTAINER	200000
GESEACO	200000
GOLD	100000
FLORENS	150000
BEACON	200000
CRONOS	100000
CAI	150000
DONGFANG	150000
SEACUBE	100000
租箱公司合计：1800000TEU	

表 2 主要船公司下单意向

箱东	数量/TEU
CMA	75000
H-SUD	10000
MAERSK	150000
MSC	120000
OOCL	40000
EVERGREEN	85000
HANJIN	60000
其他	350000
船箱公司合计：980000TEU	

3.2 市场占有率趋于分化

多年以来，集装箱涂料行业主要被中远关西、中涂化工、赫普及 KCC 四家公司垄断，08 年以前，市场份额分化不明显，中远、中涂、赫普三家接近，徘徊于 25%附近，KCC 保持 10%左右的较少份额。中涂化工基本处于主导地位，但领先不多；2008 年之后，由于招商局的股份撤出赫普公司，其在中集集团的部分份额被中远关西取代，使中远关西逐渐脱颖而出，份额达到 30%以上而居于榜首，据统计该公司 2011 年一季度的份额已经达到 35%，而赫普和 KCC 的份额逐渐靠近并处于 20%以下。四家主流公司以外的其他类公司主要包括国外的麦加、三金社(SKS)、威士伯、PPG 及国内的三蝶、德威等，其中国外的四家公司有一定的知名度，虽然目前份额还不高，但近年来也在逐渐增加，其总体份额已经超过了 15%，尤其是世界知名的 Valspar 公司的水性涂料率先投入批量使用，必将对未来的市场格局产生深远的影响。历年集装箱涂料市场份额分布见图 5。

3.3 水性集装箱涂料将迅猛发展

随着大连中集生产线改造完成，以及近期水性涂料试生产的成功，必定会加速集装箱涂料水性化的进程，经过 2011 年全年对水性涂料的使用，箱东、箱厂及涂料公司均会对水性集装箱涂料产生更深入的认识，随着大连中集的水性涂装线成功投入运行，未来几年内会在中集系统全面推广水性涂料，在市场竞争的推动下，其他造箱集团也会加速推进水性涂料的应用。目前针对水性涂料的焦点还集中在选择何种配套体系，“含锌”还是“不含锌”，单组分还是双组分，另外对集装箱的防护性能还没有经过时间的考验，水性集装箱涂料商处在“百花齐放，百家争鸣”的阶段，就如当初的溶剂型集装箱涂料一样，在市场的推动下，性能和价格会趋于平衡，涂料方案会趋于一致。

虽然目前水性涂料因其固有的干燥速度慢、成本高、单位能耗高、需投资改造生产线以及后期废水处理等问题，在短期内还不能撼动溶剂型涂料的稳固统治地位，但它必定是一股不可抗拒的力量，也是一种趋势。我们相信，这些固有的问题在未来或被接受，或被解决。在不远的将来，它一定会全面替代溶剂型涂料，因此 2011 年，集装箱行业将会向“水性时代”迈进一大步。

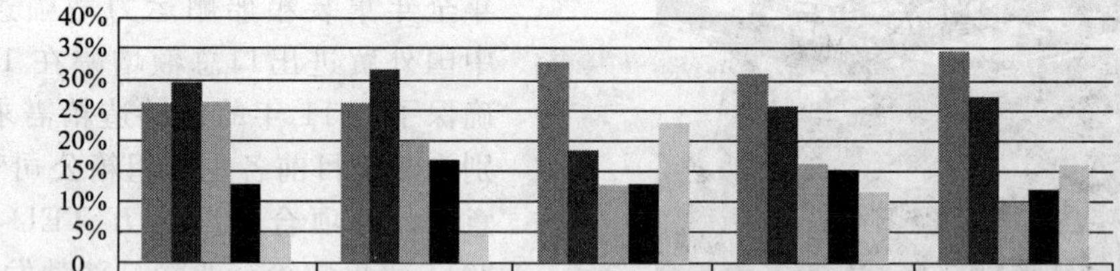

	2007年	2008年	2009年	2010年	2011年一季度
中远关西	26%	26%	33%	31%	35%
中涂	30%	32%	18%	25%	27%
海虹	26%	20%	13%	16%	10%
KCC	13%	17%	13%	15%	12%
其他	5%	5%	23%	12%	16%

图 5 历年集装箱涂料市场份额

浅谈地坪涂料与地坪防护技术近年来的发展与趋势

广州秀珀化工股份有限公司　陈文广
中国涂料工业协会专家委员会　北京秀珀科技发展有限公司　周子鹄

1　地坪涂料发展现状

随着2008年金融风暴的影响逐渐式微，我国工业在近两年来重新开始高速发展，工业地坪涂料也随着经济的发展重新恢复快速发展。国际大公司越来越重视我国市场，在近年来有大举入侵之势。由于国际公司的地坪涂料理念与我国本土地坪涂料企业不一样，它们立足于高端的5mm以上的厚浆型涂料，用于大型工厂工程和商业地坪。本土企业的市场更多在于1～3mm的普通工业地坪，由于竞争激烈，利润空间小，加之国际大公司已经开始不断挤压普通工业地坪的市场，更是雪上加霜。

涂料的原材料大多为石化产品，极易受国际原油价格的影响。国际原油价格大幅上涨，带动烯烃、芳烃等基础原材料价格上行。自2010年以来，涂料使用的原材料普遍呈上涨趋势，且涨势仍没有缓和的迹象。结合我国通胀趋势，环氧树脂、二氧化钛、溶剂等原材料价格上涨十分明显（见图1、图2）。据统计，涂料的主要原材料平均价格上涨了10%～60%。如地坪涂料使用最多的成膜物质双酚A环氧树脂（E51和E20）2010年底的价格比年初高50%，钛白粉上涨20%。原材料价格大幅度上涨给地坪涂料生产厂家带来极大的压力，利润空间被大大压缩。

在原材料上涨和国际大公司的双重压力下，本土企业要想在竞争中存活发展，必须细化产品应用领域，确立技术立企的理念，在涂料水性化、无溶剂化等方面开发出技术含量高的产品，争取在国际企业还没有完全站稳脚跟时抢占先机。

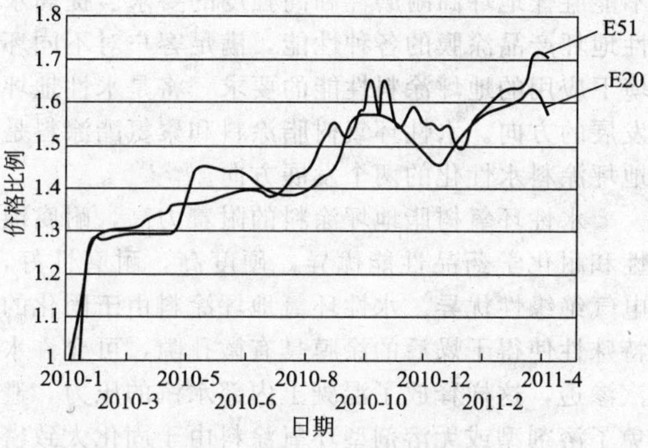

图1　环氧树脂的价格变化

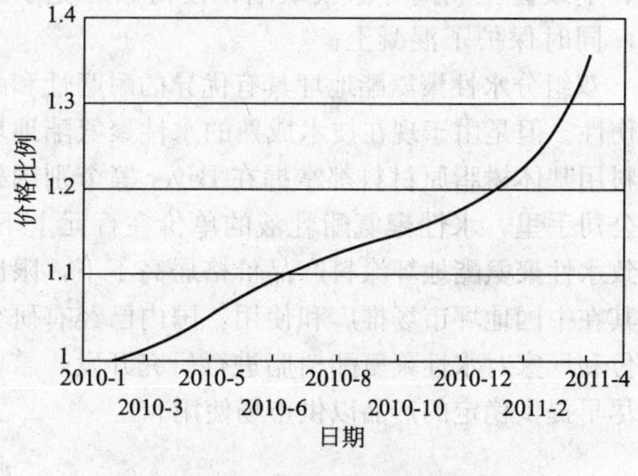

图2　钛白粉价格变化

2　水性地坪涂料

21世纪，节能减排已成为企业必须承担的社会责任，涂料的水性化技术作为节能减排、健康环保的主要措施必将成为行业关注的重点。随着环保法规的实施和人们环保意识的增强，节能减排成为社会责任，客户在注重涂料性能的同时，越来越重视使用的产品是否环境友好。现在我国的地坪涂料还是以薄涂型的溶剂型产品为主，水性涂料和无溶剂型涂料的开发和推广已经刻不容缓。

地坪涂料水性化的关键技术是涂料成膜物质的水性化，即环氧树脂和聚氨酯等树脂原材料的水性化。现今水性化技术主要有两种：一种是水乳型，即成膜物质制成乳液直接使用，如环氧树脂乳液和聚氨酯乳液；另一种是水分散型，涂料在使用时才加入水，经搅拌后成为水分散的乳液使用。其次提高水性地坪涂料涂膜的各项性能。现在水性地坪涂料还得不到大规模的使用，主要是其涂膜性能与溶剂型地坪涂料相比还存在差距，造成了客户的认知偏差，往往认为水性地坪不具备很强的力学性能、化学性能和装饰性能，不能胜任地坪高耐磨性和高强度的要求。提高水性地坪产品涂膜的各种性能，满足客户对不同环境下应用的地坪涂料性能的要求，将是水性地坪发展的方向。水性环氧树脂涂料和聚氨酯涂料是地坪涂料水性化的两个发展方向。

水性环氧树脂地坪涂料的附着力高，耐腐蚀性和耐化学药品性能优异，硬度高，耐磨性好，电气绝缘性优异。水性环氧地坪涂料由于固化的特殊性使得干燥后的涂膜具有微孔隙，可允许水汽渗透，这样释放了混凝土内部水汽的压力，避免了溶剂型或无溶剂型环氧涂料由于固化太致密而造成混凝土内的水汽无法除去，产生鼓泡、变形、空鼓甚至剥离等涂膜缺陷，使得涂层免于破坏，同时保护了混凝土。

双组分水性聚氨酯地坪具有优异的耐磨性和耐划伤性。但是由于现在技术成熟的水性聚氨酯地坪涂料用基体树脂原材料都掌握在 Bayer 等个别国外大公司手里，水性聚氨酯乳液的单价在百元上下，导致水性聚氨酯地坪涂料产品价格居高不下，限制了其在中国地坪市场推广和使用。国内已经有研究单位和厂家对水性聚氨酯树脂进行研究开发，希望能尽早提供稳定的产品以供市场使用。

3 高固体分/无溶剂地坪涂料

当前世界各国对环境的要求越来越高，尤其是一些发达国家，对涂料中的挥发性有机物的含量（VOC）及排放均给予了限制。当前美国清洁空气法和欧洲 REACH 法案等规范对涂料的 VOC 作出很严格的规定。我国已颁布的法律法规如《中华人民共和国环境保护法》、《大气污染防治法》和《大气污染物综合排放标准》（GB 16297—1996）、《地坪涂装材料》（GB/T 22374—2008）对 VOC 和其他有毒有害物质作出限量。因此严格限制地坪涂料中的 VOC，逐渐降低涂料中溶剂的含量，最大程度地减少对环境和人体的损害，是地坪涂料发展的一个重要方向。除了减少 VOC 排放外，无溶剂地坪涂料的使用具有以下优点：（1）一次成膜厚度大，一般一次施工厚度为 1～3mm；（2）由于涂层是一次性成型，体积收缩相对较小，整体机械强度高，无层间附着力问题；（3）相对与溶剂型涂料来说，相同的涂层厚度使用无溶剂型涂料的量更少，施工时间更短，显著降低了人力成本；（4）由于涂层致密，具有很好的耐腐蚀性。无溶剂地坪涂料主要技术难题是涂层的消泡。由于黏度相对较大，且施工厚度比较大，涂膜中夹带的气泡比较难消去。由于施工厚度比较大，材料用量高，导致价格高，市场接受能力有待提高。

由于环氧树脂涂料的强度高，耐腐蚀性好，在地坪涂料中占有半壁江山。由于液体环氧树脂的黏度低，与胺类固化剂配合，容易做成无溶剂厚涂型涂料，是无溶剂/高固体分地坪涂料的主要品种。如国内常见的环氧自流平涂料，一次性施工厚度为 1～3mm。

相对于环氧树脂涂料，另一大地坪涂料品种聚氨酯涂料的无溶剂型产品则比较少，其原因在于聚氨酯涂料使用的异氰酸酯组分中的—NCO 基团反应活性比较高，可使用时间比较短。且—NCO基团易与水反应，生成 CO_2，但是聚氨酯涂料的黏度更高，反应生成的气泡更加难以消除，涂膜中经常有比较多的气泡，影响涂膜整体性能和表观效果。现阶段国内地坪涂料企业的无溶剂聚氨酯涂料的种类还是比较少。

与国内企业以溶剂型涂料主打不同的是，国际涂料公司的地坪涂料主要以无溶剂涂料为主，且施工厚度比较大，一般在 3～10mm，涂料种类有环氧涂料和聚氨酯涂料。这些涂料的施工方法简单，一般是底漆—砂浆层—面漆层 3 道工序，或者砂浆层与面漆层合并为一道工序。这些产品的易用性值得国内厂家的学习。

4 新地坪涂料品种

4.1 聚脲

聚脲材料具有优异的性能，具有高抗冲击

性、高强度、高伸长率、高撕裂强度等优异的综合力学性能，其拉伸强度可超过30MPa，伸长率可达500%，撕裂强度达100N/mm。因而有优异的抗混凝土开裂性、对混凝土开裂的防护性及对失强混凝土结构的补强性。聚脲的施工便捷，受环境温度、湿度影响相对较小，对水分、湿气的容忍度较强。聚脲经过喷涂施工后快速固化，凝胶时间在2min内，2h即可投入使用。聚脲材料在近年来高速铁路混凝土桥面的防水工程上取得了很大的应用。

相对于常用的环氧地坪或聚氨酯地坪，聚脲材料具有如下优点：（1）耐磨性好。聚脲弹性体具有很好的耐磨性，它的耐磨性能是碳钢的10倍，环氧树脂的3～5倍，特别适合用于经常有人员或车辆活动的工业地坪；（2）抗冲击、韧性好。环氧树脂地坪最大缺点是硬度高但柔韧性差，在受外力冲击或温度交变的作用下极易出现开裂，而聚脲不仅可以在很宽范围内调节硬度（从邵氏A30到邵氏D75），而且能在较高的硬度、较低的温度下仍保持柔韧性；（3）低温固化性。环氧树脂涂料一般需在10℃以上固化，在10℃以下则反应缓慢而困难，而聚脲对温度和湿度不敏感，施工时受环境温度、湿度的影响相对较小，可在低达－28℃的条件下施工；（4）快速干燥，效率高，聚脲一次施工的厚度可以从数百微米到数毫米，一次达到要求厚度。而且聚脲属于快速固化的体系，喷涂结束后10min即可达到步行强度，2h后即可投入使用，最大限度地为用户节省了时间。因此，通过优化聚脲配方，性能更符合地坪涂料的要求，则聚脲在地坪涂装保护市场将有广泛应用。

4.2 MMA地坪涂料

MMA地坪涂料以MMA（甲基丙烯酸甲酯）树脂为主要原料、以MMA等反应性单体为交联剂，加入辅助配套专用粉料、骨料及助剂等材料而制成的新型高分子地坪材料。该材料经引发剂引发自由基交联聚合后，可快速交联固化成高强度涂膜。MMA地坪涂料在日本、欧洲和美国等发达国家已经有30多年的使用历史，2006年从日本引入中国。但是由于该地坪材料属于技术含量和应用性能均较高的新型材料，主要核心技术均掌握在国外企业手中，所以造成在国内使用和售价相对较高，在国内应用案例也比较少，上海世博会世博轴的防滑表面和新加坡馆快速修补地坪均采用MMA涂料技术。广州秀珀化工股份有限公司是国内第一家研发出MMA地坪涂料并工业化的公司。

与通用地坪涂料相比，MMA涂料具有以下优点：（1）温度对MMA体系的固化反应影响很小，可在－30～40℃的温度下施工，MMA涂料的固化属自由基聚合反应，采用合适的引发体系可使适用温度低至－30℃，特别适用于冬天的地坪工程施工；（2）MMA地坪涂料具有快速固化的特性，一般表干时间小于30min，实干时间小于1h，其综合使用性能在实干1h内就能达到理论值，所以可以大大缩短施工工期，可用于地坪的快速修复；（3）优良的耐药品性，对无机酸、有机酸、碱、盐、油有卓越的耐久性，由于MMA地坪涂料成膜后具有很高的交联度，且完全固化后体系内基本没有不饱和键，所以对酸碱、油、盐雾及药品具有抗受性；（4）耐负荷、耐磨、耐冲击、抗划痕性都较好，抗压强度可超过60MPa，远远超过常用的混凝土。同时MMA树脂又有一定的弹性；（5）优良的耐候性，室内外都能使用，由于MMA地坪涂料中不含有芳香族结构及任何变色基团，所以使其具有优异的耐候性。

在我国，MMA地坪涂料正处于起步阶段，完善配方和施工技术是该产品健康成长的关键。

5 商用与家装地坪涂料的发展

现在国内地坪涂料主要集中在工业领域，对地坪涂料的要求主要是强度高，装饰性要求不严，一般只要求颜色一致。随着涂料技术的发展，艺术化的地坪涂料技术基本成熟，并在市场上有了一些应用案例，如中央电视台天气预报厅、广州亚运会篮球馆等。彩砂地坪是一种比较简单的艺术地坪，通过使用不同颜色、粒度的骨料，采用砂浆工艺和抹平工艺施工。磨石地坪经过多道打磨抛光工艺得到，如图3所示。

从工业地坪市场扩大到更大的商用与家装市场是地坪涂装技术发展的趋势。但与工业地坪涂料相比，商用与家装市场对涂料产品的要求有很大区别。商用与家装市场强调涂装效果美观、色彩鲜艳持续、耐磨性好、光泽高；产品强调对人体无害无味，因此只能使用水性涂料和无溶剂型涂料。地坪涂料企业必须转变产品思路，尽快开发出适用产品，才有可能在新的商用与家装地坪市场取胜。

(a) 彩砂地坪

(b) 设计图案的地坪

图 3　艺术地坪

6　地坪材料发展

6.1　无机地坪材料

无机类工业地坪是指能用于工业场所的无机材料构成的地坪，常见有水泥基和石膏基的地坪材料，如传统的水磨石地坪、耐磨骨料地坪、混凝土渗透硬化剂地坪、自流平砂浆地坪等，结合一些较先进的施工方法，如超平处理、混凝土基面打磨抛光等，衍生出超平地坪和抛光地坪等。无机类工业地坪和有机类工业地坪比较而言，成本较低；不会对外界产生有毒排放；不消耗化石资源，低碳环保；有的是完全和基面一体化，没有空鼓、脱落现象，因此使用寿命长。尤其是几种技术的结合，赋予了无机地坪更强的优势：如耐磨骨料地坪、超平地坪、打磨抛光地坪和混凝土渗透硬化剂的整合，使得地坪整体效果亮丽，表面硬度和强度高，使用期限长，维护简单，具有极强的使用性；多种地坪处理的整合，使得旧的工业地坪较容易地实现了地坪的升级换代，从而获得表面平整光洁、耐压耐磨的工业地坪。无机类工业地坪具有有机工业地坪所不具备的优势，可用于部分场所，用户可根据需要，选择合适的地坪处理技术。

6.2　水泥砂浆自流平材料

水泥砂浆自流平材料由高强度水泥和聚合物干粉树脂及添加剂组成，使用时加入一定量水搅拌混合均匀，通过镘涂施工，施工厚度为 5～20mm。由于产品具有高流动性和高塑性的特点，能自动找平，硬化速度快，施工方便，且近年来技术有了长足发展。机械强度有很大的提高，常用于地坪涂料涂装前的基面找平处理，也可直接用于载荷较低的场所。但涂装地坪涂料前应确保水泥砂浆层已经干燥，含水率符合涂料涂装要求。

6.3　混凝土渗透性硬化剂

混凝土存在着很多的由水泥水化产生的毛细管，水、氧气、二氧化碳等具有腐蚀性的物质可以通过毛细管深入到混凝土的内部，导致混凝土发生碱碳反应，引起水泥和钢筋增强件被腐蚀。混凝土渗透性硬化剂的主要成分为水玻璃类物质，含有大量无定形的多聚硅酸盐离子，它能通过混凝土结构中的毛细管渗透到混凝土内部，与其中的活性钙离子和毛细管壁的羟基发生反应，生成交联结构的凝胶，能有效封闭毛细管，阻隔有害物质进入混凝土内部，大大降低了碱集料反应的可能，延长了混凝土的使用寿命。由于生成的凝胶使混凝土表面更加密实，使混凝土表面的硬度提高，耐磨性变好，提高了混凝土的机械强度。

混凝土渗透性硬化剂的施工过程如下：先使用硬化剂充分润湿混凝土表面，令硬化剂向混凝土内部渗透。经过约 1h 的润湿后，把多余物料清理干净。待表面干燥后对混凝土表面进行抛光，直到混凝土表面显示出明显光泽。

硬化剂首先由国外传入，在一些大型仓储式超市使用，后国内企业如雨后春笋般推出类似产品，造成质量良莠不齐，市场比较混乱。由中国建筑材料联合会地坪材料分会组织编写的行业标准《渗透型液体硬化剂材料》正在制定中，希望该标准能规范该类产品健康发展。

7　地坪涂料/材料标准的发展

地坪涂料现有两个标准，分别是化工行业标准《地坪涂料》（HG/T 3829—2006）和国家推荐标准《地坪涂装材料》（GB/T 22374—2008），对地坪涂料的性能和要求作了规范。《整体地面工程技术规程》在制定中。HG/T 3829 制定了薄涂型和厚涂型涂料的性能标准，GB/T 22374 致力于把底漆、水性涂料、溶剂型涂料和无溶剂型涂料、功能性地坪涂料统一到一个标准中。《整体地面工程技术规程》规范了多种树脂地坪涂料的施工工艺和质量检验手段。由于标准和规范的着眼点不一样，相应的技术指标有些差别，个别技术指标则高不可攀，不能完全代表地坪涂料的技术发展现状和趋势，存在着局限性。但是任何一个标准的完善都有一个过程，需要靠行业中的每一个企业的努力，根据自身产品的性能特点，提出修改的意见，才能促进地坪涂料行业健康发展。

8 结　语

地坪涂料行业竞争激烈，挑战来自于过度竞争导致的产品价格偏低及原材料不断上涨的矛盾，以及国际涂料公司的强势竞争。若企业能紧跟环保导向，以发展技术为基础，开发高性能的无溶剂涂料和水性涂料，开拓商用与家装市场，必将在今后有更大的发展。

2010年风电涂料市场发展概述

西北永新化工股份有限公司　田兆会

0　前　言

2010年，中国风电新能源快速增长再次续演，新增装机规模和总装机同时跃居世界第一，伴随着风电装机和装备制造业的发展，风电涂料日益受到风电企业和涂料企业的共同关注和重视，也成为涂料发展的主要领域。本文主要从市场角度予以概述。

1　快速发展的风电

1.1　世界风电持续发展

据世界风能理事会公布的数据，2010年全球新增风电装机35802MW，累计装机达到194390MW，较2009年增长了22.5%。

虽然2010年新增风电装机绝对量增加了，但是新增风电市场在2010年增长率却出现了20年来的首次下跌，较2009年缩水了7%。其原因主要是欧美传统市场滞后，表现欠佳，美国下降了50%，欧洲也下降了7.5%。

与传统欧美富国市场疲软不同，新兴发展中国家市场成为热点，超过一半的新增风电装机来自非传统市场，其中贡献最大的要数中国，占到46%，几乎达到一半，中国由此超越美国，成为全球风电装机容量最大的国家。

在表1所示的全球前5个国家中，中国的装机规模几年间快速上升到第一，新增装机规模是其他4国合计数的1.6倍，由此可判定中国将稳定增长并保持全球第一地位。

1.2　中国风电领跑全球

从2005年开始，中国的风电总装机连续5年实现翻番，如图1所示。据中国可再生能源学会发布的统计数据，2010年新增安装风电机组12904台，装机容量18927.99MW（由此推算的平均机组规模为1.467MW；2009年为1.362MW，下文将视同为1.5MW机组计算），同比增长37.1%，累计安装风电机组34485台，装机容量44733.29MW，同比增长73.3%（不包括中国台湾地区）。

中国的装机规模几年间快速上升到全球第一，预期可以保持稳定、持续发展的势头。

表1　全球风电装机前5位国家　　单位：MW

国家	2008年		2009年		2010年		2010年新增装机
	装机总量	排名	装机总量	排名	装机总量	排名	
中国	12210	4	25805	2	42287	1	16500
美国	25170	1	35086	1	40180	2	5115
德国	23903	2	25777	3	27214	3	1493
西班牙	16740	3	19160	4	20676	4	1516
印度	9587	5	10926	5	13065	5	2139

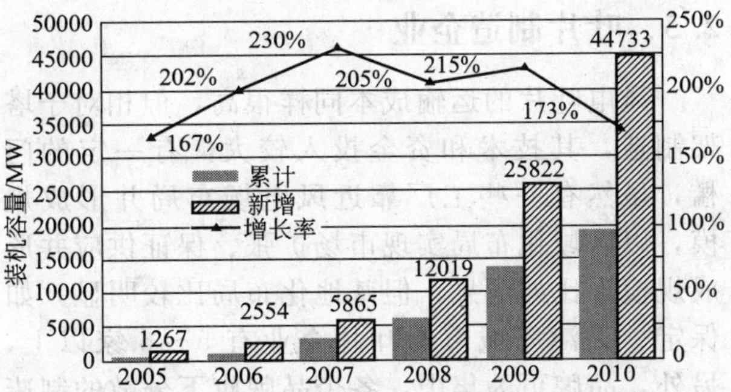

图 1 2005～2010 年中国风电装机

1.3 风电是清洁安全能源

政策鼓励：我国规划 2015 年水电、核电、风电、太阳能等非化石能源占一次能源消费总量的比重由目前的 8.3%提高至的 11.4%，2020 年为 15%。2015 年计划装机 1 亿千瓦（按照目前的年度装机规模，无疑会再次提前实现计划目标），比重从 0.5%增加到 2%，潜力巨大。这一目标也是政府的公开承诺，自然也是政策鼓励和支持的重要领域。

清洁安全：在风电作为绿色清洁能源日益受到重视的同时，目前在日本发生的福岛核电事故，其导致的庞大善后处理成本、严重的社会后果、日本中止核电发展的表态，进一步使各界对风能作为安全能源的认识更加深刻、全面，其重要性更加凸显，被不断重新审视并日益受到重视，其绿色和安全的双层属性，预期会获得新的发展。

能源紧张：随着经济的逐步恢复，2011 年以来，全国各地再次频繁出现的用电荒、煤电网关系的协调与处理等，也使得风电的机会和优势不断增加，加之国家对发展低风速风电的鼓励，其发展也随之提速，仅一季度，并网发电的风电机组就新增加了 500 多万千瓦。

2 风电装备制造企业

2.1 总装企业

随着风电新能源的发展，快速成长起相应的装备制造企业，其中的领先企业见表 2。

在 2009 年世界前 10 强风电装备企业中，中国前三甲企业华锐、金风、东汽均已在列，份额合计 22.9%，华锐风电跃居全球第三，在 2009 年，超过 GE 而上升为世界第二。

由于竞争激烈，在 2010 年 10 月的风电机组招标中，1.5MW 风电机组每千瓦报价跌破 4000 元，3MW 风电机组每千瓦造价最低报价仅为 4100 元。总装企业面临的价格或者成本压力加大。

风电机组属于典型的装配型机电产品，在风电机组总装厂里一般是不直接使用涂料的，所使用的组装件都是在各个专业配套厂里直接完成涂装的，但风电涂料的决定权却都在总装厂，配套厂没有决定权利或者话语权有限，目前基本都是由总装厂直接指定有限的涂料品牌、品种与配套体系，配套厂只能从中选购，涂装过程一般也处在总装厂的监督之下，加之风电机组制造集中度较高，因此，风电塔架涂料集中在少数品牌之中。

这种情况，一方面保证了涂料和涂装的质量，使其成为比较规范的涂料与涂装领域之一，但另外一方面，有限竞争导致了价格、成本、供货、服务等方面的某些不足。

2.2 塔架制造企业

由于塔架的运输成本问题导致其运输半径较小，加之其资金投入和制造技术较为容易得到解

表 2 2010 年中国新增风电装机前 10 家机组制造商

排名	企业名称	2010 年新增			累计	
		装机规模/MW	国内装机数量/台	份额/%	装机规模/MW	份额/%
全国		18927.99	12904	37.1	44733.29	73.3
1	华锐风电	4386.00	2903	23.2	10038.00	22.4
2	金风科技	3735.00	2648	19.7	9078.85	20.3
3	东方汽轮机	2623.50	1749	13.9	5952.00	13.3
4	联合电力	1643.00	1095	8.7	2435.00	5.4
5	明阳风电	1050.00	700	5.5	1945.50	4.3
6	Vestas	892.10	601	4.7	2903.60	6.5
7	上海电气	597.85	384	3.2	1073.35	2.4
8	Gamesa	595.55	564	3.1	2424.30	5.4
9	湘电风能	507.00	253	2.7	1089.00	2.4
10	华创风能	486.00	324	2.6	682.50	1.5

决，因此，其制造企业的地域性比较明显，较有影响的塔架制造企业也大多是靠近风电场分散设厂，仅仅靠运输成本，就可以在投标中具有优势地位，能就近供给各风电场。

比如甘肃科耀，旗下至少有4个塔架工厂，分布在兰州、酒泉、包头和大丰等地，在酒泉的肃州、玉门、瓜州，集中了不下10家塔架制造企业，这些企业多是墙路之隔、比邻而居。在创业板上市的泰胜风能（300129）是较有行业影响力的塔架企业，有上海、包头、东台3个制造基地。

按照目前的塔架涂层体系及厚度等设计要求和涂装实践，塔架涂料的消耗系数多为1.5，面漆因为涂层厚度修正和外观验收等原因，会更大一些，可以简单按照每平方米使用1kg涂料来推算涂料使用量，一般塔架企业的年制造数量多为200套，若全部为1.5MW机组并按1500m^{2}涂装面积计算（某3MW表面积2200m^2，目前装机数量较少），其涂料使用量为300t（每套塔架使用涂料1.5t），若按前文计算的平均机组规模，2010年全国塔架涂料规模超过19000t，也可以简单推算塔架涂料市场，各省区的新增装机规模（MW）也就是塔架涂料使用量（t）：1MW风电装机=1t塔架涂料。

基于以上推断，我们也可以按照图2和表3估算各省区的塔架涂料消耗量。

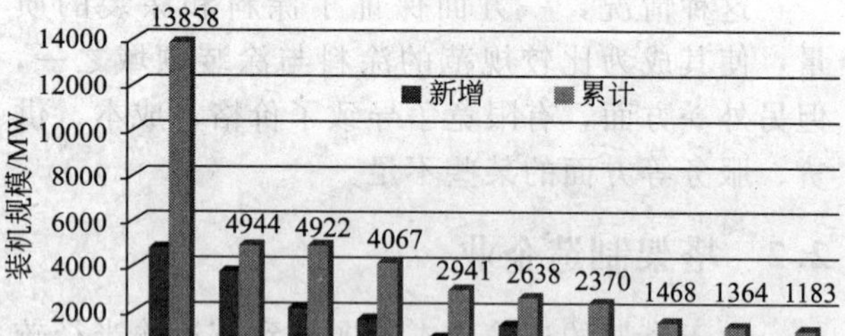

图2　2010年累计装机前10位的省区

表3　累计装机前10位的省区

单位：MW

排名	1	2	3	4	5
行政区	内蒙古	甘肃	河北	辽宁	吉林
累计	13858	4944	4922	4067	2941
新增	4662	3756	2133	1642	877
排名	6	7	8	9	10
行政区	山东	黑龙江	江苏	新疆	宁夏
累计	2638	2370	1468	1364	1183
新增	1419	710	371	361	501

2.3　叶片制造企业

风电叶片的运输成本同样很高，但相对于塔架制造，其技术和资金投入较大，有一定的门槛，虽然有一些工厂靠近风电场布局并形成规模，以区域化布局实现市场扩张、保证供应并形成规模，比如酒泉；但基地化布局比较明显，如保定、天津等城市的叶片企业有5～6家以上，另外，品牌更为集中，各个品牌旗下分散的制造工厂主要是为了靠近风电场。主要的叶片制造企业及其工厂布局及2009年市场占有率为：中航惠腾22.9%（保定、酒泉、秦皇岛）、中复连众15.8%（连云港、酒泉、包头、沈阳）、中材科技7.9%（北京、酒泉）、LM（乌鲁木齐、天津武清、秦皇岛）、中能风电（保定、银川）、中科宇能（保定、白银、乌拉特中旗）等，明阳电气、东方汽轮机、国电联合动力、Vestas、Gamesa等整机厂自建有叶片生产厂，金风科技也通过收购获得两个叶片制造企业。

1.5MW机组叶片长度多为37.5m或40.3m（中复连众5MW叶片的长度为62m），其表面积约为200m^2。各个叶片厂家的工艺有一定区别，但以整体打磨处理和体系涂装为多，具体到叶片涂料（含腻子、稀释剂）的使用量，因与叶片成型表面状况、胶衣使用与否等因素相关而区别较大，若平均按0.5kg/m^{2}或每个叶片100kg的使用量、以2010年装机叶片数量（12904×3）个来推算，叶片涂料使用量约3800t。

2.4　其他部件制造企业

这里主要是涉及使用涂料较为集中的部件，虽然多为非直接暴露在阳光下的户内表面（变压器和海上除外），但因为表面积均较大，涂层要求比较规范，使用涂料品种较少而制造和供货管理较为方便，也应该是涂料企业关注的风电涂料市场之一，具体的涂料使用量不详，但相关的企业有如下一些。

发电机：永济电机（及西安捷力）、株洲南车电机、东方电机、兰州电机、上海电机、湘潭电机、大连天元等。北重、新誉、航天万源、三一电气、Vestas、Gamesa. Suzlon等自建发电机生产厂。

齿轮箱：南京高齿40.4%（2009年市场份额，下同），大连重工通用减速机厂18.7%，重庆齿轮箱17.5%，Winergy（天津）、德阳二重、杭州前进等。

轴承：洛阳轴承、瓦房店轴承、浙江天马轴承和徐州罗特艾德等（因处在小批量生产和试应用阶段，使用涂料较少）。

底座也是使用涂料比较集中的部件。

控制柜、变压器等配套件涂料由制造厂家确认，并且是比较成熟和定型的涂料产品体系，不再讨论。

3 风电涂料与涂装

3.1 重视和参与

与原来国内企业关注风电涂料市场较晚、参与较少不同的是，在2010年，有更多企业把关注的重点和发展方向放在了风电涂料上，主要是有一定产业基础、有较专业技术背景、有一定地域优势的一些企业。西北永新合作设立了风电涂料与涂装防护研究室，全方位关注和参与到风电涂料市场中，产品覆盖塔架、叶片等全领域，中远关西等推出塔筒用氟碳涂料和叶片涂料，天津德威、石家庄金鱼、大金氟化工、威海光威、兵器53所、上海麦加、宣伟、PPG、鹿尼德、厦门双瑞等专业涂料公司或机构，纷纷推出塔架涂料或（和）叶片涂料。更有个别企业在2010年的具体项目上有不小的市场收获。

一些涂料代理公司、高空作业公司、涂装总包单位也把关注的重点放在风电涂料和涂装上，塔架、叶片涂装的专业化工艺及装备也不断开发出来，如塔架喷砂机、AST叶片自动化处理系统等。中国船级社认证公司、鉴衡认证等国内机构也积极参与和实施风电涂料的认证工作。因此，如果说2009年是我国风电涂料的元年，2010年可以称作奠基之年。

3.2 涂料标准

标准与市场同样受到重视。涂料行业在2009年启动对风电市场的关注之后，2010年有关风电涂料标准的制订成为关注重点，如何针对我国风电场分布环境差别，按照北方、南方和海洋等环境因素，制订适宜的标准以开放和规范风电涂料市场成为行业的重中之重。

3.3 涂料供应与技术

虽然有国内涂料企业的参与和竞争，但基本仍然处于变化的初级阶段，风电涂料市场仍然基本保持原来的格局，为赫普（HEMPEL）、国际（IP）、佐敦（JOTUN）、庞贝捷（PPG）、中涂（CMP）、美凯维奇（MANKIEWICZ，德国）、巴斯夫（BASF-RELIUS）、博格林（BERGOLIN，德国）等企业或品牌的产品，实际变化较小。

风电涂料技术上是在聚氨酯体系上，推出氟碳涂料、氟硅涂料及水性等品种，把性能、环保、方便性等主张落实到具体产品中，针对性地解决海洋环境、湿热低温结冰环境、风蚀环境下的风电机组部件防护问题。

3.4 竞争与机会

竞争推动了涂料本身的进步，为应对竞争，领先企业纷纷采取对策，包括改进和增加产品、调整价格、改变营销策略、改善服务等方式。

风电涂料虽然是较大较为集中的一个细分涂料市场，在整个风电装备投入中所占份额也很小，但风电装备企业在竞争应对和管理提升中，在涂料企业的推广和推动下，已经从性能、成本、质量、保证能力等方面对风电涂料予以关注，风电企业对涂料的理解和认识逐渐变化，寻求和涂料供应商的密切合作，并予以筛选和调整，市场坚冰终于被打破，涂料也成为风电展览及研讨的一个热门话题。目前的筛选期，也将决定新一轮的风电涂料市场格局，这次一旦确定，按照目前状况，短期内将保持基本稳定。能具体、专业、权威地解决风电制造企业面临的涂层问题的企业，同样将会获得市场机会。

2010年我国光固化涂料生产概况

中国感光学会辐射固化专业委员会　金养智

1　光固化涂料行业生产概况

光固化涂料是一种重要的辐射固化产品，因为它具有节能、环保、高效、优质的特点，完全符合当前我国正在大力推行的减污减排的低碳经济和环境友好绿色经济政策，近年来在我国受到人们的广泛重视，并获得了飞速的发展。表1反映了进入21世纪的前十年间国内光固化涂料生产情况，产量从11271t增加到51987t，增长了3.61倍；产值从41176万元增加到243343万元，增长了4.91倍，都高于我国GDP增长速度。

2　光固化涂料产品应用领域

2010年中国感光学会辐射固化专业委员会统计了45家光固化涂料生产企业（2009年统计了40家），共生产了光固化涂料51987t，比2009年增长33.4%；产值243343万元，比上年增长38.8%；出口308t，创汇1984万元。除了光盘涂料产量继续下降，纸张涂料和摩托车涂料产量稍有增长外，其他光固化涂料的产量均有较大的增长。光固化涂料产量增加较大的是：竹木涂料增加了5260t，增长率30.8%；塑料涂料增加了2272t，增长率为41.4%；手机涂料增加了2040t，增长率为39.0%。增长率最大的是金属涂料为109.0%，建材涂料为66.7%，家电涂料为42.1%。特别可喜的是高端光固化涂料中汽车涂料（汽车修补漆）和光纤涂料也已有少量生产，填补了国内空白（见表2）。

表1和表2统计充分显示了近年来国内由于加强了环保法规的执行，鼓励和倡导低碳和绿色可持续发展的经济发展方式，不少涂料生产企业纷纷开发和生产环保节能型的光固化涂料，使光固化涂料产量和质量有了很大的提高，品种有了很大的增加。光固化涂料已从传统的竹木地板、PVC板、纸张、摩托车、塑料等领域，向更有发展前途、更高端的手机、汽车、光纤、建筑装潢和光电子等领域拓展。自从我国成为世界最大的手机生产国和使用国后，手机生产的发展促进了国内光固化涂料生产企业对手机涂料的开发和生产，打破了国外企业的垄断，这两年取得了显著成效，质量稳步提高，产量快速增长，已成为仅次于竹木涂料和塑料涂料的光固化涂料。光纤涂料质量和使用性能要求高，过去一直由国外企业垄断控制，近几年国内率先在光纤油墨上取得突破，后又很快研发并生产了光纤涂料，打开了进入光纤生产新领域。汽车工业作为国家的支柱产业之一，也是高档涂料用武之地，光固化涂料也已在车灯涂装、车内装饰件涂装、保险杆涂装以及汽车修补等多方面得到应用，成为汽车涂料一支新的生力军。

表1　2000～2010年国内光固化涂料生产统计

年　　份	2000	2001	2002	2003	2004	2005	2006	2007	2008	2009	2010
产量/t	11271	15245	16741	19007	23300	25024	29027	32530	31938	38978	51987
产值/万元	41178	51707	50402	65634	88285	91407	106982	129749	132077	175320	243343
统计企业/家	25	34	34	39	44	51	43	51	49	40	45

表 2　2009～2010 年国内光固化涂料应用领域

单位：t

光固化涂料	2010 年	2009 年	增长率/%
竹木	22340	17080	30.8
纸张	5374	5125	4.9
PVC	3406	2876	18.4
塑料	7754	5482	41.4
摩托车	760	725	4.8
汽车	300	—	—
家电	1677	1180	42.1
金属	1275	610	109
手机	7270	5230	39
光盘	50	150	−66.7
光纤	81	—	—
建材	420	180	66.7
其他	—	100	—
总计	51987	38978	33.4
统计企业/家	45	40	12.5

3　光固化涂料生产企业分布

目前，国内光固化涂料生产企业主要集中在华南地区（广东、湖南）和华东地区（江苏、浙江、上海）5 省市。从表 3 可看到华南地区 22 家光固化涂料生产企业，占统计企业 48.9%；产量 31600t，占光固化涂料总产量 60.1%；产值 159145 万元，占光固化涂料总产值 65.4%，将近 2/3。华东地区统计了 13 家生产企业，产量 16391t，产值 72203 万元，占光固化涂料总产量和总产值均不到 1/3。而北方地区和西部地区统计了 10 家生产企业，产量 3996t，仅占光固化涂料总产量 7.7%，产值 11995 万元，占光固化涂料总产值 4.9%。这主要是因为光固化涂料的用户主要在上属华南和华东地区的缘故。

从表 3 中还可以看到光固化涂料生产企业中已涌现出一批年产量超过 3000t、年产值过亿元的骨干企业。它们拥有较先进的生产设备和测试仪器，还有一支年轻有为、富有开拓精神的科研队伍，并且与有关大专院校和研究院所进行产学研合作，因此它们不仅产量大，而且产品质量稳定，同时不断有新产品开发出来，满足市场的需求。它们的发展壮大，引领着光固化涂料产业的发展，也为今后光固化涂料产业的更大发展创造了条件。

4　光固化涂料原材料生产概况

国内光固化涂料的快速发展是建立国内光固化原材料生产的快速发展基础上。统计显示 2010 年国内活性稀释剂产量 103915t，比 2009 年增长 8.6%；低聚物产量 82333t，比 2009 年增长 40.3%；光引发剂产量 25360t，比 2009 年增长 11.4%（见表 4）。国内光固化原材料生产也涌现出几家年产量超万吨、年产值过亿元的较大规模的生产企业，它们的产品质量好、产量

表 3　2010 年国内光固化涂料生产企业分布

地区	统计企业/家	产量/t	小于 1000 t/a 企业	1000～3000 t/a 企业	大于 3000 t/a 企业	产值/万元	小于 1000 万元企业	1000～10000 万元企业	大于 10000 万元企业
北方	7	2274	6	1	0	7500	5	2	0
华东	13	16391	5	6	2	72203	4	6	3
华南	22	31600	10	8	4	159145	2	15	5
西部	3	1722	2	1	0	4495	2	1	0
总计	45	51987	23	16	6	243343	13	24	8

表 4　2010 年国内光固化原材料生产统计

原材料名称	统计企业/家	产量/t	产值/万元	出口/t	创汇/万元
活性稀释剂	14	103915	265400	17800	40700
低聚物	44	82333	180820	800	3320
光引发剂	12	25360	163530	17408	104090
合计	64	211608	609750	36008	148110

大、品种全，完全可以满足各种光固化涂料生产需要。为适应国内烟包行业和食品包装行业新出台的不得含有苯系化合物强制性标准要求，这两年已全面开发并生产了无苯活性稀释剂、低聚物和光引发剂。为配合新型光固化涂料的研发和生产，多种高活性、低黏度活性稀释剂和低聚物，高活性、低气味和低迁移光引发剂也正在不断开发和投入生产。现在国内光固化原材料生产不仅可满足国内光固化产品生产需要，并且还有大量出口，特别光引发剂，进入21世纪后，我国就成为世界上最大的生产国和出口国，产品主要出口国外。

5 结 语

总之，在国家倡导的绿色经济、低碳经济和可持续发展的经济政策引领下，节能环保型的光固化涂料将在涂料行业得到更多的认可，获得更大的发展！

中国粉末涂料行业2009年度报告

中国化工学会涂料涂装专业委员会　刘泽曦　朱敏南

0 前 言

2009年以来，面对国际金融危机带来的严峻挑战和极其复杂的国际国内形势，中国政府坚持宏观调控政策方向不动摇，坚持实施积极的财政政策和适度宽松的货币政策。随着2008年四季度出台的应对危机保持经济平稳较快发展的一揽子计划的实施，较快扭转了经济增速下滑的态势，经济企稳回升势头逐步增强，整体向好态势趋于明显，取得了显著的成效。2009年我国经济呈现以下4大特点：(1) 经济增长逐季加速，稳步上升趋势基本确立；(2) 快速回升主要依靠内需拉动，投资和消费增势强劲；(3) 进出口跌幅收窄，出口已在低位企稳；(4) CPI和PPI环比由降转升，同比降幅收窄。这种经济大背景对我国涂料行业产生了深刻影响。

1 粉末涂料行业状况

1.1 总体运行情况

2009年我国粉末涂料行业转危为安，企稳回升，在诸多因素影响下经济运行情况跌宕起伏，原材料价格大起大落，年初各项经济指标落入低谷，1月份粉末涂料总量同比下降了25%以上，而后逐步回暖，最终出现持续、稳步上升态势。中国化工学会涂料涂装专业委员会行业数据统计结果显示，2009年我国热固性粉末涂料销售总量为80万吨，与2008年相比增长了11.2%，实现销售收入135亿元以上（见表1）。从全球粉末涂料市场（见表2）来看，只有新兴经济区远东和

表1　近年来我国粉末涂料行业增长情况

年份	2003	2004	2005	2006	2007	2008	2009
年销售量/万吨	34	42	51	63	68	72	80
年增长率/%	25.9	23.5	21.4	23.5	7.9	5.9	11.2

表2　2007～2009全球粉末涂料产量统计

地区	2009年		2008年		2007年	
	产量/万吨	增长率/%	产量/万吨	增长率/%	产量/万吨	增长率/%
西欧	27.63	−15.0	32.5	−23.5	42.5	3.1
东欧	5.67	−11.4	6.4	20.8	5.3	13.7
远东	76.5	3.7	73.8	11.8	66	4.7
北美	12.2	−20.2	16.2	−7.4	17.5	3.9
南美	4.8	14.3	4.2	−14.2	4.9	5.8
其他地区	11.0	0	11.0	22.2	9.0	5.7
总计	137.8	−4.4	144.1	−0.8	145.2	4.5

南美保持正增长，分别增长了3.7%和14.3%。2009年我国仍然保持粉末涂料生产量和销售量全球第一的位置，政府投资拉动经济的措施对我国粉末涂料行业的积极影响非常明显。

美国粉末涂料研究会的统计资料显示，2009年全球粉末涂料总产量137.8万吨，与2008年同期相比，产量明显下降4.4%。表2说明，2009年全球粉末涂料的主要市场西欧的下滑趋势有所减缓，由2008年的增速−23.5%变化为2009年的−15.0%；而以美国为代表的北美地区粉末涂料产量下降趋势进一步扩大，由2008年的−7.4%提高到2009年的−20.2%。2009年前三个季度北美粉末涂料产量同比均为下降（见图1），下降幅度14.9%～33.3%，直到第四季度才转为同比正增长5.2%，充分说明经济危机对发达国家和地区经济的负面影响。

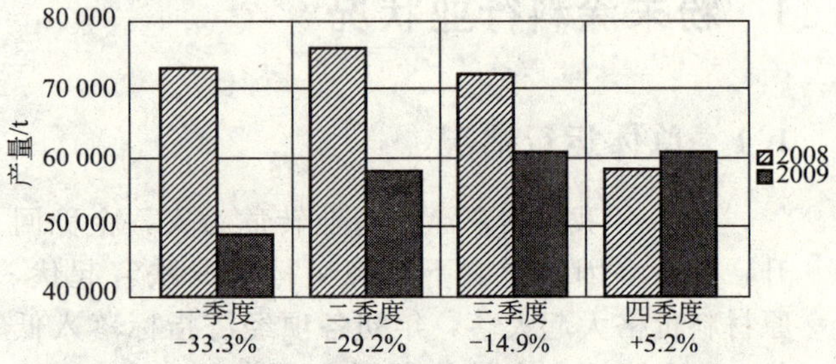

图1　2009年北美粉末涂料产量四个季度的统计数据比较

1.2　产品结构与地域分布

1.2.1　产品结构

中国化工学会涂料涂装专业委员会的统计结果显示，2009年我国粉末涂料的品种结构为：环氧/聚酯混合型粉末占53.7%，聚酯-TGIC占23.3%，聚酯-HAA为7.0%，纯环氧为15.7%，羟基聚酯/聚氨酯体系0.1%、GMA丙烯酸体系0.06%，其他体系为0.14%。2007～2009年我国粉末涂料品种结构的变化见图2，2009年全球粉末涂料的品种结构见图3。

从图2的统计结果比较可以看出，2009年我国粉末涂料产品结构的最大特点是纯环氧粉末

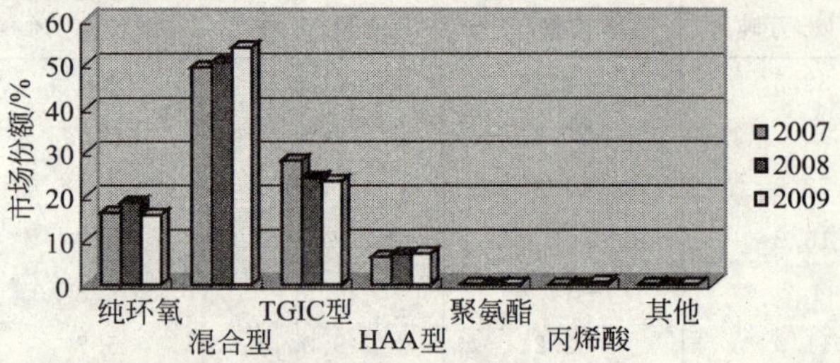

图2　2007～2009年我国粉末涂料品种结构的变化

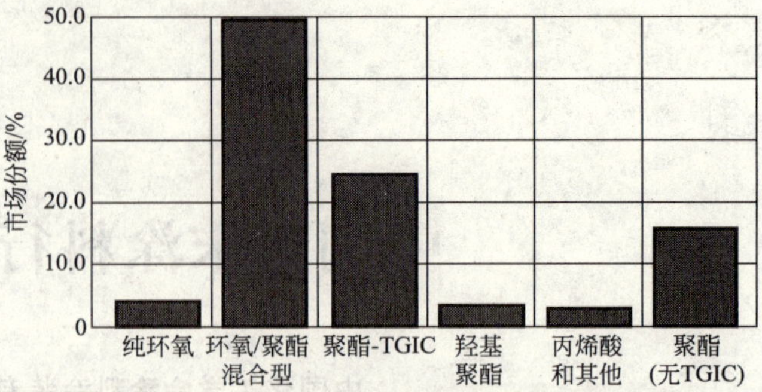

图3　2009年全球粉末涂料的品种结构

市场份额有所下降，而混合型粉末涂料市场份额有所增加，聚酯/TGIC型和聚酯/HAA型户外粉末涂料的市场份额变化不大，这与我国政府投资项目的依赖关系非常明显，家电下乡扶持政策发挥了作用。尽管我国粉末涂料的产品结构与全球平均水平接近。但TGIC型户外粉末比重明显偏高，聚氨酯、丙烯酸和其他类型的高端粉末涂料产品所占市场份额明显低于全球平均水平，表明我们的粉末涂料技术水平和市场分布与欧美发达国家和地区存在较大差距，将我国由粉末涂料大国提升为粉末涂料强国仍是任重而道远。

1.2.2　地域分布

统计数据显示，2009年长江三角洲、珠江三角洲、环渤海区域仍然是我国粉末涂料的产业集群区，东密西疏、南重北轻的格局没有改变，但各区域的发展不平衡。长三角地区粉末涂料产销量年增长率由2008年的−6.4%提升至2009年的22.9%，珠三角地区由2008年的4%提高至2009年的18.3%，全国其他地区2009年的增长率也达到19.1%，但环渤海地区2009年减少了24%。我国纯环氧型重防腐粉末涂料主要产自环渤海地区，2009年纯环氧粉末涂料的市场份额减少印证了这一结果。

统计结果表明，2009年长江三角洲粉末涂料产销量占全国粉末涂料总销量的47%，珠江三角洲占31.2%，环渤海地区占14.7%，西部地区占2.2%（主要分布在重庆和四川成都等地）；东北地区占1.0%，中部地区占3.9%（见图4）。

1.3　行业结构

表3统计结果显示，2009年我国粉末涂料市场分散度开始增大。外商投资企业和5000t以上民营企业的销量年增长率均为负数，分别是−14.3%和−17.3%；1000～5000t民营企业的

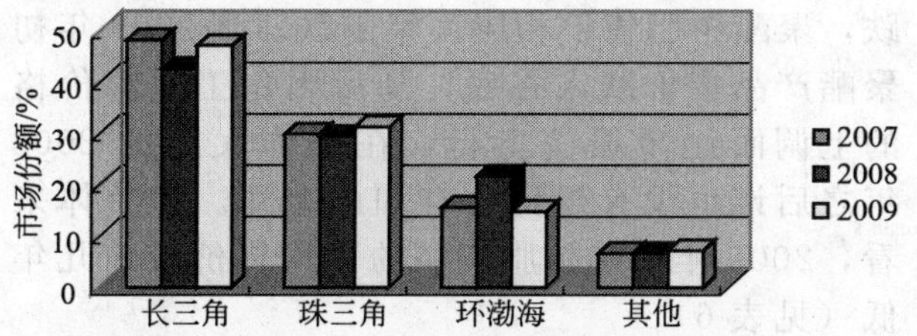

图 4　我国粉末涂料行业的地域分布变化

销量年增长率为 8.5%，仍然低于行业的平均增长水平。长期以来，粉末涂料企业受上下游行业的挤压，产品利润非常薄，只有依靠强大的资金优势、技术优势和管理优势，才能赢得市场，因此粉末涂料市场集中度在不断提高。与之不同的是，2009 年粉末涂料销售价格变化不大，但原材料价格却处于低位，这种最原始的成本与价格差直接体现在粉末涂料企业的利润表中。较大的利润空间导致社会闲散资本进入粉末涂料市场，也为小企业以价格优势抢占市场提供了空间，粉末涂料市场向中小企业倾斜，这在粉末涂料业是多年来少有的现象。2009 年粉末涂料行业排名前 11 位企业的销售额和销售量指标比较见表 4。

1.4　行业竞争力分析

粉末涂料是传统的环保型涂料品种，在所有用于替代溶剂型涂料的环保涂料（包括水性涂料、高固体分涂料、辐射固化涂料、粉末涂料等）中，粉末涂料的工业化程度最高。随着绿色环保经济的发展，粉末涂料有着光明的发展前景。

近年来化工产品的毒性和安全使用问题受到全人类的关注，欧盟的 REACH 法规为全球规范管理化学品的安全使用树立了榜样。美国和日本也在积极拟定本国的 REACH 法规。我国出台了“中国新化学物质环境管理办法”，以及与全球化学品统一分类和标签制度相适应的《危险化学品安全管理条例 & 危险化学品名录》、《化学品安全技术说明书内容和顺序》、《化学品安全标签编写规定》、《26 个化学品分类、警示标签和警示性说明安全规范》等国家标准。上述法律法规的出台使整个化学工业面临挑战。尽管与液体涂料相比，粉末涂料的安全健康问题并不突出，但是粉末涂料产品并非安全。必须加快解决粉末涂料的无害化问题，让下游客户和最终用户能够安全放心的使用，树立良好的粉末涂料产品形象，才能充分显现取代液体涂料产品的优势。

统计结果显示，2009 年我国粉末涂料占全国涂料总产量的 10.5%，其发展速度远远超过水性涂料和辐射固化涂料，与我国工业涂料的发展速度保持平衡，但低于全国涂料的平均增长率，说明粉末涂料产业依然属于市场推动型。我们在为近年来粉末涂料行业取得的可喜业绩感到欣慰的同时，必须看到，我国粉末涂料技术开发和创新不够，一系列重大的行业关键技术尚未完全解决，我们无法以可比拟的涂膜性能和外观更深层次地替代液体涂料。因此在我国涂料工业的大家庭中粉末涂料行业的竞争力有待提高。

表 3　2009 年我国粉末涂料行业的结构变化

企业类型	销量年增长率/%	市场份额/%	
		2008 年	2009 年
外企	−14.3	17.3	13.8
5000t 以上民营	−17.3	28.6	21.3
1000～5000t 民营	8.5	22.4	22.2

表 4　2009 年我国粉末涂料行业前 11 家企业的销售额和销售量指标比较

排名	企业名称	销售额/万元	排名	企业名称	销售量/t
1	杜邦华佳化工有限公司	46857	1	杜邦华佳化工有限公司	25500
2	立邦涂料(天津)有限公司	32585	2	立邦涂料(天津)有限公司	16579
3	江苏华光粉末(集团)有限公司	28149	3	江苏华光粉末(集团)有限公司	13000
4	温州市立邦塑粉有限公司	24671	4	温州市立邦塑粉有限公司	11980
5	漳州市万安实业有限公司	19364	5	芜湖美佳新材料有限公司	10500
6	广州擎天实业有限公司	17650	6	漳州市万安实业有限公司	10442
7	浙江玉石塑粉有限公司	17008	7	浙江玉石塑粉有限公司	9330
8	芜湖美佳新材料有限公司	15726	8	浙江昌明化学制品有限公司	8150
9	浙江昌明化学制品有限公司	15500	9	广州擎天实业有限公司	8020
10	青岛美尔塑料粉末有限公司	14900	10	浙江华彩化工有限公司	7987
11	浙江华彩化工有限公司	13519	11	青岛美尔塑料粉末有限公司	7870

注：阿克苏诺贝尔粉末涂料（中国）未参加排名。

美国PCI的统计资料显示，2009年北美市场粉末涂料产品的平均售价为2.6美元/磅，约合人民币57元/kg。与之相比，我国粉末涂料市场上，外商投资企业平均产品售价21.2元/kg，5000t/a以上规模民企的平均产品售价17.0元/kg，1000～5000t/a规模民企的平均产品售价16.2元/kg，1000t/a以下规模民企的产品平均售价15.9元/kg。2009年我国粉末涂料产品售价的变化见表5，说明随着原材料价格的下调，2009年各类粉末涂料企业的产品售价均有所下降，但下降幅度远不及原材料的下降幅度，因此产品利润比往年要好。同时我们还可以发现，我国粉末涂料产品售价与发达国家相比相差很远，但在我国粉末涂料市场上，品牌形象导致外商投资企业产品占据明显优势，5000t/a以上规模民营企业产品较中小企业产品有一定优势，但优势不明显，而1000～5000t/a规模民营企业产品与小企业产品相比基本无优势可言。

2 原材料及制粉设备

2.1 聚酯树脂

聚酯树脂是粉末涂料的主要原材料之一，而生产聚酯树脂的原材料则来自石化行业的有机化工原料，在金融危机期间所受冲击非常大。2008年下半年的金融危机爆发后，有机原料价格暴跌，聚酯树脂售价相应大幅下跌。到2009年初聚酯产品售价跌入谷底，随后因化工原料价格的上调而逐步振荡上行，在恐怖大跌的2008年之后谁也没有想到会有如此上涨。但总体来看，2009年聚酯树脂产品的平均售价较前几年低（见表6）。

2009年是我国粉末涂料聚酯产业结构大调整的一年，表6统计资料显示，在2009年的聚酯产品价格下调过程中，大企业的产品售价下降幅度明显大于中小企业。与2008年相比，大企业聚酯产品平均售价下降了1.9～2.4元/kg，而中小企业仅下降了0.9～1.0元/kg，说明中小企业的利润受到较大挤压，很难再有降价空间，价格竞争优势已经不在。大型聚酯企业凭借良好的品牌优势、技术优势和资金优势，在市场竞争中取得很好的业绩。2005年以来我国1万吨/a以上规模聚酯企业所占市场份额逐年下降，2009年形势逆转，市场占有率不仅提升，而且超过了历史最好的2005年（见表7）。1万吨/a以上规模聚酯企业2009年的销售量增幅达到35.1%，远远超过行业平均水平，杭州中法实业股份有限公司的聚酯销量增幅达到56.6%，实属不易。

统计资料显示，2009年我国粉末涂料聚酯树脂销售量达到27.6万吨，同比增长4.9%（见表8），2009年我国销售规模1万吨/a以上的粉末涂料聚酯生产企业见表9。

表5 2009年我国粉末涂料产品售价的变化 单位：元/kg

年份	外企	5000t/a以上民企	1000～5000t/a民企	1000t/a以下民企
2009	21.2	17.0	16.2	15.9
2008	22.3	19.5	18.4	18.1

表6 2009年我国粉末涂料聚酯树脂产品售价变化 单位：元/kg

年份	企业类型			
	8000t/a以上企业		中小企业	
	混合型聚酯	纯聚酯	混合型聚酯	纯聚酯
2008	14.5	16.4	12.8	14.3
2009	12.6	14.0	12.0	13.3

表7 近年来我国粉末涂料聚酯产业的结构变化

年份	2005	2007	2008	2009
1万吨/a企业市场份额/%	50.7	45.2	43.5	53.1

表8 近年来我国粉末涂料聚酯市场增长情况

年份	2003	2004	2005	2006	2007	2008	2009
年销量/万吨	9.23	12.5	16.6	22.8	25.8	24.3	27.6
增长率/%	—	35.62	32.90	37.26	13.2	−5.8	13.6

2.2 环氧树脂

2009年对于我国粉末涂料环氧树脂行业来说也是极其不平凡的一年。环氧树脂企业在经过了年初恐慌性的清空库存后，生产厂家开始逐步积累库存，3月份起囤货现象比较明显。环氧树脂厂家销量的“大小月”现象十分显著。下半年随着市场心态的平静，需求逐渐稳定，国内环氧树脂成交量逐渐企稳。

统计资料显示，2009年我国粉末涂料用环氧树脂销售量为18.67万吨，同比增长8.1%（见表10）。2008年以来国内环氧树脂装置产能迅速增加，当前国内环氧树脂总产能超过了120万吨，另还有20万吨以上的产能正在建设之中。虽然新建环氧树脂装置以液态环氧树脂为主，环氧树脂大厂的固体环氧树脂产能增加并不明显，但粉末涂料用的固体环氧树脂生产工艺简单、投资小，受到民营资本的青睐，市场竞争异常激烈，再加上经济危机影响，2009年我国粉末涂料用环氧树脂售价大幅下挫，产品平均售价仅有13.4元/kg，接近2002年前的历史最低水平（见表11）。

2009年我国粉末涂料用主要环氧树脂企业见表12。在国家10大产业振兴规划的带动下，家电下乡，摩托车、汽车下乡，以旧换新等政策刺激，对粉末涂料的需求支撑非常明显，尤以华南地区最为突出。粉末涂料行业的快速复苏，有力拉动了上游环氧树脂的需求增长。随着固体环氧树脂产能的迅速扩大（例如巴陵石化4万吨/a新固体环氧树脂装置即将开工），以及市场日渐透明化，今后环氧树脂行业的竞争将集中在质量、成本与服务3个方面。由于环氧树脂产品的同质化现象严重，不同品牌产品质量的差距不断缩小，在当前激烈的竞争环境下可压缩的成本空间已经非常狭窄。市场由产品竞争向服务竞争的转化将成为必然趋势，产品差异化服务、配套产品服务、全套技术解决方案、与客户协作进行新产品开发、战略合作伙伴关系的建立将成为下一步竞争的关键。总体而言，价格紧贴成本线的格局仍将持续一段时间，低于成本销售的现象偶有发生。

表9　2009年我国销售规模1万吨/a以上的粉末涂料聚酯生产企业

排名	企业名称	销售量/t
1	杭州中法实业股份有限公司	41320
2	安徽神剑新材料股份有限公司	36586
3	帝斯曼(中国)有限公司	19100
4	南方树脂有限公司	17520
5	氰特表面技术(上海)有限公司	16000
6	浙江天松新材料股份有限公司	14000
7	黄山永佳三利科技有限公司	10760
8	仪征百思德聚酯厂	10300
9	广州擎天实业有限公司	10000

表10　近年来我国粉末涂料用环氧树脂的市场变化

年份	2004	2005	2006	2007	2008	2009
年销量/万吨	11.17	13.50	15.74	15.78	17.27	18.67
增长率/%	16.6	20.9	16.6	0	9.4	8.1

表11　2006～2009年我国粉末涂料用环氧树脂的平均产品售价

年份	2006	2007	2008	2009
售价/(元/kg)	20.8	20.6	17.7	13.4

表12　2009年我国粉末涂料用环氧树脂主要生产企业

排名	企业名称	销售量/t
1	安徽恒远化工有限公司	32496
2	黄山善孚化工有限公司	21550
3	黄山市恒泰化工有限公司	20000
4	黄山锦峰实业有限公司	13780
5	巴陵石化公司环氧树脂事业部	10267
6	芜湖美佳新材料有限公司	9000
7	胜利油田方圆防腐材料有限公司	8100

2.3 纯聚酯固化剂及助剂

2.3.1 纯聚酯固化剂

粉末涂料纯聚酯固化剂的市场规模很小，基本没有缓冲能力，市场供应极容易出现供不应求或过饱和现象。这类企业对经济危机、原材料价格波动和市场供需变化非常敏感，所受到的冲击也最大。表13的统计资料显示，在激烈变化的市场环境中，2009年又有3家TGIC企业转产，但与之相比，HAA生产企业数量则是稳中有升。

在2009年的行业统计工作中我们统计到TGIC表观销量13914t，平均售价34.5元/kg，与2008年的平均售价43.9元/kg相比，价格下降9.4元/kg，降幅21.4%。2009年我们统计到HAA表观销量2542t，其中进口量470t，产品国内平均售价29.8元/kg，2008年的产品平均售价为44.7元/kg，价格下降14.9元/kg，降幅33.3%，金融危机大背景下化工原料价格大幅下跌是导致TGIC和HAA产品价格大幅下调的主要原因。近年来我国纯聚酯固化剂的市场变化情况见表14，我国纯聚酯固化剂主要生产企业见表15。

TGIC型粉末涂料因其优异的耐候性、加工性和应用性而广泛用于户外产品的涂装，是户外产品（如建材、家电室外机、交通护栏等）涂装的主要涂料品种。就户外耐候性粉末涂料类型而言，中国和北美（以美国为主）市场以TGIC型为主，2009年TGIC型粉末涂料在这两个市场上占粉末涂料总销量分别为23%和37%，在中国市场上HAA型仅占7%，而在北美市场上HAA型粉末涂料几乎没有，取而代之的是聚氨酯粉末，2009年聚氨酯粉末涂料在北美粉末涂料市场上所占份额为15%左右；而欧洲市场正相反，以HAA型粉末涂料为主，占欧洲粉末涂料市场的29%份额，TGIC型粉末涂料非常少。随着全球对化学品安全健康问题的关注度提高，TGIC的毒性和取代技术的开发需要引起足够的重视。

2.3.2 助剂

2009年我们统计到粉末涂料助剂企业46家，统计销售量4.1万吨。各类助剂综合平均售价27.6元/kg，与2008年的平均售价30.2元/kg相比，价格下降了2.6元/kg，降幅为8.6%。我们统计到的助剂种类主要是脱气剂、流平剂、纹理剂、增光剂、增电剂、消光剂、分散剂及少量树脂合成助剂。我国粉末涂料用助剂主要由国内企业提供，2009年我国粉末涂料用助剂主要生产企业见表16。

表13 近年来我国粉末涂料纯聚酯固化剂生产企业的变化

固化剂类型	统计企业数/家			
	2006年	2007年	2008年	2009年
TGIC	14	14	13	10
HAA	5	7	7	8

表14 近年来我国粉末涂料纯聚酯固化剂的市场变化

固化剂类型		2005年	2006年	2007年	2008年	2009年
TGIC	表观销量/t	8010	12245	14640	12391	13914
	增长率/%	—	52.9	19.6	−15.4	12.3
HAA	表观销量/t	1049	1390	2282	2235	2542
	增长率/%	—	32.5	64.2	−2.1	13.7

表15 2009年我国纯聚酯固化剂主要生产企业

固化剂类型	排名	企业名称	销售额/万元
TGIC	1	常州市牛塘化工厂有限公司	11854
	2	黄山华惠精细化工有限公司	9762
	3	鞍山润德精细化工有限公司	7750
	4	扬州三得利化工有限公司	6582
	5	濮阳市宏大圣导新材料有限公司	5200
HAA	1	宁波南海化学有限公司	2600
	2	鞍山润德精细化工有限公司	920
	3	扬州三得利化工有限公司	380

表16 2009年我国粉末涂料用助剂主要生产企业

排名	企业名称	销售额/万元
1	宁波南海化学有限公司	22643
2	宁波志华化学有限公司	5302
3	六安捷通达化工有限公司	4580
4	上海索是化工有限公司	4500

2.4 制粉设备

2009年对于制粉设备企业来说，可谓是丰收之年。金融危机导致市场需求萎缩，包括钢材在内的各种原材料价格大幅下降，因而成为基建投资的大好时机。2009年里很多粉末涂料企业都在进行设备的更新换代和投资扩大生产能力，加上粉末涂料产品利润看好，很多闲散资本进入粉末涂料行业，致使市场对制粉设备的需求量大增。统计资料显示，2009年我国制粉设备销售量达到740条生产线，同比增长23%，实现销售收入（含零配件等）3.78亿元，我国主要制粉设备生产企业见表17。国产制粉设备在国内市场上的占有率超过99%，并出口到30多个国家和地区，表明国产制粉设备在国际上已具有一定的竞争力。我国已经具备自主研发、设计和制造高性能产品的能力，部分企业采用CAD-CAM系统提高了产品设计和制造工艺水平，保证了加工精度、产品质量、设备的可靠性和稳定性，基本满足了国内粉末涂料加工制造的需要。

表17 2009年我国制粉设备主要生产企业

排名	企业名称	销售额/万元
1	烟台市三立机械设备有限公司	5135
2	烟台东辉粉末设备有限公司	2580
3	海阳市静电设备有限公司	2380
4	海阳市圣士达涂装机械有限公司	1509

随着我国《清洁生产促进法》的颁布，要求广大生产企业不断采取改进设计、使用清洁能源和原料、采用先进的工艺技术与设备、改善管理、综合利用等措施，从源头削减污染，提高资源利用效率，减少或避免生产、服务和产品使用过程中污染物的产生和排放，以减轻或消除对人类健康和环境的危害。粉末涂料的清洁生产应当从制粉设备的设计、制造源头抓起，目前制粉生产中的能耗较高，如果制粉设备或工艺管控不好，生产车间环境中弥漫大量粉尘，严重危害生产工人的身体健康。我们的制粉设备企业应当持续改进设备制造技术，为粉末涂料生产的节能、降耗、减污和增效发挥积极作用。

3 未来经济形势分析及发展建议

3.1 未来经济形势分析

进入2010年以来，在国内外良好的经济环境支持下，我国经济继续延续和保持了较快的增长态势，朝着宏观调控的预期方向发展，回升势头更加巩固。我国的外部经济环境明显改善，经济结构调整初见成效，政策环境将更加有利于经济发展，企业和消费者信心明显恢复，劳动力需求有所加快，外需不足和成本上升将共同促进产业升级。

但是我们必须看到，过于宽松的财政货币政策可能导致新的结构问题。在我国政府对经济的一系列救助措施中，有关房地产的政策阻止了房价的理性回归，使本已收缩的房地产泡沫重新膨胀起来，埋下了经济再次调整的隐患；大力度的投资刺激计划，使一些过剩行业的投资活动再度活跃，加剧了产能过剩的矛盾；信贷的高速增长使一些本该淘汰的技术和管理落后、产能过剩的企业起死回生，推迟了结构调整的速度；部分信贷进入股票和房地产市场进行投机，这些因素都将加大金融系统的未来风险。

3.2 发展建议

（1）行业经营、管理方式应立足全局化、集团化的战略高度。为改善粉末涂料行业目前经营分散、规模小、抗风险能力不高的现状，行业应加强协作力度，共同应对竞争。企业要坚持全局化、集团化发展，推进名牌战略，诚信经营；相互间加强资源、信息的共享，把行业整体做大做强，提升整体竞争力。目前行业竞争已跃升到无形的决策竞争，决策竞争中没有失败的企业，只有落后的思想。广大企业决策者在整体经营、投资、并购、发展路线上应三思而后行，从战略高度统揽全局。

（2）科技创新力度需加强，整体创新能力还需提升。粉末涂料企业应改进落后的生产装备，提高产品科技含量和整体生产工艺水平，完善科技研发与工程技术开发中心的建设，还可与科研院所、高等院校建立科研与人才培养的长期合作机制。

（3）环保、安全和清洁生产不容忽视。刚刚发布的《中国涂料行业准则》着重强调了环境效应、安全生产的重要性，开发低VOC含量涂料、环境友好型水性涂料，保证生产过程安全、平稳、有序进行，避免因环保不达标、安检不过关而挂牌督办，进而影响正常生产秩序的现象发生。随着化学品的安全健康问题日益突出，各国政府先后颁布和实施了一系列的安全生产法规和化学品管理法规。粉末涂料及其原材料虽都是固体物质，但依然存在燃爆危险；其次涂料组成中的化学成分复杂，许多组成物具有毒性，从成膜物质中所含的游离单体（如环氯残留等）到所用的颜料（如重铬酸盐颜料等）和助剂（如有机锡等），所以粉末涂料生产和施工中的安全问题应当引起重视。

（4）粉末涂料产品结构亟待调整。粉末涂料企业应积极改变品种结构单一，中、高档产品比重小，多数高端产品依赖进口的被动局面，逐步消除产品同质化，增强在决策、品牌、信息、知识产权、标准竞争中的战略意识，让民族品牌早日登上世界舞台，在与强手竞争中求得更大发展。

2010

第四章

树脂、颜料及涂料装备工业新进展

2010涂料用树脂行业运行情况分析

中国涂料工业协会专家委员会　中国涂料工业协会涂料树脂分会　薛中群
中国涂料工业协会涂料树脂分会　仝　伟

0　前　言

2010年是“十一五”的收尾之年，面对这一年极为复杂的国内外经济环境，中国涂料产业及涂料用树脂产业顶住压力，通过产业结构调整，转变营销模式等手段，迅速摆脱2008年金融海啸带给整个产业的重创，通过2009年的平稳恢复，整个涂料产业终于走上正轨，并在2010年取得了快速发展，涂料产量不负众望突破了900万吨的大关，再创新高达创纪录的966.63万吨，同比增长22.8%远远超过预期，为“十一五”画上圆满的句号。

但与此同时，国内外复杂多变的经济运行环境，原油价格高企、人力资源紧缺及高烧不退的通货膨胀带来的成本压力，人民币汇率、出口退税调整、产业结构调整等国家产业政策造成的冲击，全球气候监管带来的低碳经济要求，多元化竞争格局进一步加剧等因素，对涂料用树脂企业提出了更高的要求和挑战。

1　2010年涂料产业及涂料用树脂产业得到迅猛发展

1.1　2010年中国总体经济形势运行良好

2010年，面对极为复杂的国内外经济环境和极为严峻的各类自然灾害和各种重大挑战，我国积极加快转变经济发展方式，加强和改善宏观调控，发挥市场机制作用，有效巩固和扩大了应对国际金融危机冲击成果，国民经济运行态势总体良好。全年国内生产总值397983亿元，按可比价格计算，比上年增长10.3%（见图1）。市场物价同比上涨，食品价格涨幅较大，全年居民消费价格同比上涨3.3%（见图2）。全年工业品出厂价格同比上涨5.5%，全年原材料、燃料、动力购进价格同比上涨9.6%。投资保持较快增长，投资结构继续改善。全年全社会固定资产投资278140亿元，比上年增长23.8%，扣除价格因素，实际增长19.5%。

图1　2010年全年国内生产总值397983亿元，比上年增长10.3%

这些数据充分表明，当前国民经济已经由回升向好向稳定增长转变。涂料产业及涂料用树脂产业这一工业的“配角”也展现出无比的魅力，伴随着这一春风得到了突飞猛进的发展。

1.2　复杂经济形式下涂料用树脂产业得到快速发展

1.2.1　涂料业取得辉煌业绩，大大超过预期发展

2010年我国涂料市场活跃，供需两旺，装置高负荷运行，综合实力显著增强，经济规模明显扩大，同时园区化、基地化生产格局基本形

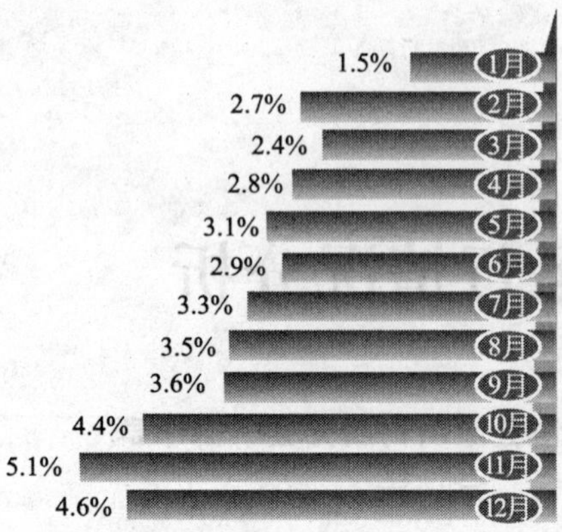

图 2　2010 年我国 CPI 同比上升 3.3%，PPI 同比上升 5.5%

成。全年涂料产量远远超过预期，1401 家规模以上企业涂料总产量为 966.63 万吨，同比增长 22.8%，其中建筑涂料 351.82 万吨，同比增长 23.7%。工业总产值 2324.59 亿元，同比增长 25.7%，涂料市场总体销售顺畅，产销率达 98.2%，比 2009 年增加了 0.48%。可以说整个行业已经走出危机，实现在平稳中迅速发展的目标。图 3. 图 4 为近年来我国涂料产量及增量统计。

见微知著，从图 3～图 4 可以看出，无论是我国经济还是涂料产业已经彻底走出金融危机的阴影，整个行业处于平稳增长的运行状态。同时涂料产业逐渐走向成熟，内需保持旺盛，对涂料行业的支撑作用加强。但同时也应看到国内对于技术含量高和特殊功能涂料的进口需求也在不断

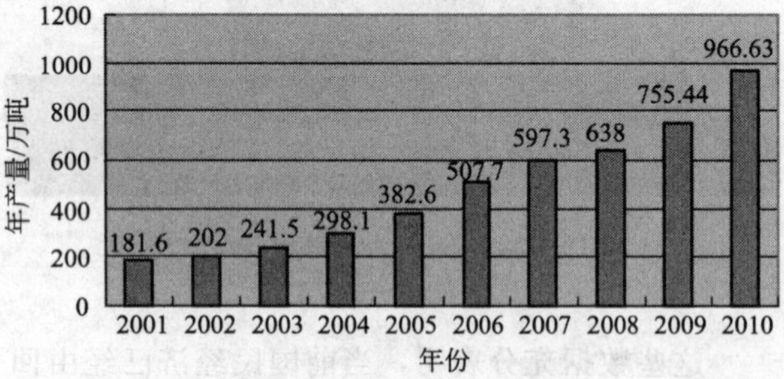

图 3　近年来我国涂料产量统计

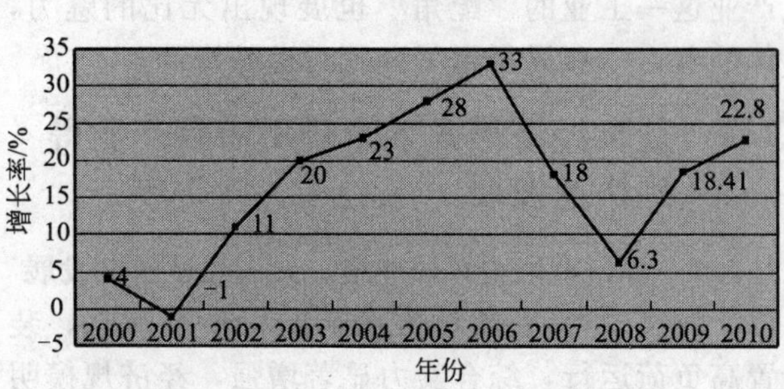

图 4　近年来我国涂料产量平均增长率

增长，2010 年涂料行业进出口总额 16.41 亿美元，进口额 11.94 亿美元，出口额 4.89 亿美元，逆差 6.79 亿美元。因此国内涂料厂也将技术研发重点向此倾斜。

2011 年随着房地产“国八条”，汽车行业“限行、限购”的影响，涂料产业将会面临供大于需的矛盾，但是总产量超过千万吨应该没有问题，在可以预见的未来，涂料增长率特别是工业涂料的增长率应该基本上与国民经济增长率保持一致。

1.2.2　涂料业促进涂料用树脂企业快速发展

涂料业的繁荣也进一步带动了涂料用原材料企业的快速发展，特别是涂料用树脂企业，通过产业升级、结构调整、战略转型等手段，加大环境友好型产品的技术投入，向经济欠发达地区扩张等方面的努力，2010 年国内涂料用树脂企业如三木、长兴、大昌、国隆、同德、元邦等均取得了良好的业绩。

根据 2010 年中国涂料工业产量 966.63 万吨，其中工业涂料为 614.81 万吨，考虑到涂料树脂主要用在工业涂料上，按其产量的 50% 计算，涂料用树脂的需求量在 300 万吨以上，但是因部分涂料厂商仍遵循传统的树脂自产自用的原则，导致市场上流通的树脂与涂料的产量相比仍然差距较大。据不完全统计，2010 年度市场流通涂料用树脂量已经超过 100 万吨，充分说明有更多的企业进入专业涂料用树脂生产领域。

从图 5～图 7 来看，涂料用树脂近年来均保持稳定增长，虽然仍然有涂料企业遵循老的传统树脂自产自用，但是涂料用树脂专业化生产已经是一个不可以逆转的趋势，已经逐步脱离涂料产业而形成自己独立的产业。在涂料树脂组成结构中，醇酸树脂、环氧树脂、丙烯酸树脂仍然占据前三位，但是随着技术和市场的发展，辐射固化树脂、水性树脂、粉末涂料用树脂发展非常迅速。同时因为我国涂料产业发展迅猛，未来涂料树脂市场的发展前景必然非常乐观。

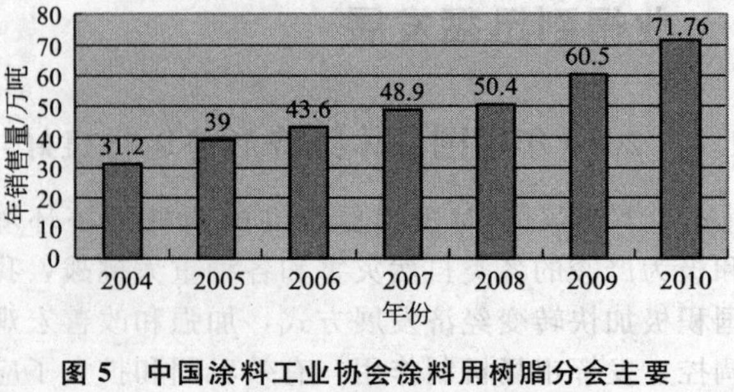

图 5　中国涂料工业协会涂料用树脂分会主要成员单位近年来总产量

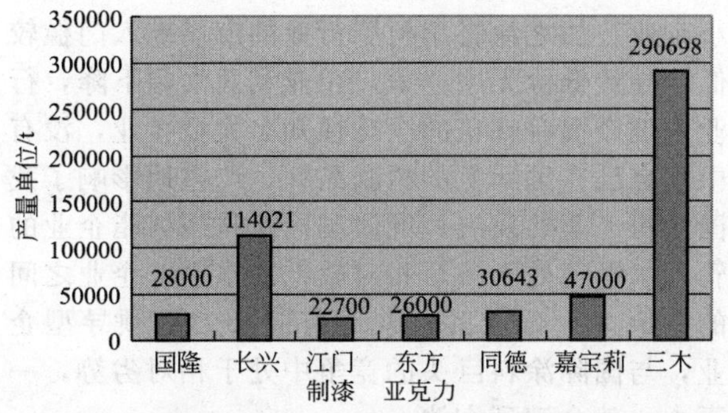

图 6　2010 年涂料工业协会涂料树脂分会部分企业销量图

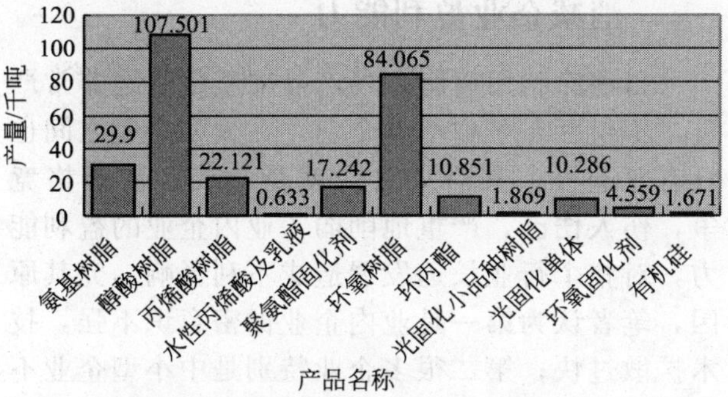

图 7　业内骨干企业三木化工 2010 年主要产品产量（合计 29.1 万吨）

2　2010 年涂料用树脂行业主要特征

2.1　涂料用树脂生产企业践行低碳经济

低碳经济是以低能耗、低污染、低排放为基础的经济模式，是人类社会继农业文明、工业文明之后的又一次重大进步。低碳经济实质是能源高效利用、清洁能源开发、追求绿色 GDP 的问题，核心是能源技术和减排技术创新、产业结构和制度创新以及人类生存发展观念的根本性转变。

2010 年各涂料用树脂企业都为践行低碳经济做出了积极的努力。如致力于开发低污染、高固体分树脂（包括粉末涂料用树脂、光固化树脂）、水性树脂；积极在企业内部推行清洁生产，推动行业新工艺、新材料和新技术的发展。江苏三木在这方面走在业内前列，其氨基树脂生产装置已经完全施行了清洁生产，不产生任何废水。

另外，使用生物原料技术制造涂料产品也是涂料树脂行业“低碳”化的途径之一。这包括使用可再生的原料或可生物分解的原料。如玉米化工醇、玉米产专用树脂醇，当然目前成本仍然是最重要的制约因素。

2.2　自主创新和自主知识产权在业内得到越来越广泛的重视

2010 年，技术研发已成为行业关注的焦点，就目前的市场结构而言，下游企业已对涂料产品的性能要求越来越高，尤其是在工业涂料领域，传统的树脂技术已不能满足它们的需要，而作为涂料用树脂生产企业而言，只有在技术创新上下足功夫才能更好地适合市场的潮流，只有顺应了市场的需求，才能更好地发展企业。因此 2010 年更多的企业将目光瞄准了自主创新和自主知识产权。

据中国涂料工业协会统计，截止 2010 年底，涂料及涂料用树脂行业拥有青岛海化院 1 个国家重点实验室，北京东方雨虹 1 个国家企业技术中心，江苏晨光、江苏三木 2 个院士工作站，大连振邦、天津灯塔、青岛海化院、江苏三木、武汉双虎、广东嘉宝莉、广东华润、广东鸿昌、广州秀珀、中山大桥等 10 个博士后工作站；高新技术企业和省级工程技术开发中心更是数不胜数。同时上海工程技术大学联合业内企业在 2010 年开办了我国第一个本科涂料专业，这标志着我国涂料理论研发又迈进了坚实的一步。同时涂料用树脂企业在 2010 年也加大专利的申报，加强自主知识产权的建立，如长兴化学目前已经在中国大连申报 80 多项发明专利，江苏三木截至 2010 年为止也已申报 18 项发明专利，这些都为业内企业提供了很好的范例。

2.3“多元化”成就涂料用树脂企业

这里所说的多元化并不是指树脂企业超脱本行业去做另外的产业，而是树脂企业经过金融危机的洗礼，逐渐成熟起来后，进一步深化自己产品链的一种具体举措。以往业内涂料用树脂企业一般都专注于某一单一树脂，生产醇酸的专注于醇酸，生产丙烯酸的就做丙烯酸，像三木、长兴、元邦这样全方位涉及的涂料企业非常少。但自从金融危机以来，特别是在 2010 年，业内“多元化”现象如雨后春笋般出现，逐渐成为一种潮流，更多的涂料用树脂企业开始涉及原来自己不曾涉及的树脂领域，纷纷推陈出新。

2.4　“环保”仍然是热点

“环保、节能、健康”是涂料及涂料用树脂的必然发展方向，2010 年虽然水性树脂仍然存在“行业热市场冷现象”，但主要集中在建筑涂料，工业涂料比较少见，高固体分树脂、光固化树脂、粉末用树脂、无溶剂树脂均得到了迅猛发展，已经占据整个涂料用树脂产量的 15%以上。但是 2010 年国际环保型工业涂料已经占世界工业涂料的 30%左右，估计到 2010 年这一比例会上升到 30%，因此我国环保型工业涂料及涂料用树脂具有非常广阔的市场前景。

2.5 “搬迁”成为 2010 年及近期树脂企业不得不面临的一个问题

随着经济的发展，城市规模的不断扩大，以及环境保护政策的进一步严格，在未来可以预期的时间段，搬迁将是业内企业都将面临的一个共同的难题。虽然是难题但也是一个机遇，如果业内企业抓住这个搬迁契机，将工厂落入化工园区，同时淘汰落后产能，采用现代化工设备，拓宽产品结构，将会大大加快整个行业的产业结构调整和升级步伐，同时也必将提升企业自身竞争能力。

据不完全统计，过去的几年里中国涂料工业协会涂料树脂分会骨干成员单位，如长江涂料、同步、同德、重庆三峡等企业都已经完成了企业的搬迁入住当地政府提供的园区，而 2011 年面临搬迁问题还有无锡阿克力、大昌树脂等。

3 2010 年中国涂料用树脂发展存在的问题

3.1 持续上扬的成本压力，不断压缩企业的利润空间

2010 年我国 CPI 指数同比上升 3.3%，PPI 指数同比上升 5.5%，同时全国范围内的用工荒导致员工流动频繁，进一步增加了企业人力资源成本。随着石油价格不断飙升，主要原材料化工溶剂、松香、苯酐、丙烯酸等的价格均有明显的上涨，给企业运行带来沉重负担，大部分涂料用树脂企业利润已经降低到 10%以下，部分企业降低到 5%以下，而很多中小型企业抵挡不住压力要么停产，要么关停倒闭。

3.2 涂料用树脂企业多为中小型，抗风险能力弱

我国涂料用树脂市场知名品牌寥寥无几，除三木、长兴等规模型企业外，很多是游击队式弱小企业。加之涂料用树脂行业的市场准入门槛较低，导致低价无序竞争，企业利润大幅下降，行业内至今没有真正的全球性知名大型企业，没有中国自己在国际上的树脂品牌，严重地影响了我国涂料工业的发展。同时国内涂料用树脂企业的管理水平还处于一个相对较低的水平，企业之间的竞争又十分混乱，缺乏有向心力的领导型企业，与国际涂料巨头的竞争中处于相对劣势，一不小心就会遭到淘汰。

3.3 产品同质化严重，价格竞争仍然存在，消减企业盈利能力

目前涂料用树脂市场产品同质化问题非常严重，不仅存在于中小型企业，在大型企业之间也具有普遍性。其后果之一就是造成业内价格竞争，伤人伤己，严重地削弱了业内企业的盈利能力，对整个行业长远发展造成不利影响。究其原因，笔者认为第一是业内企业保密意识不强，技术扩散过快；第二很多企业特别是中小型企业不注重研发投入，技术基本靠买、靠挖；第三企业盲目扩张，没有先期对项目进行详细市场调研。

为了杜绝无序竞争、价格竞争，笔者认为中国涂料工业协会涂料树脂分会可以在行业自律、规范企业行为方面发挥更大作用。

4 2011 年行业发展趋势及建议

2011 年是我国“十二五”规划的开局之年，如何抓住这个战略机遇，中国涂料及涂料用树脂行业已经达成共识：中国汽车、高铁等交通涂料商机诱人，工业涂料环保化趋势明显，涂料工业及涂料用树脂行业可将此视为“十二五”开局新的增长点，研发推广环保型、功能型产品，带动中国由涂料大国向涂料强国进发。另一方面随着全球经济的回暖，涂料用树脂市场需求明显增加，但是全球原料产品价格都在上调，树脂产品自然也不例外，树脂企业为了保持公司的竞争力和持续的增长动力，“提价”似乎已成为了众多企业的必“走”之路。纵观目前整个市场情况，从 2009 年以来到现在，涂料用树脂企业已出现了多次涨价浪潮，其原因主要是世界经济回暖的刺激带动，下游市场需求增加，成本压力增大和持续不断的通货膨胀等一系列因素的影响。

面对这一复杂的经济运行局面，2011 年企业如何生存、发展、壮大？笔者认为应主要从

内、外两方面着手。

首先对内，加强管理，引入现代企业管理理念，加强自主知识产权建设，将研发投入瞄准水性树脂、粉末涂料用树脂、高固体含量树脂、辐射固化树脂、高性能功能化涂料用树脂等“十二五”规划重点关注的高附加值树脂品种，同时注重研发个性化产品，避免产品同质化。

其次对外，加强品牌宣传，注重技术服务，整合物流、营销与供应链，降低企业成本，为客户提供高性价比树脂产品和一条龙式服务。

5 结 语

2010 年涂料用树脂产业以超过 20%的年增长率完美收官“十一五”，经过整个“十一五”期间业内同仁的共同努力，涂料用树脂行业进一步向规模化、集团化、专业化转变，树脂商品化已经深入人心。站在“十二五”开局之年的 2011 年，“绿色、环保、低碳”将成为涂料市场主旋律，汽车、高铁、重防腐等高附加值涂料树脂必将会成为下一个市场蛋糕，众多的涂料及涂料用树脂企业应从现在开始为这新一轮市场博弈做好准备。

笔者相信中国涂料用树脂产业精英必将在“十二五”期间焕发出耀眼光芒，引领涂料及涂料用树脂产业由大国走向强国！

2010年主要无机颜料产品经济运行状况及分析

中国涂料工业协会产业发展部　刘　杰
中国涂料工业协会氧化铁系分会　林治华
中国涂料工业协会铅铬颜料分会　戴伟强

0　前　言

2010年，随着全球应对金融危机各种措施的推进，世界经济逐步走向复苏。尤其是中国在世界主要经济体系中已率先进入恢复和快速发展时期。伴随国内涂料、塑料、型材、房产、造纸、汽车、交通等经济领域的发展，我国钛白粉、氧化铁颜料和铅铬颜料三大无机颜料行业实现了持续平稳增长。

1　钛白粉

1.1　经济运行情况

1.1.1　市场需求上升，企业产销两旺

2010年我国钛白粉生产企业呈现出产销两旺势头，全国钛白粉总产量达到147.4万吨，国内钛白粉需求量增至147.7万吨/a，双双创出历史最高纪录，分别较2009年增长40.8%与23.9%。自2009年钛白粉产品出现恢复性增长以来，2010年钛白粉市场销售形势继续看好，无论是锐钛型产品还是金红石型产品都保持了畅销，且产品价格逐月攀升，各企业盈利水平均有不同幅度的增长。

钛白粉行业的持续发展得益于国内需求量的高速增长，如表1所示，2005～2010年国内钛白粉年需求量以平均每年15%的增速迅速增长，除2008年爆发金融危机外，近年来均以高于20%的速度增长。以此增速预测，“十二五”期间，即使以年均增长15%计算，2015年预计需求量将达到297万吨，按装置开工率80%计算，产能至少要达到370万吨才能满足市场需求，国内钛白粉产业仍具有较大的需求量与发展空间。在此预期的基础上，2010年全国钛白粉总产能达到218.9万吨/a，其中金红石型占155.5万吨/a，仅一年左右时间，行业总产能增加了80万吨/a，成为全球钛白粉产能最大的国家。

1.1.2　产品结构得到优化，替代进口能力增强

随着国际上的先进装备、工艺和自动控制技术在国内广泛应用，以及国内钛白粉生产工艺的不断改进和企业管理水平的不断提高，代表生产企业综合能力的金红石型产品比例在逐年提高。2010年全国钛白粉147.4万吨总产量中，金红石型产品为84.3万吨，比上年增加29万吨，金红石型产品占当年钛白粉总量的比例由53.8%

表1　2005～2010年我国钛白粉消费平衡表

项　目	2005年	2006年	2007年	2008年	2009年	2010年
产量/万吨	70	85	100	78.7	104.7	147.4
进口量/万吨	22.8	25.7	27.6	25.1	22.6	26.9
出口量/万吨	15.5	19.4	13.8	7.5	8.1	26.6
需求量/万吨	77.3	91.3	113.8	96.3	119.2	147.7
增长率/%		18.1	24.6	−15.3	23.7	23.9

升至57.2%，增加3.4%。全行业16家具有全流程金红石型产品企业、9家金红石型粗品企业、3家专业表面处理型企业的开工率达到80%左右。与此对应，2010年全国锐钛型钛白粉的产量为55.8万吨，比上年增加9.8万吨，但其占当年钛白粉总产量的比例却由43.9%下降至37.9%，降幅为6%。锐钛型产品比例的下降，是当年锐钛型市场行情相对紧俏的原因之一。

代表生产企业综合能力的金红石型产品品种也由数个通用型发展到近百个功能型品种。企业改变了过去只注重产品物理性能指标的状况，更多地关注了产品的高分散性、高遮盖力、高耐候性等应用性能指标，给用户创造了新的价值。

目前，钛白粉行业摒弃陈旧的品牌观念，不断开拓代表企业特色、具有较强市场影响力的产品牌号，逐渐适应国际潮流。如东佳的SR-2400、SR-2377；龙蟒的R-971、LR-108；佰利联的BLR-699、BLR-621，攀钢渝钛白的R-248、R-258、R-298；镇钛的ZR-940^{+}、ZR-969、ZR-965等品牌在市场都取得显著效果。可以说，大中型企业的锐钛型和金红石型产品的质量已达到20世纪90年代国际一流水准，个别品种甚至达到现今国际上中上水准，并能部分替代进口产品用于中、高端领域。这些变化说明，国内钛白粉企业对技术和产品要求不断提高，开始从国际和国内行业竞争力方面思考企业自身定位。

1.1.3 进口稳步增加，出口大幅增长

随着国产钛白粉，特别是金红石型钛白粉质量、产量的提高，国产产品市场占有率平均每年增长3.05%。近年来，我国钛白粉进口量平均年增长率为7.53%，出口平均年增长率为11.9%。

根据海关统计，2010年，我国共进口钛白粉26.9万吨，同比增加4.3万吨，增幅为19%；共出口钛白粉26.6万吨，同比增加18.5万吨，增幅228%，创历史最高纪录。

以上数据表明，在国家进出口政策未有变动的形势下，依据钛白粉行业当前的实际情况和进出口量发展趋势，2011年我国的钛白粉总出口量极有可能超过总进口量，历史上首次成为钛白粉的净出口国。

1.1.4 产量集中度分析

2010年，钛白粉行业共有3个企业的产量超过10万吨，分别是山东东佳、四川龙蟒和河南佰利联，三者的产量之和为322886t，占全国总量的21.9%，占当年全国金红石型产量的38.3%。

2010年，钛白粉行业前10名生产商的产量之和为675495t，占当年全国总量的45.8%；前20名生产商的产量之和为963833t，占全国总量的65.4%；前30名生产商的产量之和为1182146t，占全国总量的80.2%。

由于2010年全行业各企业的产量同比均在上升，尤其是中等规模企业上升幅度更明显，致使2010年行业前3名、前10名、前20名、前30名生产商产量之和占全国总量的比例较上年分别下降1.7%、5.6%、8.1%和8.9%，这表明行业的产量与产能的集中度有明显程度下降。

1.1.5 “三废”治理投入加大，节能减排效果显著

随着环保法规的日趋严格和各级环保部门监管力度的加大，钛白粉行业在环保和清洁生产方面取得了质的进步。一些骨干企业根据自身的产业特点和区域经济要求，逐步做到了“三废”的综合治理和综合利用，在资源利用和能源节约方面取得较好的成效。特别是在一些关键工艺过程中采用了国际上比较先进的工艺和设备，注意产业链延伸，走循环经济之路；在生产过程的控制方面，引入先进的管理理念，实施精细管理，生产技术日趋完善，生产过程逐步向节能、清洁、环保、安全方面发展。如山东东佳集团、河南佰利联等企业致力于硫酸法钛白粉清洁生产技术、节能减排和资源综合利用技术的研究，形成了具有特色的硫酸法钛白粉清洁生产体系，为行业其他企业提供了有益的经验。

当然，行业清洁生产化发展仍不平衡，由于各企业环保压力不同，“三废”治理效果有差异，但总体看，行业“三废”治理在向良性方向发展。

1.1.6 行业重组步伐加快，增强产业集中度

合理的产品集中度有利于形成一定的规模，有效地利用各种资源，提高企业和行业的竞争力。目前我国有钛白粉生产企业60多家，以中小企业偏多，从总体分布看，东多西少，布局较不合理，与国外相比差距很大。但2009～2010年，行业整合有了实质性的变化。湖南永利控股中核272钛白、攀钢集团即将控股镇钛、江苏金浦曾计划重组中核华原等，都在业内起到深远的影响。此外，无锡豪普近几年扩张迅速，在江苏盐城福泰、句容亚中化肥、山东龙口道恩和安徽马鞍山都有投资。整合产业资源，提高产业集中度，有利于整体提升中国钛白粉行业的竞争力。

1.1.7 氯化法钛白粉的产业化已开始起步

氯化法钛白粉产业的发展在我国走过了一个漫长道路，随着锦州钛业拥有自主知识产权的两个1.5万吨氯化法钛白粉生产线的稳定运行，意味着锦州钛业氯化法工艺已经成熟，具备大规模产业化的技术条件。锦州钛业在现有3万吨钛白粉产能的基础上，正在新建一条年产3万吨沸腾氯化法钛白粉生产线，计划于2011年底投产，届时氯化法钛白粉总产能将达到6万吨。同时，攀钢钛业、云南新立、洛阳新安电力等一批氯化法钛白粉装置正在或将要建设。我们相信在不久的将来，氯化法钛白粉技术和产业化在我国必将获得突破。

1.1.8 发展趋势预测

近几年，由于企业受自身利益的驱动，纷纷扩产和新建装置。有信息表明，2010年现有钛白粉企业的9个工程，产能达51万吨/a；业外企业2010年竣工的项目5个，产能达28.5万吨/a；预计2015年前能完成的其他钛白粉工程项目有10个，产能达110万吨/a。截止2010年，国内钛白粉总产能增至225.5万吨/a，其中金红石型产能155.5万吨/a，如近期待实施的项目全部按计划完成，到2015年我国钛白粉总产能将达到340万吨/a，其中金红石型产能为270万吨/a。

经过40多年的发展，我国已经成为世界钛白粉工业最具发展活力的国家，钛白粉工业呈现了蓬勃发展的势头，整体实力不断增强，但是我们必须清醒地看到金融危机对行业的冲击和影响并未完全消退；原材料价格上升趋势明显；同质化重复建设的现象有增无减；产品内在品质提升的步伐依然跟不上市场的发展需要；产品的性价比难与进口钛白粉相抗争。这一切说明，我国钛白粉行业的生存和发展面临着巨大的压力，如何在新的环境经济政策形势下不断提升自身竞争力，保持行业可持续发展，这是我们共同面临的课题。就我国国情来看，下阶段我们要高度关注国家政策的调整，充分应对其带来的一系列影响。

此外，根据专家分析，中国氯化法的工艺发展任重道远。中国石油和化学工业联合会振兴规划中提出的到2015年争取将氯化法的产能提高到钛白粉总产能的15%，能否实现，还都是未知数。但可以肯定，未来5年，虽然不是硫酸法工艺一统天下，但总体上还是硫酸法为主，氯化法为辅。

1.2 国家相关政策法规

伴随我国经济改革与产业结构调整的不断深化，国家政策成为影响钛白粉行业未来发展的重要因素之一。2010年，与钛白粉行业密切相关的多个法规及标准相继初步成型，将对引导行业健康可持续发展具有重要意义。

1.2.1 准入条件

2010年，由中国涂料工业协会承担的国家工信部标准《钛白粉行业准入条件》经过调查研究、征求意见，形成送审稿，待工信部审批后将执行。准入条件为强制执行标准，从生产企业布局、规模、工艺和装备、节能降耗、环境保护和职业健康、产品质量和钛元素回收率等方面提出要求，规定新建、改扩建钛白粉项目的立项和投资管理、土地供应、环境评价、能源评价、信贷融资等，必须依据本准入条件。

1.2.2 污染物排放标准

由中国涂料工业协会、中国化工环保协会、青岛科技大学作为主要起草单位的国家环境保护部标准《无机颜料工业污染物排放标准——钛白粉、立德粉》（以下简称排放标准），于2010年经调查研究后基本完成征求意见稿的编制，将于2011年公开征求意见。排放标准为强制执行标准，用于我国无机颜料——钛白粉和立德粉工业现有企业的水污染物和大气污染物排放管理，将在促进钛白粉、立德粉工业的技术升级，优化产业结构，有效控制企业污染物排放行为方面发挥重要作用。

1.2.3 清洁生产标准及审核指南

2009年国家环境保护部办公厅发出《关于开展2009年度国家环境保护标准制修订项目工作的通知》（环办函［2009］221号），下达了《清洁生产标准 颜料制造业（钛白粉）》（本节简称清洁生产标准，项目统一编号699）、《清洁生产审核指南 颜料制造业（钛白粉）》（本节简称审核指南，项目统一编号789）等制订任务，由中国涂料工业协会作为主要起草单位。2010年，中国涂料工业协会经过调查研究完成初稿的编制，在征求环保部与行业意见的基础上进行了多次修改，即将完成征求意见稿。

清洁生产标准将从装备要求、资源能源利用指标、污染物排放指标、废物回收利用指标、环境管理要求5个方面分别对硫酸法、氯化法钛白粉清洁生产进行要求，目的是对现有生产企业是否满足清洁生产提出判定条件，为国家相应政策的执行提供依据。清洁生产标准为非强制执行标准，故在必须满足排放标准的前提下，部分企业可达到清洁生产标准，即清洁生产标准严于排放标准。审核指南对企业清洁生产的判定过程进行规范，并指导企业对生产过程进行整改。

1.2.4 清洁生产水平评价标准

国家工业和信息化部于2009年5月发布《关于印发2009年第一批工业行业标准制修订计划的通知》（工信厅科［2009］104号），其中下达"无机颜料（钛白粉）清洁生产水平评价标准"（计划号：2009-1973T-HG）由中国石化股份有限公司负责编制起草，为非强制执行标准，用于评定硫酸法企业的清洁生产水平，使企业了解差距，正确制定自己的清洁生产目标。主要从资源与能源消耗指标、污染物产生指标、资源综合利用指标、环境管理与劳动安全卫生指标、生产技术特征指标、产品特征指标6个方面进行评定。2010年，此标准已经过征求意见会后修改产生送审稿。此评价标准与环保部清洁生产标准具有平行性。

1.2.5 产业结构调整指导目录

《产业结构调整指导目录》（2010年版）是在2005年版本基础上进行的修订，是国家发改委通过意见征求，并经过中国涂料工业协会多次努力后，现已基本形成《产业结构调整指导目录》，该目录预计2011年内由国家发改委正式出台并实行。为了明确产业结构调整的重点，目录分别对鼓励类、限制类和淘汰类的产品和工艺进行了规范，涉及钛白粉行业的内容拟包括以下一些。

第一类 鼓励类

第21条 单线产能3万吨/a及以上、并以二氧化钛含量不小于90%的富钛料（人造金红石、天然金红石、高钛渣）为原料的氯化法钛白粉生产。

第二类 限制类

第7条 新建硫酸法钛白粉装置。

中国涂料工业协会接到国家发改委通知后，积极反映行业情况与意见，提出我国硫酸法钛白粉生产工艺已分化为清洁生产型与非清洁生产型，应区分对待。其中新建清洁生产型硫酸法钛白粉生产装置不应限制。具体建议如下。

（1）建议对目录中"新建"含义进行界定，明确其不包括"兼并重组、改建扩建、环保搬迁"三个项目，并能明文确定将"兼并重组、改建扩建、环保搬迁"作为不受限制项目。

（2）以推进行业清洁生产化为原则，建议对清洁生产型硫酸法钛白粉生产工艺及装置在"绿色信贷、绿色税收、绿色证券、绿色贸易"、"产品出口"方面不受限制，并能予以明文规定，以保证目录的可操作性。

（3）建议充分发挥行业协会与政府的桥梁和纽带作用，利用行业协会的专家人才资源，构建钛白粉行业"硫酸法清洁生产工艺专家评估系统"。采用专家组专项评估、打分形式，配合政府把好清洁生产关口。

1.2.6 清洁生产推行方案

为了贯彻落实《中华人民共和国清洁生产促进法》，加快重点行业清洁生产技术的推行，中国涂料工业协会钛白粉行业分会承担了国家工信部《钛白粉行业清洁生产技术推行方案》（以下简称《方案》）项目的资料收集、整理、编撰和组织技术认证等工作，通过了行业专家论证、公开征求意见形成最终稿。本推行方案为非强制执行性，包括氯化法钛白粉生产技术、连续酸解技术、余热浓缩废酸技术、硫钛联产节能和废副处理技术、酸解黑渣回收利用技术、钛白粉副产石膏综合利用技术、磷钛联产技术、钛白粉副产硫酸亚铁综合利用技术等项目，企业可自愿通过地方向国家申报《方案》中的清洁生产项目，获得批准后可得到相应的国家财政资金支持。

1.2.7 钛白粉行业环境经济政策研究

为控制工业污染、抑制高污染产品的生产和出口，国家环境保护部于2006年在研究院所、行业协会和地方环保部门的配合下开始制定"高污染、高环境风险"产品名录和相应的环境经济政策。硫酸法钛白粉于2007年（第一批）即被纳入了"双高"名录，其出口退税被取消、进口加工贸易被禁止。以上政策出台后，硫酸法钛白粉的生产、销售、出口和企业上市融资等均受到限制。随后，中国涂料工业协会多次反映，硫酸法钛白粉生产工艺已分化为清洁生产型与非清洁生产型，应区分对待，不宜全盘否定，特别是其中清洁生产型硫酸法钛白粉不应限制。

为丰富政策手段、提高政策效果，切实体现奖优惩劣、鼓励行业清洁发展的政策目标，2010年国家环保部政策法规司组织开展了钛白粉行业环境经济政策专项研究，并在中国涂料工业协会的协调下对国内重点企业进行了调研活动，以对硫酸法钛白粉清洁生产型与非清洁生产型进行区分，并提出相应的政策建议。

1.3 后续发展方面的几点建议

1.3.1 提升产品品质，加快质量转型升级

在现代市场中企业取胜的法宝是产品的品质和品牌。性价比和品牌永远是竞争第一要素。我国钛白粉产业发展到今天已经从产品竞争走进了品牌竞争的时代，只有品牌竞争才能完成从产品同质化竞争向品牌差异化竞争的转换。

从钛白粉产业当前的发展趋势看，产品品种将逐渐减少，产品档次将不断提高。随着制备工艺的进步，多功能性、高光泽、高耐候性、高分散性产品逐渐取代特色并不十分明显的通用性产品，高档金红石型和专用锐钛型产品将占据越来越大的市场份额。

我国钛白粉企业规模差别很大，但无论企业大小都应该努力做好品牌。应根据市场行情和自身的条件来确定产品及市场定位。有规模的企业在具有人才、技术、管理优势和必备的生产条件的前提下，要向金红石型的其他专用高档产品转化，通过技术创新，不断提高产品品质的综合性能，以替代进口；中小型企业走差异化发展道路，应开发中档精细、专用产品，做精做优品质。关于新型钛白粉品种的开发和应用，一些企业可以加强这方面工作。急待开发的产品有：浆料钛白粉产品；高档装饰专用纸用钛白粉；化纤专用钛白粉；食品添加专用二氧化钛和包核二氧化钛等。

1.3.2 多渠道提高技术水平，加快技术创新速度

从总体看，我国钛白粉企业技术创新能力和整体水平仍然偏低，尤其是企业自主创新能力薄弱，对技术创新的有效需求不足，部分企业不仅研发投入少，而且自主研发能力差，企业的研发目标只限于外围技术，在核心技术上对引进还有极大的依赖。行业内部的资源和技术力量无法很好集中起来开发新产品、新工艺，特别是自主知识产权产品开发方面没有形成合力。

今后，要充分利用好国内外各种有利条件，促进行业发展主要靠资金和物质要素投入带动向主要依靠技术创新和产业优化方向转变，注重钛白粉工业的技术更新和设备改造，大力发展和使用经济上合理、资源消耗低、污染排放少、生态环境友好的环境技术，使技术创新成为推动产业优化升级的强大力量。为此，必须尽一切努力，全方位、多渠道地提高技术水平，一是要积极与国外大公司的高起点合作，通过引进先进技术，使其发挥更大作用；二是要加强产、学、研合作，增强企业开发能力，通过与研究所、大专院合作，充分发挥各自的优势，实现资源互补，缩短创新周期；三是要加行业交流，通过各种方式，加强沟通，取长补短，进行生产工艺、关键技术、市场信息、三废治理等方面的广泛交流，促进共同提高。

1.3.3 坚持清洁生产，加快发展循环经济

钛白粉工业是一个资本和技术相对密集的产业，我国钛白粉工业仍然处于成长期。今后“三废”治理的主要任务将集中在如何充分利用中国产业集群的优势，开发综合利用技术，走清洁生产循环发展的道路，变“三废”为资源，努力做到以最小的资源、能源配置，最小的环境影响，最先进的管理模式和最优化的经济增长方式，最大限度地实现环境保护、资源综合利用和可持续发展。

对于硫酸法钛白粉生产，按照可持续发展和循环经济的要求，应重点做好以下几方面工作：首先，钛白粉生产企业必须牢固树立环保治理的新理念，变末端治理为全过程清洁生产，从战略高度考虑，加大环保投资，完善环保设施；其次，采取有效的经济技术措施，持续改进，降低资源能源消耗，减少废物产生量和排放量，提高废物的再利用和资源化水平；第三，生产企业的治理重点应放在对废副产物20%硫酸的治理和综合利用上，最根本的途径有以下两点：①改变矿源结构，采用酸溶性的高钛渣代替低品位的钛精矿，②采用废酸浓缩回收和综合利用，实现废酸的“零”排放；第四，切实做好水的深度处理和综合利用，做好生产过程中能源的合理使用和平衡工作。最近，国家环保部等部门专家在考察调研钛白粉生产企业时曾表示，将尽快完成“清洁生产工艺和非清洁生产工艺”标准界定工作，这将为钛白粉行业营造一个公开、健康和可持续发展的良好环境，以鼓励先进，抑制落后，并为今后制定新的钛白粉行业环境经济政策提供依据。

1.3.4 提高产业集中度，加快行业重组步伐

目前，我国钛白粉行业产能主要分布在经济发达、人口稠密地区，形成了以覆盖19个主要省市和苏、鲁、川滇、桂四大板块以及不同规模企业并存的格局。这种松散的产能结构不利于行业的集约化发展和规模效益的形成，不利于清洁生产和循环经济等模式的培育与发展。虽然，近几年钛白粉行业在实现规模化、集约化、提高集中度方面取得了实质性进展。但从现代市场经济

看，行业内相当数量的企业仍然缺乏参与大规模、高强度、国际竞争的实力。因此，我国钛白粉行业必须认清形势，顺应国际潮流，抓住有利时机，以整个区域乃至全国的资源配置为出发点，加快战略调整，鼓励有实力的企业通过控投、参股等形式兼并、收购整合一批中小企业，走规模化、市场化运作之路，全面提升企业的技术水平和竞争能力。

可以预见，到2015年我国钛白粉行业长期存在的点多、分散、规模小的格局将会发生更大的变化，15～20家较具潜力的生产企业将会产生。行业内一些企业通过产权重组、要素重组，必将达到机制搞活、内力激活、跨越发展的目标。

1.3.5 双轮联动，共同发展

目前世界上成熟的钛白粉生产工艺主要有硫酸法和氯化法两种。纵观世界和国内钛白粉的现状，采取多种形式加快氯化法钛白粉的产业化应是我国钛白粉行业的努力目标，毫无疑问将成为新一轮投资的热点。同时，不可否认，现阶段建设大型氯化法钛白粉装置有一定风险，需要一个过程。因此，根据我国国情，两种工艺方法肯定是并存发展。随着能源、资源的紧缺和环境保护的进一步要求，在氯化法钛白粉寻求突破的同时，要积极实施新型硫酸法钛白粉清洁生产工艺。硫酸法要向资源利用高效化、环境安全生态化和管理过程精细化的发展模式转变，特别是在综合利用方面要下功夫，真正做到了绿色生产。

2 氧化铁

2010年，氧化铁颜料行业经济运行总体平稳，行业经济增长由金融危机后的大落大起转向恢复型平稳增长的局面。主要产品产量持续稳定增长；市场波动不大，供需基本稳定，产品价格涨幅稳中趋缓；在国际贸易保护主义盛行和外需不振的情况下，氧化铁颜料出口贸易也取得稳中有升，已接近金融危机前最好水平。

同期对比：行业整体收入增长10.02%，出口量增长39.06%，出口创汇增长53.62%，出口量已超过2006年的35.5万吨水平。特别是全年经济发展的质量与效益不断提升，但是，行业经济运行中的结构性矛盾仍比较突出；原材料价格上涨、行业成本上升的压力继续加大。世界经济复苏中的不确定因素增多，国际贸易中新保护主义盛行及受人民币升值的压力，使行业的出口面临了更加严峻复杂的形势。

2.1 经济运行基本情况

2.1.1 氧化铁颜料行业恢复性增长态势凸现，产品升级加快

2010年，我国氧化铁颜料行业经济增幅比较平稳，呈现恢复性增长态势。销售额大幅增长，突破30亿元，生产总量已恢复接近于2005年的62.26万吨水平，同比增长10.69%，高于2009年同期增长水平。市场产销顺畅，产销率达97.66%；价格总体稳中上扬，铁红主导产品平均价格高于0.58万元/t；主要产品消费量和新产品产值出现增长势头，出口环境和出口量均比上年有所好转。

但是，经济运行中仍存在一些复杂和不确定的因素，企业经济效益出现下滑的迹象，面临产品成本上升和劳动人力资源的压力，受节能减排及低碳经济的大环境压力加大。

2.1.2 产品升级步伐有所加快

许多骨干企业的新产品增速快于传统产品，如一品、华源、宇星、潇湘等多家企业在易粉碎、微细化、造粒、无毒、耐温等新产品方面保持了快速开发和投入市场的态势，说明氧化铁颜料行业产品转型升级的步伐不断加快，企业的研发和技改投入力度不断加大。

但氧化铁颜料行业新产品产值的比重仍然不高，比重远远低于其他行业，更是低于电子、IT、光伏产业等高科技行业。

2.1.3 氧化铁颜料行业依附其他行业发展的产品特性愈发突出

氧化铁颜料行业的经济增长主要是靠内需拉动的。2010年中新增建筑面积约20亿立方米，建筑涂料产量同比增长了34.1%，正是建材、涂料、橡塑、石化行业的发展需求发力拉动了国内的氧化铁颜料产品的增长。

2.2 2010年氧化铁颜料行业完成的各项指标数据

2.2.1 完成的经济指标情况（见表2）

2.2.2 完成的综合利用、节约代用资源的实效数据（见表3）

2.3 氧化铁颜料生产营销情况

2.3.1 2010年行业提供的各类品种数量（见表4）

2.3.2 2010年行业供应市场的产品应用数量（见表5）

表 2　2010 年氧化铁颜料行业完成经济指标情况

项　目	2010 年	2009 年	2008 年	2010 年/2009 年同比/%
生产能力/(万吨/a)	75	70	70	
平均产能/(t/a·厂)	5500	5000	5000	
产量/万吨	61.82	55.85	62	10.69
销售收入/亿元	30.86	28.05	42.25	10.02
销售量/万吨	59.40	48.36	51.46	22.82
产销量/%	97.66	86.5	83	
内销量/万吨	24.40	22.6	19.5	7.96
库存量/万吨	2.42	7.49	10.53	−67.69
出口量/万吨	36.10	25.9598	31.9625	39.06
创汇源/亿美元	3.097	2.016	2.948	53.62
出口均价/(美元/t)	879.64	854.77	922.33	2.91
进口量/万吨	23.73	15.25	24.33	55.41
进口额/亿美元	1.3805	0.7556	1.1435	82.70
进口均价/(美元/t)	632	563	470	12.26

表 3　2010 年氧化铁颜料行业完成的综合利用、节约代用资源实效数据

项　目		2010 年	2009 年	“十二五”累计	折合美元
金属废边料	数量/万吨	46.7	45	284.7	11671 万美元
	费用/亿元	13.32	13.00	77.32	
硫酸亚铁副产品	数量/万吨	33.51	28	216.51	1141 万美元
	费用/亿元	1.0	0.56	7.56	
废酸、废碱、余热等	费用/亿元	0.48	0.44	5.77	871 万美元
合计/亿元		14.8	14.0	90.65	13683 万美元

表 4　2010 年行业提供的各类品种数量

项　目	铁红系列	铁黄系列	铁黑系列	其他	合计
2010 年/万吨	23.03	24.15	12.10	2.54	61.82
2009 年/万吨	23.94	20.35	9.56	2.0	55.85
同比增长/%	−3.8	18.67	26.57	27.0	10.69

表 5　2010 年行业供应市场的产品应用数量

项　目	建材	涂料	橡胶塑料	造纸	其他	合计
2010 年/万吨	10.81	8.33	2.10	2.45	0.71	24.4
2009 年/万吨	9.63	7.85	1.95	2.52	0.65	22.6
同比增长/%	12.25	6.11	7.69	−2.77	9.23	7.96

2.3.3　2010 年国内氧化铁的使用情况

2010 年国内市场上对各类用途氧化铁颜料产品的使用量情况：行业内提供市场 24.4 万吨，加上进口的一般贸易量 11.2 万吨，合计总使用量为 35.6 万吨，比上年增长了 5.98%。而全球氧化铁颜料 2010 年的消费量约 78 万吨左右（上年 72 万吨），我国约占世界总消费量的 46.15%。

2.3.4　2010 年国内氧化铁的实际消费情况（表 6）

在 2010 年全年中，国家用于投入公共基础建设的耗费中，占了国家刺激经济中占据着主要份额。这些大型项目的投入带动了颜料行业经济的复苏，并加大了对劳动力市场的需求，从而解决国内经济低迷的困惑。对公共基础建设的大力投入，扩大了内需，增强了消费市场，为国家后危机时期的发展协调打下了强有的基础，并促使中国经济的发展推动了建材涂料和颜料行业 2010 年的繁荣。

2.4　氧化铁颜料进、出口情况

2.4.1　据海关统计 2010 年中国氧化铁颜料出口情况（见表 7～表 9）

表 6　2010 年我国氧化铁颜料的实际消费情况

项　目	建材	涂料	橡胶塑料	造纸	其他	合计
2010 年/万吨	16.23	15.51	3.0	2.75	0.81	35.6
2009 年/万吨	13.23	13.33	2.9	3.32	0.80	33.59
同比增长/%	22.67	16.35	3.45	−17.17	1.25	5.98

2.4.2 据海关统计2010年中国氧化铁颜料进口情况（见表10～表12）

2.5 氧化铁颜料行业存在的问题

氧化铁颜料行业经济运行情况总体良好，一些企业的产品质量、经济效益有所提高。同时，氧化铁颜料行业经济运行形势的复杂性依然存在，行业自身的产业结构、技术自主创新和人才短缺等主要矛盾还没有根本解决。主要表现在以下几个方面。

2.5.1 企业经营成本上升压力重新凸现

受能源、原材料价格上涨影响，生产成本明显上升。另外，企业用工、原材料、融资、用电等生产经营成本快速上升。为吸引、留住员工，企业工资水平在上年基础上普遍提高了10%～20%；企业应收账款、存货两项资金占用增多；企业融资成本明显上升。

2.5.2 企业用工压力加大

一是用工人员缺乏具有普遍性、长期性。进入2010年二季度后企业用工状况稍有好转，但全行业范围来讲，用工短缺将是全局性和长期性的。

二是结构性缺工。氧化铁颜料生产企业属于劳动密集型岗位，大多数企业都招聘了农民工从事这些岗位的工作，招工量多，用工缺口较大，尤其是部分中小氧化铁颜料企业和作坊式氧化铁颜料企业，内部管理不完善、企业凝聚力弱、效益差，员工流失严重。

三是缺少熟练技术工人和中高级管理人才，特别是缺乏氧化铁颜料技术工人和集团化、国际化的氧化铁颜料管理人才。

2.5.3 中小企业融资压力加大

为了阻击通胀，央行2010年6次上调存款

表7 2010年中国氧化铁颜料出口情况

2010年出口		2009年出口		同比增长/%		出口平均单价/(美元/t)	
数量/万吨	金额/万美元	数量/万吨	金额/万美元	数量	金额	2010年	2009年
36.1	30970.3	25.96	20158.7	39.06	53.62	879.6	854.7

表8 2010年中国氧化铁颜料各区域出口量情况

项目	欧洲	北美	南美	东南亚	中东	大洋洲	非洲	合计
2010年/万吨	8.527	9.127	0.956	9.862	3.641	1.582	2.400	36.1
2009年/万吨	6.3607	6.077	0.654	6.23	2.936	1.298	2.404	25.96
同比增长/%	34.05	50.18	46.18	58.29	24.01	21.87	−0.1	39.05

表9 2010年中国氧化铁颜料各出口区域出口额情况

项目	欧洲	北美	南美	东南亚	中东	大洋洲	非洲	合计
2010年/万美元	7816.2	8181.6	884.1	7586.5	3071.4	1362.0	2068.3	30970.3
2009年/万美元	5168.4	4707.1	479.53	4896.7	2146.61	1057.1	1703.3	20158.7
同比增长/%	48.04	65.10	84.37	47.05	43.08	28.84	21.43	53.62

表10 2010年中国氧化铁颜料进口数量

2010年进口		2009年进口		同比增长/%		进口平均单价/(美元/t)	
数量/万吨	金额/万美元	数量/万吨	金额/万美元	数量	金额	2010年	2009年
23.73	13804.9	15.25	7556.34	55.41	82.70	632	563

表11 2010年中国氧化铁颜料各区域进口量情况

项目	欧洲	北美	亚洲	大洋洲	非洲	合计
2010年/万吨	2.348	2.832	17.914	0.580	0.050	23.73
2009年/万吨	1.811	1.273	12.10	0.0535	0.017	15.2514
同比增长/%	29.65	22.46	48.05	834.5	235.3	55.41

表12 2010年中国氧化铁颜料进口区域的进口额情况

项目	欧洲	北美	亚洲	大洋洲	非洲	合计
2010年/万美元	1796.9	838.7	11086.4	59.28	23.62	13804.9
2009年/万美元	1091.6	330.79	6116.7	10.03	7.215	7556.34
同比增长/%	64.61	153.55	81.25	491.02	227.37	82.69

准备金率，2011年年初再次上调存款准备金率；2010年内加息两次，2011年春节后再度加息。存款准备金率、利率和汇率“三率”抗通胀目的明显。

市场几乎一致认为，我国政府将继续上调银行存款准备金率，并允许人民币升值，以帮助降低进口商品价格和舒缓国内通胀压力。因为，人民币升值可以抵消全球粮食、国际能源及原材料价格上涨带来的输入型通胀压力，使适度宽松货币政策继续在向常态回归，释放收紧银贷信号。

银行出于风险最小化、利润最大化考虑，对部分产品结构不合理、效益较差的中小企业采取只收不贷，中小企业尤其是规模以下的企业资金紧张局面将日益明显。而氧化铁颜料行业的企业大多为中小企业。发改委在新的产业结构调整目录里规定，不得新建1万吨以下的氧化铁颜料生产线，这项政策更加限制了生产低端产品、环境治理很难达标的中小企业的融资能力。

2.5.4 全球氧化铁颜料制造商纷纷提价

氧化铁颜料涨价的原因有三点。

其一，建材、涂料及其他化工应用的下游市场需求不断上升，给氧化铁颜料带来了无限商机，2010年第四季度至今市场曾一度出现供不应求的火爆现象，下游市场的“给力”，给了氧化铁颜料涨价“理由”。

其二，原料成本的上涨，目前无论是人工、原料、能源、运输费用都在上涨，这给氧化铁颜料行业带来了一定的成本压力，无疑也是氧化铁颜料产品涨价的诱因之一。面对一波又一波的涨价潮，形成连环涨价之势，无论是民族企业，还是国际巨头，纷纷“贴出”涨价告示。为了消化这种成本压力，全球氧化铁颜料制造商都在后危机时期为应付通胀，在国际市场上也纷纷提价。

其三，在局部区域中，因淘汰落后产能和节能减排限电限产的“运动”，导致供给的紧缩。在强制性紧急措施下，部分企业的供给受到一定的抑制。这一增一减同时出现，使得我国化工产品的市场供需关系开始紧张，从而拉动了市场所需的化工产品价格的上涨，给本就压力重重的氧化铁颜料企业再次加重了负荷。

2.6 国内氧化铁颜料行业发展趋势及对策

2.6.1 “十二五”期间氧化铁颜料产业的增长速度

预计“十二五”期间中国氧化铁颜料产业整体还是上升趋势。

对于氧化铁颜料产业今后的发展，目前全世界氧化铁颜料产业的增长速度大约平均2%～4%左右，而国内氧化铁颜料产业平均增长速度为6%～8%左右，是全球增长速度最快的国家。

尽管有来自国外的商品和在华外资企业的双重压力，但坚信国内氧化铁颜料企业一定能够寻求到一条自我发展之路，确保行业平稳健康的发展。近3年在金融危机时期中氧化铁颜料对市场供应的情况见表13。

氧化铁颜料在传统的建材、涂料、橡胶、塑料、化工触媒、电子电讯等应用中，以及在精细化工与化工新材料等新兴产业功能性用途中，都有着非常好的发展前景。特别是在扩大内需的方针指导下，国内加工业对国产化、本土化材料需求方面会进一步加强。

其中，关键看企业是不是能够及时抓住机遇，加速企业升级和产品的更新换代，提高产品质量和服务质量，满足市场要求。中国目前人均使用氧化铁颜料已超过400g/(人·a)，但与发达国家的500g/(人·a)还有差距，这块市场还存在着上升空间。预计2011年国内外市场对氧化铁颜料需求总量会超过64万吨，销售额将超过32亿元人民币。

2.6.2 行业将经历品牌洗牌

应该看到，由于行业处于高增长速度和低水平运营共存阶段，天生的资本脆弱，加上国际市场风云巨变，国内消费者品牌意识的觉醒，国家政策对环保、低碳的要求及产业优胜劣汰的整合，将使得行业在未来一段时期内将经历一次品牌洗牌，一些核心竞争力不突出、品牌优势缺乏、管理不正而混乱的企业将被淘汰出局；缺乏核心竞争力，跟随别人后面亦步亦趋，企业产品雷同、营销手段近似，最终将被激烈的竞争淘

表13 2008～2010年氧化铁颜料对市场供应的情况

年　份	2008	2009	2010	2011年预计
市场供应量/万吨	51.46	48.36	59.4	64.2
同比增长率/%	−25.4	−6.02	22.82	8.0

汰。没有战略规划、品牌意识淡薄、营销战略落后的企业，在与渠道商的博弈中，缺少话语权，缺乏行业集体竞争意识及国际化竞争人才，加之各有所属、不协调、不团结，这些企业品牌将从人们的视线中退出。

2.6.3 加强核心竞争力，稳定和发展企业的持久增长速度

中国氧化铁颜料行业快速增长了近30年后势头还能保持多久？随着金融危机对全球的影响，行业发展会不会转入一个中低速增长期，而且这个转折时间会不会太长？中国氧化铁颜料产业，在能源紧张、石油涨价、环境限制和国外产品竞争的诸多压力下，要继续保持高速度增长，难度将会有多大？

未来5～10年，氧化铁颜料行业倘若不加强企业核心竞争力的建设，不加强品牌建设，不改变模仿跟风的"山寨"做法，倘若依然对一些不正常现象和落后的战略战术问题熟视无睹，那么，将有超过一半的氧化铁颜料品牌将无可奈何花落去。

2.6.4 全面提升和整合企业资源、竞争的优势

不能再去寄希望有2009年、2010年那样的政府救市举措，那只是短期行为，不可能长此以往，所以我们也要为今后的长期发展做好准备。

在全球化和信息化的今天，资源的可获得性是公开平等的，企业之间的根本差距就在于资源的整合能力。要想全方位参与国际及国内市场竞争，就应该从全球化的视野进行思考。借助企业的战略管理、人才队伍管理设备装置管理以及科研管理的全面提升，来促进企业技术、工艺、质量、效益的提升。只有这样才会形成自己独特的竞争优势。

在目前这样全球经济的背景下，单纯的研发和生产已经不能产生足够的竞争力，而更多的将体现于企业提供技术服务的能力。绿色环保氧化铁颜料是大势所趋，而伴随着企业发展壮大的则是亘古不变的开拓创新。

国内氧化铁颜料企业应趁此机会，设计自己的未来，同时反思自身的发展路径，加快产品结构、技术选择、市场定位等方面的调整步伐，要分辨理论市场和现实市场的差别，以适应今后的市场竞争。

2.6.5 精准、高质量的技术和操作技巧及严格的运作、管理理念与手段

就改善公司治理而言，一是需要"心到"，即首先需要精神、观念、价值取向、思维方式、言行基准等那些"无形的、内在的"东西到位；建立健全的公司治理文化和良好的公司价值观，实际就是大家常说的：思路决定出路。

二是需要实践，避免只说不做、只写不做，不要使公司的治理流于书面形式的一纸空文。

三是需要规避风险，随时随地实施对投资风险、市场风险、操作风险、合规风险、声誉风险、流动性风险和其他风险的监督与控制。

2.6.6 加强合作，共同提升氧化铁颜料的市场价值

氧化铁颜料价格应体现出它本身的产品使用价值上：无毒无害、耐温耐候、色彩稳定等优点广泛用于国民经济中各行各业的精细化工产品，并随着生产技术的发展和人民生活水平的提高，氧化铁颜料的优势和价值将会得到进一步的凸显和重视。

作为氧化铁颜料产品的生产商和销售商，应该站在共同维护氧化铁颜料的市场地位的高度，着眼于不断提升氧化铁颜料产品价值，这个使用价值需要制造商和经销商不断深化合作，强化共识，共同努力提高氧化铁颜料使用价值，通过精心经营氧化铁颜料产品，打造和提升氧化铁颜料价值，以为客户提供高质量、高附加值的氧化铁颜料产品和服务来实现制造商和经销商的双赢。

3 铅铬颜料

3.1 经济运行基本情况

中国是铅铬颜料生产大国，铅铬颜料的重要消费市场，在国际市场上占有重要的地位。近年来，我国的铅铬颜料发展比较快，产能变化情况如表14所示。虽然由于资源性原材料价格及环保原因，铅铬颜料行业发展受到一定影响，但在我国经济在全球率先复苏的大背景下，2010年我国铅铬颜料行业取得持续恢复性增长，产量与销售量基本恢复到金融危机前的水平，为"十一五"画上了圆满的句号。

表14 "十一五"期间我国铅铬颜料产能变化情况

单位：万吨

年份	2006	2007	2008	2009	2010
产量	44977.2	51548.6	40586.1	43046.0	52381.6
销售量	42274.1	49865.8	40427.0	40427.0	49292.1

从统计情况看：2010年产量为52381.6t，较2009年增涨14.32%，销量为49292.1t，较

2009年增长13.73%；产销率为94.1%；销售金额近8.5亿元，比2009年同期增长23.79%，其中出口量为7420.8t，比2009年同期增长40.54%，出口金额2223.7万美元，比2009年同期增长31.24%；出口率为15.05%。所有数据都比2009年有不同幅度的上涨。

从产品结构来看中铬黄、柠檬铬黄、钼铬红、其他铬系颜料的比重没有大的变化，中铬黄仍然占有总销售量的一半以上，达到54.2%，柠檬铬黄占17.2%，钼铬红占9.3%，锌铬黄占3.9%，其他各系颜料占15.4%。

从各单位生产的能耗来看，11家单位的平均能耗为：每吨颜料用水47.9m³，用电219.8kW·h，用蒸汽4.2t，水用量比去年有所下降，电和蒸汽比2009年略有上升。在当前国家大力倡导节能减排、调整结构的形势下，市场上对低毒、无毒颜料的需求意向越来越多，各个企业都应在这方面下功夫，企业领导首先要增强节能减排意识，积极应用先进、合理的工艺、装备，加强企业管理，为提高我们行业的整体水平努力。

3.2 铅铬颜料行业发展趋势

3.2.1 开拓技术创新是铅铬颜料行业发展的源动力

总体上来说，我国铅铬颜料行业的生产工艺和装备水平还较落后，特别是技术力量薄弱，缺乏系统研究和开发的投入以及技术实力，尤其是高档品种与先进国家的产品差距较大。出口是以合资企业为主，如中美加合资的新乡海伦、中日合资的重庆江南，国内的出口较大的企业是江苏双乐和山东蓬莱。

铅铬颜料行业的发展仍是以最大限度地满足市场需要为根本宗旨，今后发展要充分发挥其优点，不断克服其缺点，通过多种方式加大科技研发力度，提高产品的科技含量，加强自主研发能力，对易分散、耐温、耐候、高着色强度等产品进行研究，形成自主核心技术。同时，寻求与国外大公司的技术合作，引进先进成熟的技术，也可以通过海外并购、资本运作等方式直接收购国外先进技术，并提高产品在国际市场竞争力。

针对当前国际上一些国家对我国的铬系颜料出口产品实施的技术壁垒、贸易壁垒、环境壁垒、知识产权保护等情况，要及时做好预警工作，尽快推进产业结构调整，增强企业竞争力，运用符合WTO规则的手段，防范贸易保护主义，统一协调行动，防止恶性竞争，切实维护产业安全。同时，积极参与国际、国内同行之间的交流，形成既竞争又合作的关系，共同维护市场，培育我国铬系颜料工业的国际品牌。

3.2.2 环保及安全清洁文明生产是铅铬颜料行业可持续发展的重要要素

铅铬颜料行业是一个有污染的行业，环境保护问题也较为严峻，铅铬颜料的发展就更加要正确处理好发展与环境、发展与资源的关系。发展的实践证明，良好的环境措施不仅是铅铬颜料企业发展的保证，更是生存的保证。近年来许多单位都加大了环保治理力度，加大对环保治理费用的投入并采取了强有力的措施，实行集中治理和高标准排放，为企业为行业提供了可持续发展的保证。

由中国涂料工业协会承担的国家环保部标准《无机颜料工业污染物排放标准—铅铬颜料》已于2010年下半年正式启动。此排放标准为强制执行标准，用于我国铅铬颜料工业现有企业的水污染物和大气污染物排放管理，将在促进铅铬颜料工业的技术升级，优化产业结构，有效控制企业污染物排放行为方面发挥重要作用，对促进我国铅铬颜料行业清洁文明生产具有重要意义。

涂料装备发展现状及“十二五”发展思路

中国涂料工业协会涂料装备分会　张卫中　杨金荣

1　涂料装备发展现状

近几年来，我国涂料行业顶住压力逆势而上，知难而进，取得了不菲成绩，许多企业创出产量、收入、利润的历史新高，整个行业处于蒸蒸日上、蓬勃发展的良好状态，作为其中的一个分支——涂料装备企业在为行业提供装备的同时注重提高性能、稳定质量、推出新品、加强服务，势头很好，初步调查显示全国涂料装备企业的生产经营有以下几个特点。

（1）涂料装备企业生产任务饱和，经济效益显著，不少骨干企业不得不加班加点来完成订单，部分企业的产品还出口到国外，因价格合理、质量可靠而备受欢迎，整个行业处于良性发展状态。

（2）生产品种向节能环保型倾斜，以主要设备砂磨机为例，敞开式砂磨机订单越来越少，密闭式砂磨机牢牢占据主导地位。有的设备制造企业密闭式砂磨机占比高达80%，有的企业干脆不生产敞开式砂磨机。

（3）新产品研究开发越来越红火，如大容量的80～100L密闭式立砂和卧砂、高效低耗输送泵、纳米级砂磨机、全自动灌装机等一大批新产品的研究成果正在行业内推广应用。

（4）注重产品质量和服务，在完善和提高方面下功夫。涂料装备企业越来越意识到产品质量的重要性，抛弃了低价竞争等做法，集中精力于提高质量和加强服务，涂料生产企业普遍感觉设备的性能在不断优化，使用效果良好，有的装备企业还不厌其烦地为一些涂料生产企业研制特定要求的设备，而不计较一时的得失。现在涂料生产企业对信得过的装备企业一次购买设备往往达十几台，甚至几十台。

（5）涂料生产企业鉴于自身发展需要，进行大规模技术改造甚至整体搬迁，积极更新设备，而更新的宗旨是：低碳、节能、环保，并能满足不同产品的生产需求，因此加速了新型装备的推广应用，涂料装备企业和涂料生产企业之间的合作越来越好。

2　涂料装备在“十二五”期间的发展方向

面对即将到来的“十二五”，涂料装备分会在认真学习涂料行业“十二五”规划的基础上，汇集大多数涂料装备企业和涂料生产企业的共同想法，提出涂料装备“十二五”期间的发展方向和思路：坚持科学发展观，本着低碳、节能、环保的宗旨，努力提高我国涂料装备的整体水平，尽快缩小与世界先进水平差距，更好地为行业服务。

2.1　大力发展推广环保节能型涂料设备

（1）在全国涂料生产企业推广建设全密闭一体化工艺的生产线。这是涂料行业的一场革命，也是必然的发展趋势，将彻底告别涂料行业粉尘飞扬和脏、乱、差的生产环境，真正做到清洁文明生产。其中粉料自动化输送是关键。溶剂型涂料生产过程中粉体输送因品种多，配方复杂而难度较大，必须在生产企业、装备企业和相关科研单位通力合作下才有所突破。现在作为技术推广项目，已列入工信部清洁生产推行方案，由各地经信委组织企业申报，将在资金上给予支持，希望涂料生产企业和装备企业积极行动，争取先行一步。

(2)“十二五”期间在全国涂料行业中提倡不再使用敞开式砂磨机，而以密闭式砂磨机取而代之，此项更新将覆盖全部涂料品种，覆盖率达90%以上、因此要不断研制出各种类型，各种规格的密闭型砂磨机以满足市场需求。

2.2 扎实提高涂料装备内在质量

涂料装备行业要真正做到从外观、性能到维护保养全方位赶上国外先进水平，具体措施如下。

(1) 提升装备材质，关键部位必须使用符合工艺要求超耐磨的合金材料。

(2) 完善加工工艺、杜绝粗制滥造、装备精度要达到世界先进水平的要求。

(3) 寻找并积极使用新材料，以防止装备的损漏、减少维修和更换，延长使用寿命。

2.3 下大力气开发一批高端涂料装备

(1) 大容量密闭型研磨分散设备。

(2) 高效率纳米级或亚纳米级研磨分散设备。

(3) 由DCS控制的成套树脂生产设备。

(4) 自动化控制的全密闭粉料输送系统。

(5) 节能、高效、低损耗的输送泵、氧化锆珠等配套设备或介质。

(6) 包含配料、分散、研磨、调漆、包装的涂料生产自动化系统。

2.4 制定装备行业标准

着手制定装备行业标准，逐步做到装备生产的规范化、标准化。

2.5 组建大型涂料装备企业，增强企业竞争力

通过联合、重组等方式组建集研发、生产、销售、服务于一体的大型涂料装备企业，以增强在国内外的竞争力。

3 涂料装备在发展中需解决的问题

(1) 全密闭生产工艺是大势所趋，符合国家产业政策和低碳、环保、节能需求，应集中力量攻克粉体输送自动化生产工艺，一旦这项工艺得到突破，必将在全国得到顺利的推广。

(2) 我国涂料装备企业规模都不大，研发能力相对不足，要缩小与世界先进水平的差距，除组建大型涂料装备企业外，还应着手组建全国性的涂料装备研发联合体或同盟，希望政府和中国涂料工业协会牵头与相关科研单位、大专院校联系，充分发挥他们的积极性和优势，加快研发的进度和深度，为推动涂料装备的快速发展，提供有力的保证。

4 结　语

当前涂料行业的经济发展形势喜人，是实现产业升级、结构调整战略转型的好时机，要提升涂料装备的水平，涂料装备企业和生产企业必须紧密合作。只有充分发挥生产和使用两方面的积极性，敢于创新、敢于淘汰，我们的目标才能实现，衷心希望大家团结起来为涂料装备在“十二五”期间实现质的飞跃而奋斗。

2010

第五章

区域涂料发展

广东省涂料行业“十一五”规划回顾

广东省涂料行业协会　黄　开

0 概　况

广东省涂料行业在“十一五”期间的发展取得了很好的成绩，产量与产值一直占据全国第一。广东省涂料行业协会根据党中央和国务院“十一五”发展规划精神制定了《广东省涂料行业十一五规划》、《广东省涂料行业管理服务规范文件》等一系列行业发展的重要文件。

广东省涂料行业在政府相关部门的大力支持与企业的共同努力下，基本上完成了“十一五”的发展目标。在“十一五”规划纲要中的重点是为会员企业打造品牌、落实省政府“产业转移”政策、配合省安监做好涂料行业安全生产监督管理等；在打造品牌方面，取得了可喜的成果。取得8个中国涂料名牌中的5个，占总数62.5%，经国家工商总局和司法部门认定的中国驰名商标16个；广东省名牌13个品牌；广东省著名商标42个。配合顺德区涂料商会成功申请“中国涂料之乡”。为落实国务院和广东省安全生产监督管理局（粤安办［2008］131号）关于危险化学品生产企业必须入园建设的规定，协会引导需搬迁的涂料企业入驻南雄、新丰、清华园、华彩等省市批准设立的化工工业园区。2006年，大力配合和支持省安全监督局的安全生产管理，派出涂料专家12人，帮助省安监局第一次颁发安全生产许可证的资料审查和现场勘查工作，受到省安监局的高度赞扬。根据广东省涂料生产状况，向省安监局申请三项专项资金扶持项目，并积极组织专家力量，完满完成涂料3项技术性安全整治项目。

1 “十一五”期间广东省涂料行业的现状

随着国民经济的迅速增长，广东省涂料行业在“十一五”期间进入了快速发展的阶段，“十一五”涂料总量年均增长15%，到2010年广东省涂料总产量为216万吨，占全国涂料总产量966万吨的1/4以上，产值6039903万元；产量与产值居全国各省市的第一名。2010年，虽然受到原材料价格高涨及国家对家具行业环保整顿的影响，但企业及时调整市场与产品，抓住亚运会的商机，使到2010年全省涂料行业在稳定中取得了很好的增长。在“十一五”期间，广东省涂料行业主要有以下特点：

1.1 并购扩张加快经济结构发展

广东省的国有涂料企业在“十一五”期间，基本上完成了结构调整股份改制的任务，国有企业的成功改制不仅满足了市场的需求，也进一步地推动了广东省涂料行业的技术进步，提升了行业的整体竞争力。

并购和对外扩张是加快广东省涂料行业经济机构发展的主要因素。广东华润作为广东省涂料行业的龙头企业，在被美国威士伯成功收购之后加快了广东涂料行业经济结构的调整步伐；国际涂料巨头阿克苏诺贝尔收购卜内门太古漆油（中国）有限公司；陶氏收购罗门哈斯有限公司；丹麦赫普涂料集团全资收购深圳海虹老人牌涂料，并于2010年在广州经济开发区投资全球最大的生产基地赫普（广州）涂料有限公司。国际涂料巨头通过收购设厂进入广东涂料市场，加剧了涂料行业的整体竞争，加快了广东省本土企业的扩张步伐。美涂士成立投资公司后并购控股了国内多家涂料企业，并在崇洲购入800亩工业用地建立涂料生产基地；嘉宝莉、巴德士、展辰、华隆、科斯化工等企业先后在北京、上海、成都、徐州、河北等地方投资建厂，形成了全国市场布局，向集团化生产管理的新型经济结构迈进。

1.2 政府加强行业监管，加速行业洗牌

“十一五”期间国家加强了对涂料行业的监管力度，涂料行业实施3C强制认证和安全生产行政许可，对广东涂料行业的进一步成熟和有序发展起到极大的推动作用。当然，在实施安全生产许可过程中，因部分企业安全距离不符合要求，需要加大投资进行整改或重建新厂来适应安全生产的法律法规要求。一些中小型企业，由于种种原因，在3C强制认证和安全生产许可的过程中也有少数停产、破产、倒闭。广东涂料行业出现了两次政策性因素的大洗牌，市场的集中度进一步提高，市场不仅在向大企业集中，也向大的生产基地集中。

1.3 “产业转移”政策促使产业布局基地集中化

自广东省委省政府实施“产业转移”引导珠三角产业集群向内地转移，从而促进山区发展的政策以来，到2010年，全省就批准设立了多个精细化工工业园，从而形成了以粤北山区的南雄、武江、翁源、新丰、清远为主及鹤山、肇庆大旺、惠洲鸿海、珠海高栏港、德庆（龙江）等多个涂料产业工业园区。广东省的一些大企业如中华制漆、五羊油漆、珠江化工集团、科斯化工、巴德士、汇龙、迪邦、中山青松、千叶松、辉煌涂料等都转移到上述的工业园。相信在“十二五”期间，广东的涂料将出现新的生产布局，将逐步向产业基地集中化生产过渡。产业基地集中化生产是政府引导产业发展的方向，这将更有利于行业的管理，进一步提高广东涂料行业的整体竞争力。

1.4 涂料行业技术创新能力不断提高

在“十一五”期间，广东省涂料行业坚持科学发展产业的指导思想，加强科技体系的建设，在涂料企业先后设立了各种科研机构如：鸿昌化工、华润、嘉宝莉、广州秀珀4家博士后工作站，以及10多家省市级涂料涂装技术开发中心，还建立了一批产、学、研生产基地，重点开发高性能、低污染的“绿色”环保涂料，在重大技术上已经有了一定的突破，并获得政府的认可。如2006年，顺德华隆涂料实业有限公司（现为广东华隆涂料实业有限公司）发布了新产品“双组分水性木器漆”。该产品是将金属交联技术和分子成膜技术应用到水性涂料产品的环保节能型涂料，其双组分水性涂料技术已通过国家鉴定，为国内首创，最新科技查新检索表明此技术同属世界先进水平。2007年1月，嘉宝莉宣布年产10000t的水性木器涂料生产线于2007年元月初正式投产。这是亚洲最大的水性木器涂料生产基地，获得广东省政府1200万元专项资金扶持，嘉宝莉化工也前后自筹6000万元左右经费致力于该项目的研发。涂料企业加大了科技投入力度，加快科技成果产业化，形成了一批具有自主知识产权的新技术不断满足了市场发展的需求。

在“十一五”期间，广东涂料企业技术创新普遍开花：茂名日化涂料有限公司应用其“双硅改性丙烯酸树脂”核心技术编制的《硅离子活性自洁墙面涂料》成为广东省地方标准。江门市乔本化学工业有限公司自主研发的“三合一节能外墙漆”科技成果通过鉴定。通过实验证明，涂刷该产品后的房屋，能够节省空调费用15%～20%，真正达到节能降耗，且产品性能卓越，性价比优异，用户反馈良好，达到国内先进水平，是行业中的一项创举。华润涂料和美国华特·迪士尼公司共同推出的儿童房间专用涂料“妙想漆”。2008年7月，广东千色花化工有限公司研究开发的新型涂料——MP7多功能水性涂料正式上市。MP7运用高新技术在制造过程中添加了特种树脂及特定的添加剂，能刷涂任何的物体表面，该项技术在国内乃至国外的涂料行业中乃属首创。2009年底，广东雅图化工有限公司《环境友好低VOC汽车内饰涂料》获评为省科技厅重大专项，在汽车领域拓新科技含量。2010年广东千色花化工有限公司《高性能溶济型环保型低VOC装饰装修涂料的研究与产业化》获评为省科技厅重大专项，提升了广东省涂料行业科研水平。

2 “十一五”期间广东省涂料行业存在的问题

广东省涂料行业虽然取得了一定的成绩，一直以来产量与产值都保持全国各省市的第一位，

但与国内的其他省市相比，从涂料技术、产品结构、企业品牌知名度层面看，广东只是一个生产大省，还不是一个涂料强省，主要表现在以下几个方面。

2.1 产品结构发展不平衡，同质化现象严重

在“十一五”规划之前，广东省的涂料产品结构相当不完善。广东涂料历来都有“三板斧”的说法：建筑涂料、木器涂料、万能胶。从20世纪90年代开始都是广东涂料的主要支撑品种，工业涂料的品种还相当缺乏，有也只是国有企业的防腐涂料、船舶涂料为主的工业涂料。进入“十一五”期间，涂料行业的新产品也开始出现了如汽车涂料、粉末涂料、按键涂料、珠宝合漆、乐器涂料、电泳涂料等专业性的工业涂料，产品结构相对来说得到了补充，但还没形成一定的规模生产，占据市场的份额不大。目前，占据广东涂料总产量70%以上的还是建筑涂料与木器涂料两大品种，其他工业涂料发展速度不快，未能形成规模的涂料产能。

广东涂料企业将近2000家，但规模不大，产值在5亿元以上的为数不多。绝大部分企业的产品都是以建筑涂料和木器涂料为主，产品的同质化相当严重。严重到产品的性能、价钱、包装、产品名称都几乎一致。这种同质化产品在市场上造成了非常恶劣的竞争，从很大程度上影响了涂料企业与行业的发展。

2.2 终端品牌知名度不高，代理市场竞争恶化

“十一五”期间，广东涂料行业全面打造品牌。在2005年中国名牌激烈竞争中，广东拿下了全国建筑涂料（内、外墙）8个涂料名牌的5个。虽然广东涂料品牌在国内具有很高的知名度，但相对于一些国际品牌如立邦、多乐士来说在终端购买方面还是缺乏品牌知名度，特别是在珠三角地区，本土企业的销售与上述两个品牌相比还有很大距离。广东涂料品牌的重点市场是在外省，都是实行通过代理商的销售模式，在外省的代理市场竞争相当激烈。目前，广东涂料企业呈现一片“明星代言”热潮，据不完全统计，大大小小的企业聘请的明星不少于20位，这现象在整个涂料产业都是难得一见的“浪潮”。竞争，竞争之余还是竞争。从明星代言到中国驰名商标的竞争，涂料产业竞争已经到了白热化的程度。

有竞争才有发展，但涂料产业的竞争是建立在涂料产品严重同质化的层面上竞争，知名度不高且缺乏品牌。市场销售渠道太单一，涂料的销售还是在以代理商为主的基础上，展开的短期行为的竞争。这种短期市场竞争行为不能提高我们企业的核心竞争力。

2.3 企业技术创新能力不足

广东省涂料行业发展主要是通过经济高速发展提供市场商机以及引进生产技术模式发展的，缺乏自主创新的能力，所以行业上出现的涂料产品、技术、生产方式、销售模式的同质化现象非常突出，越来越成为制约企业发展的因素。在“十一五”期间，广东省涂料企业普遍提高了技术创新意识，加大了科技的人力与财力投入，也取得了一些科技成果。但相对于广东涂料整个行业而言，目前的全行业科技创新体系建立还不够，只有个别企业重视科技投入，没能从根本上提升行业的创新水平。

2.4 法律法规和标准化管理滞后

我国涂料行业及相关产业对涂料产品、涂装的标准如何满足市场经济的要求，满足可持续发展的科学发展观的要求以及缩小与国际标准差距仍有距离。现有的法规和行规及产品标准滞后于市场的变化、环保的要求或与行业的发展不协调，且执行力度不大，导致市场的不规范及无序竞争，在很大程度上都给涂料行业发展带来影响。因此，法律法规和涂料产品标准的严重滞后，这也是阻碍广东省涂料产业快速发展的原因之一。

3 结 语

“忆往昔，峥嵘岁月稠”，倍加骄傲和自豪，看未来更觉“任重而道远”，我们将在总结“十一五”规划的同时，发扬长处，克服不足，在“十二五”期间为发展广东省涂料产业做出应有的贡献。

浙江省涂料工业“十一五”回顾

浙江省涂料工业协会 马新华

0 前 言

“十一五”时期是我国发展史上极不平凡的5年。面对国内外环境的复杂变化和重大风险挑战，在政府实施正确而有力的宏观调控，有效应对国际金融危机巨大冲击，保持了经济平稳较快发展良好态势。国民经济的发展极大程度上带动了我国涂料行业的发展，“十一五”期间，涂料行业总产量从2006年的507万吨增长到2010年的966.63多万吨，跃升为全球第一大涂料生产国和消费国，行业规模（以现价工业总产值计）也从2006年的991.16亿元跃升至2010年的2324.59亿元，成功实现了翻番。

浙江是我国涂料行业的传统大省，拥有约800家涂料及相关企业，涂料销售规模一直位居全国各省市的前4位。在上述宏观经济的大背景下，浙江省涂料行业在“十一五”期间也保持了较快的发展速度，并开始向产业转型和升级迈进，具有高附加值的工业涂料已成为浙江省重点发展的品种。“十一五”期间取得的主要成绩包括以下几个方面。

1 涂料产量保持稳定增长

随着市场需求的扩大，“十一五”期间浙江省涂料产量取得了较为稳定的增长。2010年浙江省涂料行业总产量达55.72万吨左右，较2006年全年的36.65万吨增长52.03%，5年中年均增长率为10.41%。其中，工业涂料产品产量基本呈现稳步攀升的局面，2010年达到41.49万吨，增长95.99%，5年中年均增长率为19.20%；而建筑涂料在2007年出现跨越式增长后2008～2010年并未继续显著增长，这也充分体现了浙江涂料产业的发展重点已经向着与装备制造等现代工业产品配套的方向转型。具体数据见表1所示。

表1 2006～2010年浙江省涂料行业产量分析

单位：t

年份	工业涂料产量	建筑涂料产量	涂料总产量
2005	211784	46384	258168
2006	301144	65322	366467
2007	392662	155776	548438
2008	351456	151756	503212
2009	376406	117668	494074
2010	414854	142344	557198

注：来源于国家统计局当年公布的统计数据。

2 经济发展卓有成效

在产销量增长的同时，浙江涂料行业经济发展情况也卓有成效，以现价工业总产值和行业资产总量计算均超过了100亿元规模。2006年，浙江涂料行业资产总计为58.6亿元，而2010年预计将达到120亿元规模，增长超过1倍；2006年浙江省涂料产业现价工业总产值约为77.5亿元，2010年达116.2亿元，同比增加49.9%，其中，2006年新产品产值为15.9亿元，而2010年达33.7亿元，同比增长超过1倍。新产品产值的高速增长反映了浙江涂料行业转型升级后所具有的无限发展潜力，具体数据见表2。

表 2　2006～2010 年浙江省涂料行业经济发展分析

单位：亿元

年份	现价工业总产值	其中：新产品产值	资产总计
2006	77.5	15.9	58.6
2007	92.9	16.6	70.1
2008	93.7	18.9	81.3
2009	97.9	24.7	94.2
2010	116.2	33.7	—

注：来源于国家统计局当年公布的统计数据。

3　产业集群逐步形成

目前，浙江省规模以上工业企业数量已居全国第 1 位，并发展成为国内重要的制造业基地之一。其中，分别以杭州和宁波为中心形成了 2 处经济发展核心区域，经济总量约占全省经济总量的一半，浙江省的涂料企业也由此逐步形成了 2 处产业聚集地。杭州地区（包括绍兴、嘉兴等）凭借省会的地理优势，涂料企业数量最多，规模也较大，其特点是产品品种较齐全，分别满足工业和家装需求，领先企业包括杭州油漆有限公司、浙江天女集团有限公司、杭州灯塔涂料玻璃有限公司、浙江华特实业集团华特化工有限公司、杭州传化涂料有限公司、浙江金质丽化工有限公司、杭州三鹰化工有限公司、杭州萧山阳光涂料有限公司、浙江荣泰科技企业有限公司和阿克苏诺贝尔涂料（嘉兴）有限公司等。宁波地区（包括舟山）毗邻海港和石化产业群，虽然涂料企业也较多，但企业规模一般并不大，其特点是产品具有专业化竞争优势，主要以船舶涂料、粉末涂料为代表，领先企业包括宁波飞轮造漆有限责任公司、浙江飞鲸漆业有限公司、舟山造漆厂、宁波飞轿造漆有限公司、宁波东升科技发展有限公司和阿克苏诺贝尔粉末涂料（宁波）有限公司等。此外，以浙江环球制漆集团股份有限公司、浙江南方涂料工业有限公司、浙江兰歌化学工业有限公司、浙江环达漆业集团有限公司、浙江磐安造漆厂、浙江福德漆业有限公司等为代表的金华、衢州地区涂料企业，以浙江鱼童发达造漆有限公司、浙江志强涂料有限公司、浙江博星涂料化工有限公司、浙江厦光涂料有限公司和浙江永固为华涂料有限公司等企业为代表的台州地区涂料企业，以温州造漆厂、浙江顺虎德邦涂料有限公司、瑞安东昌涂料厂、遂昌神牛涂料有限公司等为代表的温州、丽水地区涂料企业，也具有一定的地区竞争优势。

4　产品结构调整优化明显

涂料是为国民经济发展配套的辅助产品，涂料装饰、防腐的性能决定它只有附在某些建筑或工业制品上才能得以消费。浙江省涂料工业的发展依赖于地方经济的发展，经几十年的探索努力和发展，特别是经过“十一五”时期的结构调整，已形成了适合浙江省经济发展需要的产品结构，即四大系列：①建筑装饰装修涂料（如建筑涂料内外墙乳胶漆、屋面防水涂料、木器家具涂料）；②轻工涂料；③防腐涂料及船舶涂料；④专用特种涂料等。各系列产量及所占比重情况如表 3 所示。

其中建筑住宅装饰涂料完成 13.91 万吨，比 2005 年 7.39 万吨增加 6.52 万吨，增长 188.23%，5 年年均增长 37.65%；专用涂料完成 7.45 万吨，比 2005 年 2.64 万吨增加 4.81 万吨，增长 282.20%，5 年年均增长 56.44%；船舶防腐涂料完成 7.82 万吨，比 2005 年 2.69 万吨增加 5.13 万吨，增长 290.71%，5 年年均增长 58.14%；轻工用涂料 3.19 万吨，比 2005 年 2.92 万吨增加 0.27 万吨，增长 109.25%，5 年年均增长 21.85%。

“十一五”期间浙江省高档涂料产量达到 31.93 万吨，比 2005 年增加 13.83 万吨，增长 76.44%，5 年年均增长 15.29%；高档涂料比例达 91.35%，比 2005 年提高 1.46%，增长 1.62%。“十一五”时期浙江省低污染水性涂料、粉末涂料得到长足发展，在总产量中的比重一年比一年提高，2010 年产量达 8.78 万吨，比 2005 年 4.68 万吨增加 4.1 万吨，增长 87.61%，5 年年均增长 17.52%，占总产量比重的 22.09%。

表 3　“十二五”四大系列品种占总产量比重情况

类别		2010 年		2005 年	
		实际/万吨	占总产量比重/%	实际/万吨	占总产量比重/%
总产量		39.75	100.00	22.54	100.00
其中	装饰装修涂料	13.91	34.99	7.39	32.79
	专用特种涂料	7.45	18.74	3.77	16.73
	防腐及船舶涂料	7.82	19.67	2.69	11.93
	轻工涂料	3.19	22.93	2.92	12.95

注：来源于浙江省涂料工业协会统计数据。

表 4 “十一五”期间浙江省涂料产量分品种增长 单位：t

指标名称		2010 年	2005 年	2010 年比 2005 年增加	2010 年比 2005 年增长/%	年均增长/%
涂料总产量		397549	225329	172220	76.43	15.29
油脂漆类		4364	3207	1157	36.08	7.22
天然树脂漆类		2122	0	2122	增加	增长
酚醛树脂漆类		20508	20126	382	1.90	0.38
沥青漆类		3250	4224	−974	−23.06	−4.61
醇酸树脂漆类		71975	51951	20024	38.54	7.71
氨基树脂漆类		31579	20201	11378	56.32	11.26
硝基漆类		13778	11466	2312	20.16	4.03
纤维素漆类		197	0	197	增加	增长
过氯乙烯树脂漆类		11692	577	11115	1926.34	385.27
烯树脂漆类		6388	7268	−880	−12.11	−2.42
丙烯酸酯树脂漆类		67894	41750	26144	62.62	12.52
聚酯树脂漆类		28936	7857	21079	268.28	53.66
环氧树脂漆类		42573	16488	26085	158.21	31.64
聚氨酯树脂漆类		30794	19905	10889	54.70	10.94
元素有机漆类		59	9	50	555.56	111.11
橡胶漆类		3823	1205	2618	217.26	43.45
其他成膜物类涂料		9463	2265	7198	317.79	63.56
辅助材料漆类		48154	16743	31411	187.61	37.52
高档涂料	产量	319251	180942	138309	76.44	15.29
	比例/%	91.35	89.89	1.46	1.62	0.32
颜料总产量		42383	15611	26772	171.49	34.30

5 企业结构调整加快

2010 年浙江省涂料行业内企业结构调整步伐加快。销售收入在 1 亿元以上规模企业从 2005 年的 10 家，增加到 2010 年的 16 家，增加 6 家，增长 60%；企业涂料产量在 5000t 以上规模的企业有 20 家，比 2005 年增加 10 家，1 万吨以上规模的企业有 13 家，比 2005 年增加 5 家。16 家销售收入 1 亿元以上规模企业的销售收入合计达 51.88 亿元，占行业总销售收入的 77.09%，亿元以上规模企业占行业总销售收入的比重比 2005 年的 69.43% 提高 7.66%，规模经济在市场竞争中发挥明显优势。特别可喜的是 2010 年杭州传化涂料有限公司收购浙江天松集团，生产能力迅猛从 1 万吨扩张到 3 万吨，成为浙江省涂料行业首个资本经营兼并的案例，为企业规模经营及战略布局开拓新思路。

6 品牌产品销售率高

“十一五”期间浙江省涂料企业注重品牌建设，以持续创新为发展动力，以专业化制造为经营方针，以专注品质、专业服务为追求目标，坚持以持续改进、客户满意为经营宗旨，努力打造环保健康、和谐发展，更好地适应经济发展方式转变的要求，一批用户满意、市场认可的浙江涂料品牌脱颖而出。截至 2010 年底浙江省涂料工业协会有 5 家会员的商标获中国驰名商标称号，4 家会员单位的产品成为国家免检产品，13 家会员单位的产品获浙江名牌产品称号，1 家会员的商号获浙江省老字号称号，14 家会员的商标获浙江省著名商标称号，此外还有一批会员获得市（地级市）知名商标或知名产品称号。2010 年浙江省涂料工业协会涂料品牌的会员企业实现销售收入 51.39 亿元，占行业销售收入的 76.36%，品牌经济在市场竞争中发挥明显优势，极大地提高了浙江涂料产品的市场占有率。

7 技术进步成果显著

“十一五”期间浙江省涂料制造的技术人员经过自身努力研制出“水性环氧重防腐涂料关键技术研究与开发”、“新型功能水性双组分聚氨酯涂料产业化的应用研究”、“绿色环保木器涂料产业化”、“纳米改性轿车面漆的研究开发”、“水性聚酯氨基树脂的研发”、“汽车废橡胶轮胎再生技术研究及在涂料中的应用”、“快干醇酸防锈漆系列”、“水性厚膜无机富锌底漆”、“UV 高耐磨光固化地板漆涂料系列”、“HM-不饱和聚酯树脂”；“高性能聚酯树脂”、“UV光固化耐黄变涂料”、“水性环氧防腐涂料”等一批省重大科技专项、省级新产品，投入生产转化为生产力，使浙江省涂料产品结构向减少污染、节约能源、节省资源方向发展。

“十一五”期间浙江省涂料企业普遍注重新产品科研开发，特别是一批经政府主管部门批准设立的涂料研发中心、建筑涂料研发中心、造船涂料的科研基地、道路树脂研发中心、颜料研发中心等省级科研发中心落户浙江省骨干企业，得到政府政策的支持和优惠，为提升企业技术水平和产品结构调整，做好技术先行。

“十一五”期间由浙江省涂料工业协会牵头研发制定的公益性国家职业安全标准《涂料生产企业安全技术规程》（AQ5204）正式颁布实施，为全国涂料行业安全生产提供规范性技术文件。

8 安全、环保条件改善

“十一五”期间浙江省涂料企业根据国务院344号令危险化学品生产企业管理的要求，进一步加大安全技术改造力度，用在安全、环保技术整改及搬迁等投入的经费约在10亿元以上。截至2010年底全省近300家涂料生产企业取得了浙江省安全生产监督局颁发的安全生产许可证。安全技术改造推进了企业的技术进步，改善了企业安全、环保生产条件。企业的安全、环保意识普遍得到提高。

9 质量管理显著提高

“十一五”期间浙江省涂料企业按照化工行业要求建立健全质量管理组织体系，设置质检机构、配备检测仪器，质检人员培训持证上岗，按照标准组织生产，不断完善质量管理基础工作等，提高了企业质量管理水平。全省约400名质检人员取得国家劳动部保障部颁发的检验员职业技能资格证书，浙江省涂料工业协会85%的会员通过原化工部质检机构认证。近年来国家监督检查浙江涂料产品合格率均高于其他省份，与企业重视质量工作，采取以上措施分不开。

特别是2008年2月29日国家质检总局全许办［2008］08号关于公布《危险化学品涂料产品生产许可证实施细则》的通知，正式实施危险化学品涂料生产许可证制度以来，浙江省涂料生产企业认真学习贯彻，浙江省涂料工业协会会员带头做好许可证申请工作，进一步完善质量管理，从原材料进厂、生产过程控制、到产品出厂全过程加质量强检测，按照工艺技术文件操作，提高产品质量安全控制能力。截至2010年12月底经国家质检总局批准，浙江省已有84家企业领取工业产品生产许可证，其中会员企业56家，占获证企业数的66.67%。获证企业100%执行国家行业标准，100%检验设备配备符合产品标准配备，100%产品标识符合国家要求。

宁波市涂料与涂装行业2010年全年行业运行分析

宁波市涂料与涂装行业协会　曹存宁

1　本行业情况

本行业以涂料为主（含溶剂型涂料、建筑涂料、粉末涂料3个大类），并有颜料（钛白粉）、树脂、助剂等关联企业。会员数占行业企业数的75％以上，产值占全行业的80％以上。产量和产值占全省同行业中的1/3左右。涂料市场、原料公司、科研与检测单位未计入统计。

2　年度主要指标完成情况

工业总产值完成217929.41万元，同比增长12.66％；新产品产值完成123709万元，同比增长23.27％；工业销售总值完成231986.2万元，同比增长23.79％；出口交货值完成11157万元，同比增长8.17％；资产总计完成282344.3万元，同比增长26.4％；负债总计完成176912.6万元，同比增长31.55％；主营业务收入完成250165.8万元，同比增长34.05％；利税总额完成23815.1万元，同比增长16.85％；利润总额完成14014.8万元，同比增长2.83％；从业人员3443人（仅统计企业人数，不包括上万名的家装和工程涂装人员），同比增加1.86％。

2010年度同2009年度各指标同比增长见图1。

3　行业运行情况分析

总体情况明显好于2009年。从宁波市工业经济整体发展情况看，属于中游。从全国同行业情况看，属于中偏上。

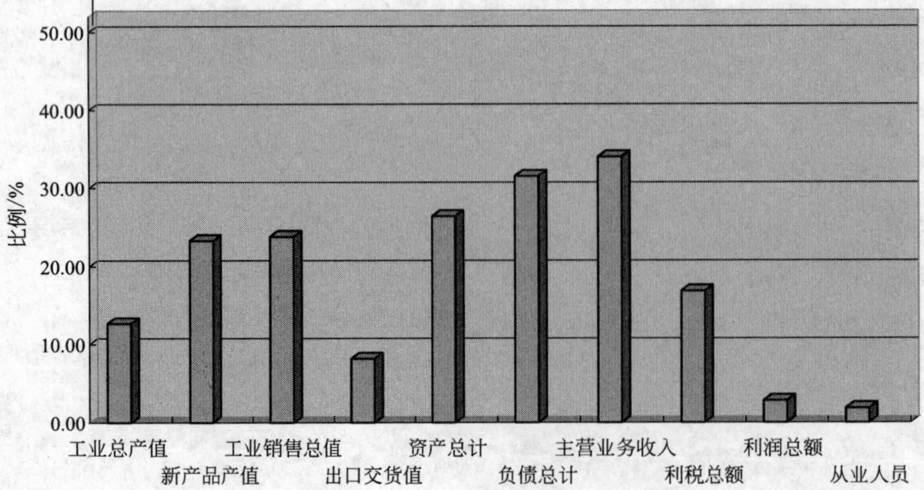

图1　2010年度同2009年度各指标同比增长

指标情况分析如下。

(1) 工业总产值的增长主要集中在新福公司、阿克苏（宁波）公司、南海公司、裕隆公司、九龙公司。这些公司的主营业务增长最低超过千万，其中新福接近四个亿，为整个行业的增长做出贡献。

(2) 新产品产值的增长超过20%，主要集中在新福公司5.15亿、阿克苏（宁波）公司2.9亿、南海公司2.9亿。其次是飞轿、裕隆、派特勒、大达、东海、翔神、特种涂料等几家公司，在700万～3795万元之间，奠定了行业新产品产值的基础。

(3) 出口交货值增幅仅8.17%，原因在于飞轿等公司出口大幅下降，仅靠新福、南海二公司为主的增幅来弥补和拉动。

(4) 资产总计增幅高达26.4%，原因主要是几个骨干企业的生产线改造和设备更新，这是一个好的信号。但是负债总计的提升却说明了原料上涨中伴紧俏，付款不能拖延，而应收款缓慢导致负债增高是主要原因。

(5) 主营业务收入增长，得益于平均售价的提高。主要得益于新产品的增加，其次是调价因素。

(6) 利税总额的增长高于利润总额增长的14%，说明涂料行业税收较高。税后利润同比仅增长3%不到；大大低于工业产值和主营业务收入的增幅，主要原因是大宗原料从2010年年初至年底上涨50%甚至一倍多，而产品提价仅是原料提价幅度的1/4，致使一些企业限产或不敢接签订单。整个行业在通胀中承担和消化了上游提价的压力。为国家上缴较多的税收，但行业的利润率却大幅下滑。

(7) 用工情况比较平稳。

4 分片运行情况分析

4.1 颜料、助剂、树脂（南海、裕隆、新福、南海、吉奇5家）

4.1.1 主要指标完成情况

工业总产值完成94986万元，同比增长16.63%；新产品产值完成83166万元，同比增长15.54%；工业销售总值完成1059.8万元，同比增长39.86%；出口交货值完成9616万元，同比增长22.41%；资产总计完成115634.4万元，同比增长36.75%；负债总计完成100197.5万元，同比增长13.77%；主营业务收入完成122917万元，同比增长64.35%；利税总额完成10820.31万元，同比增长74.46%；利润总额完成5141.07万元，同比增长27.1%；用工人数906人，与上年基本持平。

颜料、助剂、树脂2010年各指标同2009年比增长见图2。

4.1.2 运行情况分析

(1) 主要指标在行业分片中是最好的。

(2) 新福钛白粉，既处于全国钛白粉的紧俏年份，又得益于新设备新工艺新产品的收益，并与中科院宁波所合作成立研发中心。收购了化工园区的硫酸厂，与南海合作营销，管理创新也出效益。在产值、出口、新产品值，利税等方面都做出贡献。南海公司属于恢复中的增长，仅产值

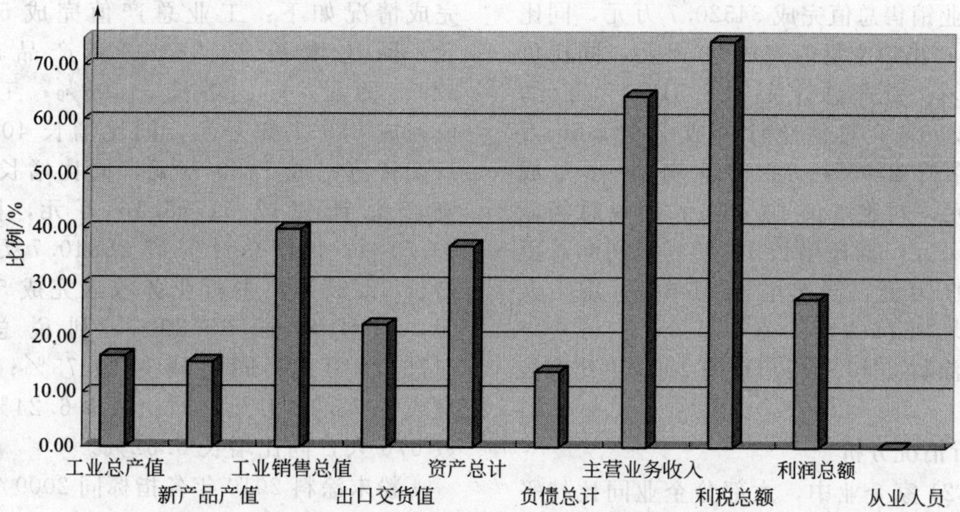

图2 颜料、助剂、树脂2010年各指标同2009年比增长

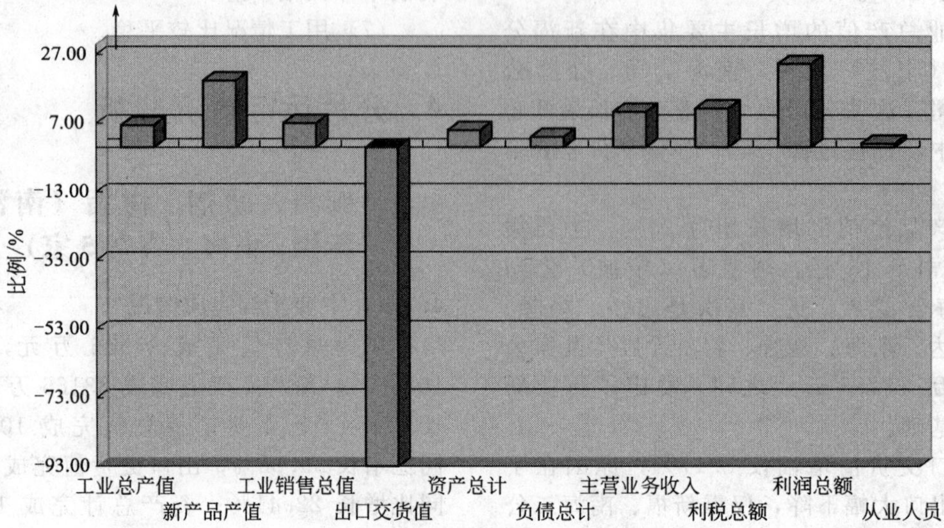

图 3　溶剂型涂料 2010 年各指标同 2009 年比增长

已增长五千多万元，主营业务收入增长近一个亿。裕隆公司开发新产品和出口，产值也增长一千多万元。利税有所下降，主因是原材料上涨的压力已超过了企业的消化能力。

(3) 5 家企业中，前三家是规模企业，在科技创新、人力资源、产品结构上具有优势，显示出竞争力。不仅为颜料、助剂、树脂片做出贡献，为整个行业也做出有效的贡献。

4.2　溶剂型涂料

溶剂型涂料有企业 21 家，由于安全、环保、质量、认证等方面控制较严，在发展上受到一定的抑制，2010 年整体情况一般。

4.2.1　主要指标完成情况

工业总产值完成 34241.7 万元，同比增长 6.46%；新产品产值完成 6015 万元，同比增长 19.4%；工业销售总值完成 34520.7 万元，同比增长 7.01%；出口交货值完成 72 万元，同比负增长 93.79%；资产总计完成 89319.47 万元，同比增长 4.96%；负债总计完成 25921.65 万元，同比增长 2.99%；主营业务收入完成 35429.2 万元，同比增长 10.63%；利税总额完成 3104.98 万元，同比增长 11.33%；利润总额完成 2212.91 万元，同比增长 24.3%；用工人数 736 人，增加 11 人。

溶剂型涂料 2010 年各指标同 2009 年比增长见图 3。

4.2.2　运行情况分析

(1) 在 21 家企业中，大部分企业同比持平为主，少数企业有所下降。然而九龙公司却因集装箱底漆恢复性增长两千多万，把整个溶剂型涂料片的指标拉上去，保持了正增长。

(2) 出口值大幅下降主要是飞轿公司的出口配套树脂产品，2009 年有 1113 万元，2010 年为 0，致使溶剂型涂料出口值大幅下滑。

(3) 资产总计增幅不大从另一个侧面说明投入少，创新不足，所以，发展的速度和力度没有颜料迅猛。新产品增幅也低于粉末和颜料。

利润总额的同比升幅超过 20%，主要是对原材料的调控和核算工作要好于其他几个。

用工情况相对稳定，骨干力量基本上留得住，保证了多数企业的稳定。

4.3　粉末涂料

4.3.1　主要指标完成情况

粉末涂料有 20 家企业，2010 年主要指标完成情况如下：工业总产值完成 55767.6 万元，同比增长 32.93%；新产品产值完成 32815 万元，同比增长 54.08%；工业销售总值完成 58931.6 万元，同比增长 40.78%；出口交货值完成 1480 万元，同比增长 20.61%；资产总计完成 51755.16 万元，同比增长 33.51%；负债总计完成 26540.7 万元，同比增长 52.85%；主营业务收入完成 58908.6 万元，同比增长 39.39%；利税总额完成 7176.22 万元，同比减少 10.75%；利润总额完成 5073.18 万元，同比减少 6.24%；用工人数 676 人，同比增长 6.62%。

粉末涂料 2010 年各指标同 2009 年比增长见图 4。

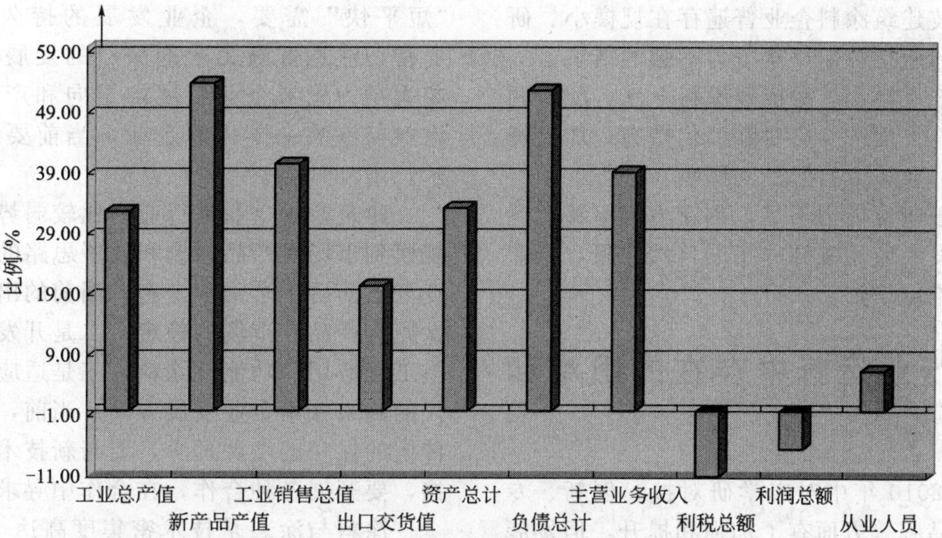

图 4　粉末涂料 2010 年各指标同 2009 年比增长

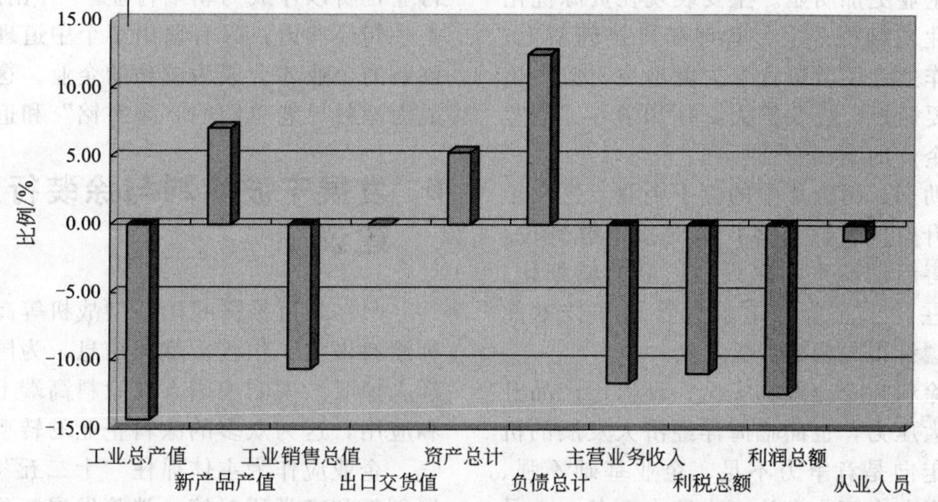

图 5　建筑涂料 2010 年各指标同 2009 年比增长

4.3.2　运行情况分析

(1) 2010 年阿克苏（宁波）公司和派特勒、亚宇 3 公司增长明显，尤其是阿克苏的产值和主营业务分别增长 1 亿元和 1.5 亿元。做出较大贡献。然而在利税和利润方面分别下降 12.97% 和 19.12%，致使粉末涂料片的利税和利润指标出现明显下滑。

(2) 新产品产值主要集中在阿克苏（宁波）公司、派特勒、东海 3 家公司，出口集中在阿克苏和东海 2 家公司。

(3) 资产总计和负债总计的增幅较高，前者说明企业在投入，在发展。后者却说明粉末涂料企业的应收款周期长，风险高，影响效益。

4.4　建筑涂料

4.4.1　主要指标完成情况

建筑涂料有 55 家企业，2010 年主要经济指标完成情况如下：工业总产值完成 32934.11 万元，同比下降 14.33%；新产品产值完成 1713 万元，同比增长 7.1%；工业销售总值完成 32555.9 万元，同比下降 10.61%；出口交货值 0，去年也是 0；资产总计完成 33134.87 万元，同比增长 5.32%；负债总计完成 23952.95 万元，同比增长 12.48%；主营业务收入完成 32911 万元，同比下降 11.61%；利税总额完成 2713 万元，同比下降 10.89%；利润总额完成 1587.64 万元，同比下降 12.37%；用工人数 1125 人，同比下降 1.1%。

建筑涂料 2010 年各指标同 2009 年比增长见图 5。

4.4.2　运行情况分析

(1) 在行业分析中只有建筑涂料出现负增长既有宁波建筑需求的变化和招投标中的对接因

素，更有宁波建筑涂料企业普遍存在规模小、研发能力不足的瓶颈影响，竞争力不强的结果。

(2) 由于规模小，对市场原料上涨、配方调控、经济核算方面缺少应对和消化措施，加上资金周转不快，业务上自然受到影响。

(3) 由于研发能力不足，创新力度不够，产品升级和研发、应用领域的拓展自然受阻，企业的转型升级难度增加。

5 当前行业运行中存在的困难和对策

虽然在 2010 年中对产学研对接、创新、专利、标准、品牌等方面有了加强和提升，但发展的理念和创意创新的动力比较保守和滞后。特别是规模小的企业更加明显。主要表现在资源优化配置上、企业基础提升上、管理和科技创新上、社会资源合作上、团队培育上力度不足，成为企业发展的主要瓶颈。需要扩大交往和学习，借鉴成功和失败企业的案例为己所用。

颜料、助剂、树脂片中的骨干企业，这几年有优势和提升空间，但与客户的对接不够到位，尤其是客户售后试验室的建设和产品的精细化。这是当前一些骨干企业所追求的管理和技术前沿。可以说“谁得先机谁得天下”。

溶剂型涂料片企业面临安全、环保、产品升级换代的巨大压力，也面临海洋经济大发展的机遇。宁波的走向是竞争力不足、企业基础不强、规模不大的企业会面临淘汰，出路有两条：一是有自己的特色产品和特色服务；二是做规模企业的“卫星工厂”。规模企业和优势企业也在转型升级中经受考验，出路也只有两条：一是自己冲上去，成为宁波乃至全省的“常委级”企业；二是做强势企业的“臣子”，老老实实配套。当前无溶剂涂料应用扩大，产品也多样化，但宁波的溶剂型企业研发滞后，需要调整思路，权衡发展方向。

粉末涂料虽然是长三角地区的生产基地，但发展速度不快，产品升级不快，应用领域拓展不快，整体的创新速度不快。当前面临规模竞争、产品竞争、服务竞争、人才竞争、创新创意竞争等诸多压力，而多数企业依旧在低端价格上做文章，被一些“游击队”和“三无工厂”所左右。只有跳出传统的保守的生产和经营模式，不沉醉于几幢新厂房的硬件，而是要更新发展理念和思路。强化产学研对接和实验基地的建设，“短平快”需要，企业发展的持久战更需要。要密切注意低温无溶剂涂料的发展和替代，要花大精力思考企业发展的走向和产品结构。有涂料与涂装一体化的企业，当前要应用节能技术，增加效益。

建筑涂料企业是行业内比较弱势的群体，从规模到市场受产品结构和发展思路的制约，在速度上已落后于全国和全省。当前的出路：一是确保原有产品和市场的稳定，二是开发“各种混凝土工程应用”功能性涂料，三是适应海洋经济时代的到来探索企业发展方向。当前，首先要转变传统的保守的发展理念，要与新技术和新管理对接，要开展各种合作，在合作中寻求出路。

涂料与涂装是技术密集度高达“279”的行业，正因为从传统发展为新技术含量不断增长的行业，所以才成为朝阳行业。“开创涂料的未来”是一句经典语，只有悟出了个中道理并不断努力创新的企业才会成为成功的企业。这一点，务必成为涂料界老总们的“座右铭”和追求目标。

6 发展宁波涂料与涂装行业的几点建议

(1) 最近披露我国新型战机等高端装备上特种涂料做出了积极贡献的信息，为国人争光，为洋人惊叹。说明中国人在涂料高端上有能力研发和应用，这为众多的涂料企业的转型升级带来勇气，企业应作为主体抓住“十二五”发展机遇开展创新和产学研对接，消除发展瓶颈，实现企业的真正转型升级。

(2) 随着宁波经济的发展，宁波涂料已列入十大精细化工发展行列和海洋经济发展的新材料之中，尽管行业内有几家优势企业，但整体实力不强。在转型升级中，企业作为主体需要努力外，政府要扮演好助推资源配置和优化的角色。比如构建以优势企业、科研机构、政府主管部门三者联动的平台，培育研发机构，开展三三一投资和市场化运化，效果会倍增。

(3) 现在，越来越多的有识之士看到宁波的一些大企业用电在宁波、污染在宁波、大量的产品却供应外地，缺少产业链深加工，急需提高科技和效益双含量的产业链的联动，而涂料行业能拉动石化上游产品的当地消化。涂料行业在国外和中国的广东、重庆、上海、北京香河、沈阳工业园、江苏常州等地得到很大的关注和重视，把它作为“279”等级含量的技术密集的行业加以对待。需要政府出台有关政策加以扶持。汽车、出口的家电、玩具、文具、木器、船舶、桥梁、高端装备都需要高性能涂料去配套，才能达到消费者的欢迎，并提高性能和售价。

(4) 当前企业面临宁波六个加快和企业转型升级的机遇和挑战，面临原料提价和人民币汇率升高的双重压力，面临低端低价拼市场转向中高端差异化发展的挑战，面临着保守与创新的选择，企业应有盘算和安排，应有对策和措施。在企业资源优化和社会资源对接中寻求突破。

7 规模企业分析

以500万元年销售值标准计算，有46家，其中非会员企业4家，占8.69%。以101家企业统计为基数，工业总产值占101家统计的92.27%、新产品产值占100.00%、工业销售值占93.76%、出口交货值占100.00%%、资产总计占95.38%%、负债总计占96.81%%、主营业务占94.22%%、利税总额占95.07%%、利润总额占94.33%%、从业人员占82.37%。由此可见，46家500万以上产值的企业控制了101家企业主要指标的全部和绝对大部。

以1000万元年销售值标准计算，有25家，其中非会员企业（规模企业）3家，占12%。以101家企业统计为基数，工业总产值占101家统计的86.44%、新产品产值占98.08%、工业销售值占87.34%、出口交货值占98.56%、资产总计数占88.6%、负债总计数占90.28%、主营业务占88.11%、利税总额占89.53%、利润总额占89.4%、从业人员占67.87%。以上25家企业属于宁波涂料行业中的骨干和龙头企业，也是转型升级的主要对象。它们的发展情况代表着宁波涂料行业发展的未来，尤其是年产值5000万元以上的几家企业。他们基本上控制了出口、新产品、利税总额、员工人数、品牌、创新、专利、标准等方面的主动权和发言权。他们的动态基本上反映了行业的动态。

8 市场分析

8.1 浙江涂料市场

浙江涂料生产2010年突破了55万吨，产值突破110亿（统计仅在174个规模企业中进行，实际总量远高于统计数字）。但增幅低于全国市场，国内排名又后滑了两位。而浙江经济发展的速度高于全国平均，涂料市场份额受到上海、江苏、广东和进口涂料的挤压，说明浙江涂料企业的整体竞争能力不强。

浙江涂料企业的产品结构的转型升级迫在眉睫，只有抓住，才能扭转发展不快和国内排名后滑的局面。

8.2 宁波涂料市场

宁波涂料2010年产量超过12万吨，尚未达到全省产量的1/3，销售额超过24亿，也不到全省的1/3。广东、上海、江苏、国外品牌的涂料占领宁波市场，甚至被省内的台州、杭州的涂料占领市场，这一状况还会维持相当一段时间。

从市场需求看，宁波的船舶、桥梁及海上其他工程的需求将明显增加，宁波的“六大加快”更是拉动宁波涂料发展的机遇。但从2010年的发展看，涂料的增幅远远低于工业口的“井喷式”的增幅，警示了宁波涂料行业发展的瓶颈，需要在转型升级上做好文章，需要在对接上做好文章，需要在研发上做好文章。

宁波市2010年涂料市场总需求量超过35万吨，涂料与涂装的总价值超过250亿元，大量地被外地涂料和涂装公司瓜分了。以目前的市场需求，加上宁波——舟山一体化发展的趋势，宁波的涂料与涂装只要提高市场1%的占有率，就意味着有1亿元的涂料和1.5亿元涂装业务。在“十二五”开局之年，需要企业和行业认真分析和寻求对策，闯出一条适合宁波涂料与涂装发展的好模式、好路子。

2010

第六章 标 准

2010年涂料和颜料标准制修订工作回顾

全国涂料和颜料标准化技术委员会秘书处　赵　玲

0 前 言

2010年是我国“十一五”发展规划中的最后一年。根据国家标准委在此期间提出的实施标准化战略和快速提升我国标准化水平的要求，全国涂料和颜料标准化技术委员会及时抓住良好的发展机遇，为涂料颜料标准化工作营造了广阔的拓展空间，严格按照涂料行业“十一五”标准化发展规划中建立健全低污染化涂料标准体系的要求，根据行业需要和上级要求及时组织申报、编制及报批了多项国家标准和化工行业标准。按照工作计划2010年年底完成了19项国家标准的制修订工作，其中包含10项化学危险品涂料生产许可证发放检验用标准项目。2010年完成了7项国家标准的制修订工作，启动了25项化工行业标准的制修订工作。2011年启动了6项国家标准的制修订，拟启动19项化工行业标准的制修订；完成了科技部社会公益研究项目《建筑材料质量安全标准体系-建筑涂料部分》（初稿）的调研、编制和验收工作；完成了第六届标委会换届材料的编制和申报工作；积极参与国际标准化工作；按时完成了国家标准委和国家工业和信息产业部等主管部门下达的各项标准化工作任务，同时为全行业的发展提供了多方位的标准化服务，为推动涂料和颜料行业的技术进步做出了积极贡献。

1 完成7项国家标准制定及报批

2010年完成了粉末涂料用树脂等7项国家标准的制定，按计划完成了验证试验、标准草案的编制、征求意见、最终审查和材料报批等各阶段工作。其中有5项产品标准，2项测试方法标准。2010年完成制定及报批的国家标准项目见表1。

表1　2010年完成制定及报批的国家标准

序号	标准名称	代替标准
1	热固性粉末涂料用饱和聚酯树脂	—
2	热固性粉末涂料用双酚A型环氧树脂	—
3	聚酯粉末涂料用固化剂	—
4	环氧沥青防腐涂料	HG/T 2884—1997 环氧沥青防腐涂料
5	室内装饰装修用天然树脂木器涂料	—
6	色漆和清漆用漆基—玻璃化转变温度的测定	—
7	色漆和清漆用漆基—凝胶渗透色谱法(GPC)用四氢呋喃做洗脱剂	—

1.1 粉末涂料用树脂和固化剂

聚酯树脂和环氧树脂作为粉末涂料的重要组成部分，其质量的好坏直接关系到粉末涂料产品的质量水平。固化剂是树脂混合物系统必不可少的部分，对粉末涂料的性能具有决定作用。近年来随着粉末涂料用聚酯树脂、环氧树脂和固化剂生产企业的不断增多，产品产量的迅速提高，粉末涂料行业急需标准的呼声很高，为此，全国涂料和颜料标准化技术委员会根据中国化工学会涂料涂装专业委员会的要求并在其积极支持下组织申报了《热固性粉末涂料用饱和聚酯树脂》、《热固性粉末涂料用双酚A型环氧树脂》和《聚酯粉末涂料用固化剂》国家标准制定项目，以达到行业自律、规范市场、促进粉末涂料行业健康发展的目的。

1.2 环氧沥青防腐涂料

环氧沥青防腐涂料以其优良的耐水、耐碱、耐化学品性能广泛应用于石油管道、钢结构等表面的涂装，是目前用量较大的防腐类涂料。该产品现行行业标准《环氧沥青防腐涂料》（HG/T 2884—1997）制定年代已久，随着环氧沥青防腐涂料于2008年2月被列入涂料产品生产许可证发证产品，该标准成为环氧沥青防腐涂料许可证发放检验用标准，随着许可证发放工作的深入，逐渐暴露出一些问题，该标准已不能满足现有产品的要求，因此迫切需要制定能满足目前产品现状的标准。为此，本标委会将其申报为国家标准制定项目并已于2010年完成制定及报批。

1.3 天然树脂木器涂料

天然树脂涂料是指所用原材料均来源于自然界中动植物，经加工所得的涂料。天然树脂木器涂料相对于溶剂型木器涂料具有安全低毒、资源可再生性等特点，符合国家节能、环保的产业政策，其物理性能可与合成树脂醇酸木器涂料相当，部分天然树脂涂料还具有特殊的植物芳香，具有较好的防虫蛀功能，生产成本低于水性木器涂料，具有较好的性价比优势和良好的市场推广价值。为此，本标委会申报了《室内装饰装修用天然树脂木器涂料》国家标准制定项目，并已于2010年完成制定及报批。该标准适用于桐油、亚麻油、蓖麻油、蜂蜡等天然植物或动物树脂、天然植物稀释剂等调制而成的天然树脂涂料，适用于木制品表面的保护及装饰。

1.4 色漆和清漆用漆基——玻璃化转变温度的测定

国家标准《色漆和清漆用漆基——玻璃化转变温度的测定》规定了用差示扫描量热法（DSC）测定色漆和清漆（包括粉末涂料）用漆基的玻璃化转变温度时制备样品以及测定方法的程序。漆基的玻璃化转变温度对了解和研究涂膜的力学机械性能（如弹性等）非常重要。目前测定玻璃化转变温度使用最广的就是差示扫描量热法（DSC），但由于玻璃化转变温度的测定易受测试条件（如加热速度、样品的含水量和用量等）的影响，因此待测样品的制备过程成为确保测定结果准确的重要环节之一。国际标准ISO16805：2003为制定本标准提供了最好的依据，规定了样品的制备方法及用DSC测定玻璃化转化温度的程序，因此本标准等同采用该国际标准，使测定漆基玻璃化转变温度时的制样方法完全与国际接轨。该标准已于2010年完成制定及报批。

1.5 色漆和清漆用漆基—凝胶渗透色谱法（GPC）—第一部分：四氢呋喃作洗脱剂

国家标准《色漆和清漆用漆基—凝胶渗透色谱法（GPC）—第一部分：四氢呋喃作洗脱剂》描述了用凝胶渗透色谱法测定溶于四氢呋喃的聚合物的数均分子量、重均分子量和分子量分布的条件。漆基的分子量和分子量分布是表征漆基分子链长短及其分散性的重要参数，它与涂料和涂膜的许多性能（如黏度、冲击强度、硬度等）有着密切的关系，因此测定漆基的分子量和分子量分布对于设计涂料配方、控制和改进涂料产品的质量有着重要意义。尽管测定聚合物的分子量和分子量分布的方法很多，但目前凝胶渗透色谱法（GPC）仍是使用最广的方法，国际标准ISO13885：2008正是用GPC测定漆基的分子量和分子量分布方法，它为制定本标准提供了最好的依据，因此本标准等同采用该国际标准，使测定漆基分子量和分子量分布的方法完全与国际接轨。该标准已于2010年完成制定及报批。

2 启动 25 项化工行业标准制修订工作

2010 年下半年启动了 25 项化工行业标准的制修订工作，含 20 项产品标准，5 项测试方法标准，其中不乏受到行业特别关注的项目，如工程机械用涂料、水性多彩建筑涂料、玻璃鳞片防腐涂料、水性复合岩片仿花岗岩涂料、紫外光（UV）固化木器涂料等。标委会抓住机遇，充分调动企业参与标准制定工作的积极性，组建了各项标准制定工作组，按计划完成了标准草案的编制、第一次工作会议的召开、验证试验样品的收集等阶段性工作，为标准制定工作的完成奠定了基础。该批行业标准将接转至 2011 年完成报批。2010 年启动的 25 项化工行业标准见表 2。

表 2　2010 年启动的 25 项化工行业标准

序号	标准名称	代替标准
1	氨基烘干绝缘漆	HG/T 3371—2003
2	玻璃鳞片防腐涂料	—
3	醇酸烘干绝缘漆	HG/T 3372—2003
4	电泳涂料通用试验方法	HG/T 3334—1977(2004) HG/T 3335—1977(2004) HG/T 3336—1977(2004) HG/T 3337—1977(2004) HG/T 3338—1977(2004) HG/T 3339—1979(2004)
5	防结露涂料测试方法	—
6	钢质输水管道无溶剂液体环氧涂料	—
7	高氯化聚乙烯防腐涂料	—
8	工程机械用涂料	—
9	环氧云铁中间漆	—
10	环氧酯底漆	HG/T 2239—1991(2004)
11	金属表面用热反射隔热涂料	—
12	聚氨酯涂料(单组分)	HG/T 2240—1991(2004)
13	绝缘漆漆膜击穿强度测定法	HG/T 3330—1980(2004)
14	绝缘漆漆膜体积电阻系数和表面电阻系数测定法	HG/T 3331—1978(2004)
15	鳞片型富锌底漆	—
16	漆膜吸水率测定法	HG/T 3344—1985(2004)
17	水性多彩建筑涂料	—
18	水性复合岩片仿花岗岩涂料	—
19	涂料用彩色复合岩片	—
20	涂料用氯化橡胶树脂	—
21	涂料用稀土催干剂	HG/T 2247—1991(2004)
22	涂料用增稠剂 膨润土	HG/T 2248—1991
23	硝基铅笔漆	HG/T 2245—1991(2004) HG/T 2246—1991(2004)
24	云母氧化铁	HG/T 3006—1986(2007)
25	紫外光(UV)固化木器涂料	HG/T 3655—1999(2007)

2.1 工程机械用涂料

工程机械是指用于工程建设的施工机械的总称，广泛用于建筑、水利、电力、道路、矿山、港口和国防等工程领域。工程机械种类繁多，按其用途主要分为挖掘机械、铲土运输机械、起重机械、压实机械、桩工机械、钢筋混凝土机械、路面机械、凿岩机械和其他工程机械。由于工程机械用涂料在涂料行业属于较小的门类，故一直未制定专门的产品标准。但随着国内基础建设的快速增长，近年来工程机械用量不断增加，工程机械生产企业对工程机械用涂料的需求也在不断增长，同时对工程机械用涂料质量的要求也在不断提高，因此，涂料行业对制定《工程机械用涂料》标准的呼声越来越高，希望通过制定统一的标准，规范工程机械用涂料的生产和使用，促进工程机械用涂料的技术进步和产品质量的提高。

2.2 水性多彩建筑涂料

水性多彩建筑涂料其原理不同于目前彩砂涂料、多彩乳胶涂料、“水包油”型多彩涂料，为近年来国内外争相研发的高技术含量的水包水型全水性环保涂料，其推广和使用符合国家节能减排的产业政策。该涂料通过一次喷涂即可获得形象逼真、色彩丰富的仿天然花岗岩、大理石等天然石材外观装饰效果，施工简单、性价比高，涂层具有自重轻、附着力强、防水、耐洗刷以及高耐候、维护方便等特性，主要用于高档建筑物的内外装饰。目前没有水性多彩建筑涂料的国家标准和行业标准，现有的《复层建筑涂料》（GB/T 9779—2005）和《合成树脂乳液砂壁状建筑涂料》（JG/T24—2000）仅适用于含有骨料的建筑涂料，其产品分类、试样制备、试验项目、试验方法等不适合于水性多彩建筑涂料。因此有必要针对水性多彩建筑涂料的特性制定产品标准，加快该类产品的推广应用。

2.3 玻璃鳞片防腐涂料

玻璃鳞片涂料是重防腐涂料中新型涂料品种，是由树脂、玻璃鳞片、固化剂、助剂等组成的厚浆型双组分涂料。涂料经正确施工，使其在涂层中可与基体平行叠压排列，形成涂层内介质复杂曲折渗透扩散路径，从而有效延长介质渗透至基体的时间，提高了涂层的抗渗透性能及耐蚀寿命。玻璃鳞片涂料是理想的新型表面防腐新材料，在结合了玻璃鳞片与热固性树脂的优点之后，玻璃鳞片体现出了远高于普通玻璃和树脂的特性，耐腐蚀、抗渗透、耐磨损、施工简便、易于修补。因而玻璃鳞片涂料广泛应用在化工、冶金、化纤、电镀、建筑等行业，特别是在各种海洋工程设备、海上石油天然气平台、港湾码头及船舶应用更为广泛。我国在玻璃鳞片涂料防腐蚀应用领域有着广阔的前景，但目前行业上还没有玻璃鳞片防腐涂料的产品标准，为规范该产品的生产、使用，提高产品的技术水平，使产品得到健康有序的发展，有必要制定玻璃鳞片防腐涂料的产品标准。

2.4 水性复合岩片仿花岗岩涂料

以优质合成树脂乳液、彩色复合岩片、助剂等配制而成的水性复合岩片仿花岗岩涂料，具有优异的施工性、低温和热贮存稳定性、耐水和耐碱性，涂层耐温变性优良，施工初期不裂，耐冲击、耐沾污、耐候性好，黏结强度高，涂层酷似天然花岗岩，可用于建筑内墙和外墙的装饰，也可作为建筑外墙外保温系统的饰面层，以替代质重的天然花岗岩干挂，大大减轻建筑物的负重，还可减少花岗岩矿的开采，有利于生态环境的保护。目前国内尚无标准，为了规范该产品的生产、使用及推广，有必要制定该产品的行业标准。

2.5 紫外光（UV）固化木器涂料

该标准为行标复审中提出的急需修订的项目。紫外光（UV）固化涂料是涂料工业重点发展的低污染涂料产品之一，属于无溶剂涂料产品中的辐射固化涂料品种，也是《石油和化工产业振兴支撑技术指导意见》附件《产业振兴支撑技术目录》中所列的高性能涂料制备关键技术中重要的一类产品。紫外光（UV）固化涂料以其优异的性能，近年来均以10%高速增长；固化速率快，可大大提高劳动生产率，减少占地面积，因而降低了成本；不含挥发性有机化合物（VOC），减少了大气污染；通过紫外光辐射固化，不需烘烤，可以节约能源消耗。目前紫外光固化涂料的发展与十年前制定现行行业标准《紫外光（UV）固化木器漆》（HG/T 3655—1999）时相比已经有较大变化，发展了粉末型、水分散型等新品种，近年来还研制出紫外光固化色漆，其装饰性和力学性能也有很大提高，该行业标准中产品类别、项目设置、指标、施工条件等已经不能满足当前紫外光（UV）固化木器涂料的技术水平，因此迫切需要进行修订。

2.6 金属表面用热反射隔热涂料

当金属外表达到40℃左右时，装在外露金属罐内的酒精、易燃油溶剂等受温度影响的气体就极容易挥发，此时也极容易产生易燃的安全隐患，且耗费能源，由此导致的附属经济开支也极大。为了克服太阳辐射带来的负面作用，消耗了大量的电能及水资源，在发达国家，喷淋装置、空调、冷气机和电风扇等降温致冷设备所用的能量，占全年总能耗的20%以上。热反射隔热涂料是一种能够提高太阳热辐射反射，降低太阳热吸收，起到隔热降温作用的涂料。该类涂料在石油化工储罐、船舶、粮储仓库、车辆、厂房等方面有着广泛的用途，其推广和应用有利于石油、粮食、建筑、交通运输等行业节能、节水，能为我国单位GDP碳排放量降低做出一定贡献。目前只有针对混凝土基材的建筑外墙隔热涂料行业标准，不适用于石油储罐、化工储罐、移动罐体车、输送管道、设备、容器、钢结构箱梁、厂房屋顶、船舶、集装箱、冷藏车等金属基材，因此急需制定针对金属表面用的太阳热反射隔热涂料行业标准，加快该类产品的推广应用。

2.7 环氧云铁中间漆

环氧云铁中间漆是重防腐涂料中不可替代的品种，而重防腐涂料也是《石油和化工产业结构调整指导意见》中作为产业结构调整主要任务提出的加快发展的重点领域的专用涂料。环氧云铁中间漆是由环氧树脂、云母氧化铁、固化剂、助剂等组成的双组分涂料，致密性好，具有优良的附着力、抗冲击性和防腐蚀性以及与前后道漆具有良好的层间附着力。作为防腐体系的中间层，可与各种底面漆配套使用，尤其与环氧类底漆和聚氯酯类面漆配套性较好、使用较广泛。适用于各种钢结构防腐体系的中间层保护，如化工、管道、环保、冶金、船舶制造、大型钢结构。近年来，环氧云铁中间漆在防腐工程上得到越来越广泛的应用。目前还没有专门针对环氧云铁中间漆的产品标准，为规范该产品的生产、使用，提高产品的技术水平，使产品得到健康有序地发展，有必要制定环氧云铁中间漆的产品标准。

3 结 语

以上对2010年涂料和颜料标准制修订工作进行了简要总结和回顾，今后将一如既往地发挥标委会的技术优势，顺应形势的变化，重点做好安全环保、节能与综合利用、高新技术、传统产品升级改造等重点领域标准制修订工作，在结构方面应加强贸易型标准和管理型标准的制定，在质量方面主要解决标准水平仍然偏低和标准编写质量问题，加大采标力度，在速度方面要提高标准的及时性和适用性，在绩效方面要加强标准宣贯，推动标准实施，让标准发挥出更大的社会效益和经济效益。

修订后的GB 18581标准与现行标准的主要差异

中国涂料工业协会专家委员会　国家涂料质量监督检验中心　冯世芳

0　前　言

强制性国家标准《室内装饰装修材料　溶剂型木器涂料中有害物质限量》(GB 18581—2001) 自2002年发布实施以来，对减少溶剂型木器涂料中有害物质、促进涂料行业的技术进步起到了巨大的推动作用，为国家认监委对溶剂型木器涂料实施3C认证和各级质量监督部门规范溶剂型木器涂料市场提供了评判依据，对减少环境污染、保护人民身体健康具有十分积极的意义。但同时我们也认识到，由于2001年是第一次制定涂料有害物质限量标准，时间仓促，同时须兼顾当时产品技术水平，致使该标准水平偏低且测试方法也存在着一些问题。随着溶剂型木器涂料产品结构的调整、技术的进步、产品质量的提高，以及市场消费对健康、环保产品需求的日趋强烈，现有标准已不能满足目前溶剂型木器涂料不断发展的需要，应及时加以修订，与时俱进不断完善，以引导行业向更高水平发展。为此，全国涂料和颜料标准化技术委员会向国家标准化管理委员会申报了该标准修订项目，并于2008年组织完成了该项标准的修订和报批工作。

笔者作为标准主要起草人，现就修订后的标准与现行标准GB 18581—2001的主要差异分述如下，供标准使用者及时了解标准修订情况，提前做好相关准备工作。

1　主要差异

1.1　适用范围

现行标准适用于室内装饰装修用溶剂型木器涂料，包括3种树脂类型，即聚氨酯类、硝基类和醇酸类溶剂型木器涂料，不适用于水性木器涂料。

现行标准未明确规定适用于工厂化涂装用溶剂型木器涂料，但国家认监委在对溶剂型木器涂料实施3C认证时，将“涂料生产企业供家具厂用的溶剂型木器涂料”纳入了认证范围。因此，修订后的标准将适用范围进行了扩展，规定为“适用于室内装饰装修和工厂化涂装用聚氨酯类、硝基类和醇酸类溶剂型木器涂料（包括底漆和面漆）及木器用溶剂型腻子”。在3种树脂类型涂料的基础上增加了木器用溶剂型腻子（不分树脂类型）一类产品，明确应用场所包括室内装饰装修和工厂化涂装，另外，不再赘述不适用于水性木器涂料，而明确规定不适用于辐射固化涂料和不饱和聚酯腻子。

1.2　术语和定义

现行标准没有给出术语和定义，修订后的标准给出了“挥发性有机化合物（VOC)”、“挥发性有机化合物含量”、“聚氨酯类涂料”、“硝基类涂料”和“醇酸类涂料”5个术语和定义。因国际上对挥发性有机化合物（VOC）的定义有多种，挥发性有机化合物含量测试结果与具体的测试方法直接相关，因此标准有必要明确这两个术语的定义。挥发性有机化合物（VOC）的定义为“在101.3kPa标准大气压下，任何初沸点低于或等于250℃的有机化合物”。挥发性有机化合物含量的定义为“按规定的测试方法测试产品所得到的挥发性有机化合物的含量”。

由于涂料行业命名的不规范，质量监管部门和消费者经常出现对标准所覆盖产品类别理解错误的现象，故修订后的标准给出了3种树脂类型涂料的定义。需要说明的是，用于木器产品涂装的涂料品种有聚氨酯涂料（PU）、硝基涂料（NC）、醇酸涂料（AK）、紫外光固化涂料（UV）、聚酯漆（PE）、酸固化涂料（AC）和水性涂料等。涂料行业习惯上将三罐装聚氨酯类涂料称为聚酯涂料，按《涂料产品的分类和命名》（GB/T 2705—2003）标准规定和聚氨酯类涂料的定义［以由多异氰酸酯与含活性氢的化合物反应而成的聚氨（基甲酸）酯树脂为主要成膜物质的一类涂料］，这类涂料应归入聚氨酯类涂料范畴。醇酸类涂料是指以醇酸树脂或改性醇酸树脂为主要成膜物质，且通过氧化干燥成膜的一类涂料，这在涂料行业已是共识。容易混淆的是将酸固化氨基木器涂料（单组分或双组分）误归入醇酸或聚氨酯类涂料。酸固化氨基木器涂料主要成膜物质为氨基树脂、醇酸树脂，利用酸性催干剂来提高涂料的固化速率或降低固化温度，按《涂料产品的分类和命名》（GB/T 2705—2003）标准规定，应属于氨基树脂类涂料。

1.3 检验项目设置

现行标准（GB 18581—2001）设置的检验项目有挥发性有机化合物、苯、甲苯和二甲苯总和、游离甲苯二异氰酸酯（限聚氨酯类涂料）、重金属（限色漆）。考虑到硝基类涂料有使用乙醇作溶剂，且乙醇中会带入甲醇，有些小厂甚至直接使用甲醇作溶剂的现状，修订后的标准对硝基类涂料增设了甲醇含量项目。鉴于卤代烃类溶剂对人体和环境的危害作用，修订后的标准增设了卤代烃类溶剂含量项目，控制品种为二氯甲烷、1,1-二氯乙烷、1,2-二氯乙烷、三氯甲烷、1,1,1-三氯乙烷、1,1,2-三氯乙烷、四氯化碳。由于六亚甲基二异氰酸酯（HDI）与甲苯二异氰酸酯（TDI）毒性相似，且许多生产聚氨酯类涂料的企业也使用含有游离六亚甲基二异氰酸酯（HDI）的原料，故修订后的标准将游离甲苯二异氰酸酯（TDI）项目改为游离二异氰酸酯（HDI、TDI）总和项目。由于醇酸清漆使用含铅催干剂时，可能致使产品铅含量超标，故修订后的标准醇酸清漆增加了重金属项目。本次标准修订，还将甲苯和二甲苯总和项目明确规定为甲苯、二甲苯、乙苯总和。

对于木器用溶剂型腻子设置了挥发性有机化合物；苯；甲苯、二甲苯、乙苯总和；游离二异氰酸酯（HDI、TDI）总和（限聚氨酯类腻子）；甲醇（限硝基类腻子）及重金属项目。

1.4 限量值要求

各项目限量值的确定主要依据国内外相关标准及法规、近几年产品实际质量状况（尤其是3C认证产品检验结果）以及标准修订时工作组成员单位提供样品的验证试验结果。与现行标准GB 18581—2001相比，各类涂料中挥发性有机化合物含量、聚氨酯涂料中游离二异氰酸酯（TDI、HDI）含量总和、甲苯、乙苯和二甲苯含量总和以及苯含量的限量值均更加严格。修订后标准与现行标准GB 18581—2001各类涂料每个项目限量值的对比列于表1。

表1　修订后标准与现行标准GB 18581—2001各类涂料限量值对比

项　目		限量值							
		聚氨酯类涂料			硝基类涂料		醇酸类涂料		腻子（修订后新增品种）
		修订后		GB 18581—2001	修订后	GB 18581—2001	修订后	GB 18581—2001	
		面漆	底漆						
挥发性有机化合物(VOC)含量/(g/L) ≤		光泽(60°)≥80，580 光泽(60°)<80，670	670	光泽(60°)≥80，600 光泽(60°)<80，700	720	750	500	550	550
苯/% ≤		0.3		0.5	0.3	0.5	0.3	0.5	0.3
甲苯、二甲苯、乙苯总和/% ≤		30		40	30	45	5	10	30
游离二异氰酸酯(TDI、HDI)总和/% ≤		0.4		0.7	—	—	—	—	0.4 (限聚氨酯类腻子)
甲醇/% ≤		—		—	0.3	—	—	—	0.3 (限硝基类腻子)
卤代烃/% ≤		0.1		—	0.1	—	0.1	—	0.1
可溶性重金属(限色漆、腻子和醇酸清漆)/(mg/kg) ≤	铅 Pb	90		90	90	90	90	90	90
	镉 Cd	75		75	75	75	75	75	75
	铬 Cr	60		60	60	60	60	60	60
	汞 Hg	60		60	60	60	60	60	60

1.5 测试方法

1.5.1 挥发性有机化合物含量

GB 18581—2001 标准挥发性有机化合物含量的测试原理是，按《色漆和清漆 挥发物和不挥发物的测定》（GB/T 6751—1986）测出105℃条件下涂料中的挥发物质量分数（V），按《色漆和清漆 密度的测定》（GB/T 6750—1986）测出涂料的密度（ρ），然后，按挥发性有机化合物含量（VOC）$=1000V\rho$ 计算出以克/每升（g/L）为单位的挥发性有机化合物含量。根据修订后标准挥发性有机化合物的定义，修订后标准挥发性有机化合物含量的测试原理为，试样经气相色谱法测试，如未检测出含有沸点大于250℃的有机化合物，则所测试的挥发物质量分数结果，用涂料的密度数值和换算因子计算出以克/每升（g/L）为单位的挥发性有机化合物含量，测试原理同 GB 18581—2001。如测试出含有沸点大于250℃的有机化合物，则对试样中沸点大于250℃的有机化合物进行定性、定量测试，从总挥发物质量分数中扣除沸点大于250℃的有机化合物的含量，同样用涂料的密度数值和换算因子计算出以克/每升（g/L）为单位的挥发性有机化合物含量。

另外，由于相关测试方法标准的修订，涂料中的挥发物含量的测试按《色漆、清漆和塑料不挥发物含量的测定》（GB/T 1725—2007）进行，涂料密度的测试按《色漆和清漆 密度的测定——比重瓶法》（GB/T6750—2007）进行。同时修订后的标准对聚氨酯类涂料光泽的测试进行了规定，即按产品明示的施工配比制备混合试样，搅拌均匀后，用槽深（100±2）μm 的湿膜制备器在平板玻璃上制备样板，对清漆应使用黑玻璃或背面预涂有无光黑漆的平板玻璃作底材。在（23±2）℃和相对湿度（50±5）%的条件下干燥样板 48h 后，按（GB/T 9754—2007）《色漆和清漆 不含金属颜料的色漆漆膜的 20°、60°和 85°镜面光泽的测定》，用 60°镜面光泽计测试。

1.5.2 苯、甲苯、乙苯、二甲苯和甲醇含量

GB 18581—2001 标准测试苯和甲苯、二甲苯、乙苯总和的方法经过几年的实际使用发现存在一些需要改进完善的地方，此次修订标准对测试方法作了如下修改。

（1）将色谱分离柱由填充柱改为毛细管柱。

（2）将分别测定稀释剂和各组分中的含量，再按产品明示的施工配比计算混合后涂料中的总量，改为按产品明示的施工配比制备混合试样后，直接测试混合试样中的含量。

（3）增加了甲醇测试内容。

（4）增加了重复性、再现性的规定。

1.5.3 游离二异氰酸酯（HDI、TDI）含量

GB 18581—2001 标准游离甲苯二异氰酸酯（TDI）的测试采用方法标准《气相色谱法测定氨基甲酸酯预聚物和涂料溶液中未反应的甲苯二异氰酸酯（TDI）单体》（GB/T 18446—2001），该标准是等效采用美国材料试验学会《气相色谱法测定氨基甲酸酯预聚物和涂料溶液中未反应的甲苯二异氰酸酯（TDI）单体》（ASTM D3432—1989）制定的国家标准，只适合游离甲苯二异氰酸酯（TDI）单体含量的测定。修订后的标准游离二异氰酸酯（HDI、TDI）的测试采用了 GB/T 18446—2001 的修订版标准，该修订版标准已于 2008 年完成修订和报批工作，修订版标准等同采用《色漆和清漆用漆基——多异氰酸酯树脂中单体二异氰酸酯的测定》（ISO 10283：1997）。与 GB/T 18446—2001 的主要技术差异如下。

（1）适用范围更宽，GB/T 18446—2001 标准只适合游离甲苯二异氰酸酯（TDI）单体含量的测定，修订后的标准适用于多种二异氰酸酯（甲苯二异氰酸酯、六亚甲基二异氰酸酯、异佛尔酮二异氰酸酯、二苯基甲烷二异氰酸酯以及其它类型的二异氰酸酯）单体含量的测定。

（2）GB/T 18446—2001 标准使用填充色谱柱测试，修订后标准使用毛细管色谱柱测试，后者分离效果优于前者。

（3）GB/T 18446—2001 标准使用 1,2,4-三氯代苯作为内标物，修订后标准使用十四烷或蒽作为内标物。

（4）GB/T 18446—2001 标准测试精密度重复性（同一操作人员测得的两次结果之差）为不大于 0.06%，再现性（不同实验室同一样品测得的结果之差）为不大于 0.3%。修订后标准的精密度有所提高，重复性为不大于 0.02%，再现性为不大于 0.05%。

1.5.4 卤代烃含量

卤代烃含量为修订后标准新增测试项目，新建立的测试方法参考了 HJ/T 201—2005 附录 G 水性涂料中卤代烃的测定——气相色谱分析法。其原理为试样经稀释后直接注入气相色谱仪中，二氯甲烷、二氯乙烷、三氯甲烷、三氯乙烷、四氯化碳经毛细管色谱柱与其它组分完全分离后，用电子捕获检测器检测，以内标法定量。

1.5.5 可溶性重金属含量

修订后标准可溶性重金属含量的测试直接引用了新近颁布的《室内装饰装修材料 内墙涂料中有害物质限量》(GB 18582—2008) 中附录D可溶性重金属的测试方法。该方法是国内外通行的方法，在修订GB18582标准时对原测试方法进行了补充和完善，主要包括：

(1) 参照国际标准《玩具安全——特定元素的迁移》(ISO 8124-3：1997)、国家标准《国家玩具安全技术规范》(GB 6675—2003) 以及《铅笔涂层中可溶性元素最大限量》(GB 8771)，引入可溶性重金属各元素的分析校正系数，引入分析校正系数是基于对测试方法精确度的考虑，为补偿测试结果误差而引入的与未校正的测试结果相乘的数字系数，其目的是增加测试结果的可比性，提高评判的准确性。各元素分析校正系数见表2。各元素的测试结果减去表2中相应元素的分析校正系数与测试结果的乘积，即可得到校正后的测试结果。

表2 各元素分析校正系数

元素	铅(Pb)	镉(Cd)	铬(Cr)	汞(Hg)
分析校正系数/%	30	30	30	50

示例：可溶性铅的测试结果为120mg/kg，表2中铅的分析校正系数为30%，则：校正后的测试结果＝120－120×30%＝84mg/kg。

(2) 规范了样品处理的试验步骤。

(3) 根据现代分析测试仪器的特点，将仪器的工作条件及测定步骤在标准文本中列出。

(4) 规定了测定方法的检出限和精密度。

2 标准的属性和水平

修订后标准的内容是针对室内用溶剂型木器涂料和木器用溶剂型腻子中的有害物质规定的限量值，其目的是减少对室内外环境的污染、保护人身健康，故标准属性仍为强制性标准。

修订后标准在原标准基础上扩大了适用范围、增加了有害物质控制种类、规定了更加严格的有害物质控制要求，标准整体水平达国际先进水平。

3 结 语

GB18581的强制性标准属性和相关产品已实施强制性认证的现状，使标准的修订受到木器涂料生产企业以及相关部门和认证机构的普遍关注。了解修订后标准和现行标准的主要差异，对木器涂料生产企业而言，可以提前做好现有产品的验证和调整等准备工作。对相关部门和认证机构而言，可以提前探讨相关文件的修订和标准颁布实施后监管措施的落实问题。希望通过标准的修订，进一步推动溶剂型木器涂料向更加安全环保的方向发展。

国家科技部社会公益研究项目——《建筑涂料质量安全标准体系的研究》简介

全国涂料和颜料标准化技术委员会秘书处 赵 玲

1 项目概况

《建筑涂料质量安全标准体系的研究》是《建筑材料质量安全标准体系的研究》之子体系，是由国家标准委直接牵头领导、由12个建筑材料专业参加编制的国家科技部社会公益研究项目组成。此研究项目中涉及的建筑材料主要有涂料、胶黏剂、水泥及制品、陶瓷、玻璃、钢、有色金属、墙体及道路材料、石材、非金属矿产品、轻质装饰装修材料等12个领域。建筑涂料是涂料工业最活跃的研究领域，新产品新技术层出不穷，建筑涂料的生产应用技术及性能不断提高，许多新的功能如杀菌、释放负离子、隔热保温、防涂鸦、抗黏贴等功能不断得到应用，需要我们继续紧跟技术的发展和市场要求，建立和不断完善建筑涂料质量安全标准体系，更好促进新产品、新技术的发展，更好地为建筑行业服务。

涂料标委会承担了其中非常重要的建筑涂料的调查研究和体系编制工作。在分析研究建筑涂料产品结构及发展趋势、标准现状及潜在需求的基础上，完成了《建筑涂料质量安全标准体系的研究》报告，该研究成果将现行有效的建筑涂料标准、正在制定中的标准和将来规划要制定的标准组成有层次、有联系的有机整体，对于今后编制建筑涂料标准制修订长远规划、逐步解决目前建筑涂料标准结构不合理、标准缺失、老化和滞后等问题具有重要指导意义。与此同时作为本研究项目的配套内容及技术支撑，适时提出了强制性国家标准《建筑钢结构用涂料中有害物质限量》制定项目，编写了标准草案、前期研制报告等材料，为今后该标准的制定奠定了良好基础。该项目已于2011年1月完成了专家鉴定。

本研究项目通过对建筑涂料标准现状、产品结构及标准需求的分析，建立了建筑涂料质量安全标准体系，找出了该体系中存在的标准不足，为今后提出建筑涂料质量安全标准工作长远规划、指导制定建筑涂料质量安全标准奠定了技术基础。

2 建筑涂料质量安全标准体系建立的必要性

长期以来，涂料标准只注重在不同领域的使用性能内容，而未考虑其对环境的影响及对人体的危害程度。在目前日益重视生态环境、保护人身健康的大背景下，涂料标委会加强了对涂料中有害物质进行限量的强制性标准的制定，如2001年制定并发布的GB 18581和GB 18582对室内装饰装修用溶剂型木器涂料和水性内墙涂料中的有害物质进行了强制限定，对于保障人体健康和提高全社会环保意识、促进涂料行业的技术进步发挥了极为重要的作用。2006年全国涂料标委会组织并完成了对《室内装饰装修材料 内墙涂料中有害物质限量》（GB 18582—2001）强制性标准的修订，新修订的标准已于2008年发布并实施。2008年全国涂料标委会组织并完成了对《室内装饰装修材料 溶剂型木器涂料中有害物质限量》（GB 18581—2001）强制性标准的修订，新修订的标准已于2009年发布并实施。

修订后的标准增加了限定的项目，在指标上也有所提高。该两项强制性标准的制定和实施，虽使我国内墙建筑涂料和溶剂型木器涂料在几年的时间内有害物质达标率很高，但这仅是两个孤立的产品标准，作用有限。且内墙涂料标准和环保认证主要针对的就是一个水性品种，达标相对容易。而对大量外用建筑涂料并未加以限制，情况仍是严峻的。为了进一步提高建筑涂料行业的环保意识，营造一个环保生产的良好氛围，使建筑涂料行业低污染化的目标向更加纵深的方向实质性推进，2008 年全国涂料标委会又组织并完成了室内装饰装修用水性木器涂料和建筑用外墙涂料中有害物质限定的强制性国家标准，由主要限制室内装饰装修用涂料中有害物质逐渐扩展到外用墙面涂料，为提高整个建筑涂料行业的环保意识、实现建筑涂料向低污染化方向健康发展做出了积极努力。

尽管最近几年在建筑涂料低污染化方面做了大量的工作，针对几种重点建筑涂料产品品种制定了有害物质限量方面的强制性标准，但对于该工作的推进还是略显零散，没有统筹规划，造成此种情况的主要原因是缺乏一个能引领行业健康发展的科学严谨的低污染化涂料基础标准体系和较为完整的发展规划。企业产品开发无方向，或不把低污染化工作作为主要方面，更多的关注于提高技术性能指标和降低成本。

为提高建筑涂料技术水平以及产品质量，使其标准化、规范化、系列化，编制建筑涂料质量安全标准体系有着非常重要的意义，为今后指导制定建筑涂料质量安全标准化工作长远规划和年度计划奠定技术依据，为今后制定建筑涂料系列测试方法标准以及产品安全标准、对各类建筑涂料产品的污染程度进行科学评价并实施全面控制奠定技术指导依据。该标准体系发布后可使相关企业和行业组织了解国内外技术标准现状，为环保型建筑涂料产品的研发提供努力目标，推动建筑行业技术进步，可为建筑行业制定政策指导提供一份较为详实的基础资料，为社会公益事业发挥积极作用。

3 我国建筑涂料质量安全标准工作现状

3.1 建筑涂料质量安全标准化现状分析

3.1.1 我国建筑涂料质量安全标准化现状分析

几十年来，伴随我国建筑涂料产量不断增加、应用范围日益扩大，建筑涂料技术标准也经历了从无到有、从少到多、指标逐步提高、体系逐步完善和逐渐与国际接轨等发展阶段。目前已建立起涵盖产品安全标准、各类产品性能标准、各种试验方法标准和施工验收规范等较为系统的建筑涂料标准体系，对于规范建筑涂料市场、发展贸易、保护消费者利益和促进建筑涂料健康发展起到了重要作用。

随着人民生活水平的提高，人们的消费需求正在从只单纯关注性能指标向兼顾人身安全和环保的技术指标转变。因此中国于 2001 年首次制定并发布了“室内装饰装修材料有害物质限量”的 10 项强制性标准。其中涉及涂料的有内墙涂料和木器涂料（GB 18581、GB 18582），首次对涂料产品的 VOC 含量、有害溶剂、有害重金属元素、游离异氰酸酯的含量、甲醛含量等加以强制限制。随后除完成以上两项标准的修订外，2008 年又完成了室内装饰装修用水性木器涂料和建筑用外墙涂料中有害物质限定的强制性国家标准，由主要限制室内装饰装修用涂料中有害物质逐渐扩展到外用墙面涂料，这些强制性国家标准的制定和实施对提高消费者健康安全意识，规范相关建筑涂料的生产、销售和使用，提高生产企业的技术水平，减少对人体和环境的危害，促进行业进步发挥了十分重要的作用。

随着中国社会经济的不断发展以及市场消费的绿色取向要求日趋强烈，先进技术、科技进步以及保护环境的同步发展已成为共识，开发和推广环保型涂料必将是今后涂料界的主流发展方向，全涂料行业对标准的认识提到了一个新的高度，国家有关主管部门对建筑涂料标准化工作都给予了高度重视，业内对标准工作的积极性大大提高，相关标准、规范出台的速度和数量都逐年提高，建筑涂料质量安全标准体系已经初步形成。目前已制定和正在制定的有关建筑涂料质量安全标准有 44 项，这些标准使用率较高，为政府监督部门和市场各方广泛采用，极大促进了建筑涂料的质量监督、生产和贸易。这些标准基本涵盖了建筑涂料主要品种，标准水平接近或达到国际先进水平。

3.1.2 国内外建筑涂料质量安全标准现状比对分析

近年来我国制定的建筑涂料有害物质测试方法标准多为参照国际标准或国外先进国家的标准制定，标准水平已接近和达到国际先进水平。有害物质限量标准在项目的选择和指标的确定上参考了国外发达国家的相关标准和法规，其整体水平达到国际先进水平。

国际标准中没有专门限制涂料产品中有害物质含量的产品安全标准，只有一些检测方法标准。在安全检测方法标准方面，我们已将绝大部分国际标准转化为国家标准，如测试 VOC 的 3 个方法标准、多异氰酸酯树脂中单体二异氰酸酯的测定等，对涂料产品中的某些有害物质需要控制但又没有对应国际标准的，陆续建立了相应测试方法并制定了国家标准，如甲醛、苯系物、卤代烃等有毒有害物质的测试方法。通过上述标准的制定，在涂料安全检测方法标准方面，我国国家标准已达到国际标准水平。

与欧盟的一些指令性法规和美国的建筑涂料国家标准相比，我国控制有害物质限量的产品品种相对来说还较少，前几年仅从减少对人体危害的角度出发对有限的几种装饰装修用涂料中的有害物质加以限制，近两年加大了对大量室外用的涂料品种中有害物质的限制力度，如建筑外墙涂料等，而这些正是可能造成环境污染、破坏生态系统的主要污染源。

虽然与国际标准、国外先进标准和法规相比，我国涂料标准还存在一些不足，但在许多方面我们已经走在了世界的前列，一些与消费者密切相关的特定产品强制性国家标准的制定和实施对规范装饰装修材料方面发挥了巨大作用，通过上述标准的贯彻实施，相信我国涂料标准一定会推动我国建筑涂料业将向着更加健康、环保的方向迈进！

3.2 建筑涂料质量安全标准化工作存在的问题

3.2.1 涂料中有害物质测试方法标准尚不完善，有待进一步加强

建立并完善低污染化涂料测试方法标准是制定各类涂料产品安全标准、最终推动涂料行业向低污染化方向健康发展的重要技术基础工作。针对涂料中的有害物质，全国涂料和颜料标准化技术委员会近几年已陆陆续续制定了一些测试方法标准，截止到目前为止已颁布实施的有 18 项，基本涵盖了主要有害物质的测试方法。涂料作为精细化工产品，为了改进性能在调整配方时添加剂不断翻新，由此产品组成呈现出多样性和复杂性，其中不乏对人体、动植物和环境带来影响的有害物质。为了满足涂料行业向低污染化方向全面发展的需要，在充分分析现有国家标准现状及水平、与国际标准及国外先进标准的差距的基础上，应对急需制定的有害物质测试方法国家标准的必要性、科学性及可操作性进行充分论证，在原有标准基础上通过新制定的标准，力求建立一套更加完善的涂料低污染化测试方法标准。

3.2.2 涂料产品安全标准品种有限，有待进一步健全

为使涂料行业向低污染化方向健康发展，建立并完善涂料中各类有害物质的测试方法标准仅仅是基础性工作，最终应以制定涂料产品的强制性国家标准来体现，只有上升到法律法规的层面，才能真正有效地对涂料中的各类有害物质进行强制限定。

近年来，随着中国社会经济的高速发展及生活水平的不断提高，面向普通消费者的装饰装修涂料的安全性被列为关注的重点，尤其是涉及消费者人身安全健康的涂料产品被制定为强制性安全标准已付诸实施并取得了标志性成效。随着其它主要涂料产品强制性安全标准的制定出台，从使用的角度已将涂料中的有害物质降低到最低，为保护环境和人身健康做出了进一步努力。截止到目前为止已颁布实施的有关建筑涂料的强制性安全标准有 4 项：室内装饰装修用溶剂型木器涂料、水性木器涂料和水性内墙涂料，以及建筑用外墙涂料。前 3 项为针对消费者使用的内用家装涂料，建筑用外墙涂料为主要以保护大气环境为目的的工业涂料。虽说以上建筑涂料是涂料行业中影响较大、代表性很强的品种，但考虑到涂料品种的复杂性，以上标准均是针对特定涂料产品，无论从数量上还是作用上均还非常有限。在一些化工行业标准中对某些产品如建筑涂料用水性色浆等也增设了一些项目来限制某些有害物质含量，但所涉及的产品面还较窄，设置的项目仅考虑了对人身健康的危害而没有顾及对大气环境的影响。另外随着标准的贯彻实施，产品的达标率逐年提高，标准中有些项目的技术指标略显滞后。

鉴于以上问题，首先应选择一些有代表性的重要产品制定强制性国家标准，跟踪并分析研究实施后的效果，发现问题及时纠正，以点带面，由主要限制室内装饰装修用涂料逐渐扩展到量大面广的建筑工业用涂料，提高整个建筑涂料行业的环保意识，实现中国涂料向低污染化方向迈进的最终宏伟目标。

随着我国经济的快速发展，钢结构在建筑物上应用越来越多，广泛应用于住宅、办公大楼、

医院、学校、体育场馆等，建筑钢结构用涂料也随之进入了高速发展阶段，已经成为建筑用涂料中重要的产品种类。目前国内建筑钢结构用涂料还没有对有害物质进行限量的标准，市场中产品良莠不齐，部分含有铅、铬等有害重金属、高VOC含量的高污染涂料产品仍在使用，为了更好的保护人体健康、生态环境，推动建筑涂料向低污染方向发展，迫切需要对建筑钢结构用涂料产品中的有害物质进行限定，及时制定该类产品的强制性质量安全标准。为此，在对建筑涂料质量安全标准体系进行研究的同时，适时提出制定强制性国家标准《建筑钢结构用涂料中有害物质限量》，作为本研究项目的配套标准制定项目，为早日完善建筑涂料质量安全标准体系做出努力。

3.2.3 涂料安全生产标准体系基本是空白，有待建立和完善

涂料生产环节特别是溶剂型涂料由于使用大量有机溶剂，易排放大量废水、废气乃至固体废物，对环境造成严重污染。另根据涂料生产特点，涂料生产用原材料的安全性对最终涂料产品起着至关重要的作用，因此，建立涂料安全生产标准体系也是非常必要的。本建筑涂料质量安全标准体系中虽未重点研究和论述该部分内容，但建立由“涂料生产用原材料标准”和“涂料生产排放标准”组成的“涂料安全生产标准体系”也是非常重要的。“涂料生产用原材料标准”应主要包括各类颜填料、各类树脂（包括乳液）、各类助剂、溶剂等主要原材料控制标准。“涂料生产排放标准”应主要包括水污染物排放标准、废气排放标准、固体废物排放标准等内容。涂料安全生产标准体系目前基本还是空白，该标准体系的建立对于涂料行业最终达到低污染化具有非常重要的现实意义。

4 建筑涂料质量安全标准体系建立的原则及总体目标

4.1 构建建筑材料质量安全标准体系的指导思想

在现有建筑涂料国家标准和行业标准基础上进行制定、补充和完善，形成一整套较为完善的建筑涂料质量安全标准，且以此作为对“涂料行业国家标准体系”内容的重大补充和细化。本体系本着提高建筑涂料标准化水平，与国际标准接轨的指导思想，通过建筑涂料质量安全基础标准、产品安全标准的制定与贯彻达到目的。

4.2 构建建筑材料质量安全标准体系的原则

编制建筑涂料质量安全标准体系以《中华人民共和国标准化法》及其配套法规的标准制定原则为依据，参考化学工业标准体系表和国家标准《涂料产品的分类和命名》（GB/T 2705—2003）中的分类方法，根据建筑涂料的应用领域及行业的实际需要，在研究分析建筑涂料相关国际标准以及其它国外先进标准的内容及构成的基础上，按照中华人民共和国标准化导则《标准体系表编制原则和要求》进行编制起草工作。

4.3 构建建筑材料质量安全标准体系的目标

编制建筑涂料质量安全标准体系的主要目标：编制一个体现目前建筑涂料标准化工作状况、相互间具有内在联系、科学预留发展空间的标准化工作蓝图，建立有效开展建筑涂料标准化工作的指导性文件，改变过去缺乏全面系统考虑的被动局面。

该标准体系的建立将为今后制定建筑涂料质量安全标准工作长远规划、制定建筑涂料质量安全基础标准和产品安全标准、对各类建筑涂料产品的污染程度进行科学评价并实施全面控制奠定技术指导依据。

4.4 质量安全标准体系的范围

本体系由基础标准和产品安全标准两部分组成，基础标准又分为安全术语和定义、安全运输和贮存、有害物质测试方法、卫生安全性能测试方法、安全防护性能测试方法和其他6部分，产品安全标准又分为有害物质限量标准、卫生安全标准、安全防护标准和其他4部分。通过以上主要从安全功能上的划分，基本体现并覆盖了建筑涂料质量安全标准的总体状况，并为今后新领域的开发应用预留了空间。

本体系将指导今后涂料的相关标准制修订过程中不仅要关注功能指标的提高，更要遵循低污染化的原则，同时推动国家相关法规的不断完善。

5 建筑涂料质量安全标准体系的建立

建筑涂料安全标准体系的组成见图1。

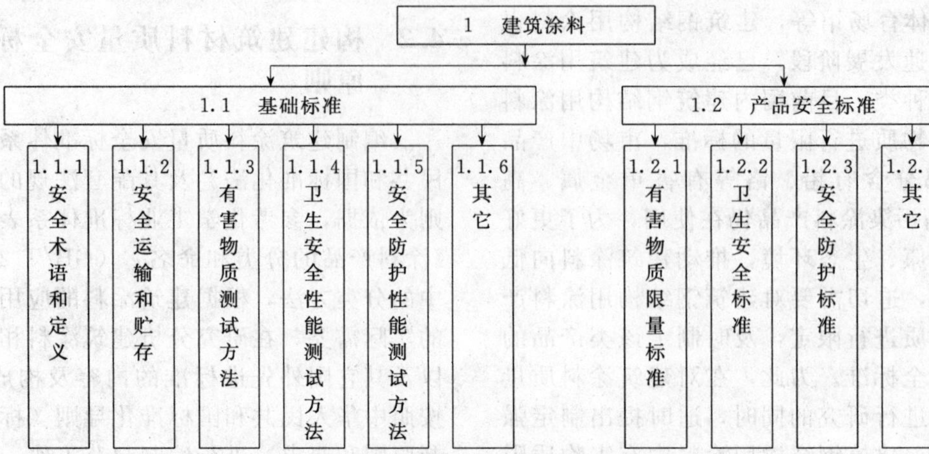

图 1 建筑涂料质量安全标准体系框架图

2010

第七章

世界涂料工业概览

2009年美国涂料市场报告

王欢摘译自《第十四届APIC大会报告》

1 美国经济概述

美国经济在经历了2009年的大衰退后，2010年正缓慢而稳定地走向复苏，但就业仍旧是美国经济的头等问题，失业率仍处于历史高点，并居高不下。2010年美国GDP维持了适度增长水平，就其中期数据表明，第一季度GDP增长3.7%，第二季度增长幅度保持在1.6%。与美国国内经济发展相符，美国涂料行业在度过了2009年的经济寒冬后，目前也在缓慢稳定地回暖中。

2 2010年美国涂料行业动态

2.1 建筑涂料

美国当前房屋和建筑市场仍远低于2003～2007年水平，新建房屋量维持低水平运行，受此影响，据预测，在未来很长一段时间内，建筑涂料领域还将持续低迷态势。

2.2 OEM涂料

目前美国耐用品制造行业继续位于低谷徘徊，虽有少许回暖信号，但与之相关的OEM涂料在短时间内仍难出现大幅增长迹象。

2.3 特殊功能涂料

美国政府在2009年经济危机后大力推行经济刺激计划，受其影响，大量资金投入到基础设施建设中，从而有效地推动了特殊功能涂料的发展。但就未来而言，国家施行新的经济刺激计划可能性很小，因此，收益于此的特殊功能涂料市场是否能持续健康发展还犹未可知。

3 2009年美国涂料市场回顾

纵观2009年美国整个涂料市场，总产量为1057.1百万加仑，总出口货物金额为162.2亿美元。其中，工业涂料产量为286百万加仑，出口货物金额为46亿美元；建筑涂料产量为617百万加仑，出口货物金额为80.2亿美元；交通运输涂料产量为91.4百万加仑，出口货物金额为31.2亿美元；海洋涂料产量为12.7百万加仑，出口货物金额为2.53亿美元；其他领域涂料产量共50百万加仑，出口货物金额为2.27亿美元（见表1）。

表1 2009年美国涂料市场产量和出口金额

品种	产量/百万加仑	出口金额/亿美元
工业涂料	286	46
建筑涂料	617	80.2
交通运输涂料	91.4	31.2
海洋涂料	12.7	2.53
其他	50	2.27
总计	1057.1	162.2

2005～2009年美国涂料产值和产量分布分别见图1、图2，2005～2009年美国建筑涂料、OEM涂料、特殊功能涂料产值分布见图3～图5。

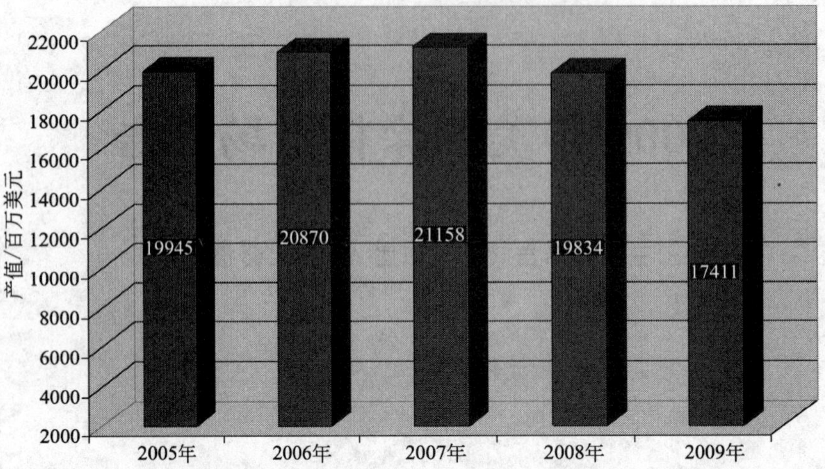

图 1　2005～2009 年美国涂料产值分布

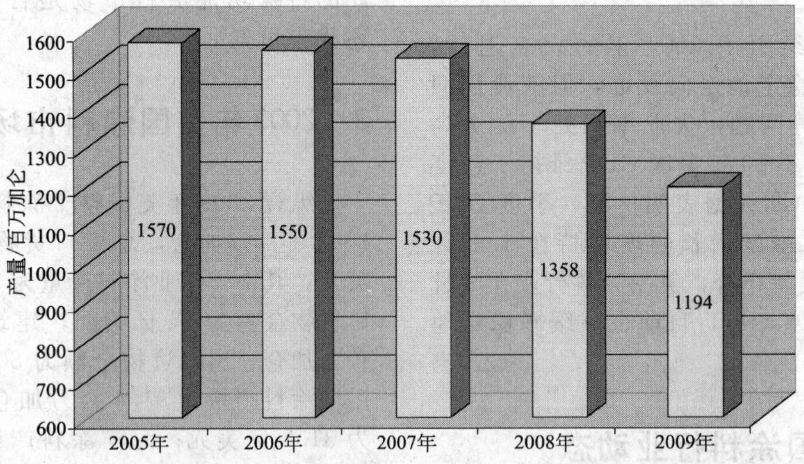

图 2　2005～2009 年美国涂料产量分布

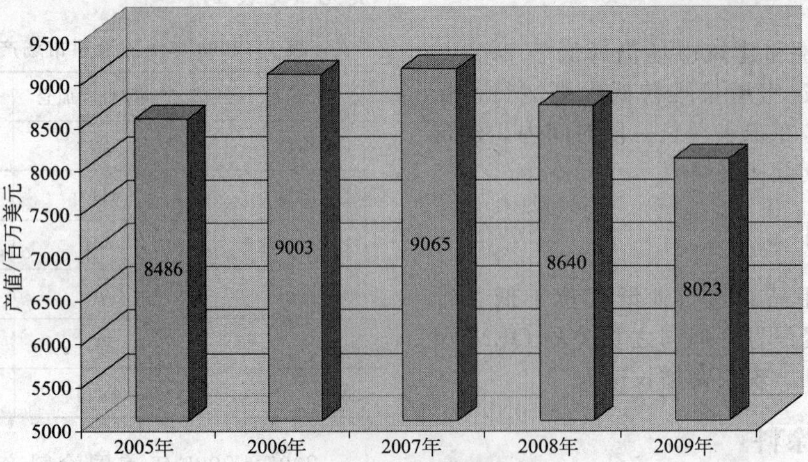

图 3　2005～2009 年美国建筑涂料产值分布

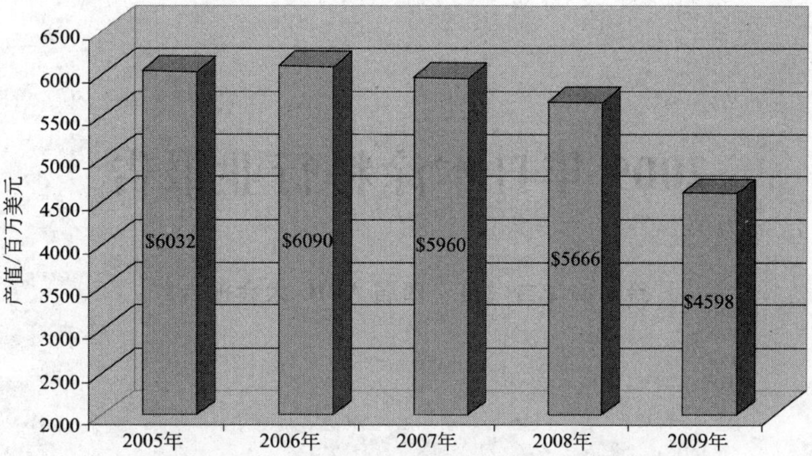

图 4 2005～2009 年美国 OEM 涂料产值分布

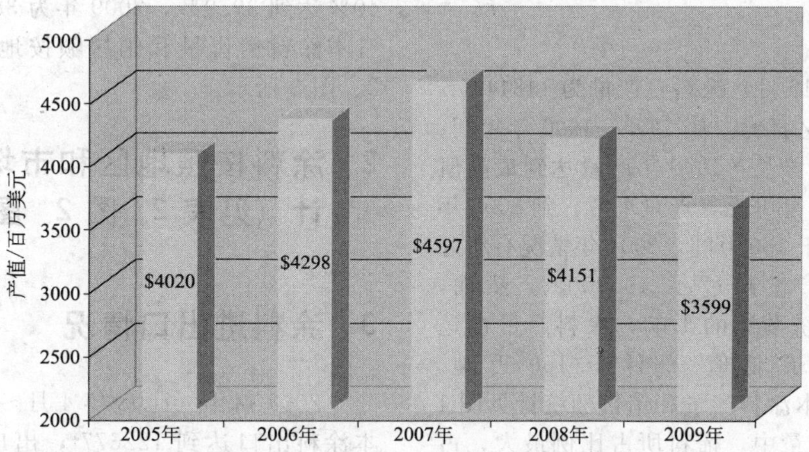

图 5 2005～2009 年美国特殊功能涂料产值分布

4 2010 年美国涂料市场预测

2010 年，美国涂料行业将会出现实质性改善，但相比于 2009 年，其增长为温和理性回升。据美国政府 2010 年第一、二季度公布的统计数字显示，前两季度与 2009 年同期相比都显示出适度增长态势。原材料短缺可能会妨碍部分涂料制造商的市场发展，从而影响整个涂料的预期增长，分析表明，行业仍有可能出现“二次探底”局面。

2009年日本涂料行业报告

徐艳摘译自《第十四届APIC大会报告》

1 总体情况

2009年（1～12月）涂料总产量为1484425t，总销售额为6339亿日元。从1950～1990年年间，日本涂料行业稳步增长，1990年产量达到最高值2201000t。自1990年开始，产量下滑，到2002年和2003年产量低于180万吨，2004年情况有所好转，到2006年产量超过了1950000t。然而，2009年受整个经济萎缩的影响，涂料产量也达到了31年来的最低值——低于150万吨。1950～2009年日本涂料产量和销售额统计见图1和表1。在涂料产量中，稀料所占比例最大，占26.6%。水性涂料产量逐年增长，从2002年到2008年，比例约在19%～20%，2003～2004年间约为21%，2009年约为22%。溶剂型涂料产量总体上处于逐年下滑趋势。1995年，溶剂型涂料产量比例为43.4%，到了2002年跌破了40%达到39.9%，2009年为38.1%。2009财年日本涂料销售量和销售额按地域分布情况如图2、图3所示。

2 涂料按照地区和市场需求情况统计（见表2、图2、图3）

3 涂料进出口情况

2008财年（2008年4月～2009年3月）日本涂料出口达到122677t，出口额达到1350.26亿日元。与上一财年相比较，出口量和出口额显著下降，分别占上一财年的83.6%和85.4%。日本涂料出口到世界约100个国家和地区，但主要集中在亚洲地区，占总出口量的85.2%，占总

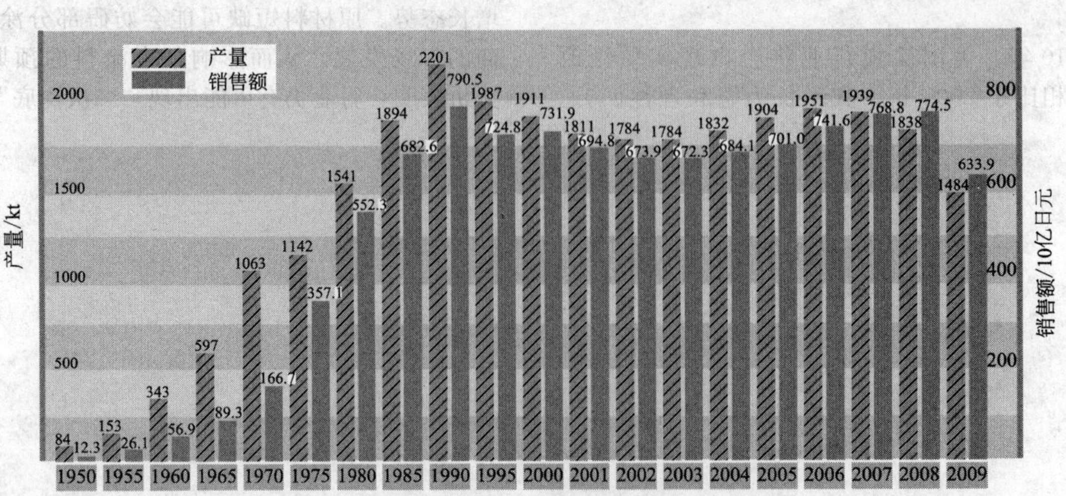

数据来源：日本经济贸易工业部(METI)化工生产统计

图1 1950～2009年涂料产量和销售额统计

表 1 2005～2009 年涂料产量（按类别统计）

涂料类别			2005		2006		2007		2008		2009	
			产量/kt	份额/%	产量/kt	份额/%	产量/kt	份额/%	产量/kt	份额/%	产量/kt	份额/%
硝基漆			22	1.1	21	1.1	22	1.1	19	1.0	15	1.0
绝缘磁漆和清漆			30	1.6	31	1.6	31	1.6	29	1.6	22	1.5
合成树脂基	有机溶剂类	醇酸树脂磁漆和清漆	76	4.0	72	3.7	66	3.4	55	3.0	43	2.9
		醇酸树脂防腐涂料	50	2.6	51	2.6	53	2.7	52	2.8	38	2.6
		隔热氨基醇酸磁漆和清漆	84	4.4	83	4.2	77	4.0	75	4.1	55	3.7
		丙烯酸树脂磁漆和清漆	101	5.3	104	5.3	100	5.2	92	5.0	69	4.6
		环氧树脂磁漆	127	6.7	131	6.7	140	7.2	141	7.7	132	8.9
		聚氨酯磁漆和清漆	142	7.5	142	7.3	143	7.4	136	7.4	106	7.1
		不饱和聚酯磁漆和清漆	20	1.1	20	1.0	20	1.0	18	1.0	14	0.9
		船底漆	18	0.9	17	0.9	18	0.9	19	1.0	17	1.1
		其他	111	5.8	114	5.8	116	6.0	113	6.1	94	6.3
		小计	729	38.3	734	37.6	732	37.8	700	38.1	566	38.1
	水溶性类	乳胶漆	234	12.3	228	11.7	223	11.5	217	11.8	185	12.5
		水性涂料(包括 ED)	200	10.5	208	10.7	215	11.1	194	10.6	140	9.4
		小计	434	22.8	436	22.3	438	22.6	411	22.4	326	22.0
	非溶剂类	粉末涂料	30	1.6	33	1.7	35	1.8	35	1.9	26	1.8
		交通涂料	84	4.4	83	4.3	83	4.3	81	4.4	59	4.0
		小计	114	6.0	117	6.0	117	6.0	116	6.3	85	5.7
	合计(合成树脂涂料)		1277	67.1	1287	66.0	1288	66.4	1227	66.8	976	65.8
其他			89	4.7	95	4.9	96	5.0	90	4.9	7.6	5.1
稀料			486	25.5	517	26.6	502	25.9	472	25.7	395	26.6
总计			1904	100.0	1951	100.0	1939	100.0	1838	100.0	1484	100.0

注：1. 以上统计数据为日历年（1～12 月）。

2. 上表是基于日本经济贸易工业部（METI）化工生产统计。

3. 由于四舍五入的原因，上表的小计与合计最终可能有出入。

表 2 2009 年财政年度市场细分统计

市场细分		销售额/%	销售量/%
建筑		22.82	26.65
建材		4.32	4.96
钢结构		6.92	5.88
船舶		7.17	8.34
汽车涂料	OEM	16.82	14.86
	修补漆	4.95	3.21
电子产品		5.55	4.21
工业机械		3.67	3.30
金属制品		7.54	6.34
木器制品		1.86	1.55
DIY		3.65	2.39
出口		7.61	5.80
交通		1.86	5.60
其他		5.26	6.92
总计		100.00	100.00
		606916 百万日元	1549 千吨

注：参与调查公司共 96 家。

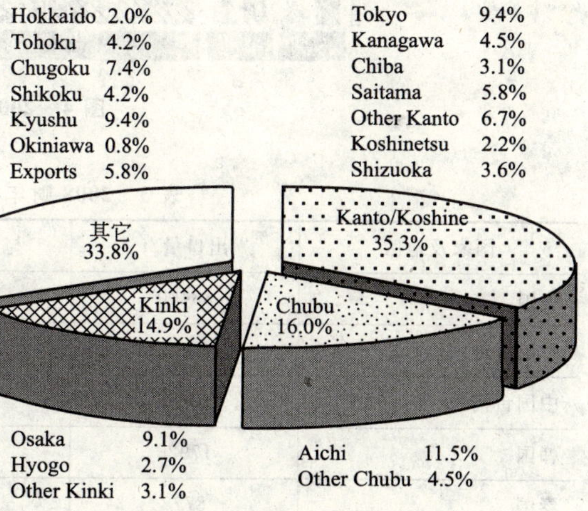

图 2 2009 财年日本涂料销售量地域分布图

出口额的 85.9%。中国依旧是日本最大的涂料出口国，2008 财年出口到中国 38400t，韩国为日本的第二大涂料出口国，2008 财年出口到韩国 17923t。2008、2009 财年相关出口统计见图 4、表 3、表 4。

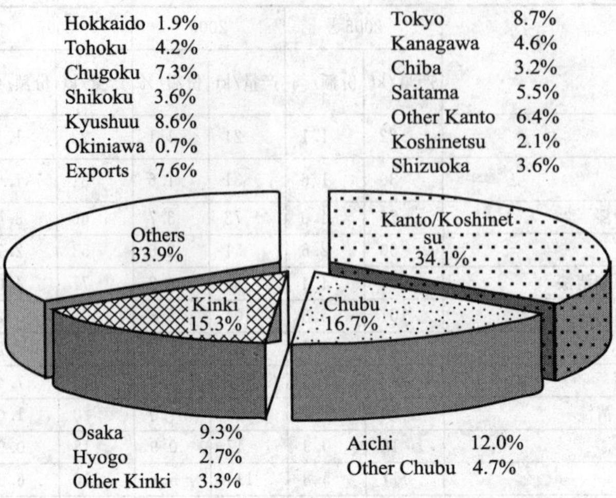

图 3　2009 财年日本涂料销售额地域分布图

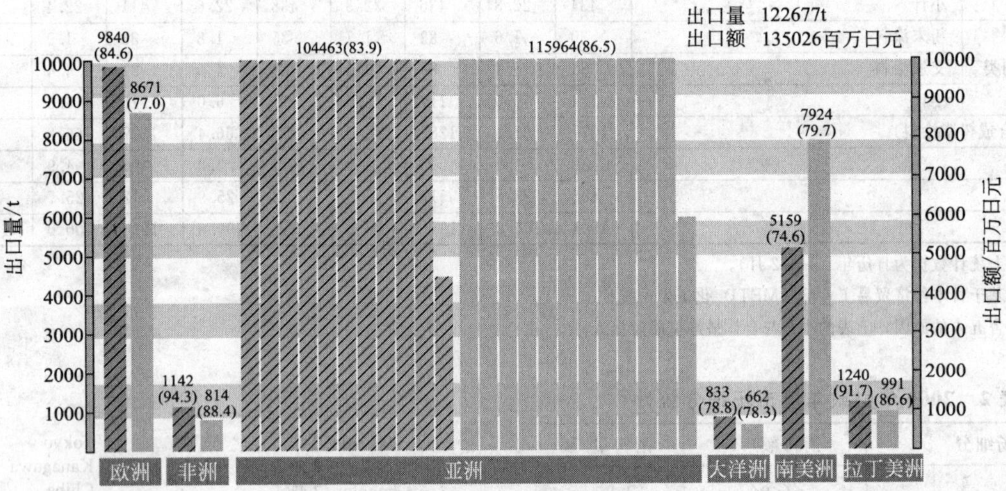

图 4　2008 财年按照地区出口统计

表 3　2008 财年按照国家和地区涂料出口量统计

国家及地区	出口量/t	与 2007 年同比/%	出口额/百万日元	与 2007 年同比/%
中国	38400	91.7	33540	93.3
中国香港	8392	80.8	9006	90.4
中国台湾	10350	75.3	22489	81.6
韩国	17923	80.7	27373	80.9
泰国	8778	84.1	7483	91.1
马来西亚	4961	72.6	2722	66.1
美国	4883	74.2	7643	79.9
新加坡	4229	81.3	4749	90.4
印度尼西亚	4401	84.0	2602	93.2
菲律宾	2437	84.3	2321	109.5

表 4　2009 财年按照国家和地区的涂料出口量统计

国家及地区	出口量/t	与 2008 年同比/%	出口额/百万日元	与 2008 年同比/%
中国	38141	99.3	34855	103.9
中国香港	7663	91.3	8493	94.3
中国台湾	12659	122.3	27304	121.4
韩国	18524	103.4	35275	128.9
泰国	9501	108.2	8041	107.5
马来西亚	3862	77.8	2337	85.9
美国	4677	95.8	6292	82.3
新加坡	3545	83.8	4163	87.7
印度尼西亚	4550	103.4	2686	103.2
菲律宾	2321	95.2	2340	100.8

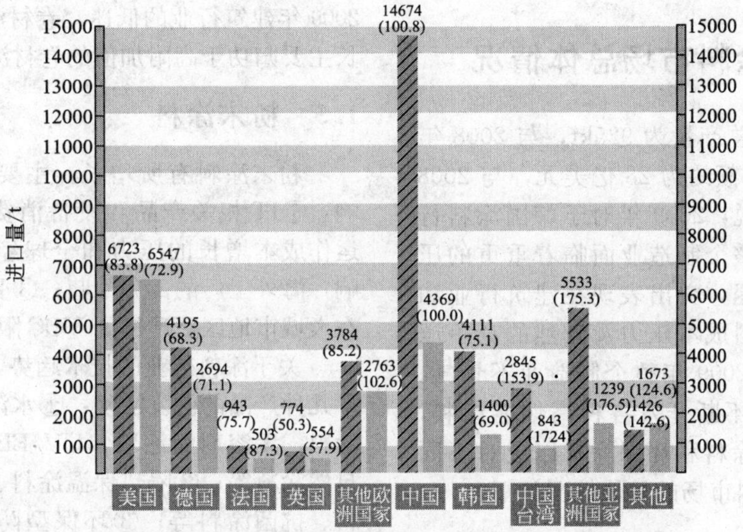

图 5　2008 财年按照国家和地区的涂料进口量统计

2008 财年进口量为 45015t，进口额为 225.85 亿日元。与上一财年相比，进口量和进口额也有所下降，分别占上一财年的 94.9% 和 87.1%。进口主要来源于 30 多个国家和地区，其中亚洲地区仍然是日本最大的涂料进口区，进口量占到总进口量的 60.3%。美国进口到日本的占到进口量的 14.9%，德国占 9.3%，整个欧洲占 21.6%。总体来看，从美国、德国、英国、法国和韩国的进口量有所下降，而从中国（包括台湾）及其他亚洲国家和地区的进口量有所增长，见图 5。

2009 年韩国涂料行业报告

徐艳摘译自《第十四届 APIC 大会报告》

1 2009 年韩国涂料市场总体情况

2009 年韩国涂料总产量为 925kt，与 2008 年相比下降了 5%；销售额约为 28 亿美元，与 2008 年基本持平。总的来说，2009 年对于韩国涂料行业是个困难的一年。整个制造业面临着重重的压力，包括全球经济衰退，突出表现在建筑行业和汽车行业，高的原材料成本压力及激烈的竞争压力。这些因素导致了 2009 年整个制造业不景气。涂料制造商同时还要不断开发各种高性能涂料，包括高附加值的船舶涂料和环保涂料以应对不同的市场需求。各类涂料市场的具体情况如下。

1.1 建筑涂料

建筑涂料市场的萎缩主要是受到建筑行业市场持续走低的影响及全球经济低迷的影响，另外，也出现了许多替代品来替代建筑涂料，这也不同程度影响了建筑涂料的市场。

1.2 船舶涂料

全球经济危机导致船舶制造业出现大幅度下滑。据预测 2010 年上半年船舶涂料还能保持平稳发展，但下半年会大幅度下滑。

1.3 汽车涂料

汽车涂料的下降主要受本国汽车的消费走低以及受全球经济影响的汽车出口的下跌。

1.4 卷材涂料

卷材涂料一般以每年 3%～4%的速度增长，但 2009 年由于部分工厂搬迁到海外及 2008 年和 2009 年建筑行业的低迷，卷材涂料增长放缓。其增长主要归功于高附加值的卷材涂料的开发和生产。

1.5 粉末涂料

粉末涂料有所增长，主要受以下 3 方面的影响：①IT 相关产品和设备消费的增长；②受海外运作成本增长的压力和全球经济衰退等因素的影响，海外工厂的部分回归；③受 2010 年 1 月 1 日起在大城市地区更严格的 VOC 限制规定的影响。

关于涂料行业的技术趋势，制造商主要进行以下几种产品的研发活动：①水溶性涂料、高固体分涂料、无溶剂型涂料、UV/EB 涂料、粉末涂料和自然涂料等；②隔热保温涂料、节能涂料、红外涂料、抗菌涂料等；③环保型防污涂料，采用从海藻、野薯及烟叶等植物中提取的自然防污材料。

2 涂料生产

2008 年韩国涂料的总产量为 973kt，2009 年总产量为 925kt，比 2008 年下降了 5%。

各类涂料产量与 2008 年相比：建筑涂料下跌了 8.6%，汽车 OEM 涂料下跌了 15.8%，船舶涂料增长了 3.4%，修补漆增长了 57%，工业涂料下跌了 3.7%。具体情况见图 1 所示。

3 进出口情况

2009 年涂料出口量为 107kt，比 2008 年增长了 2.9%；出口额约为 32.5 亿美元，比 2008 年下降了 1%。具体情况见图 2 所示。

2009 年涂料进口量为 48kt，比 2008 年下降了 16%；进口额约为 36.7 亿美元，比 2008 年下降了 21%。具体情况见图 3 所示。

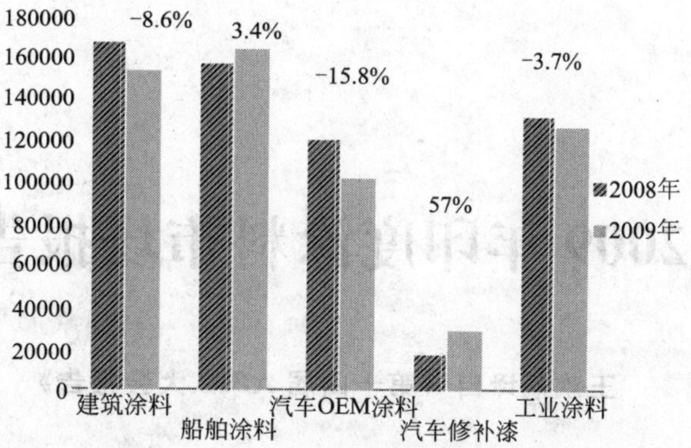

图 1　韩国各类涂料产量 2008 年和 2009 年对比图

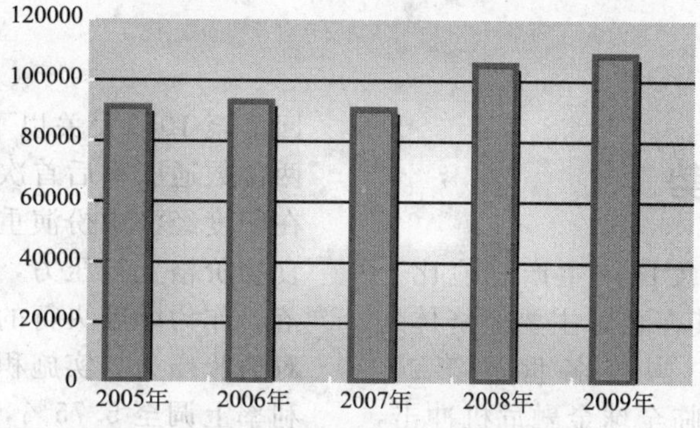

图 2　2005～2009 年韩国涂料出口量分布

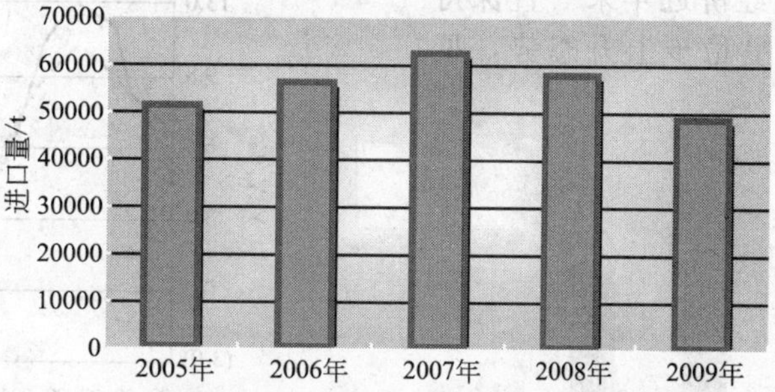

图 3　2005～2009 年韩国涂料进口量分布

2009年印度涂料市场报告

王欢摘译自《第十四届APIC大会报告》

1 印度总体经济形势

2009～2010财年，印度国内生产总值比上年增长7.4%，继续保持其在全球主要经济体地位，GDP增速仅逊于中国排名世界第二。2008～2009财年，尽管面临全球金融危机冲击，印度经济仍保持较高增长速度，GDP较上年增加6.7%。纵观全局，印度经济近年来一直保持较高发展水平，GDP增幅呈稳步上升态势，见图1。

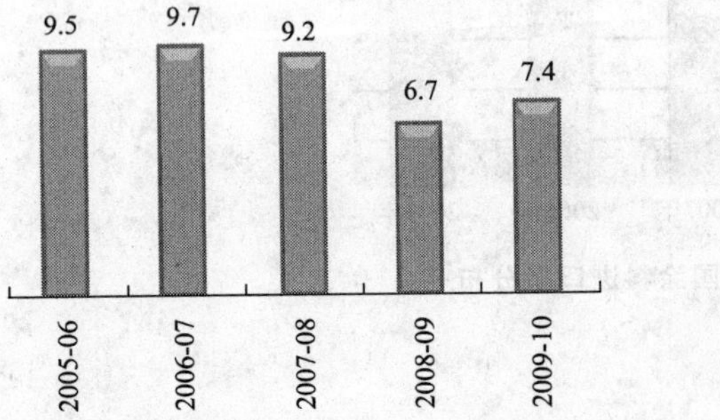

图1 2005～2009年印度GDP增长数据分布

据印度总理经济顾问委员会（PMEAC）预测，受益于全球经济复苏及农业生产的良好前景，2010～2011财年印度经济增速将达8.5%，在2011～2012财年，印度经济增长速度预计将达9%，将回到本轮全球经济衰退开始前的水平。有数据表明，2011财年第一季度印度经济增幅达到8.8%，在经历了2010财年的颓势后，加工制造业的强劲回升表现以及农业生产领域的健康蓬勃发展将持续支撑印度经济的高增长率。

在多项措施综合作用下，印度的通货膨胀速度放缓，见图2。2010年7月，印度通货膨胀率回落至10%大关以下，是过去5个月持续保持两位数通胀率后首次降至个位数。此外，雨季也在印度经济中扮演重要角色，正常的雨季缓解了食物价格上行压力，印度通货膨胀率将进一步回落。作为印度央行的印度储备银行（RBI）为应对通胀压力，实施积极的财政政策，将基准贷款利率上调至5.75%，这已是印度央行当年内第4次升息。

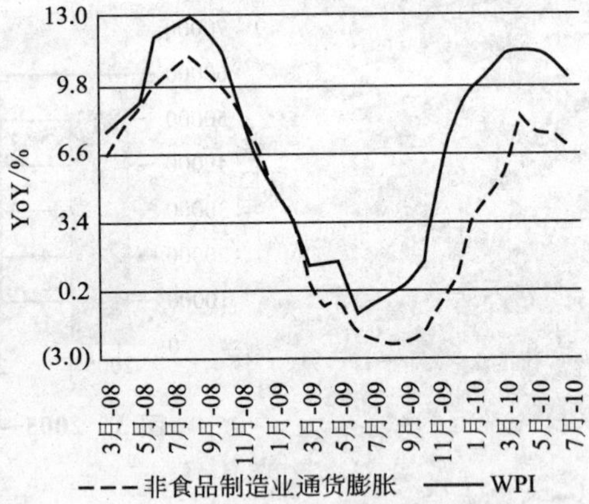

图2 2008年3月～2010年7月印度通货膨胀走势图

2010年，印度持续保持对国外投资的吸引力，据统计数据表明，2010～2011财年4～7月，印度出口增长达到30.2%。如能保持和发达国家良好的需求关系，印度预计本财年的出口额将达2000亿美元。另外，政府继续稳步推行各重点行业的改革，具体措施包括：①对燃料和化肥实施价格补贴政策；②对3G频谱和宽带无线接入（BWA）进行拍卖，政府获利近230亿美元；③施行多品牌零售和新银行牌照改革；④施行各种税费改革，包括输油管消费税改革等。

2 印度涂料市场

2.1 印度涂料市场增长驱动因素

（1）住宅建设快速发展。

（2）住宅涂料升级更新。内墙涂料——逐步淘汰石灰等低品质涂料，发展水浆涂料等高PVC产品；外墙涂料——实现水泥涂料的更新换代。

（3）商业建设发展加快。

（4）城市化导致小城镇的快速增长。

（5）汽车拥有者和使用者增多——“中产阶级”数量扩张。

（6）电力、港口、机场、道路、饭店等基础设施投资增加。

（7）工业领域发展增速。

有数据表明，印度涂料行业增长水平约为其国内GDP增速的1.75～2倍，并在过去10年中一直保持良好的增长势头，成为该国经济发展的亮点。2008年第四季度，印度涂料行业在遭受全球经济危机重创后迅速反弹。受2008～2009年房地产泡沫影响较大的大城市新建工程项目除孟买（泡沫较大）和班加罗尔（IT领域影响较大）外，已全面快速恢复，当前各地新建项目开工率普遍良好，上述两个城市在2010年也开始展现回升态势。

印度人均涂料消费量已由5年前的1kg增至1.5kg，涂料产量过去5年的复合年增长率约为14%，成交量增长17%～18%，预计今后10年每年的涂料产量增幅可达14%～15%。

2.2 建筑涂料

印度建筑涂料主要销售模式为涂料零售店形式，涂料连锁店和大卖场所占份额较低。2009年，印度全国建筑涂料零售店约50000～60000家，预计今后每年增幅在5%～7%。其中所有店面中约有35000家拥有POS调色系统，并以每年5000家的速度递增。目前印度建筑涂料市场格局相对稳定，市场销售结构短时间内不会有所变动。

2.3 工业及其他涂料

得益于越来越多的全球领先的工业制造商在印度投资建厂，印度本土的工业涂料及其他涂料产业也得到了长足的发展，在2009年表现出迅猛的增长速度。另一方面，国际跨国企业的进入也带动了印度工程、化工以及其他行业相关的制造技术的快速升级换代。伴随着印度工业化进程，非建筑涂料市场甚至将超过建筑涂料的增长速度。

根据印度规模以上涂料企业公布的年报和季报汇总，印度整个涂料市场2008、2009年统计数字如表1所示。由于小型企业没有公布业绩，且其变动较多，不在统计范围内，因此表中数据为保守估计值，与实际情况稍有差异。

表1 印度涂料市场销售额及销量

品种	2008～2009财年			2009～2010财年			WASP		市场份额/%	
	Sales in kL	Sales Rs MM	Sales $ MM	Sales in kL	Sales Rs MM	Sales $ MM	印度卢比	美元	产值	产量
工业涂料	154000	19000	404	162000	20000	426	123	2.63	13.5	8.5
建筑涂料	1400000	90000	1915	1635000	105000	2234	64	1.37	70.7	85.4
汽车涂料	29800	6800	145	34850	8500	181	244	5.19	5.7	1.8
修补漆	15750	5250	112	17000	5750	122	338	7.20	3.9	0.9
粉末涂料	37560	5250	112	41692	5850	124	140	2.99	3.9	2.2
海洋涂料	11500	1500	32	13000	1700	35	131	2.78	1.1	0.7
其他	10250	1500	32	11750	1750	37	149	3.17	1.2	0.5
合计	1658860	129300	2752	1915292	148550	3159	78	1.65	100.0	100.0

注：财年为上年4月至当年3月。

销售数字为扣除消费税、贴现和增值税后数值。

汇率折算：1美元＝47印度卢比。

由表1可知，印度涂料产业仍以建筑涂料为主，产量占其整个涂料市场份额的85.4%，其次为工业涂料，占8.5%，粉末涂料占2.2%，汽车涂料占1.8%，修补漆占0.9%，海洋涂料占0.7%，其他占0.5%。统计企业超过1000家，但主要涂料厂商Asian Paints、Kansai Nerolac、Berger、AkzoNobel、Shalimar、Nippon Paints、Sherwin Williams，6家企业占其全部市场份额的65%以上。此外，印度本土生产水平较低，尤其在海洋涂料和修补漆领域，基本由国外企业产品所占据，出口所占比例极小。涂料销售模式以零售店为主，涂料大卖场和连锁店在销售比例中所占份额极小。

3 技术进展

3.1 建筑涂料

（1）高PVC水浆涂料增速缓慢。

（2）建筑涂料技术向符合西方低VOC/EHS法规标准方向发展。

（3）内外墙乳液增长超过20%。

（4）木器涂料以终端应用为导向，并逐渐由酸固化组分向PU固化组分升级。

（5）建筑涂料的耐久性、光洁度、耐刮划性等性能特性得到持续改善。

（6）随着建筑涂料对颜色、款式等外观性能要求的不断升级，推动新型功能性颜料和添加剂的发展，促使其表面性能和质感不断提升。

（7）色调和装饰成为建筑涂料销售的重要组成部分。

3.2 汽车原厂涂料

（1）TC漆和清漆还未实现完全水性化。

（2）高固体分、3C1B和紧密生产工艺正在逐步实施中。

（3）外观和性能方面的标准越来越严格、规范化。

（4）可应用于复合金属表面，在塑料基材表面的应用继续加大。

（5）大量新品牌和色彩不断涌现，研发生产周期进一步缩短。

3.3 修补漆

（1）水性罩光漆系统通过了奔驰和本田公司的认证，被用于在印度其水性产品的维修。

（2）汽车保险行业导致降低汽车修理费用方面的压力增大，汽车修理厂希望涂料供应商能维持现有涂料成本和人工油漆费用。

（3）经济型PU涂料发展迅速，为了填补价格差异，市场持续从高品质PU涂料向经济型PU涂料转移。

3.4 工业涂料

（1）向无溶剂或高固体分的低VOC涂料方向发展，以满足环保方面的法规要求。

（2）建立快速重涂系统。

（3）工业涂料向高性能、高附加值、满足特殊需求方向发展，快速固化和低能源投入等工艺不断完善。

（4）应用超支化聚合物和纳米颗粒等高科技手段赋予工业涂料创新功能。

（5）辐射固化技术不断发展，市场份额进一步扩展。

（6）溶胶-凝胶技术成为另一新兴领域，利用该技术可沉积形成超薄无机-有机混合层/金属层/塑料层。

（7）工业粉末涂料领域，对快速固化和低温烘烤涂料产品需求持续增加。

4 环保和安全趋势

2009年，印度环保方面的法律法规不断健全，要求也日趋严格，这为涂料行业带来巨大影响。涂料厂的选址、设计和运营，以及涂料的运输和贮存无不受到各种条款的限制。各大涂料企业也相继构建自己的环保规章，以反映其对于环境的关注以及对于环境的优先意识，从而建立起自身品牌优势。另外，印度政府为改善环境而进行的清拆项目对于涂料行业冲击强烈，目前已很难在市内优势区域投资建厂。

新近颁布/修订的环保法规包括以下一些。

（1）危险废弃物（管理、处理和越境转运）修订条例［The Hazardous Wastes (Management Handling and Transboundary Movement) Amendment Rules］。该修订条例于2008年9月颁布，并于2009年7月、9月和2010年3月进行了3次修订，该条例对于废弃物的处理和管理进行了定义和要求。

（2）国家环境空气质量标准修订稿［Revised National Ambient Air Quality Standards (NAAQS)］。该修订稿于2009年11月颁布。

修订后的标准中的参数由原先的 7 个变为 12 个，其中，本次新增了 8 个参数，删除了 1 个原有参数。

(3) 电子废弃物（管理和处理）草案［E-waste（Management and Handling）Draft Rules］。该草案发布于 2010 年 5 月，要求在处理和处置电子废弃物时，需得到印度国家污染物控制委员会的授权。

(4) 噪声污染（调节与控制）（修订）条例［The Noise Pollution（Regulation and Control）(Amendment) Rules］。该条例于 2010 年 1 月颁布，重新定义了公众场所和晚间噪声限制标准等。

此外，印度政府还对新建整体涂料项目的选址、兴建条件等做出了详细要求，相应条款也已形成。

2009 年澳大利亚涂料市场报告

王欢摘译自《第十四届 APIC 大会报告》

1 澳大利亚涂料市场整体概况

2009 年对于澳大利亚工业来说是极具挑战性的一年。与其他所有经济体一样，涂料行业需求受到诸多因素影响，包括总体经济活动，建设水平以及如汽车、家具和集装箱等具体终端产品数量等。其中衡量总体经济活动的最佳指标即 GDP。

自 2008 年底开始的经济不景气给全球涂料市场带来巨大影响。从 2007 年到 2008 年，全球涂料市场基本保持平稳，2008 年第四季度伊始，市场出现大幅下滑，下滑部分抵消了 2008 年前三季度获得的利润盈余。这一颓势一直延伸到 2009 年，2009 年的市场衰退表现为产量和产值均呈现 2%～3%的下降。

2 建筑和装饰涂料

2002～2009 年，包括木器涂料在内的整个建筑和装饰涂料市场销量增长 10%，增量达 1340 万升。这 8 年中，虽然市场整体呈现上升趋势，但具体表现为涨跌互现态势，见图 1。其中，最大销量跌幅出现在 2009 年，较上年下降约 6%，下降量约为 900 万 L。这一局面主要是由于质感涂料、水性内墙和外墙面漆、底漆、屋顶涂料和无光涂料等领域销量共同下跌形成的。而 8 年里第二大销量跌幅则为 2005 年的 3.45%。不过值得肯定的是，从 2005 到 2009 这 5 年中，整个建筑和装饰涂料市场销量累计增长 5%，增量达 680 万 L。

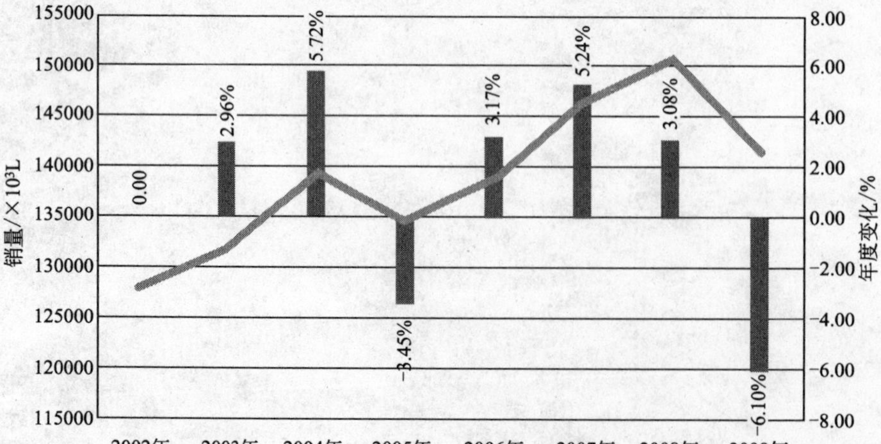

图 1 2002～2009 年澳大利亚建筑和装饰涂料市场走势

澳大利亚建筑和装饰用木器涂料产品领域近年来一直保持良好上升态势，从2002～2009年，该领域增幅为5.17%，达38万升，见图2。但因其总体产量在涂料市场中所占份额较少，因此木器涂料的销量上扬并未给整个建筑和装饰涂料领域带来根本影响。另外，在过去的3年中（2007～2009年），装饰性涂料、底漆和外用清漆未出现显著增长。

3 工业涂料

2003～2009年间，澳大利亚工业涂料领域销量下滑约18%。在2003年和2006年分别出现销售峰值后，至2009年，该领域销量一直呈现持续下降态势，见图3。由于受木器涂料、汽车涂料、罐用涂料、卷材涂料以及其他工业涂料领域销量纷纷下跌的综合作用，2009年澳大利亚工业涂料呈现出最大跌幅，创2002年后近十年来新低。而在所有工业涂料产品系列中，重防腐涂料、道路标线涂料则在近年一直保持适度增长态势，与其他工业涂料一路走低形成反比。

对于工业木器涂料市场而言，在2004年攀至峰值后便逐年稳步下滑，至2009年跌至谷底，如图4所示。图4中跌幅数字表明，工业木器涂料市场衰退局面已经形成。

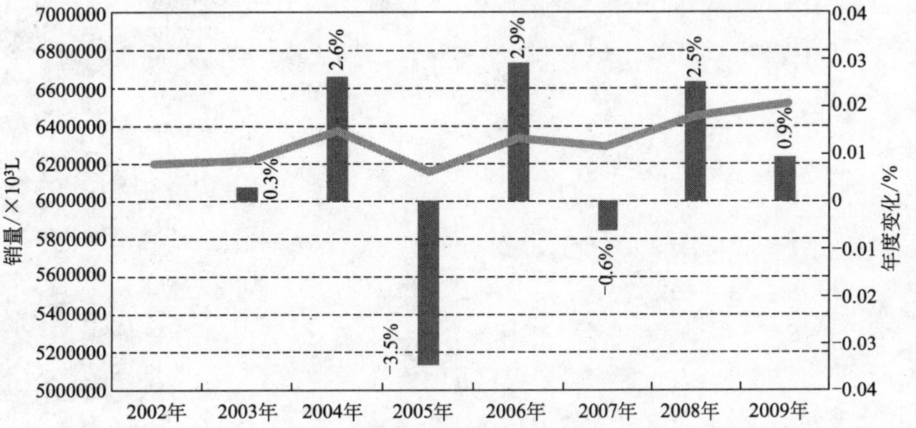

图2 2002～2009年澳大利亚建筑和装饰用木器涂料市场走势

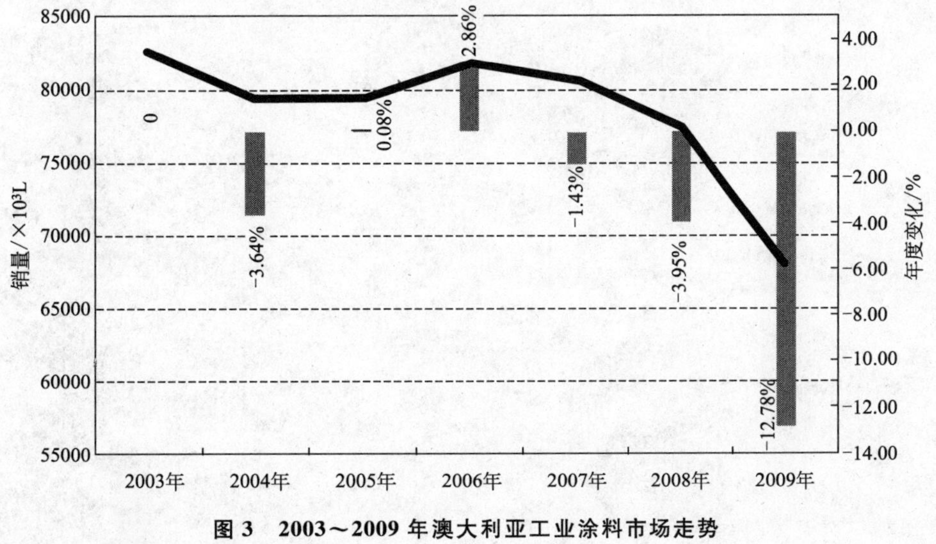

图3 2003～2009年澳大利亚工业涂料市场走势

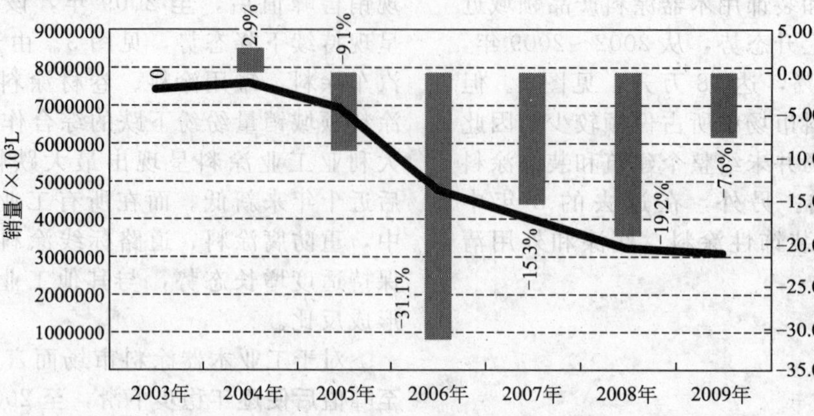

图 4　2003～2009 年澳大利亚工业木器涂料市场走势

2010

第八章

中国涂料工业大事记

2010年中国涂料工业大事记

杨 桓 陈 红

2010年1月6日

海关总署2010年1月6日发布“总署公告［2010］3号”文件，宣布为便于进出口货物的收发货人及其代理人正确确定进出口货物的商品归类，保障海关商品归类的统一，海关总署决定对部分已公布的商品归类进行文字更正。其中包括了两类“异氰酸酯”和“处理剂/甲乙酮、乙酸乙酯等混合物”。

2010年1月7日

中国涂料工业协会于2010年1月7日在上海举办“第一届纳米技术及纳米材料改性涂料应用技术研讨会”，来自业内60余名代表参会。

会议就节能环保型产品、纳米材料的应用及纳米涂料的发展前景及技术难点进行了积极探讨。此次专题会议为同行提供了一个交流平台，给纳米材料应用及纳米材料改性涂料技术等方面以启示，有助于涂料企业在纳米技术方面的创新和发展。

2010年1月7日

涂料行业权威著作《涂料工艺》（上、下册）（第四版）在上海举办的第一届纳米技术及纳米材料改性涂料应用技术研讨会上举行了首发式及赠书仪式。

本书在内容质量上具有权威性，从国际化视野反映了我国目前涂料行业的技术水平。《涂料工艺》自1970年问世以来，经过4次大的修订。本次修订充分继承了体系完整、门类齐全、专业扎实的优良基因，根据产业链的全面升级，在技术产业化、规范国际化、设备标准化、内容信息化和绿色理念等方面做出了新的突破。

2010年1月13日

中国涂料工业协会第六届第四次常务理事会于2010年1月13日在厦门召开。本次会议重点研究审议秘书处提出的2010年的工作计划。会上对2009年协会工作和2010年具体工作设想进行了汇报，包括：政策研究、标准化工作、行业调研、信息交流、人才培养、内部改革、国际交流等。2010年工作重点仍然是产业升级、结构调整和战略转型，仍然是加大力度推进节能减排工作，仍然是生存与发展并重、危机与机遇共存。

与会代表提出在2010年工作计划中应增加向上级政府部门反映溶剂油减免二次税收工作及建立协会重点工作定期通报制度两项内容。

会议通过审议，一致同意接纳湖南铝硅业有限公司等21家企业为第46批中涂协会员单位。会议还就秘书处对会员单位进行清理的情况做了审议，一致同意将长期不能履行会员义务及企业破产、转产、停产、关闭的企业予以除名，取消其会员资格。

2010年1月20日

《防治船舶污染海洋环境管理条例》（简称《防污条例》）宣贯会于1月20日在广西南宁举行。《防污条例》的出台是实践科学发展观、建设生态文明的必然要求，是我国水运事业与环境保护协调发展的迫切需要。

经对《防污条例》全面修改，《防污条例》

于2009年9月2日经国务院第79次常务会议审议通过，并于2010年3月1日起施行。

2010年1月26日

为更好配合振兴东北发展战略，引导涂料企业走进东北、拓展市场，推动工业园区化建设，中国涂料工业协会、沈阳市经济和信息委员会与沈阳经济技术开发区管委会于2010年1月26日在沈阳铁西联合举办了“中国涂料沈阳高峰论坛”暨中国涂料沈阳示范产业园揭牌成立。

会议分别介绍了中国涂料工业发展现状及趋势，分析了2009年涂料行业的经济运行形势和铁西产业新城的总体规划。最后，中国涂料工业协会向沈阳化学工业园授予“中国涂料沈阳示范产业园”铜牌，这标志着沈阳铁西产业新城建设迈出了实质性的步伐。并且于3月24日有北京红狮漆业有限公司等5家企业首批签约入驻。

2010年1月31日

2010年1月31日下发的中央“一号文件”，“建材下乡”抓住了当前农村建房快速增长和建筑材料供给充裕的时机，把支持农民建房作为扩大内需的重大举措。首批“建材下乡”目录中未包括涂料产品。但经过多部门会同商议，已初步认定水泥、玻璃、陶瓷、钢材、涂料等农户盖房必须的基础建筑材料应纳入“建材下乡”目录，国家工业和信息化部目前正在制定具体的“建材下乡”目录产品的标准，这将是涂料行业面临的一个新的商机。中国涂料工业协会也正在积极推动这项工作。

2010年3月22日

2010年3月22日上午，中国涂料工业协会第六届第五次常务理事会召开。经常务理事认真讨论，会议一致同意常州光辉化工有限公司增补为第六届理事会副理事长单位，佛山市美涂士化工有限公司、江西省添光化工有限责任公司增补为第六届理事会理事单位。会议还审议通过了协会秘书处2009年财务报告及本次会议的会议纪要。

3月22日下午，中国涂料工业协会第六届第五次理事会召开。会议一致审议通过了协会秘书处2009年工作总结、2010年工作计划及2009年财务报告；还讨论通过了“中国涂料工业协会分会管理办法（草案）”说明；审议通过了第47批岳阳市科立孚合成材料有限公司等16家单位会员；审议通过了第六届第五次常务理事会决议及本次理事会会议纪要。

2010年3月22日

中国涂料工业协会氧化铁系分会2010年理事扩大会议于2010年3月22日在南京举行。会上就当前国家产业政策调整、行业环保标准制定、市场资源走势等相关问题进行了介绍和解读。并对2009年氧化铁系分会工作进行了小结，对行业经济运行情况进行了分析，提出了2010年氧化铁系分会工作建议。会上还进行了经验介绍、信息交流、工作建议等多范围的互动和讨论。并对当前行业关注的热点及应对措施等问题进行了深入讨论，达成共识，形成会议纪要。

2010年3月23日

由中国涂料工业协会主办的“2010中国涂料、颜料行业工作年会”在南京召开。会议主题包括：“破局·振兴·谋变”——2009年中国涂料工业经济运行分析；危险化学品生产经营的安全监督管理；推行责任关怀、促进行业可持续发展；中国涂料行业VOC现状；提升行业的整体创新能力，应对“十二五”面临的挑战；2010年氧化铁行业经济走势的分析；我国钛白粉颜料行业经济形势分析；中国涂料工业协会2010年工作设想。

2010年3月23日

中国涂料行业2010年信用评价发布会在南京举行。会中发布了评价结果并为获得A级以上的7家企业颁发了铜牌。他们是：江门市制漆厂有限公司AAA、泉州市信和涂料有限公司AAA、福建省腾龙工业公司AAA、沈阳金飞马制漆有限公司AAA、西安利澳科技股份有限公司AAA、佛山市美涂士化工有限公司AAA、上海阿帝兰实业发展有限公司A。截至2010年已有21家涂料企业获信用评价A级以上等级。

2010年3月24日

2010年3月24～26日，由中国涂料工业协会主办、北京涂博国际展览有限公司承办的大型国际涂料展于南京国际展览中心正式拉开帷幕。此次展会的主题是“低碳环保、节能降耗、涂美世界、时尚生活”。有来自中国、欧、美、日等10余个国家和地区的涂料、原材料、涂料装备等150余家企业参展，展出面积达1万平方米。

展会上厂商云集，国内外涂料及涂料装备知名品牌竞相亮相；科技创新产品、新技术凸显低碳经济时代的到来；活动连连，充分利用了展会搭建的平台，活动精彩不断。另外，展会期间举办的涂料设备新进展及辐射固化材料在涂料行业的应用技术进展讲座，更使观众从深层次地了解这两个领域的发展。

从本届展会可以看出，涂料展览会已经从前几年的单一产品展示，逐步向多层面、多元化、发散式转化，实现上中下游联动、多方位参与、向下游延伸的趋向。

2010年3月24日

由中国涂料工业协会主办的“2010全国涂料经销商联谊大会”在南京召开。本次会议以“促进产销互动，搭建沟通平台”为主题，让经销商更好地了解涂料新产品、行业新趋势，生产企业更好地了解经销商及市场信息。来自全国200余位涂料经销商参加了本次会议。会上从营销理念、产品发展趋势及风险控制、防腐涂料配套与涂装、如何整合区域经销商的群体优势进行了交流。

2010年3月24日

2010年3月24日首批入驻中国涂料工业协会（沈阳）涂料产业基地签约仪式在南京成功举行。这是自该示范基地于2010年1月26日揭牌后第一批企业签约入驻。北京红狮漆业有限公司、武汉力诺双虎涂料有限公司、泉州市信和涂料有限公司、广东嘉宝莉化工集团、福建鑫展旺化工有限公司分别与沈阳化工园区进行了签约。据意向协议，5家企业总投资超过15亿元，将建设工程机械涂料、重防腐涂料、建筑涂料、地坪涂料、汽车涂料、工业涂料等项目，并建立物流公司，从事化学品仓储物流、重点为涂料企业服务。

2010年3月25日

2010年3月25日，第二届中日涂料协会交流会在南京召开。这是继2008年首届中日涂料协会交流会后，中日涂协领导人的第二次会晤。出席此次交流会的领导有：中涂协理事长孙莲英，副秘书长杨渊德、丁智；日本涂协专务久米政文，国际部长崎辰彦、法月佳子，日本化工报李龙植以及日本涂料报知社的星野升社长、有马弘纯等。

在会晤过程中，孙莲英理事长就2009年中国涂料行业的整体经济运行情况做了介绍。希望加强和各国涂料协会的交流，进一步推动中国涂料行业向环保、低碳、节能和高功能方向发展。日本涂料工业协会也希望在为降低地球的环境负荷，独自制订了VOC的减排目标来抑制VOC的排放；严格按照引发室内空气污染的甲醛扩散标准值，实施正确的自我管理；正确地运用GHS，以及欧盟REACH等化学物质管理方面的法律法规应对，这三个方面发挥作用。双方交流在友好的气氛中进行。

2010年3月25日

由中国涂料工业协会主办的“2010涂料设备品牌推荐活动新闻发布会”在南京召开。本次活动旨在提高品牌意识，弘扬优秀品牌，规范行业经济秩序，推动涂料装备企业和涂料生产企业的共同进步。此次活动经自行申报、初审、网上公示、复审和专家推荐五个阶段，在自行申报的38家企业中，最终推荐7家装备企业为“2010涂料设备品牌推荐企业”，分别是：江阴市双叶机械有限公司、江苏洪流化工机械有限公司、重庆市渝辉化工机械有限公司、张家港市通惠化工机械有限公司、重庆市红旗化工机械有限公司、江阴精细化工机械有限公司、江阴市康捷机械制造有限公司。通过活动的开展，进一步优化和提高了装备企业产业结构和产品结构，并希望涂料装备企业在涂料生产粉体自动化输送和计量上有新的突破和创新。

2010年3月26日

2010年3月26日，中国涂料工业协会携手上海工程技术大学联合培养涂料专业人才座谈会在上海举行。会中介绍了学院的情况和学院初步制订的化工卓越工程师培养标准和企业培养方案。并就如何实施“3+1”培养计划、涂料专业课程安排、编写涂料工程专业（方向）教材、专业培训、合作研发项目、合建涂料工程学院等问题展开了座谈与协商。将选定一些涂料企业作为杰出工程师人才培训基地，并由中涂协和上海工程技术大学联合授“卓越工程师企业培养基地”牌。

2010年3月29～31日

2010年3月29～31日，由《涂料工业》杂志社主办的“第4届塑料涂料及涂装技术研讨会”在羊城广州顺利召开。本次会议围绕着“塑料底材合金化，以及塑料涂料功能化”这个主题，秉承着“低碳经济”的原则，吸引了来自120多家公司约180名参会代表。

会中介绍了我国和广东地区玩具产业的情况，以及玩具企业对塑料、涂料产品质量的要求；塑料涂料用相关原料的新产品新技术，并从汽车塑料涂料、玩具塑料涂料、手机塑料涂料、丙烯酸酯体系等方面进行了多场论文交流。

2010年4月2日

全国政协常委、香港北海集团董事局主席、中华制漆（一九三二）有限公司董事局主席、中国涂料工业协会名誉理事长徐展堂先生于2010年4月2日在京不幸病逝，终年69岁。

徐展堂先生以深深的民族情结和使命感，以高度的社会责任感和爱国主义精神，怀着“发展民族工业，创造彩色人生”的坚定信念，以满腔热情倾注于民族涂料工业的发展中，时刻关注着民族涂料工业的发展。中华制漆也在徐先生的带领下，经历了近80年的风雨历程后，如今已发展成为民族涂料工业中的佼佼者，并屡获殊荣。

2010年4月7～8日

2010年4月7～8日，由环境保护部环境保护对外合作中心组织的“中国消减和消除全氟辛基磺酸及其盐类和全氟辛基磺酰氟战略研究项目总结会”在京召开，35位代表出席会议，中国涂料工业协会受邀参会。

按照中国PFOS/PFOSF类物质使用清单，涂料行业1200t（2006年统计）是其应用量较大的领域。此次会议就中国PFOS/PFOSF削减控制路线图，杀虫剂领域清单调查报告，替代技术评估报告以及中国PFOS/PFOSF淘汰策略初步研究进行总结。

2010年4月11日

“2010中国建材商大会”于4月11日在北京召开。共有来自全国700多名建材商代表参会。大会主题为“流通全球，融汇革新·推进合作发展，触发跨越商机”，会议共设三个分论坛进行讨论。会上就由中国涂料工业协会起草的“建材下乡”（涂料产品）实施细则与参会代表逐条进行了讨论，还就其备战农村市场布局工作做了介绍。中国涂料工业协会理事长孙莲英代表涂料行业向国家六部委就涂料行业的基本情况和相关调研情况作了汇报，并申请“涂料”纳入“建材下乡”产品目录。

2010年4月12日

2010年4月12～22日，中国涂料工业协会组织行业30余家企业赴美进行商务考察。代表团先后走访了杜邦、陶氏、阿克苏诺贝尔等国际知名公司，同期参观了在夏洛特举办的美国涂料展，直接了解了世界新产品新设备的信息。

代表团一行考察了杜邦的汽车漆车间、陶氏的原材料生产基地及阿克苏诺贝尔国际油漆的防腐漆车间，给团员一次很好的学习机会，留下了深刻印象。

2010年4月18～22日

由公安部四川消防研究所、中海油常州涂料化工研究院联合主办的“第3届特种涂料暨防火涂料研讨会”于2010年4月18～22日在四川成都成功召开。本次会议共有18个场次的专题演讲、技术讲座和论文交流，分别来自公安部四川消防研究所、中海油常州涂料化工研究院等研究机构和涂料企业近130位代表到会参加。探讨了防火涂料、耐高温涂料、航空涂料以及军工涂料等的技术进展和发展方向。

2010年5月14日

2010年5月14日，国家海事组织（IMO）的海上安全委员会（MSC）第87次全体会议通过了MSC.288（87）决议案，附件1《油船货油舱宝保护涂料性能标准》与附件2《油船货油舱腐蚀防护替代方法性能标准》以及MSC.291（87）决议案，关于SOLAS公约第Ⅱ-1/3-11条规划的附件 1《油船货油舱保护涂料性能标准》也作为一项强制性标准实施。

2010 年 5 月 17 日

2010 年 5 月 17 日，水性聚氨酯专委会在温州召开了第二届二次水性聚氨酯理事会。会中做了 2009 年水性聚氨酯专委会工作总结及 2010 年工作计划报告，并介绍增补副理事长单位成员情况。与会的理事单位代表审议了工作报告，并重点讨论了 2010 年工作计划，尤其是第 2 届水性聚氨酯培训班培训内容、对外交流活动及《涂料技术与文摘》作会刊等事宜，最后通过选举增补柏斯托（上海）化工产品贸易有限公司为水性聚氨酯专委会副理事长单位，调整后的第二届理事会组成如下：中海油常州涂料化工研究院是水性聚氨酯专委会理事长单位；拜耳材料科技贸易（上海）有限公司、安徽大学、广东嘉宝莉化工有限公司、美国宣伟公司、天津裕北涂料有限公司、温州市寰宇高分子材料有限公司、柏斯托（上海）化工产品贸易有限公司为副理事长单位；欧宝迪树脂（深圳）有限公司、奥德美（淄博）高分子材料有限公司、山东圣光化工集团有限公司、丽水市优耐克水性树脂科技有限公司、东莞市宏达聚氨酯有限公司、恒昌涂料（惠阳）有限公司、武汉工程大学、武汉理工大学、金坛市新华化工厂、海名斯特殊化学公司为理事单位。

2010 年 5 月 17 日

2010 年 5 月 17 日，《涂料技术与文摘》第三届编委会在温州召开。会上进行了 2008～2009 年工作总结及 2010 年工作计划汇报；简述了对编委调整情况的说明；并提出文摘部分的意见及拟增加各专委会理事单位编委的建议。

2010 年 5 月 17～20 日

由中国聚氨酯工业协会水性聚氨酯专业委员会、《涂料工业》杂志社和全国涂料工业信息中心联合主办的“2010 水性聚氨酯行业年会”于 2010 年 5 月 17～20 日在温州召开。来自全国各地包括宝岛台湾 14 个省市的 129 家单位约 200 位从事及关注水性技术的代表再次相聚在一起，共同探讨先进水性技术。

本届会议延续了以往经典模式，采用主题报告、技术讲座与优秀论文评选相结合的方式。会议主题主要有：在绿色制造和低碳经济中，行业面临的历史机遇和产业结构调整；我国政府部门对行业的管理，相关的一系列法规和标准规范及检测和认证；水性聚氨酯胶黏剂和水性木器涂料行业技术与市场现况；水性聚氨酯分散体粒径及粒径控制；最新的水性技术与水性产品信息。

2010 年 5 月 21 日

中国涂料工业协会钛白粉分会专家组 2010 年第一次会议于 2010 年 5 月 21 日在北京召开。中国涂料工业协会及分会领导、钛白粉专家及部分企业领导共 16 人出席了会议。

会上就当前我国钛白行业发展的基本态势、面临的问题和后续发展所需关注的问题进行了简要分析和阐述，并就“钛白行业准入条件（草案）”和“钛白粉清洁生产标准和审核指南（初稿）”进行了讨论、修改。会议经讨论确定了钛白粉行业“十二五”重大技术创新示范项目及今后几项工作。会议还建议，各会员单位在中涂协和分会的组织下恢复钛白粉行业的经济指标统计月报表制度。最后决定 2011 年 6 月中下旬择日召开第二次专家组会议，检查各项工作进展和落实完成情况。

2010 年 5 月 21 日

柳编制品由于巨大的国际市场需求，产品主要出口到欧盟、美国、日本、韩国等发达国家。且该类产品直接与人群使用有关，柳编制品用涂料市场相对比较混乱，没有制定过相应的涂料标准。中国涂料工业协会根据会员要求，经过 2 年左右的时间制定了《柳编制品水性涂料》行业标准，2010 年 5 月 21 日通过了专家组评审，评审后于 2010 年 6 月 21 日～8 月 20 日进行公示，广泛征询意见。

2010 年 5 月 26 日

中国涂料工业协会以“倡导环保、拒绝有害、健康生活”为主题于 2010 年 5 月 26～28 日在东莞召开了“第四届中国国际水性木器涂料发展研讨会”，在低碳经济下探讨如何加快水性木器涂料产业化进程。350 余名代表与会。水性木器涂料研讨会历经 4 年，会议一年年的变化，从上中下游产业的零距离互动到家具企业与涂料生产企业的“无缝对接”，直至 2010 年“中国水性木器涂料产业技术联盟”的成立，更加推进工作日常化，使水性木器涂料的产业化进程有实质性的突破。

会上领导、专家、教授发表演讲，形成大会共识：产业技术联盟是加快中国水性木器涂料产业化进程的助推器；国家政策法规的引导和标准的建立是水性木器涂料在当前历史条件下产业发展的关键，只有得到政策和法规的支持，才能加速产业化进程；市场需求和改变观念，仍是水性木器涂料的产业化进程的源动力；施工应用，仍是迫在眉睫需要解决的问题；责任和勇气，仍是我们可贵的精神。

2010 年 5 月 26 日

在第四届中国国际水性木器涂料发展研讨会召开之际，“中国水性木器涂料产业技术联盟(筹)”(以下简称联盟）正式成立，它构成了第四届中国国际水性木器涂料发展研讨会的最大亮点。在 5 月 25 日的筹备会议上，一致推荐中华制漆（深圳）有限公司董事局主席助理杨献为联盟主席，并一致通过了联盟副主席单位、联盟秘书长和副秘书长名单。最后讨论了联盟宣言及组织架构方案。

中国水性木器涂料产业技术联盟是在中国涂料工业协会领导下，由从事水性木器涂料生产、贸易销售、科研机构、大专院校、原材料供应商、设备及辅助企业、骨干家具生产企业等单位按照“自愿、平等、合作”的原则发起成立。其宗旨是“合作、共赢、创新、发展”，核心任务是以推进我国水性木器涂料的技术进步和产业化。

2010 年 5 月 26 日

中国涂料工业知识产权工作委员会在中国涂料工业协会的指导下，推出中国最受欢迎涂料品牌系列评选活动启动。涂料品牌评选分 5 大系列，即：十大绿色木器涂料品牌、十大环保外墙涂料品牌、十大健康内墙涂料品牌、十大防腐涂料品牌和、十大原材料供应商品牌。评选的主题是绿色、环保、健康。

2010 年 6 月 1 日

全国涂料和颜料标准化技术委员会起草的《室内装饰装修材料溶剂型木器涂料中有毒有害物质限量》国家标准于 2010 年 6 月 1 日起正式实施。本标准规定了室内装饰装修用聚氨酯类、硝基类和醇酸类溶剂型木器涂料以及木器用溶剂型腻子中对人体和环境有害物质允许限值的要求、试验方法、检测规则、包装标志、涂装安全及防护等内容。标准适用于室内装饰装修和工厂化涂装用聚氨酯类、硝基类和醇酸类溶剂型涂料（包括底漆和面漆）及木器用溶剂型腻子。不适用于辐射固化涂料和不饱和聚酯腻子。新标准对涂料中甲苯、乙苯、二甲苯和甲醛的含量做出了更严格的规定。

2010 年 6 月 2 日

中国涂料工业协会装备分会年会于 2010 年 6 月 2～5 日在重庆召开。来自涂料和装备行业的 50 多家企业、90 多名代表与会。会上对分会过去一年的工作做了全面总结，并举行了涂料装备发展新动向、新技术讲座及涂料生产企业搬迁工程的专题研讨。此次年会形式新颖，内容实用，实现了生产企业与装备企业零距离的互动。

2010 年 6 月 16 日

中国涂料工业协会氧化铁系、铅铬颜料分会 2010 年行业年会于 6 月 16 日在上海同时召开。中国涂料工业协会、上海涂料染料行业协会、中国染协有机颜料分会及来自两个行业的有关领导和代表共 140 人出席了会议。会议就上半年涂、颜料行业经济运行情况和下半年行业发展动态做了专题介绍和分析。

氧化铁系分会年会主题是：“设备创新提升年”。会上做了氧化铁行业 2009 年经济运行情况和 2010 年工作任务、铅铬颜料 2009～2010 年度工作总结和行业经济指标完成情况分析的报告。

2010 年 6 月 20 日

国家质检总局按照“建立大质量工作机制”的思路，会同国家发改委、公安部、环保部、住房和城乡建设部、商务部、工商总局、林业部、电监会，联合印发了《2010 年全国建材市场秩序专项整治工作要点》。要求自 6 月 20 日起至 9 月 30 日，在全国范围内联合开展“清新居室百日行动”。9 部门同时要求联合开展 2010 年“清新居室百日行动”专项执法。质检总局、环保部、住房和城乡建设部、工商总局、林业局联合部署，以木制家具（包括办公家具）、人造板、涂料等装饰装修材料为重点产品开展执法检查。这一行动旨在为人民群众营造一个清新、安全的居室环境。

2010年6月20～24日

由《涂料工业》杂志社、中国化工学会涂料涂装专业委员会和全国涂料工业信息中心联合主办的“2010现代涂料配方设计及涂料用助剂培训班”于2010年6月20～24日在常州召开。共有来自涂料、涂装、原材料、设备等企业的近160位学员参加了本次培训班。

本次培训班从涂料配方设计要点和方法；新技术、新助剂；欧洲涂料助剂发展趋势；涂料用助剂主要品种（包括流平剂、分散剂、消泡剂、流变剂、增稠剂、成膜助剂、阻燃剂、海洋防污剂和其他助剂）等方面进行了详细的讲解。并在涂料院举行了助剂培训班结业典礼，由涂料院赵晓东副院长、钱伯容总工程师和毕克化学的贺继东经理为学员颁发了结业证书。

本次培训基本达到了三个目的：首先，进一步理顺和加深了涂料用助剂知识的理解和掌握；第二，讲课老师讲解到一些涂料配方设计原理，将在以后的实际生产中起到重要的作用；第三，涂料研发过程中使用助剂遇到的问题通过培训班与老师的交流得到有效的解决。

2010年6月22日

国家质检总局6月22日发出《关于中国名牌产品有效期满后标志使用问题的通知》（以下简称“通知”），通知称，中国名牌战略推进委员会2005年公告公布的493个中国名牌产品，2010年9月有效期满，在涂料产品中获得“中国名牌产品”称号的品牌只有8个，且都为2005年获得评定的，也就是说最迟2010年9月即有效期满。通知又称“中国名牌产品有效期满后，企业不得在产品及其包装、装潢、说明书、广告宣传以及有关材料中继续使用中国名牌产品标志。2010年9月有效期满的中国名牌产品，如已印制产品包装材料、说明书并在产品包装材料、说明书上使用中国名牌产品标志，可以顺延使用至2010年12月31日。逾期不得继续使用中国名牌产品标志。”

2010年6月23日

由国际涂料与油墨理事会（IPPIC）主办、中国涂料工业协会承办、中远佐敦船舶涂料（青岛）有限公司协办的“第六届IPPIC防污涂料工作组会议”于2010年6月23～24日在北京新世纪日航饭店召开。来自国际上20余家成员单位的30余名代表与会。

会议审议了上届工作会议的纪要，并介绍了自2009年3月第四次工作组发起的关于影响防污涂料发展因素的工作以来，日本、东南亚、澳大利亚及欧盟、美国等地区所做的工作；并对舰船防污要应对的危害物种、防污涂料标准以及监管工作、有关氧化亚铜用于防污涂料的在美国、欧盟的相关法规、ISO人类健康风险评估程序及现状、数据保护及保密、关于氧化锌在防污涂料中应用的IPPIC的立场等问题进行了讨论。

会上，介绍了中国防污涂料的研发状况、中国防污涂料相关的法规与标准、我国防污涂料DDT替代项目的进展情况；探讨了IPPIC在IMO的作用和地位以及如何参与IMO的工作。

2010年6月25日

中国涂料工业协会于2010年6月25日在上海古象大酒店召开第二届专家委员会第三次常务委员会。理事长孙莲英、专委会主任刘登良及常委江磐、阎永江、王健、刘国杰、杨桓、段质美、黄添源、石玉梅、沈浩、杨渊德参加了会议。会议就专家委员会的聘任和退出机制以及涂料行业“十二五”科技创新和发展思路、涂料行业清洁生产技术推行方案专家评审意见等问题进行了讨论，还就《危险化学品涂料产品生产许可证实施细则》征询了与会专家的意见。

2010年6月25日

由《涂料工业》编辑部和万达科技（无锡）有限公司联合主办的“Ferrinov防锈颜料及防锈涂料技术研讨会”于2010年6月25日在无锡国际饭店举办。来自全国各地的150多位代表参加了本次研讨会，分享Ferrinov防锈颜料及防锈涂料技术。

会议主要内容：费瑞诺公司及产品的市场情况、Ferrinov防锈颜料的研制及防腐机理、Ferrinov防锈颜料在各种防腐涂料中的应用及配方设计、Ferrinov 防锈颜料的防锈性能及分析的报告。

2010 年 6 月 27 日

由中国涂料工业协会主办、海洋化工研究院承办的“第四届国际海洋与重防腐涂料及涂装技术研讨会”于 2010 年 6 月 27～30 日在厦门召开，160 余名代表与会。会议以“蓝色海洋”为主题，收录论文 62 篇，会上有 20 位专家做主题演讲，涉及海洋涂料“十二五”发展面临的挑战和机遇、船舶涂料国际新标准、防污涂料法规、我国重防腐涂料发展、氟碳涂料等重防腐行业的最新政策法规和技术等。

随着我国造船业的崛起，造船市场东移，兼之海洋大陆架石油的开发，海洋与重防腐涂料的发展前景越来越被看好。大会所倡导的低碳环保、节能减排、高性能方向的理念，将会辐射到研发、制造、应用等单位的生产模式和管理模式上，推动行业向低碳环保、高性能方向发展。

2010 年 7 月 13 日

国家质量监督检验检疫总局 2010 年 7 月 13 日发布关于修订《产品质量监督抽查实施规范（第一批）》（以下简称“第一批抽查规范”）的公告（2010 年第 65 号），宣布为进一步完善《产品质量监督抽查实施规范（第一批）》的科学性、有效性和操作性，将修订后的《产品质量监督抽查实施规范（第一批）（2010 年版）》共 143 册予以发布，自 2010 年 8 月 1 日起开始实施。本次修订包括了建筑和装饰装修材料大类中的 2 类建筑涂料产品，分别是“合成树脂乳液内墙涂料”和“溶剂型木器涂料”。其中，《合成树脂乳液内墙涂料产品质量监督抽查实施规范》适用于合成树脂乳液内墙涂料产品质量国家监督抽查。《溶剂型木器涂料产品质量监督抽查实施规范》适用于溶剂型木器涂料产品质量国家监督抽查。监督抽查产品范围包括溶剂型聚氨酯漆类、硝基漆类、醇酸漆类和其他树脂类型的室内装饰装修用溶剂型木器涂料。

2010 年 7 月 26～29 日

由《涂料工业》杂志社、中国化工学会涂料涂装专委会、中国聚氨酯工业协会涂料专委会主办的“第九届车用涂料及第四届电泳涂料技术研讨会”于 2010 年 7 月 26～29 日在青海省西宁市成功召开。本次会议共有 19 个场次的主题演讲、技术讲座和论文交流，有来自研究机构、汽车厂家及涂料企业的近 130 位代表到会参加，共同探讨了低碳经济环境下车用及电泳涂料与涂装技术的改进与创新。发言报告内容精彩，会场交流气氛热烈。

2010 年 8 月 17 日

中国化工学会氟涂料专业委员会、《涂料工业》杂志、全国涂料工业信息中心主办的 2010 氟硅涂料年会在上海召开，来自国内外的 200 多名代表与会。

氟碳涂料因其超强的耐候性和耐沾污性能被誉为“涂料之王”，因此在未来风电市场上有着光明的前景。会议表明，从趋势看，工业防腐领域已经成为我国氟碳涂料产业的主战场，如未来引入风电防腐市场，可极大提高风电设备的耐候、防腐蚀等性能、延长设备保护期限，减少维护成本。相对目前风电设施所使用的聚氨酯体系涂料，氟碳体系涂料无疑将成为升级产品，对推动我国风电涂料的更新换代将起到非常积极的作用。本届年会围绕会议主题和会议主要内容共征集了论文 40 余篇。

2010 年 8 月 17 日

中国化工学会氟涂料专委会三届二次理事会 8 月在上海召开。会上做了中国化工学会氟涂料专委会 2009～2010 年工作总结及 2011 年工作计划。理事单位的代表们审议讨论了：（1）召开 2011 氟硅涂料行业年会的时间和地点；（2）第 4 届氟树脂及氟涂料培训班的主要内容；（3）继续开展氟涂料室外耐老化性能比拼工作的重要性；（4）继续开展行业数据统计工作，为行业健康有序发展提供最真实的信息数据；（5）充分利用氟涂料会刊——《涂料技术与文摘》和 www.asiacoat.com 网站，编辑专辑，为行业及时提供行业新闻、企业动态、会展消息和标准宣传等信息，交流最新技术信息，促进行业技术进步；（6）充分认识加强与下游客户沟通的重要性，采用合理的配套发挥氟碳涂料优异的耐候性。最后，通过选举一致通过增补内蒙古三爱富万豪氟化工有限公司、上海东氟化工科技有限公司作为第三届理事会的理事单位。

2010年8月17日

中国化工学会氟涂料专委会于2010年8月在上海举行“世博会工程、其他相关工程项目集锦展”，并召开了氟硅涂料应用新闻发布会。

在世博场馆及其他有关工程的建设中，应用了涂料而且富有创意的世博场馆不胜枚举，其中也包括不少应用了氟碳涂料的工程。由于氟碳涂料是以超耐久性著称，而世博园的许多场馆在世博会结束后要被拆除，所以氟碳涂料的优异性能在世博场馆中未能得到完美展示。通过本次展示的工程我们将会发现氟碳涂料在建筑和桥梁，特别是大型钢结构和混凝土表面的应用是如此广泛。本次活动展示了氟硅涂料的优秀工程案例，对展示氟硅涂料的优异性能起到了非常积极的作用。

代表们就以下几方面进行深入交流：(1) 氟碳涂料所占份额；(2) 水性氟碳涂料的发展前景；(3) 合理配套、正确施工，充分发挥氟碳涂料耐候性优异、维修成本低这一优势，扩大氟碳涂料在建筑、桥梁领域应用的范围的同时争取在风电、交通等领域有所突破。

2010年8月20日

2010年8月20日中国涂料工业协会及下属北京涂博国际展览有限公司推荐历届涂博会的优秀参展商品牌，参加了阿里巴巴主办的“互联网买家关注网络品牌企业排行榜”评选活动。经过网络搜索排名，中国涂料行业共有11家涂料企业获得“互联网买家心中的百强品牌企业”的殊荣，他们分别是：中华制漆（深圳）有限公司、广东嘉宝莉化工有限公司、北京红狮漆业有限公司、展辰涂料集团股份有限公司、杭州油漆有限公司、湖南湘江涂料集团有限公司、东莞大宝化工制品有限公司、福建三棵树涂料有限公司、上海涂料有限公司、南京长江涂料有限公司、武汉力诺化学集团有限公司。

2010年8月25日

中华人民共和国财政部、环保部对“环境标志产品政府采购清单”（以下简称“环保清单”）进行了调整。2010年8月25日至9月14日公布的新“环保清单”（第六期）在中国政府采购网、国家环境保护部网、中国绿色采购网进行公示。在新的“环保清单”（第六期）产品品目中，室内装饰装修用溶剂型木器涂料产品未能入围，原因是溶剂型涂料主要通过原材料进行认证，而其原材料无法以产品型号进行表述，这导致该品目最终遗憾地退出了这一清单。新公布的清单中，水性涂料产品共计有362家企业入围、防水涂料产品共计9家企业入围。

2010年9月1日

由中国工业经济联合会和中国涂料工业协会联合召开的“水性木器涂料环境经济政策推进研讨会”于2010年9月1～2日在京举行。

会上正式提出建议，对溶剂型木器涂料中的硝基类溶剂型木器涂料征收消费税、建议提高溶剂型木器涂料的国家标准与行业标准、研究将家具企业用于水性木器涂料烘烤设备及VOC末端处理设备列入环境保护专用设备企业所得税优惠目录、建议对水性木器涂料生产企业申请认定高新技术企业时适当降低要求等一系列限制溶剂型木器涂料发展、促进我国水性木器涂料推广的政策建议。这是首次利用经济手段来促进木器涂料水性化的发展，以达到保护环境的最终目标。

此次会议通过环保部、工信部、科技部、环保部政研中心等相关部委的一系列有关经济环境政策的“我国绿色信贷政策”、“积极推进环境污染责任保险防范环境风险”、“行业环境经济政策的协调与把握”、“推动清洁生产和清洁消费的税收政策”、“环境经济政策配套综合名录制定”、“‘十二五’工业及涂料行业规划思路”报告中对政策的解读，使与会代表对相关环境经济政策有了初步的全面了解，并积极地参与到政策建议的探讨与响应中。

通过此次会议，使今后能更好地利用环境经济政策，共同促进水性木器涂料在我国的大面积的推广和使用，加速推进我国水性木器涂料产业化进程。

2010年9月10日

中国涂料工业协会钛白粉行业分会于2010年9月10日在江苏省镇江市召开了分会主任单位扩大会议。会议研究和讨论了行业当前和“十二五”时期内的产业结构调整、环境经济政策对接、后续发展的方向与模式等关系到行业生存与发展的相关问题。

会议还邀请国家环保部有关环境经济政策专家做了前往山东东佳、锦州钛业和河南佰利联考察、调研情况的报告。最后就《钛白粉行业准入条件（草案）》编制说明，对《清洁生产标准——钛白粉（草案）》和《清洁生产审核指南——钛白粉（草案）》二稿内容进行了讨论。

2010年9月14日

由水性聚氨酯专业委员会与《涂料工业》联合主办的第2届水性聚氨酯培训班于2010年9月14日开课。来自全国各地从事或关注水性聚氨酯的120位学员参加了本次培训。主要分成两部分内容：一是分子设计、合成，二是应用。内容上更多地以实例描述分子设计与改性，从生产实际出发讲述水性聚氨酯的合成工艺与生产设备，同时从基本合成原理、配方设计及应用方面讲述羟基型水性树脂的合成；并分别从工业涂料、黏合剂、合成革、纺织涂层领域的角度介绍水性聚氨酯的应用；水性聚氨酯原料的选择将直接影响最终产品的性能，本届培训也讲述了部分原料的技术应用；另外，水性多异氰酸酯固化剂是水性聚氨酯的重要组成部分，用其处理后的水性聚氨酯在提高耐溶剂性、耐热性等方面效果明显，培训内容也将其含括在内。

2010年9月15日

2010年9月15日，国家安全生产监督管理总局对外公布了28项安全生产行业标准目录，其中涉及化工行业安全生产标准占半。

主要包括《危险化学品生产单位主要负责人安全生产培训大纲及考核标准》、《危险化学品重大危险源安全监控通用技术规范》、《危险化学品重大危险源 罐区现场安全监控装备设置规范》以及硫酸、电石、溶解乙炔、涂料生产企业安全生产标准化实施指南等14项目录。这28项标准将于2011年5月1日起施行。

2010年9月17日

中国涂料工业协会第六届第六次常务理事会于2010年9月17日在上海召开。本次会议应到常务理事29人，除2人请假外，实到27人。会议首先听取了秘书处上半年工作汇报及下半年工作思路、工作重点，提出了七大项五十三小项具体工作计划，经常务理事审议一致通过。

会上同时审议增补第六届理事会理事的议案，经无记名投票表决，泉州市信和涂料有限公司、福建鑫展旺化工有限公司、维新制漆（深圳）有限公司3家企业新增补为中国涂料工业协会第六届理事会理事。

此次会议协会秘书处对涂料行业“十二五”科技创新和发展的思路向常务理事做了汇报，同时还就关于国家“十二五”涂料工业VOC污染控制的科技发展思路建议以及涂料行业“十二五”产业政策发展规划进行了讨论。

2010年9月19日

2010年9月19～21日国家交通运输部在银川市召开危险货物道路运输豁免研讨会。会议研究了加强货物道路运输安全管理等事宜，根据“分类管理”的原则，在加强危险极大的货物运输安全管理的同时，解决GB 12268《危险货物品名表》中可以豁免的按照普通货物道路运输的问题。会议在听取提出危险货物道路运输豁免单位的说明后，就提出豁免的危险货物进行专家评审。会议原则同意20L包装规格以下的水性涂料和5L包装规格以下的涂料（溶剂型涂料，整车不超过2t）给予豁免，按照普通货物道路运输。

会议要求中国涂料工业协会做好以下工作：(1)补充整理涂料道路运输豁免说明材料；(2)在行业内对豁免涂料其他方面的管理仍按照国家有关危险化学品法规管理规定进行；(3)涂料豁免品种的包装要按照国家运输包装通用技术标准执行。

2010年9月25日

中国涂料工业协会涂料树脂分会于2010年9月25日在广州召开了树脂分会2010年会及专题会。大会就当前涂料用树脂发展现状和热点问题进行了相关情况介绍和深度解读。

会上，就“2009～2010年中国涂料树脂行业年度报告”及“海洋防污涂料及基体树脂的现状和发展趋势”进行了交流。树脂分会充分发扬分会的使命和作用，鼓励企业走专业化与规模化并重的发展道路，推动了涂料产品结构的调整，不断增长的客户应用需求，促进了高性能化树脂的开发，年会的召开为我国涂料树脂发展趋势指明了未来技术革新的方向。

2010年10月1日

我国首部《玩具用涂料中有害物质限量》强制性国家标准从10月1日起正式实施。该标准对玩具涂料中的铅、砷、汞等有害物质含量制定了上限，新国标将有利于规范玩具生产，家长给孩子买玩具也更放心。

该标准规定，在产品明示的施工配比以及稀释配比条件下，按相关检测要求，玩具用涂料中铅含量不得超过600mg/kg；砷含量不得超过25mg/kg；汞含量不得超过60mg/kg；而苯的比例不得超过0.3%；挥发性溶剂含量不得超过720mg/L等。标准实施后，只有所有项目检验结果均达到标准要求时，产品才能算符合标准。

2010年10月11日

中国涂料工业协会和中国涂料工业协会建筑涂料分会共同主办的“2010中国（上海）建筑涂料发展高峰论坛”于2010年10月11～14日在上海召开。130余人出席了本次论坛。

会上大家就如何提高建筑涂料性能、增加其功能艺术化装饰、如何向节能减耗低碳环保方向发展、与国际建筑涂料行业保持同步等业内关心的问题进行了交流探讨。

主要议题有：当前我国涂料行业的相关政策；结合国内外建筑低碳、绿色、可持续发展的研究现状和代表上海城市参展世博会的实物案例——沪上·生态家，剖析了低碳经济时代绿色建筑技术发展的新理念和实践；我国建筑涂料市场以及生产和发展趋势；当前国内外经济形势；建筑涂料在上海世博园场馆建设中发挥的重要作用。

会议指出在今后3～5年，建筑涂料将主要围绕节能、安全、环保、多功能展开，这也是当前市场对建筑涂料最基本的要求，同时，业界应加大创新力度。此外，质量加服务是建筑涂料企业的最佳促销手段。

2010年10月18日

受亚洲涂料工业理事会委托，2010年10月18～20日，由中国涂料工业协会主办，在苏州组织召开了“第十四届亚洲涂料工业会议（APIC2010）”。来自中国、日本、泰国、印度、新加坡、马来西亚、越南及中国台湾等11个APIC成员组织及特邀嘉宾美国涂料协会代表共60余人与会。大会主要就2009年至2010年度亚洲各地区涂料市场发展状况及趋势、有关降低涂料中铅含量或无铅方面的立法及所做的工作，以及GHS（化学品分类及标记全球协调制度Globally Harmonized System）的实施情况进行了总结。

为了让亚洲同仁了解我国涂料及相关产业的发展，本次会议特别邀请了国内生产树脂、助剂、海洋涂料的企业领导做了专题演讲，展示了我国不同涂料领域的发展状况。来自英国的Louis先生介绍了亚太地区主要涂料制造商的动向及亚太地区近10年来的市场状况。最后会议经投票确定了APIC的Logo设计方案，并初步拟确定下届会议将在泰国召开。

2010年10月20日

中国石油和化学工业联合会2010年10月20～21日在北京召开“全国化工科学技术大会”，总结行业“十一五”科技创新成就和经验，研究部署“十二五”科技发展目标和任务。同时表彰了2010年度在行业科技进步中作出突出贡献的集体和个人。其中，涂料行业获得2010年度中国石油和化学工业联合会科学技术奖授奖项目：科技进步一等奖1项，科技进步二等奖3项，科技进步三等奖5项；技术发明一等奖1项，技术发明二等奖1项，技术发明三等奖1项。此外，天津灯塔涂料有限公司荣获2010年度“中国化工行业技术创新示范企业”称号。

2010年10月21日

由锦州钛业有限公司主办的“首届（2010）中国氯化法钛白发展研讨会”于2010年10月21日在辽宁中信锦州铁合金宾馆召开。来自中国涂料工业协会和中国钛白粉行业及上下游知名企业代表近60名与会，共同探讨中国氯化法钛白粉的发展。

研讨会上，从多角度对中国氯化法钛白未来的发展及现阶段的技术与应用进行了探讨，还就生产技术、产品应用、技术支持、原材料供应等多方面进行了深入交流。

中国氯化法钛白技术突破发达国家的技术垄断，实现钛白行业的自主创新与发展，填补国内空白，是业内人士的共同诉求，这必将推动氯化法钛白产业化进程的发展。

2010年10月23～25日

2010年10月23～25日，以“技能-中国化工”为主题的第三届全国石油和化学工业职业技能竞赛“常州杯”全国制漆配色调制工决赛在常州市举行。有来自中国石油和化学工业联合会、中国涂料工业协会、常州市政协、第三届全国石油和化工行业职业技能竞赛组委会、化学工业职业技能鉴定技术委员会等领导和参赛代表队领队、技术指导、参赛选手共230余人出席了开幕式。

这次决赛有27个代表队、80名选手参加，经过3天的比赛，于10月25日落下帷幕，海洋化工研究院选手王桂峰、王春霞、李作峰取得个人前三名，并将获得“全国技术能手”称号，可直接晋升技师职业资格；其中，第一名王桂峰还将获得“五一劳动奖章”的推荐资格；王桂峰等前1～15名选手获得了“中国石油和化学工业行业技术能手”称号；海洋化工研究院、北京红狮漆业有限公司、陕西宝塔山油漆股份有限公司3个代表队获得团体成绩一等奖；江苏佳尔利装饰材料有限公司等5个代表队获得团体成绩二等奖；湖南湘江涂料集团有限公司等7个代表队获得团体成绩三等奖。

本届大赛是一次高水平的大赛，是一次公开、公平、公正的大赛，是一次有特色、有成就、有影响的大赛。对促进涂料行业职工队伍技能水平和整体素质的提高，提升涂料行业产品质量，推进企业技术进步和提高市场竞争力，缩小我国涂料行业与世界涂料强国的差距，加快从产量大国向技术强国迈进的步伐具有积极的作用。

2010年10月23日

江苏三木集团有限公司与中国科学技术大学共同主办的“第一届国际辐射固化产业发展论坛”于2010年10月23～26日在江苏省宜兴市召开。与会代表超过160人。会议就辐射固化产业的全球最新发展动态及应用领域现状广泛交流了意见和建议。会上还进行了内容涉及全球工业市场UV光聚合技术进展及其未来展望、各地区和亚洲部分国家UV/EB市场综述及其发展趋势、各种新型UV/EB技术的进展和应用以及UV应用领域的现状和发展趋势等的主题报告，为辐射固化技术领域的国内外企业提供了很好的交流平台。

2010年10月25～28日

由中国海洋石油总公司科技发展部、中国石油学会海洋石油分会主办的以“低碳经济引领防腐涂料市场新机遇”为主题的“2010防腐蚀涂料年会暨第27次全国涂料工业信息中心年会”于2010年10月25～28日在浙江省宁波市召开，有来自中国、丹麦、加拿大、德国、日本等国家的近250人参加了本次盛会。

根据防腐涂料应用领域，会议重点进行了风电配套保护涂料和海洋工程防腐涂料的交流研讨，除组织了31场精彩的现场专家演讲和技术讲座外，还进行了9场“碧海舟杯”优秀论文评选活动论文演讲，评选出了相应的获奖论文。

会议同期还组织召开了风电保护涂料国家标准制定讨论会，国家涂料和颜料标准化技术委员会的专家和国内外风电叶片涂料以及风电装备生产企业共同探讨了风电涂料国家标准的相关细节，并针对风电涂料的配套体系以及应用环境地区的多样性，提出了大量有价值的建议和意见。

2010年10月27日

2010年10月27日上午“全国涂料工程人才培养基地建设专题研讨会暨涂料行业卓越工程师教育培养计划启动仪式”在上海技术大学隆重举行。中国涂料工业协会理事长孙莲英、上海工程技术大学校长汪泓以及来自涂料行业的专家和第一批21家“高分子材料与工程（涂料工程）”专业卓越工程师人才培养基地企业的领导出席了启动仪式。

会中对获得首批涂料工程卓越工程师人才培养基地单位——上海涂料有限公司、江苏长江涂料有限公司、北京红狮漆业有限公司等21家企业进行授牌。同时，上海工程技术大学决定聘请孙莲英、杨渊德、林宣益等8人为校聘客座教授。

首批涂料工程专业的学生将分别进入这21家国内涂料企业进行为期近十个月的涂料公司相关职位的一线实践。

2010年11月11日

中国涂料工业协会涂料装备分会一届四次委

员会会议于2010年11月11～13日在西安市召开。

2010年11月19日

由中国涂料工业协会负责承担的国家污染物排放标准编制项目《无机颜料工业污染物排放标准——氧化铁系》于2010年11月19日在北京通过了国家环境保护部环境科学研究院主持的开题论证会。

来自国家环境保护部环境工程评估中心、国家环境保护部总量司、石油和化学工业联合会、北京市环境保护科学研究院等单位专家组成的论证委员会听取了标准编制组对该标准开题报告的介绍，并进行了认真质询和讨论，最后通过了对该标准的开题论证。此外，论证委员会对今后标准制订过程中需要强化的内容也提出了具体的建议。

2010年11月22～25日

由《涂料工业》杂志和全国涂料工业信息中心、中国化工学会涂料涂装专业委员会共同主办的第8届彩板涂料研讨会，于2010年11月22～25日在山东举行。有来自卷材涂料、钢铁、彩板生产企业，以及树脂、颜料、助剂、前处理等企业的180余位代表参会交流。

会中就我国钢铁行业发展状况、涂镀和彩涂行业分析，近年山东及博兴地区彩涂薄板的发展和产能状况，金融危机中的中国钢铁及中国钢铁进入“十二五”的思考进行了交流。

大会共组织23场报告、技术讲座及论文交流。本届会议大家更多地推广和关注环保水性聚酯及水性卷材涂料的应用探讨；FEVE氟树脂及PVDF氟树脂在卷材涂料中的应用；家电彩板用卷材涂料和涂装技术；高强度彩涂板耐蚀性能研究，以及环保的前处理工艺、环保颜料的应用等多方面内容的研讨。

2010年11月24日

“2010年度全国石油和化学工业‘质量兴业’活动总结暨知名品牌表彰大会”在京于2010年11月24日举行。中国石油和化学工业联合会会长李勇武、工业和信息化部科技司司长沙南生、国家质检总局质量管理司副司长惠博阳等领导出席了大会并讲话。

会议的主要议题是：认真总结“质量兴业”活动的成果和经验，研究和部署下一活动的目标和任务，表彰首批“质量兴业”试点单位和知名品牌获奖企业。该评选由中国石油和化学工业联合会组织开展，在广泛听取专业协会、大型集团公司意见的基础上进行。

在整个石化行业首批评选出的知名品牌获奖企业中，涂料行业有5家入选，为：杭州油漆有限公司、江苏长江涂料有限公司、广东嘉宝莉化工集团有限公司、湖南湘江涂料集团有限公司、三棵树涂料股份有限公司，成为了行业“质量兴业”的企业代表和楷模。

2010年11月27日

2010年11月27～29日，由中国涂料工业协会、《中国涂料》杂志社有限公司主办的“2010年《中国涂料》工作信息年会及专家委员会会议”在西安召开。各级领导、专家、编委、信息员共140余名代表与会。

会上，“十二五”涂料行业发展思路的主题报告，为与会代表展望了“十二五”期间涂料行业的发展思路和重点。一年一度的工作会议，总结过去，找出不足，促2011年《中国涂料》工作再上新台阶。在国家大力推进新能源产业发展的背景下，会中分别以“中国船舶涂料行业研究报告”、“中国核电站及核电涂料”、“地坪涂料行业的技术发展趋势”及“风电新能源与涂料”为主题，对涂料行业不同领域的调研情况进行了汇报，使与会代表对这4个涂料领域的现状与发展有了全方位的认识。

为了加强专家委员会和编委、信息员队伍的力量，此次会议又宣布新增聘了吕龙云等4位专家、桂泰江等3位编委、郁幸娜等4位信息员。并对一年来大力支持《中国涂料》杂志工作的沈浩等11位编委及黄洋俊等6位信息员进行了表彰。

2010年12月9日

2010年12月9日在重庆举行了2010年全国钛白粉行业年会。会议总结了五年来钛白粉分会工作，同时指出，在新的环境经济政策形势下，要扎实走出一条“科技含量高，经济效益好，资源消耗低，环境污染少，竞争能力强”的发展道路。

会上重点研讨了在国家执行新的环境经济政策形势下，钛白粉行业发展的趋势及其应采取的对策，与会代表听取了有关专家的学术报告和部分企业的经验介绍。

根据钛白粉行业分会章程的规定，会议进行了分会的换届选举工作。公布了中国涂料工业协会钛白粉行业分会第五届第六次主任会议决议，将钛白粉行业分会委员会改为理事会、将分会办公室改为秘书处，副主任单位改为理事单位、秘书处设在北京。同时，大会通过了选举攀钢集团钛业有限责任公司为新一届中国涂料工业协会钛白粉行业分会理事长单位，并审议通过谢湘云同志为新任理事长。

会议指出：国家产业指导目录把硫酸法钛白粉项目列为限制类，当前应该尽快制订清洁生产标准，让硫酸法钛白粉生产企业发展有个界定，以淘汰粗放型、高污染企业，改善钛白粉市场无序竞争的局面。

2010 年 12 月 13～14 日

由《涂料工业》杂志、全国涂料工业信息中心、中国化工学会涂料涂装专委会主办的“中国交通发展与绿色涂料高层论坛”于 12 月 13～14 日在上海华亭宾馆成功举办。100 多位行业精英出席了会议。

论坛内容涵盖了从涂料原材料、涂料、涂装到交通涂料下游用户这样一条完整的产业链。主题报告主要有：我国汽车工业的现状；我国的高速公路网络和铁路建设现状，大跨径桥梁建设所采用材料的现状和发展趋势；用于交通工具涂料的绿色解决方案；中国修补漆行业现状；目前中国正在运行车厂涂装现状，在建和未建项目涂装发展动向，水性涂料涂装的难点和新要求；高铁及相关设施用聚脲的现状；实现涂料水性化的几条新途径；世界和中国机车和航空市场规模和发展趋势；水性涂料在交通相关涂装项目上运用落后的原因；交通涂料原材料现状，绿色交通涂料发展现状和趋势；2010 中国涂料工业技术亮点。

圆桌互动内容就当前交通涂料领域中的热点和未来发展趋势前景等内容进行了深入探讨。

2010 年 12 月 17 日

2010 年 12 月 17 日，中国化工学会涂料涂装专业委员会汽车涂料专委会成立仪式于广州隆重举行。共有 70 余家企业的代表出席了成立仪式。会议选举产生了第一届理事会成员，包括 13 家理事单位：广州市花都联合涂料有限公司、中海油常州涂料化工研究院、广州市实创化工有限公司、广州浩宇化工科技有限公司、广东雅图化工有限公司、广州雅克化工有限公司、海名斯特殊化学有限公司、上海劲辉化工有限公司、阿克苏诺贝尔新劲汽车修补漆（苏州）有限公司常州分公司、拜耳材料科技（中国）有限公司、东来涂料技术（上海）有限公司、维新制漆（深圳）有限公司。其中广州市花都联合涂料有限公司当选为理事长单位。

汽车涂料专委会的宗旨是环保、责任、创新、成长。作为涂料行业的联合性组织，致力于动员全行业力量推动中国汽车涂料的发展，为汽车涂料的应用提供可持续性发展的解决方案。通过影响政府/制定的机构，推动相应的立法、法规、政策发展和战略、长期计划等。希望成为全国性的行业技术论坛，可靠的信息来源，为应用技术的相关团体、个人以及供应链上的用户提供培训。

2010 年 12 月 28 日

中国涂料工业协会于 2010 年 12 月 28 日在三亚召开了第六届第七次常务理事会。会议通过了中国涂料工业协会第六届理事会秘书处工作报告及下届理事会工作思路的建议。鉴于 2011 年中国涂料工业协会换届，根据《国有资产监督管理委员会协会换届选举暂行办法》（国资委研究［2010］154 号），成立了中国涂料工业协会换届选举工作小组。同时根据国务院办公厅、民政部有关社团管理的要求和协会章程的规定，协会秘书处就第七届理事会的组成方案、组成原则、候选人产生程序、候选人结构组成以及第七次会员代表大会代表的产生等问题向常务理事进行了汇报。

经与会常务理事的讨论、补充、完善，最后一致通过“中国涂料工业协会第七届理事会候选单位的说明”及第七届理事会候选单位及代表推荐名单（103 人）。一致通过推荐孙莲英为第七届理事会会长候选人、郭祥恩等 20 人为副会长候选人，杨渊德为秘书长候选人，熊国刚等 34 人为常务理事候选人。并报送中国石油和化学工业联合会、国有资产监督管理委员会、民政部审批。最后，会议还讨论了中国涂料工业协会章程（修改草案），并形成了统一意见，一致通过。

▲2010年上海世博会，为全球所瞩目。涂料因在这场盛事中扮演着重要的角色而大放异彩。如超低VOC内墙涂料、特殊的荧光涂料、特制的隔热涂料、富有装饰效果的艺术涂料等，处处彰显着涂料在节能、环保、低碳方面的无穷魅力，同时也展现了涂料在高科技和创新中的巨大成就。

▲环境保护部公布镁、钛工业污染物排放标准（GB 25468—2010），该标准于2010年10月1日起实施。

▲工信部淘汰落后生产工艺装备和产品指导目录（2010）发布，中华人民共和国工业和信息化部发布公告（工产业［2010］第122号），颁布《部分工业行业淘汰落后生产工艺装备和产品指导目录（2010年本）》，本次公布的目录中，涉及化工类产品，包括了部分涂料和颜料产品。

▲中国涂料界泰斗，现代涂料工业奠基人之一，陈士傑老先生因病医治无效，于2009年12月24日12时31分在天津与世长辞，享年92岁。

陈士傑老先生为现代涂料工业的发展毕其一生，他热爱祖国、艰苦奋斗、工作严谨、忠于职守、鞠躬尽瘁，为现代涂料工业的发展做出了杰出的、不可磨灭的贡献！

2010

第九章

统计资料

2010年全国涂料产量统计（分省市）

地区	涂料				建筑涂料			
	企业数/个	产量/t		同比/%	企业数/个	产量/t		同比/%
		2010年	2009年			2010年	2009年	
全国	1401	9666323	7868993	22.8	410	3518217	2844771	23.7
华北	151	920443	690086	453.4	46	202513	172607	50.7
北京	62	227545	184082	23.6	31	123092	97332	26.5
天津	45	250609	181186	38.3	9	26497	24738	7.1
河北	29	348202	262576	32.6	4	23167	18765	23.5
山西	9	55938	53858	3.9	2	29757	31772	−6.3
内蒙古	6	38148	8383	355.0	0	0	0	—
东北	96	586360	466339	120.5	29	314015	237834	1698.2
辽宁	73	383792	329167	16.6	19	162055	148366	9.2
吉林	14	180189	122950	46.6	8	150152	89363	68.0
黑龙江	9	22379	14222	57.4	2	1807	105	1621.0
华东	595	4418076	3513032	172.0	196	1632346	1270242	198.4
上海	66	1328039	960767	38.2	46	752912	595648	26.4
江苏	173	1112055	892446	24.6	39	377188	283671	33.0
浙江	176	557198	515935	8.0	45	142344	122531	16.2
安徽	49	237594	213080	11.5	17	97433	113512	−14.2
福建	45	319064	238561	33.7	15	45224	31660	42.8
江西	9	20092	15309	31.2	4	11575	10332	12.0
山东	77	844035	676935	24.7	30	205671	112889	82.2
中南	462	3179037	2732539	121.1	108	1197602	998994	125.7
河南	37	273488	278720	−1.9	13	57700	53301	8.3
湖北	47	182231	143030	27.4	14	45560	43037	5.9
湖南	32	505062	389439	29.7	30	388739	302714	28.4
广东	329	2164059	1876943	15.3	45	690607	588819	17.3
广西	16	50464	41512	21.6	5	11262	8227	36.9
海南	1	3734	2895	29.0	1	3734	2895	29.0
西南	69	387649	335585	82.6	18	123762	128856	47.7
重庆	32	218141	202056	8.0	11	112112	120487	−7.0
四川	26	147974	113881	29.9	3	6887	4258	61.7
贵州	5	3796	2713	39.9	1	942	0	—
云南	6	17737	16935	4.7	3	3821	4111	−7.1
西藏	0	0	0	—	0	0	0	—
西北	28	174758	131411	113.8	13	47980	36238	3524.1
陕西	12	91746	57261	60.2	6	41417	34073	21.6
甘肃	3	19577	15865	23.4	2	2558	74	3356.8
青海	0	0	0	—	0	0	0	—
宁夏	2	2026	1664	21.8	1	676	491	37.7
新疆	11	61409	56621	8.5	4	3329	1600	108.1

2010年涂料制造业工业产值（分省市）

单位：万元

省市	企业数/个	现价工业总产值			其中新产品产值			现价销售产值			其中出口交货值			产销率/%		
		2010年	2009年	同比/%	2010年	2009年	同比/%	2010年	2009年	同比/%	2010年	2009年	同比/%	2010年	2009年	同比
全国	2749	23245914	18494497	25.7	1034425	780072	32.6	22825196	18071265	26.3	878034	716611	22.5	98.2	97.7	0.48
北京	66	300215	239320	25.4	28698	19584	46.5	298677	236578	26.2	3333	4071	−18.1	99.5	98.9	0.63
天津	84	815028	594527	37.1	177671	190015	−6.5	754022	560492	34.5	11169	11994	−6.9	92.5	94.3	−1.76
河北	52	565595	463252	22.1	2405	603	298.9	578388	462567	25.0	4855	3326	46.0	102.3	99.9	2.41
山西	9	37332	24778	50.7	533	0	—	34929	23816	46.7	0	0	—	93.6	96.1	−2.55
内蒙古	7	19921	8756	127.5	0	72	—	19698	8624	128.4	0	0	—	98.9	98.5	0.39
辽宁	149	1053658	720749	46.2	1507	1561	−3.4	1025232	695376	47.4	0	8	−97.3	97.3	96.5	0.82
吉林	25	234336	159148	47.2	9289	467	1890.0	228310	157088	45.3	0	0	—	97.4	98.7	−1.28
黑龙江	21	57876	35146	64.7	0	0	—	55194	34078	62.0	0	0	—	95.4	97.0	−1.60
上海	235	2865454	2346576	22.1	57566	37481	53.6	2805073	2308345	21.5	100947	130898	−22.9	97.9	98.4	−0.48
江苏	482	4369620	3535725	23.6	137911	70562	95.4	4313560	3486397	23.7	151150	122045	23.8	98.7	98.6	0.11
浙江	270	1162368	973061	19.5	337384	255297	32.2	1142713	941177	21.4	54244	30181	79.7	98.3	96.7	1.59
安徽	91	445770	283636	57.2	2338	637	266.9	430557	273953	57.2	13566	12744	6.5	96.6	96.6	0.00
福建	109	828810	666791	24.3	7431	2942	152.6	807886	650261	24.2	21900	22304	−1.8	97.5	97.5	−0.05
江西	27	178227	128770	38.4	2551	0	—	176653	128521	37.5	22	0	—	99.1	99.8	−0.69
山东	156	1501284	1156604	29.8	4981	4157	19.8	1490054	1140966	30.6	9430	8703	8.4	99.3	98.6	0.60
河南	61	376364	308230	22.1	2990	650	360.0	373189	296639	25.8	2562	3243	−21.0	99.2	96.2	2.92
湖北	83	416900	311663	33.8	1444	0	—	395585	300790	31.5	0	0	—	94.9	96.5	−1.62
湖南	56	774373	663596	16.7	57651	14803	289.4	774822	650289	19.2	49	0	—	100.1	98.0	2.06
广东	596	6039903	4872246	24.0	141331	106823	32.3	5943660	4744451	25.3	498684	361534	37.9	98.4	97.4	1.03
广西	21	126734	93752	35.2	241	0	—	123220	89682	37.4	2594	3096	−16.2	97.2	95.7	1.57
海南	1	4038	3390	19.1	0	0	—	4796	4473	7.2	0	0	—	118.8	131.9	−13.17
重庆	37	231447	174070	33.0	38319	23657	62.0	227761	173296	31.4	0	26	—	98.4	99.6	−1.15
四川	71	644794	568984	13.3	22024	50077	−56.0	631645	549419	15.0	0	0	—	98.0	96.6	1.40
贵州	7	35551	20886	70.2	0	0	—	32629	18259	78.7	0	0	—	91.8	87.4	4.36
云南	5	16568	15433	7.4	0	0	—	16590	14876	11.5	119	54	120.6	100.1	96.4	3.74
西藏	0	0	0	—	0	0	—	0	0	—	0	0	—	—	—	—
陕西	15	96138	79854	20.4	0	0	—	95344	77506	23.0	1455	1462	−0.4	99.2	97.1	2.11
甘肃	4	27882	26440	5.5	161	685	−76.6	25024	25832	−3.1	1	0	—	89.8	97.7	−7.95
青海	0	0	0	—	0	0	242.0	0	0	29.2	0	0	—	—	—	—
宁夏	2	3118	3032	39.4	0	0	6790.7	3648	2757	37.2	0	0	—	117.0	90.9	26.05
新疆	7	16611	16084	3.3	0	0	—	16338	14756	10.7	1954	924	111.6	98.4	91.7	6.61

2010年颜料制造业工业产值（分省市）

单位：万元

省市	企业数/个	现价工业总产值			其中新产品产值			现价销售产值			其中出口交货值			产销率/%		
		2010年	2009年	同比/%	2010年	2009年	同比/%	2010年	2009年	同比/%	2010年	2009年	同比/%	2010年	2009年	同比
全国	447	4787973	3848057	24.4	352055	303866	15.9	4661117	3655052	27.5	564523	433604	30.2	97.4	95.0	2.37
北京	1	19642	17591	11.7	0	0	—	20012	17351	15.3	3449	1747	97.4	101.9	98.6	3.25
天津	9	47431	58524	−19.0	1000	703	42.2	48750	54913	−11.2	16522	19082	−13.4	102.8	93.8	8.95
河北	26	412752	375180	10.0	0	0	—	403576	359141	12.4	18046	9685	86.3	97.8	95.7	2.05
山西	3	10277	9013	14.0	0	0	—	9947	9363	6.2	0	0	—	96.8	103.9	−7.09
内蒙古	1	13487	9406	43.4	0	0	—	13432	9210	45.8	0	0	—	99.6	97.9	1.67
辽宁	6	269256	264533	1.8	184926	190744	−3.1	249645	186214	34.1	11147	25946	−57.0	92.7	70.4	22.32
吉林	0	0	0	—	0	0	—	0	0	—	0	0	—	—	—	—
黑龙江	1	16189	5034	221.6	0	0	—	16128	5505	193.0	0	0	—	99.6	109.4	−9.73
上海	29	259500	233197	11.3	19951	15105	32.1	261622	233333	12.1	86756	98100	−11.6	100.8	100.1	0.76
江苏	58	571054	486100	17.5	5636	4470	26.1	565252	466936	21.1	72169	46743	54.4	99.0	96.1	2.93
浙江	51	335089	259437	29.2	64134	53988	18.8	328776	243094	35.2	82971	65953	25.8	98.1	93.7	4.42
安徽	17	98965	67273	47.1	14228	10036	41.8	92426	61617	50.0	1092	738	48.0	93.4	91.6	1.80
福建	12	87075	45993	89.3	0	0	—	85681	44979	90.5	7078	744	851.9	98.4	97.8	0.60
江西	12	76596	67013	14.3	0	0	—	76574	67176	14.0	10115	6820	48.3	100.0	100.2	−0.27
山东	29	448421	383602	16.9	0	0	—	441414	384755	14.7	18304	7796	134.8	98.4	100.3	−1.86
河南	18	337464	308391	9.4	260	446	−41.7	330065	307374	7.4	89694	41127	118.1	97.8	99.7	−1.86
湖北	7	30190	17715	70.4	0	0	—	28768	16975	69.5	1793	0	—	95.3	95.8	−0.54
湖南	43	483945	334162	44.8	30413	23507	29.4	483661	327135	47.8	22364	19484	14.8	99.9	97.9	2.04
广东	90	667637	512600	30.2	1210	30	3933.3	662089	503542	31.5	74842	62572	19.6	99.2	98.2	0.94
广西	7	197390	142906	38.1	0	0	—	179331	121573	47.5	21659	17964	20.6	90.9	85.1	5.78
海南	0	0	0	—	0	0	—	0	0	—	0	0	—	—	—	—
重庆	6	97617	89101	9.6	3564	0	—	88213	84477	4.4	12626	8824	43.1	90.4	94.8	−4.44
四川	14	255405	123737	106.4	26733	4837	452.7	221735	116490	90.3	13308	0	—	86.8	94.1	−7.33
贵州	0	0	0	—	0	0	—	0	0	—	0	0	—	—	—	—
云南	1	4470	3273	36.6	0	0	—	4653	3201	45.4	0	0	—	104.1	97.8	6.30
西藏	0	0	0	—	0	0	—	0	0	—	0	0	—	—	—	—
陕西	1	1518	1528	−0.7	0	0	—	1506	1596	−5.7	587	280	109.6	99.2	104.5	−5.27
甘肃	5	46602	32748	42.3	0	0	—	47861	29103	64.5	0	0	—	102.7	88.9	13.83
青海	0	0	0	—	0	0	—	0	0	37.4	0	0	—	—	—	—
宁夏	0	0	0	22.8	0	0	—	0	0	23.6	0	0	—	—	—	—
新疆	0	0	0	—	0	0	—	0	0	—	0	0	—	—	—	—

2010年1～11月全国涂料行业主要经济指标统计（分省市）

单位：万元

省市	企业数/个	资产总计			主营业务收入			利润总额			亏损企业亏损额		
		本年实际	上年同期	同比/%	本年实际	上年同期	同比/%	本年实际	上年同期	同比/%	本年实际	上年同期	同比/%
全　国	2745	14658693	12491713	17.3	20268169	16039725	26.4	1407748	1174326	19.9	54465	50357	8.2
北　京	66	282128	236026	19.5	277295	217722	27.4	19966	18098	10.3	3910	1854	110.9
天　津	84	754944	646671	16.7	702440	517598	35.7	68039	56168	21.1	4312	884	387.6
河　北	52	441639	340021	29.9	498311	426831	16.7	63717	58993	8.0	1449	1922	−24.6
山　西	9	22389	20917	7.0	30295	21626	40.1	1126	1259	−10.5	64	0	—
内蒙古	7	6420	5052	27.1	14741	6418	129.7	230	−93	—	42	136	−69.4
辽　宁	149	383294	316513	21.1	857099	593687	44.4	31940	20236	57.8	2892	1804	60.3
吉　林	25	135063	115157	17.3	241377	141175	71.0	6898	1169	490.1	96	1788	−94.6
黑龙江	21	27577	21600	27.7	42938	28840	48.9	1802	919	96.1	138	65	111.5
上　海	228	2543620	2339058	8.7	2574078	2105066	22.3	223451	219962	1.6	18214	14042	29.7
江　苏	482	2658671	2175775	22.2	3849137	3115851	23.5	281510	218896	28.6	5093	6931	−26.5
浙　江	270	1127252	969236	16.3	1014479	832975	21.8	81054	74223	9.2	1343	2206	−39.1
安　徽	91	252126	153159	64.6	388697	205845	88.8	22566	16967	33.0	371	610	−39.2
福　建	108	316531	259849	21.8	691309	569952	21.3	40741	28184	44.6	222	98	126.7
江　西	27	58067	46917	23.8	155264	111075	39.8	9533	5979	59.4	0	0	—
山　东	157	555604	422107	31.6	1395683	1047983	33.2	98725	71218	38.6	927	839	10.5
河　南	61	114837	104442	10.0	331014	267579	23.7	34602	26003	33.1	78	0	—
湖　北	85	251928	238153	5.8	336925	265298	27.0	16983	13573	25.1	495	122	307.7
湖　南	56	401161	355126	13.0	813659	577365	40.9	50108	33975	47.5	421	225	87.1
广　东	596	3516833	3037895	15.8	5041028	4171767	20.8	284085	255978	11.0	13380	16024	−16.5
广　西	21	55266	52362	5.5	100018	72068	38.8	5668	3481	62.8	26	85	−69.8
海　南	1	3853	4021	−4.2	4399	3990	10.2	32	−68	—	0	68	—
重　庆	37	224443	178456	25.8	212891	151149	40.8	21724	14762	47.2	222	110	101.0
四　川	72	272014	222692	22.1	531757	451759	17.7	38021	29791	27.6	25	48	−48.4
贵　州	7	36149	36231	−0.2	20670	12336	67.6	366	146	150.2	0	4	—
云　南	5	44190	40612	8.8	13679	11668	17.2	−90	−63	—	418	165	152.6
西　藏	0	0	0	—	0	0	—	0	0	—	0	0	—
陕　西	15	77483	61182	26.6	83684	72409	15.6	4000	3795	5.4	92	33	182.2
甘　肃	4	70645	69822	1.2	27486	23331	17.8	1104	737	49.8	0	0	—
青　海	0	0	0	—	0	0	—	0	0	—	0	0	—
宁　夏	2	5104	4119	23.9	2587	2136	21.1	−21	103	—	40	49	−19.3
新　疆	7	19465	18542	5.0	15232	14227	7.1	−132	−62	—	200	247	−19.1

2010年1～11月全国颜料行业主要经济指标统计（分省市）

单位：万元

省市	企业数/个	资产总计			主营业务收入			利润总额			亏损企业亏损额		
		本年实际	上年同期	同比/%	本年实际	上年同期	同比/%	本年实际	上年同期	同比/%	本年实际	上年同期	同比/%
全国	446	3188884	2660930	19.8	4096253	3174718	29.0	241455	149074	62.0	22394	30398	－26.3
北京	1	43949	34822	26.2	18519	16140	14.7	11991	10836	10.7	0	0	—
天津	9	23896	22617	5.7	42327	39743	6.5	－2365	1377	—	2531	210	1104.9
河北	26	246346	220923	11.5	356410	299473	19.0	20179	16724	20.7	88	84	4.7
山西	3	9642	9408	2.5	9027	7920	14.0	358	76	368.5	1	185	－99.2
内蒙古	1	1793	2101	－14.6	12086	8648	39.8	514	349	47.2	0	0	—
辽宁	6	358063	318422	12.4	196033	184945	6.0	20975	12985	61.5	0	1987	—
吉林	0	0	0	—	0	0	—	0	0	—	0	0	—
黑龙江	1	10845	11707	－7.4	15067	5402	178.9	－796	－1433	—	796	1433	－44.4
上海	28	210839	207667	1.5	252454	200192	26.1	12788	7386	73.1	1835	1835	0.0
江苏	58	453808	379389	19.6	525275	409292	28.3	26601	12874	106.6	1261	1812	－30.4
浙江	51	335552	266032	26.1	305905	215926	41.7	21720	10810	100.9	237	791	－70.0
安徽	17	73326	54716	34.0	76506	49535	54.4	453	－1254	—	694	1966	－64.7
福建	12	38591	35770	7.9	75717	36525	107.3	1756	1504	16.7	152	200	－24.1
江西	12	30239	24256	24.7	68104	55207	23.4	7820	3939	98.5	0	0	—
山东	29	135528	130330	4.0	384138	336806	14.1	27566	24295	13.5	166	48	243.4
河南	18	211814	174100	21.7	294560	278353	5.8	36467	27934	30.5	0	0	—
湖北	7	12877	9451	36.3	26233	16733	56.8	1480	495	199.3	120	1	13233.3
湖南	43	157078	109531	43.4	413455	274879	50.4	15289	11006	38.9	682	79	762.8
广东	90	353799	272995	29.6	566222	450616	25.7	25938	17936	44.6	1545	2660	－41.9
广西	7	114686	74694	53.5	152378	108873	40.0	11626	1749	564.8	375	1528	－75.4
海南	0	0	0	—	0	0	—	0	0	—	0	0	—
重庆	6	83181	79004	5.3	82646	75113	10.0	4133	250	1556.5	2	596	－99.6
四川	14	193856	125651	54.3	183955	81631	125.3	4618	－1232	—	3950	5025	－21.4
贵州	0	0	0	—	0	0	—	0	0	—	0	0	—
云南	1	4233	4142	2.2	4167	3029	37.6	－109	－240	—	109	240	－54.4
西藏	0	0	0	—	0	0	—	0	0	—	0	0	—
陕西	1	892	880	1.4	1356	814	66.6	16	16	0.0	0	0	—
甘肃	5	84053	92320	－9.0	33714	18926	78.1	－7560	－9307	—	7849	9720	－19.2
青海	0	0	0	—	0	0	—	0	0	—	0	0	—
宁夏	0	0	0	—	0	0	—	0	0	—	0	0	—
新疆	0	0	0	—	0	0	—	0	0	—	0	0	—

2010年1～11月涂料、颜料、油墨及类似产品制造行业主要经济指标完成情况

单位：万元

行业类别	企业数/个	亏损企业数			亏损企业亏损额			应收帐款			产成品		
		1-11月累计	上年同期	同比/%	1-11月累计	上年同期	同比/%	1-11月累计	上年同期	同比/%	1-11月累计	上年同期	同比/%
涂料制造	2745	284	310	-8.4	54465	50357	8.2	3615159	2942669	22.9	817238	796259	2.6
颜料制造	446	49	67	-26.9	22394	30398	-26.3	442665	340405	30.0	201629	213512	-5.6
油墨及类似产品制造	439	47	64	-26.6	4549	6469	-29.7	617732	527217	17.2	147267	127453	15.5

行业类别	企业数/个	主营业务收入			产品销售成本			产品销售税金及附加			产品销售费用		
		1-11月累计	上年同期	同比/%	1-11月累计	上年同期	同比/%	1-11月累计	上年同期	同比/%	1-11月累计	上年同期	同比/%
涂料制造	2745	20268169	16039725	26.4	16338841	12714025	28.5	82288	50441	63.1	1093630	926103	18.1
颜料制造	446	4096253	3174718	29.0	3509622	2711675	29.4	14565	11003	32.4	101812	79734	27.7
油墨及类似产品制造	439	2549273	1997002	27.7	2032570	1560830	30.2	6966	6693	4.1	95473	79014	20.8

行业类别	企业数/个	流动资产平均余额			存货			资产总计			负债合计		
		1-11月累计	上年同期	同比/%	1-11月累计	上年同期	同比/%	1-11月累计	上年同期	同比/%	1-11月累计	上年同期	同比/%
涂料制造	2745	9603287	7826605	22.7	1913956	1491398	28.3	14658693	12491713	17.3	7596442	6448706	17.8
颜料制造	446	1589118	1250798	27.0	406082	330630	22.8	3188884	2660930	19.8	1704010	1492148	14.2
油墨及类似产品制造	439	1509064	1196598	26.1	336710	237418	41.8	2202941	1892762	16.4	946248	851191	11.2

行业类别	企业数/个	管理费用			财务费用			利息支出			利润总额		
		1-11月累计	上年同期	同比/%	1-11月累计	上年同期	同比/%	1-11月累计	上年同期	同比/%	1-11月累计	上年同期	同比/%
涂料制造	2745	1000163	828655	20.7	109061	105604	3.3	87228	86800	0.5	1407748	1174326	19.9
颜料制造	446	157295	128038	22.9	40805	36215	12.7	33741	26681	26.5	241455	149074	62.0
油墨及类似产品制造	439	137459	116755	17.7	14388	10923	31.7	8764	7111	23.2	252682	183854	37.4

行业类别	企业数/个	利税总额			应交增值税			从业人数(人)		
		1-11月累计	上年同期	同比/%	1-11月累计	上年同期	同比/%	1-11月累计	上年同期	同比/%
涂料制造	2745	2080331	1755812	18.5	590296	531045	11.2	230741	208275	10.8
颜料制造	446	365455	248227	47.2	109435	88150	24.1	55930	53120	5.3
油墨及类似产品制造	439	337375	258138	30.7	77727	67591	15.0	36015	33051	9.0

2010年全国涂料、颜料、染料和油墨行业进出口统计表

行业及产品名称	进口				出口				贸易逆(顺)差/万美元		
	2010年		同比/%		2010年		同比/%				
	数量/万吨	金额/万美元	数量/万吨	金额/万美元	数量/万吨	金额/万美元	数量/万吨	金额/万美元	2010年	2009年	同比/%
涂料	22.9	115979	26.8	6.9	17.5	48083	7.0	7.3	−67896	−63724	6.5
颜料	46.4	194897	16.3	34.6	100.7	225498	41.6	62.6	30601	−6086	−602.8

2010年全国涂料、颜料、部分辅料产品进出口统计表

类别	产品代码	产品名称	2010年进口				2010年出口			
			数量/t	金额/万美元	同比/%		数量/t	金额/万美元	同比/%	
					数量/t	金额/万美元			数量/t	金额/万美元
溶剂型涂料	32081000	溶于非水介质的聚酯油漆及清漆等	41329	16511	30.6	32.2	53794	14607	8.6	7.0
	32082010	溶于非水介质的丙烯酸聚合物油漆及清漆	26597	18723	20.5	6.5	15917	4572	30.4	6.2
	32082020	溶于非水介质的聚乙烯油漆及清漆	700	412	−9.6	−12.7	285	93	53.9	106.7
	32089010	溶于非水介质聚氨酯类化合物油漆及清漆	28532	10854	37.5	32.1	3024	925	47.9	66.6
	32089090	溶于非水介质其他油漆清漆溶液	42539	23647	38.3	31.9	56280	18298	6.2	16.7
	32099010	以环氧树脂为基本成分的油漆及清漆	20138	5201	39.9	24.9	1591	496	−45.8	−34.1
	32099020	以氟树脂为基本成分的油漆及清漆	1839	2762	21.9	25.4	846	1223	−23.4	−18.6
	小计		161674	78110			131736	40214		
水性涂料	32091000	溶于水介质的聚丙烯酸油漆及清漆	20817	5479	13.4	13.4	7279	1108	6.6	−15.4
	32099090	溶于水介质的其他聚合物油漆及清漆	14508	5709	10.0	17.3	22426	3126	4.0	16.4
	32100000	其他油漆及清漆，皮革用水性颜料	20965	11802	22.3	27.4	9474	1845	2.4	4.6
	小计		56290	22990			39179	6079		
部分涂料用辅料	32110000	配制的催干剂	9439	5583	22.8	14.6	2161	780	−15.1	−37.4
	32141090	安装玻璃用油灰等；漆工用填料	39687	18313	—	—	33353	2605	—	—
	32149000	非耐火涂面制剂	6698	2125	−20.9	−38.3	61651	1228	27.0	18.6
	小计		55824	26020			97164	4613		
涂料合计			273788	127120			268080	50906		
无机颜料	28211000	铁氧化物及氢氧化物	237376	13806	55.6	60.8	362230	30977	39.5	39.6
	32061110	钛白粉	269037	64413	9.9	19.8	266379	51872	157.1	199.6
	32061190	其他干量计二氧化钛≥80%的颜料	3504	1463	32.2	28.2	64	19	−41.1	−27.7
	32061900	其他以二氧化钛为基料的颜料及制品	8807	3444	15.6	23.8	1497	393	129.0	58.7
	32062000	以铬化合物为基本成分的颜料及制品	1890	1325	23.6	33.1	21064	8253	64.9	96.5
	32064210	锌钡白	103	30	81.8	57.6	33113	1731	−1.8	−3.3
	32064290	其他以硫化锌为基本成分的颜料	191	90	−37.0	−20.1	117	16	17.1	−16.2
	32064900	其他无机着色料及其他制品	43141	21435	36.8	55.2	22623	8248	24.7	54.6
	小计		564048	106004			707087	101509		
部分有机颜料	32064100	群青及以其为基本成分的制品	2690	1259	40.3	34.9	4858	513	0.6	7.0
	32041700	颜料及以其为基本成分的制品	23183	24128	21.7	45.4	153749	102280	27.8	42.2
	32129000	制漆用颜料及零售包装染料、色料	16794	17041	41.2	31.1	6130	3616	23.8	35.2
	小计		42668	42427			164737	106409		
涂料合计			606716	148432			871824	207918		

2010年世界涂料制造企业销售额排行榜（前25名）

	公司名称	所在国家	年末	涂料业务销售额/百万美元	涂料占集团销售额比例/%
1	Akzo Nobel(阿克苏诺贝尔)	荷兰	2010年12月	12,994	67
2	PPG(庞贝捷)	美国	2010年12月	9,933	74
3	Sherwin-Williams(宣伟．威廉姆斯)	美国	2010年12月	6,221	80
4	DuPont(杜邦)	美国	2010年12月	3,780	12
5	BASF(巴斯夫)	德国	2010年12月	3,385	4
6	Valspar(威仕伯)	美国	2010年10月	3,162	98
7	Kansai(关西)	日本	2010年3月	2,376	100
8	RPM	美国	2010年5月	2,287	67
9	Nippon(立邦)	日本	2010年3月	2,174	94
10	Jotun(佐敦)	挪威	2010年12月	1,984	100
11	Behr	美国	2010年12月	1,518	20
12	Asian Paints(亚洲油漆)	印度	2010年3月	1,349	98.663
13	DAW	德国	2010年12月	1,244	88
14	Hempel(赫普)	丹麦	2010年12月	1,178	100
15	Comex	墨西哥	2009年12月	960	80
16	KCC	韩国	2009年12月	949	45.3
17	Chugoku	日本	2010年3月	918	99
18	Benjamin Moore(本杰明摩尔)	美国	2003年12月	855	95
19	Materis(拉法基)	法国	2010年12月	810	80
20	Tikkurila(迪古里拉)	芬兰	2010年12月	780	100
21	Dulux	澳大利亚	2010年9月	663	75
22	Altana(阿尔塔纳)	德国	2010年12月	645	42
23	S K Kaken	日本	2010年3月	638	95
24	Sto	德国	2010年12月	631	64
25	Beckers(贝格)	瑞典	2010年12月	606	61

信息来源：Louis McCulloch先生，James Consulting咨询公司。

2010

第十章

科技成果及专利

2010年涂料科研项目鉴定一览表

单位	鉴定项目	内容及水平	鉴定组织单位/验收部门
广东嘉宝莉集团与华南理工大学联合研发	环保型聚氨酯固化剂生产新工艺	该项目的研究成果已达到国际先进水平。该环保型固化剂生产新工艺的关键在于游离 TDI 的处理技术。嘉宝莉在去除固化剂中游离 TDI 的研究一直坚持了十几年，如今取得了在 1 500 t/a 装置上连续生产超过一个月的突破性进展，2010 年上马 1 万吨/a 的蒸馏法生产欧洲标准的无毒固化剂装置，届时可大大改善我国优质固化剂主要依赖进口的局面	中国石油和化学工业协会组织的科技成果鉴定
杭州油漆有限公司	耐油导静电防腐漆新产品	该产品在配方设计上有创新，产品具有涂膜导电性好，耐油性强，防腐型号等优点，应用前景广。该产品以环氧树脂为主要成膜材料，以聚氨酯预聚物为固化剂的双组分涂料，选择导电云母和导静电助剂作为浅色复合导电体，经复配加工而成。该产品适用于金属油罐内表面到静定防腐蚀涂装，也可用于石油化工管道、容器等化工装置的防腐防静电装置涂料，还可用于电子、纺织、石化等行业的防静电地坪	浙江省新产品鉴定
海军装备技术研究院	新型无毒水线防污涂料体系研究	舰艇水线部位是船体中腐蚀最严重区域，此前我军一直无专用水线防污涂料。该涂料采取建立长效水线涂层性能综合评价方法，优选出具有长效功能的新型环保低毒水性涂料配套体系，并制定了相应的施工工艺。 该项目科研成果对于增强舰艇钢结构的总体防腐、防污水平具有重要意义	军内外专家和部队代表组成鉴定组
中山市杜威涂料有限公司	醇溶性电磁波屏蔽材料	该项目整体水平达到国内先进水平	中山市科学技术局组织鉴定
浙江飞鲸漆业有限公司	水性环氧重防腐涂料关键技术研究与开发	本项目开发成功填补了国内水性重防腐涂料的空白。本产品的防污、防腐时间完全达到或超过目前溶剂型重防腐涂料的标准，完全避免了溶剂型涂料在生产过程中易燃、易爆和毒性的危险，避免在施工过程中爆炸、火灾和中毒事故的发生。 水性环氧防腐涂料的开发成功，为环境的保护和安全生产做出了贡献，该技术研制成功必将促进海洋工程、物流运输、基础设施、储存业的发展，社会效益十分明显	浙江省科技厅
石家庄市油漆厂	铁路产品	审查是按照 ISO9001 质量管理体系的框架和运作模式进行，对该厂的质量管理工作进行全面的评价和检查。对生产全过程进行多方面的考察和对设备设施、检验设备进行确认。工厂审核达标后，认证老师抽取样品，送往铁路认证的指定检测机构进行各项技术指标的全面检测，合格后由中铁铁路产品认证中心颁发 CRCC 认证证书，从而该厂在铁路工程的招投标中取得了准入资格	中铁铁路认证中心
中国电科院	有机-无机杂化纳米复合防污闪涂料的研究和开发	该项目通过对材料配方、制备工艺及装备集成系统的研究，研制出具有自主知识产权的新型纳米复合防污闪涂料，利用合成纳米针状掺杂 α-FeOOH、Mg-Ca-Ce 复合氧化物，通过多尺度纳米颗粒的复配，不同表面效应耦合，形成了纳米颗粒表面设计、分散技术与复合工艺等系列核心技术，其涂料通过电力工业电力设备及仪表质量检验测试中心测试，结果符合 DL/T627—2004《绝缘子用常温固化硅橡胶防污闪涂料》和国网建运[2006]1022号《国家电网公司跨区电网输变电设备外绝缘用防污闪涂料使用指导原则》的要求，该涂料性价比优于国内同类产品。目前已建成年产 50 t 新型纳米防污闪涂料的生产线，实现了科研成果的技术转化，形成了新的经济增长点	通过国家电网公司验收
帝斯曼-利康树脂和北京钰林化工有限公司共同研发	环保大巴漆-WB-水性(2K)丙烯酸聚氨酯汽车涂料系列产品	该项目获得专家鉴定委员会给予的“世界先进、中国领先”的一致评价。该产品采用创新水性技术（水性丙烯酸聚氨酯）的大巴漆包括防锈底漆、中涂漆和高光泽面漆。 通过一年来对国内不同地域的 100 辆大巴车全车喷涂实验表明产品质量稳定，适用范围广，具有良好的结合力，较强的耐老化性，以及优良的抗闪锈能力和防锈能力，在使用过程中能消除溶剂的排放，减少对环境的污染和对操作工自身的伤害，填补国内在该领域的空白，达到国际先进水平	北京市科技局

单位	鉴定项目	内容及水平	鉴定组织单位/验收部门
镇江市海王造漆有限责任公司	G2型环氧煤沥青防腐涂料	该产品是双组分涂料，由环氧树脂、煤沥青、颜料、填料、各种助剂组成，该涂料先后用于镇江污水截流工程、丹阳引水工程、南京大厂区引水工程、北京水源九厂引水改造工程等。用户反映使用方便，价格合理，具有良好的防蚀性、耐化学介质腐蚀性及良好的机械性能，附着力好，固化后涂膜坚韧、耐磨、光洁度高，耐杂散电流，具有优良电绝缘性，可抗微生物侵蚀，耐热，耐温度骤变等特点，目前海王造漆公司年生产能力达 1 000 t	江苏省科委委托镇江市科委组织鉴定
森特集团有限公司与中南大学合作开发	纳米抗菌涂镀钢板	该产品采用载银纳米二氧化钛材料作为抗菌涂料的添加剂，有效结合了光催化型抗菌剂和银系抗菌剂的优点，具有长效杀菌、耐热及安全等优点，抗菌率达到 99.99%以上。采用无磷脱脂剂、环保化涂液及载银二氧化钛表面改性等特殊涂装工艺及特殊烘烤工艺，保证了涂层的各项性能。设计了抗菌改性添加、均匀分散等连续生产装备，建成了以抗菌涂镀为核心技术的彩钢板连续生产线，形成 15 万吨/a 的生产能力，该抗菌涂镀钢板产品达到国内领先水平。 该项目产品及生产工艺环境友好，符合国家产业政策，具有广阔市场前景	常熟市科技局组织鉴定
山东省寿光市质监局	高强度高速度铁路用聚氨酯防水涂料的研制	该项目在国家质检总局立项，是环保性能更加出色的高强度聚氨酯防水材料，具有良好的产业化推广前景	通过鉴定
国网电科院	输电线路及绝缘子防覆冰涂料研究	该项目在降低融冰温度的防覆冰涂料研究方面达到国际先进水平。此项目完成了 70 多种批次的涂料试制，提出了防覆冰涂料试验方法，并在现场开展了防覆冰试验。采用有机金属化合物对具有良好绝缘性能和憎水性的 PRTV 进行改性，制备了具有高憎水性、降低融冰温度的涂料，对于覆冰环境温度在 −3～0 ℃的非重冰地区，具有一定的防冰、融冰功能	国家电网公司验收
北方涂料工业研究设计院	环保型水性环氧防腐涂料产业化	验收专家组对北方院所做的工作给予充分肯定及高度评价，认为该项目的实施，通过中试试验研究和工业化生产的不断完善，有效解决了涂料生产中出现的问题，建成了工业生产线，固化了生产工艺，产品具有良好的机械性能和耐水、耐盐水、耐碱、耐盐雾性能，尤其具有优异的湿附着力，技术水平国内领先，专家组一致通过验收	甘肃省科技厅组织验收
陕西省安康市金茂生物工程有限公司	天然长效防腐蚀涂料	该成果有两大创新点：一是以稻糠等植物提取的有机酸为原料，再以天然云母及滑石粉进行超细化微胶囊包覆制取复盐，经改性处理制成高效环保生物防锈颜料；二是以天然生漆提取漆酚为原料，以桐油及亚麻籽油、松香、阿拉伯胶长链聚合物等天然物质为改性剂制成成膜物质；三是涂料干燥快，附着力强，抗冲击，涂膜可任意调整原漆，喷、刷涂均可，施工简便环保无毒。 专家认为，产品配方设计和工艺有突破性创新，为解决植酸等水性材料与溶剂型成膜物质相容问题而研制出的防腐蚀颜料属国内外独创，其防腐性能优于国内外同类产品。单位面积的生漆原料使用量减少 50%以上，大大降低了成本，克服了传统生漆干燥慢、易脱落、对人体有过敏反应等缺点。高效环保生物防锈颜料的价格且比国内同性能防锈颜料低 10%，比国外同性能防锈颜料低 20%～40%。 该涂料不仅防污、防腐蚀性能优异，而且环保，具有良好应用前景	西安通过专家鉴定
北京航材百慕新材料公司	鳞片型醇溶无机富锌涂料	该项目产品已在京津高速城轨、香山温室钢结构、VCI 电缆桥架等国内多项重点工程及新型产品上得到成功应用，该涂料为醇溶性，具有环境友好特性，同时可以节约锌矿资源，降低工程造价，具有显著的经济效益和社会效益，与会专家一致认为该项科技成果具有多方面的创新性，已达到国际先进水平	北京科技成果鉴定
海洋化工研究院	安全无毒超薄型防火涂料	该防火涂料可用于钢结构及非金属结构表面，是国内唯一同时通过船用 A 级舱壁标准耐火试验 A-30 级测试和 GJB11A—1998 毒性检测 90 d 的防火涂料产品，产品不含有害物质，使用时对人体无害，作为船舶耐火分隔材料使用，可替代现有耐火板材，耐火毯等隔热材料，而其使用厚度仅为原有结构分隔耐火材料的 1/10，可用于各种船舶和舰艇的密闭舱室及船舶结构的耐火分隔	专家鉴定

单位	鉴定项目	内容及水平	鉴定组织单位/验收部门
重庆三峡油漆股份有限公司	水性环氧防腐系列涂料	经专家认真评审，最终一致同意该项目通过鉴定。专家对该项目给予高度评价，认为：该项目在提升涂料及涂层综合性能方面具有技术创新性，其产品的主要性能与同类溶剂型产品基本相当，达到了水性工业防腐涂料的国内先进水平，是一种符合产业发展方向的水性环保型工业防腐涂料新产品。具有良好的社会经济效益和极为广泛的应用推广前景	市经信委主持鉴定
海洋化工研究院	超低表面能防冰涂料	由海洋化工研究院自主设计的一种超低表面能防冰涂料通过鉴定。该涂料已进入应用试验阶段。 该涂层以氟硅树脂为基本树脂，配以适当的颜填料和助剂制得。该涂料制备的涂层表面平整光洁，力学性能好，憎水性优异，水接触角可达 120°以上，可明显延缓冰的形成，降低冰的附着力。该涂料用于航空、电力、运输等行业，可提高设施的抗冰等级	通过鉴定
石家庄市油漆厂	环氧树脂涂料	石家庄市油漆厂环氧树脂涂料通过了英国 WRAS 认证，WRAS 认证是英国饮用水安全方面的认证，WRAS 认证是通往英国市场的必须许可，是国外供水公司在提供水源时必须验收的手续之一。 石家庄市油漆厂根据环氧树脂涂料的销售市场需求，将环氧树脂涂料样品寄到英国 WRC-NSF 评估和测试中心，进行冷水和热水的不同时间的测试，测试完毕，各项指标符合 BS6920：2000 的标准，由英国 WRAS 认证颁发测试合格证书。 石家庄市油漆厂环氧树脂涂料有了英国第三方水的质量测试检验认可，取得了通往国外市场的绿色通行证	英国 WRAS 认证
中海油常州涂料化工研究院	非水分散体聚羟基丙烯酸树脂的合成	本项目主要通过合成聚合物分散稳定剂，使聚合物胶态粒子在低溶解力脂肪烃溶剂中稳定分散，减少了溶剂型树脂涂料中 HAPs 排放，取得非水分散体聚羟基丙烯酸树脂合成技术，并实现中试生产，产品性能稳定	海油发展 2010 年 12 月
中海油常州涂料化工研究院	高含水油田管道内壁涂料的研制	本项目主要通过开发低表面能面漆和防腐环氧底漆，解决涂层中底漆和面漆配套技术难题，形成防腐、防蜡、防垢的管道内壁涂料技术	海油发展 2010 年 12 月
中海油常州涂料化工研究院	水性柔感塑料装饰涂料的研制	本项目主要通过开发柔性高分子水性聚氨酯分散体和柔性含羟基水性树脂分散体，并进行相应涂料配方研究，形成水性柔感型塑料装饰涂料生产技术	海油发展 2010 年 12 月
中海油常州涂料化工研究院	环境友好型水性木器涂料及树脂开发与产业化	本项目主要研制一种采用无皂核壳技术制备丙烯酸无皂乳液、水性聚氨酯及丙烯酸聚氨酯水分散性树脂技术，该技术产品不含有机溶剂和游离乳化剂，树脂成膜性好、硬度高，性能达到国外同类产品先进水平，以该树脂配制水性木器涂料配套性强，施工性能好，综合性能优异，已在木器家具上得到涂装应用，是一类环保安全和健康的产品，项目完成后建成 1 000 t 乳液合成装置及水性聚氨酯生产装置，并稳定生产	江苏省科技厅 2010 年 3 月
北方涂料工业研究设计院	环保型水性环氧防腐涂料产业化	该项目为甘肃省科技重大专项计划项目，项目编号为 0702CKDA001。该项目按照合同要求进行了水性环氧防腐涂料的产业化技术研究，建成了 1 500 t/a 环保型水性环氧涂料生产线，已生产 1 000 t 系列环保型水性环氧涂料，销售收入 3 000 余万元，工业化生产技术成熟，工艺稳定。 检测结果表明，工业化的产品性能达到合同指标，满足用户要求。取得了一定的经济、社会和环境效益	甘肃省科技厅 2010 年 11 月 5 日通过验收
北方涂料工业研究设计院	高固体分聚氨酯涂料的研制	该项目针对商用飞机、高速机车领域研发的高固体含量聚氨酯涂料，以 1,6-己二醇、三羟乙基异氰脲酸酯、环己烷二甲酸酐、叔碳酸缩水甘油酯、1,4-环己烷二甲醇等为原料，通过聚合反应合成了高固体含量、低黏度、高羟值的聚酯树脂，在此基础上制备的高固体含量聚氨酯涂料，耐抗燃液压油、抗冲击、耐磨性优异，具有创新性。 经过中试放大和用户应用证明，该产品生产工艺稳定，满足工业化生产条件。经检测、工程试用及与国外同类产品性能对比，性能优良，满足用户要求，市场前景广阔。该项目选题符合国家产业发展方向，技术路线合理，研究成果达到国内领先水平	甘肃省科技厅 2010 年 12 月 25 日通过技术鉴定

单位	鉴定项目	内容及水平	鉴定组织单位/验收部门
北方涂料工业研究设计院	有机/无机复合耐高温重防腐涂料的研制	该项目以正硅酸乙酯、KH-560等有机硅前躯体为原料，通过溶胶凝胶法，合成了多元杂化的含有环氧官能团的三维结构有机硅树脂。以其为基料树脂，腰果油改性的酚醛胺和低分子量聚醚胺等复合胺为固化剂，配合云母氧化铁和云母粉等片状颜料，制备的有机/无机复合耐高温重防腐涂层材料，集突出的耐高温性能、耐强腐蚀性能、较高温度条件下的耐强腐蚀介质性能及机械性能于一体，具有创新性。 经过中试放大和用户应用证明，该产品生产工艺稳定，满足工业化生产条件。经检测、工程试用及与国外同类产品性能对比，性能优良，满足用户要求，市场前景广阔。该项目选题符合国家产业发展方向，技术路线合理，研究成果达到国内领先水平	甘肃省科技厅 2010年12月25日通过技术鉴定
北方涂料工业研究设计院	环保型水性环氧防腐涂料产业化	该项目为甘肃省科技重大专项计划项目，项目编号为0702CKDA001。该项目按照合同要求进行了水性环氧防腐涂料的产业化技术研究，建成了1 500 t/a环保型水性环氧涂料生产线，已生产1 000 t系列环保型水性环氧涂料，销售收入3 000余万元，工业化生产技术成熟，工艺稳定。 检测结果表明，工业化的产品性能达到合同指标，满足用户要求。取得了一定的经济、社会和环境效益	甘肃省科技厅 2010年11月5日通过验收
上海富臣化工有限公司	国家重点新产品-FCW607A水性抗菌聚氨酯木器涂料	项目主要采用异佛尔酮二异氰酸酯、蓖麻油等，并引入有机硅，合成水性聚氨酯分散体。采用异噻唑啉酮类和纳米二氧化钛，形成抗菌功能。采用在水性聚氨酯分散体中加入预制复合抗菌材料、助剂、颜料浆或染料（色漆）等材料并高速分散的工艺，制成水性抗菌聚氨酯木器涂料	科学技术部、环境保护部、商务部、国家质量监督检验检疫总局 2010年5月
上海富臣化工有限公司	国家火炬计划-水性纳米聚丙烯酸酯木器涂料	项目的研发内容主要包括两方面：一方面是纳米级的硬核乳液和硬壳乳液的制备，另一方面通过选取合适的功能单体，进行核-壳结构、分子支链互穿网络设计，并进一步通过合成工艺的研究，在反应型乳化剂的条件下，制得纳米级聚丙烯酸酯乳液	科学技术部 2010年5月
北京展辰化工有限公司	2010年国家中小企业专项资金-厂房翻建项目（水性涂料生产线改造项目）	根据《国家化学建材产业"十五"计划和2010年发展规划纲要》，水性涂料的推广应用将得到大力发展。为适应市场需求和国家宏观经济发展要求，迫切需要进行工业厂房技术改造	北京市工业和信息化部 2010年9月
杭州油漆有限公司	有机硅改性环氧耐热防腐涂料	经专家委员会讨论，一致认为有机硅改性环氧耐热防腐涂料具有耐热性能好、防腐性能高等优点，在有机硅改性树脂的合成和涂料配方设计上有创新；产品技术处于国内领先水平。同时，验收委员会还对新产品有机硅改性环氧耐热防腐涂料进行技术创新项目的验收，因其在有机硅改性树脂的合成和涂料配方设计上具有创新性，且经济效益明显，通过了市技术创新项目的验收	浙江省省级工业新产品鉴定、杭州市技术创新项目
杭州油漆有限公司	底面合一汽车部件涂料	经专家委员会讨论，一致认为底面合一汽车部件涂料具有装饰性好、附着力强、防腐性能高等特点，在硅烷偶联剂的选择和涂料配方设计上有创新，产品技术处于国内领先水平	浙江省省级工业新产品鉴定

2010年涂料和颜料中国专利公开情况

申请号	名　　称	申请(专利权)人	公开(公告)号
CN200610063380.9	一种N 5.75颜料的组合物及用此组合物制备的实物色块	深圳市海川实业股份有限公司;深圳海川色彩科技有限公司	CN101684223
CN200610063382.8	一种10B 6/3颜料的组合物及用此组合物制备的实物色块	深圳市海川实业股份有限公司;深圳海川色彩科技有限公司	CN101684224
CN200610063386.6	一种5R 9/2颜料的组合物及用此组合物制备的实物色块	深圳市海川实业股份有限公司;深圳海川色彩科技有限公司	CN101684225
CN200610063784.8	2.5B 6/7颜料的组合物及用此组合物制备颜色表征物的技术方法	深圳市海川实业股份有限公司;深圳海川色彩科技有限公司;上海启鹏化工有限公司	CN101684226
CN200610063787.1	2.5G 6/3颜料的组合物及用此组合物制备颜色表征物的技术方法	深圳市海川实业股份有限公司;深圳海川色彩科技有限公司;上海启鹏化工有限公司	CN101684229
CN200610063793.7	10RP 7.5/4颜料的组合物及用此组合物制备颜色表征物的技术方法	深圳市海川实业股份有限公司;深圳海川色彩科技有限公司;上海启鹏化工有限公司	CN101684232
CN200610063794.1	10R 7/4颜料的组合物及用此组合物制备颜色表征物的技术方法	深圳市海川实业股份有限公司;深圳海川色彩科技有限公司	CN101684233
CN200610063846.5	2.5GY 7.5/2颜料的组合物及用此组合物制备颜色表征物的技术方法	深圳市海川实业股份有限公司;深圳海川色彩科技有限公司	CN101684244
CN200610064508.3	10PB 7/10颜料的组合物及用此组合物制备颜色表征物的技术方法	深圳市海川实业股份有限公司;深圳海川色彩科技有限公司	CN101684259
CN200610131923.6	一种2.5Y 8.5/6颜料的组合物及用此组合物制备的实物色块	深圳市海川实业股份有限公司;深圳海川色彩科技有限公司	CN101684289
CN200610131929.3	一种2.5RP 7/9颜料的组合物及用此组合物制备的实物色块	深圳市海川实业股份有限公司;深圳海川色彩科技有限公司	CN101684292
CN200610156564.X	10G 8/5颜料的组合物及用此组合物制备颜色表征物的技术方法	深圳市海川实业股份有限公司;深圳海川色彩科技有限公司	CN101684305
CN200610157073.7	一种10YR 8/7颜料的组合物及用此组合物制备的实物色块	深圳市海川实业股份有限公司;深圳海川色彩科技有限公司	CN101684306
CN200610157398.5	10BG 5.25/1颜料的组合物及用此组合物制备颜色表征物的技术方法	深圳市海川实业股份有限公司;深圳海川色彩科技有限公司	CN101684309
CN200610157926.7	10GY 7/5颜料的组合物及用此组合物制备颜色表征物的技术方法	深圳市海川实业股份有限公司;深圳海川色彩科技有限公司	CN101684333
CN200610157953.4	5Y 9/4颜料的组合物及用此组合物制备颜色表征物的技术方法	深圳市海川实业股份有限公司;深圳海川色彩科技有限公司	CN101684359
CN200610157954.9	5P 6/9颜料的组合物及用此组合物制备颜色表征物的技术方法	深圳市海川实业股份有限公司;深圳海川色彩科技有限公司	CN101684360
CN200610157956.8	5R 6.5/11颜料的组合物及用此组合物制备颜色表征物的技术方法	深圳市海川实业股份有限公司;深圳海川色彩科技有限公司	CN101684362

申请号	名　称	申请(专利权)人	公开(公告)号
CN200610157965.7	5YR 6.5/2颜料的组合物及用此组合物制备颜色表征物的技术方法	深圳市海川实业股份有限公司;深圳海川色彩科技有限公司	CN101684368
CN200610157975.0	5RP 6.5/4颜料的组合物及用此组合物制备颜色表征物的技术方法	深圳市海川实业股份有限公司;深圳海川色彩科技有限公司	CN101684377
CN200780004575.9	耐热性和耐化学性的酸保护涂料和旋涂的热塑性黏合剂	布鲁尔科技公司	CN101790570A
CN200780036741.3	不含铬的转化涂料	波音公司	CN101802265A
CN200780042165.3	用于聚烯烃反应系统的半导体涂料	尤尼威蒂恩技术有限责任公司	CN101678657
CN200780046411.2	由聚(环氧乙烷)和含光引发剂的支架材料制备的涂料	科洛普拉斯特公司	CN101631576
CN200780051844.7	一种应用非挥发性有机化合物涂料的方法	塔科索尔国际公司	CN101631625
CN200780051848.5	水性聚合物分散体	树脂核动力工业有限公司	CN101652397
CN200780052456.0	使用被树脂涂覆的颜料制备油漆和油墨的方法	因艾克斯塞尔商标专利公司	CN101675127
CN200780101151.4	显示耐腐蚀性能的涂料组合物和卷涂方法	PPG工业俄亥俄公司	CN101827899A
CN200780101186.8	银胶菊树脂共聚物	尤莱克斯公司	CN101827892A
CN200780101578.4	聚合物包封的颜料	惠普发展公司,有限责任合伙企业	CN101861366A
CN200810012651.7	聚苯胺改性金属陶瓷纳米涂料及其制备方法	中国科学院金属研究所	CN101643607
CN200810012653.6	无毒聚苯胺改性防腐涂料及其制备方法	中国科学院金属研究所	CN101643618
CN200810012654.0	聚苯胺改性金属碳纳米管涂料及其制备方法	中国科学院金属研究所	CN101643608
CN200810012655.5	聚苯胺改性玻璃鳞片环氧重防腐涂料及其制备方法	中国科学院金属研究所	CN101643615
CN200810012657.4	环保型聚苯胺改性铝粉防腐涂料及其制备方法	中国科学院金属研究所	CN101643619
CN200810012658.9	聚苯胺改性玻璃鳞片乙烯基酯重防腐涂料及其制备方法	中国科学院金属研究所	CN101643322
CN200810012659.3	聚苯胺改性玻璃鳞片聚酯重防腐涂料及其制备方法	中国科学院金属研究所	CN101643621
CN200810012660.6	环保型聚苯胺改性云母氧化铁防腐涂料及其制备方法	中国科学院金属研究所	CN101643620
CN200810012894.0	一种去除钢渣的氧枪喷涂料	周立志	CN101654719
CN200810012980.1	一种彩色涂层钢板用脱漆剂及其使用方法	鞍钢股份有限公司	CN101659806
CN200810029754.4	一次性改性聚丙烯塑胶涂料及生产工艺	李华炳	CN101638535
CN200810032119.1	隔热涂料及夹层玻璃中间膜和隔热玻璃、以及其夹层玻璃	湖南玛仕纳米新材料有限公司	CN101654332
CN200810039976.4	一种镭射颜料及其制备方法	上海宏盾防伪材料有限公司	CN101619175
CN200810040128.5	耐黄变快干聚氨酯木器漆及其使用方法	紫荆花制漆(上海)有限公司	CN101619194
CN200810040236.2	一种耐高温车间底漆及其制备工艺	上海暄洋化工材料科技有限公司	CN101619195
CN200810040237.7	一种不含苯类溶剂的耐高温无机硅酸锌车间底漆及其制备方法	上海暄洋化工材料科技有限公司	CN101619196
CN200810040859.X	复合型紫外光固化水性木器涂料及其生产方法	上海富臣化工有限公司;深圳市展辰达化工有限公司;北京展辰化工有限公司	CN101633813
CN200810041194.4	水性弹性金属光泽涂料在建筑物表面的施工工艺	上海富臣化工有限公司;深圳市展辰达化工有限公司;北京展辰化工有限公司	CN101638929

申请号	名 称	申请(专利权)人	公开(公告)号
CN200810041230.7	一种水性绒面涂料及其制备方法	上海奇想青晨化工科技股份有限公司	CN101638538
CN200810041231.1	一种水性带锈涂料及其制备方法	上海奇想青晨化工科技股份有限公司	CN101638541
CN200810041308.5	纳米水性弹性金属光泽漆	上海富臣化工有限公司;深圳市展辰达化工有限公司;北京展辰化工有限公司	CN101638542
CN200810041309.X	水性木器漆用纳米聚丙烯酸酯乳液及其制备方法	上海富臣化工有限公司;深圳市展辰达化工有限公司;北京展辰化工有限公司	CN101638451
CN200810041410.5	一种三元复合驱采油中油井管和集输管线用内涂防垢涂料	上海海隆赛能新材料有限公司;上海海隆防腐技术工程有限公司	CN101643610
CN200810041816.3	一种检测盐类防污剂在涂料中的释放速度的方法	中国水产科学研究院东海水产研究所	CN101655487
CN200810042180.4	自交联型磺酸盐基环氧酯水分散体及其防锈底漆	上海涂料有限公司技术中心	CN101659740
CN200810042194.6	双组分水性纳米抗划伤木器涂料及其生产方法	上海富臣化工有限公司;深圳市展辰达化工有限公司;北京展辰化工有限公司	CN101659825
CN200810042195.0	聚氨酯涂料仿天然大理石效果的装饰施工方法	上海富臣化工有限公司;深圳市展辰达化工有限公司;北京展辰化工有限公司	CN101660336
CN200810042302.X	在三聚氰胺板上涂装紫外光固化涂料的方法	上海富臣化工有限公司;深圳市展辰达化工有限公司;北京展辰化工有限公司	CN101658835
CN200810042871.4	一种柠檬铬黄颜料的制备方法	上海铬黄颜料厂	CN101671498
CN200810046540.8	多功能涂刷液	马其才	CN101760095A
CN200810048962.9	高耐磨环保地坪涂料及其生产、施工工艺	武汉菲凡士建材有限公司	CN101659828
CN200810051111.X	分子自组装水性工业漆	四平圣邦纳米技术有限公司	CN101654588
CN200810051499.3	钢板温热成形高温纳米防氧化脱碳涂料	长春伟孚特汽车零部件有限公司	CN101624643
CN200810053932.7	涂装喷涂用水性环保型脱漆剂及其制备方法	天津滨海信诺维环境技术有限公司	CN101633802
CN200810071375.1	一种水性中涂漆及其制备方法	谢平展	CN101624496
CN200810071621.3	一种耐酸碱的群青颜料及其制备方法	黄五一	CN101659797
CN200810080153.6	多彩涂料及生产方法	孙克本	CN101747816A
CN200810115838.X	纳米透明隔热涂料及其制备方法	北京国邦技术发展中心	CN101619190
CN200810117090.7	含不锈钢鳞片的高氯化聚乙烯涂料及其制备方法	中冶集团建筑研究总院	CN101633808
CN200810117383.5	一种具有消除甲醛功能的涂料及其制备工艺	北新集团建材股份有限公司	CN101638526
CN200810117538.5	夹层玻璃边缘保护涂料	绵阳惠利电子材料有限公司	CN101638299
CN200810117662.1	环保型绿色调和漆	北京科技桥科贸有限公司	CN101643599
CN200810118714.7	一种利用分子离子谱评价涂料耐腐蚀性的方法	旭月(北京)科技有限公司	CN101655446
CN200810119145.8	一种粉末钢化仿瓷涂料	北京玉佳明三态离子科学研究院有限公司	CN101659565
CN200810130177.8	水溶性半无机硅钢片漆及其制备方法	哈尔滨理工大学;嘉兴市清河高力绝缘有限公司	CN101638555
CN200810132137.7	一种油漆废水的处理方法	刘倩	CN101633540
CN200810132927.5	超细级金红石型色母专用二氧化钛颜料及其制备方法	四川龙蟒钛业股份有限公司	CN101619176
CN200810133707.4	颜料墨组合物和涂覆材料	佳能株式会社	CN101633804
CN200810134795.X	一种形成柔性仿大理石饰面的涂料及其制备方法	徐军;北京京卫宏远工贸有限公司	CN101638544

申请号	名　称	申请(专利权)人	公开(公告)号
CN200810136670.0	一种环氧富锌底漆	江西铜业集团公司	CN101768405A
CN200810139252.7	异吲哚啉颜料制备方法	山东宇虹颜料有限公司	CN101654565
CN200810139298.9	核壳结构聚氨酯改性丙烯酸分散体乳液	淄博齐曜工贸有限公司	CN101659734
CN200810140802.7	一种单一固化剂实现四季施工的可重涂型通用环氧防锈漆	厦门双瑞船舶涂料有限公司	CN101638550
CN200810140803.1	一种具有良好施工性的高耐候氟碳船壳漆	厦门双瑞船舶涂料有限公司	CN101638539
CN200810141982.0	环保型PE亮光黑色钢琴漆	深圳市展辰达化工有限公司;上海富臣化工有限公司;北京展辰化工有限公司	CN101654586
CN200810141983.5	水性氟碳仿大理石涂料及其制备方法和仿大理石效果喷涂方法	深圳市展辰达化工有限公司;上海富臣化工有限公司;北京展辰化工有限公司	CN101654578
CN200810141984.X	水溶性醇酸树脂以及水溶性醇酸玩具漆	深圳市展辰达化工有限公司;上海富臣化工有限公司;北京展辰化工有限公司	CN101654514
CN200810141985.4	PU聚氨酯抗擦伤面漆	深圳市展辰达化工有限公司;上海富臣化工有限公司;北京展辰化工有限公司	CN101654590
CN200810141989.2	一种纳米涂料及其制备方法	比亚迪股份有限公司	CN101654572
CN200810142154.9	水性木器洒点漆	深圳市展辰达化工有限公司;上海富臣化工有限公司;北京展辰化工有限公司	CN101659821
CN200810142206.2	一种多元醇树脂乳液及其制备方法	深圳市海川实业股份有限公司;深圳海川化工科技有限公司;上海启鹏化工有限公司;河源海川科技有限公司	CN101638469
CN200810150664.0	糠醇树脂基超疏水涂料	中国科学院兰州化学物理研究所	CN101643622
CN200810158740.2	一种天然植物油漆	夏栋	CN101735729A
CN200810159201.0	一种丙烯酸酯紫外光固化涂料及其制备方法	王虹	CN101760062A
CN200810159202.5	一种丙烯酸酯树脂紫外光固化涂料及其制备方法	王虹	CN101760059A
CN200810159203.X	一种紫外线固化烯类不饱和聚酯涂料及其制备方法	王虹	CN101760118A
CN200810159205.9	一种甲基丙烯酸二环戊烯酯改性氯化橡胶树脂涂料及其制备方法	王虹	CN101760060A
CN200810159206.3	一种光固化环氧聚氨酯树脂涂料及其制备方法	王虹	CN101760124A
CN200810159377.6	一种环氧-聚氨酯防腐涂料及其制备方法	李岳	CN101760120A
CN200810159380.8	一种聚醚聚氨酯海上重防腐蚀涂料及其制备方法	李岳	CN101760123A
CN200810159381.2	一种含空心微球的防腐涂料及其制备方法	李岳	CN101760101A
CN200810159383.1	一种光固化丙烯酸聚氨酯涂料及其制备方法	李岳	CN101760125A
CN200810159384.6	一种光固化聚氨酯涂料及其制备方法	李岳	CN101760061A
CN200810160430.4	一种含有机硅的乙烯共聚物涂料及其制备方法	刘新光	CN101760094A
CN200810160431.9	一种铝表面用脲醛改性乙烯烤漆及其制备方法	刘新光	CN101760098A
CN200810160433.8	一种塑料用过氯乙烯树脂涂料及其制备方法	刘新光	CN101760102A
CN200810160434.2	一种乙烯单层金属预涂漆及其制备方法	刘新光	CN101760099A
CN200810160435.7	一种常温快干防腐涂料及其制备方法	刘新光	CN101760064A
CN200810160438.0	一种纸上真空镀铝用的层漆及其制备方法	刘新光	CN101760100A

申请号	名　称	申请(专利权)人	公开(公告)号
CN200810161683.3	一种多用途防水涂料	包良玉;王荣贵;孙福成	CN101712543A
CN200810161815.2	镀镍碳化硼/铝复合涂料及其制备方法和应用	哈尔滨工业大学	CN101684210
CN200810166823.6	负离子健康漆	杨录真	CN101684221
CN200810167171.8	超薄水性环氧树脂膨胀型防火涂料及其制备方法	北京理工大学	CN101712840A
CN200810168547.7	一种抗腐蚀纳米复合涂料及其制备方法	沛芃工程股份有限公司	CN101684386
CN200810172094.5	水性防黏贴涂料及其生产方法	深圳市凯盛清洗服务有限公司	CN101724321A
CN200810174734.6	一种全水性花岗岩多彩涂料	董善刚	CN101723705A
CN200810176779.7	聚合物纳米复合物阻燃性发泡型涂料及其制备方法和应用	新泰莱博有限公司	CN101735681A
CN200810177226.3	表达10YR 6.5/5颜料的组合物及用此组合物制备颜色表征物的技术方法	深圳市海川实业股份有限公司;深圳海川色彩科技有限公司;上海启鹏化工有限公司;河源海川科技有限公司	CN101747694A
CN200810177233.3	表达2.5B 4.5/2颜料的组合物及用此组合物制备颜色表征物的技术方法	深圳市海川实业股份有限公司;深圳海川色彩科技有限公司;上海启鹏化工有限公司;河源海川科技有限公司	CN101747701A
CN200810177623.0	红外线低放射率涂料及其形成方法	财团法人工业技术研究院	CN101735704A
CN200810179275.0	一种涂料组合物及其制备方法和镀锌钝化材料	攀钢集团研究院有限公司;攀枝花钢铁(集团)公司	CN101748397A
CN200810179276.5	一种涂料组合物及其制备方法和镀锌钝化材料	攀钢集团研究院有限公司;攀枝花钢铁(集团)公司	CN101748399A
CN200810180314.9	一种耐高温弹性橡胶涂料及其制备方法	中国航天科工集团第二研究院二八三厂	CN101735694A
CN200810182820.1	弹性抗滑甲板漆	上海海悦涂料有限公司	CN101747831A
CN200810186468.9	含氟树脂及其制备方法以及保形涂料和印刷线路板	比亚迪股份有限公司	CN101747490A
CN200810200046.2	黄色双偶氮颜料及其制作工艺	上海捷虹颜料化工集团股份有限公司	CN101676335
CN200810200047.7	粉末状颜料制备方法	上海捷虹颜料化工集团股份有限公司	CN101676336
CN200810200048.1	橙色单偶氮颜料	上海捷虹颜料化工集团股份有限公司	CN101676334
CN200810200519.9	无苯净味家具用聚氨酯哑光清面漆	上海富臣化工有限公司;深圳市展辰达化工有限公司;北京展辰化工有限公司	CN101684388
CN200810200521.6	水性裂纹漆及其制备方法和施工方法	上海富臣化工有限公司;深圳市展辰达化工有限公司;北京展辰化工有限公司	CN101684222
CN200810201574.X	用于自黏性绝缘绕组线的耐热醇溶自黏漆及其制造方法	上海川叶电子科技有限公司	CN101724339A
CN200810201722.8	一种水性塑料玩具漆的制备方法	上海造漆厂	CN101724328A
CN200810202791.0	水性紫外光固化高固含透明中涂底漆及其制备方法	上海富臣化工有限公司;深圳市展辰达化工有限公司;北京展辰化工有限公司	CN101735676A
CN200810203147.5	一种用于防伪装土黄色卷材涂料及其制备方法和应用	上海振华造漆厂	CN101735710A

申请号	名称	申请(专利权)人	公开(公告)号
CN200810203148.X	一种用于防伪装深绿色卷材涂料及其制备方法和应用	上海振华造漆厂	CN101735711A
CN200810203149.4	一种用于防伪装翠绿色卷材涂料及其制备方法和应用	上海振华造漆厂	CN101735712A
CN200810203150.7	一种卷材通用环保聚氨酯底漆及其应用	上海振华造漆厂	CN101735725A
CN200810203151.1	一种用于钢桶外壁的聚酯涂料及其制备方法和应用	上海振华造漆厂	CN101735713A
CN200810203730.6	氟碳彩涂板涂层中PVDF树脂的含量红外峰面积比值测定法	上海宝钢工业检测公司	CN101750279A
CN200810203828.1	一种高分子水性颜料分散剂	上海科王新型材料研究中心	CN101745342A
CN200810204267.7	一种钢结构超薄膨胀型防火涂料及其制备方法	同济大学	CN101747821A
CN200810204426.3	一种水性无卤钢结构超薄膨胀型防火涂料及其制备方法	同济大学	CN101747817A
CN200810204510.5	一种水性可焊型无机富锌底涂料及其制备方法	上海大通高科技材料有限责任公司	CN101747669A
CN200810204511.X	一种环氧无溶剂涂料及其制备方法	上海大通高科技材料有限责任公司	CN101747822A
CN200810204512.4	一种钢结构低表面处理涂料及其制备方法	上海大通高科技材料有限责任公司	CN101747823A
CN200810204513.9	一种用于高温钢结构的防腐变色涂料及其制备方法	上海大通高科技材料有限责任公司	CN101747832A
CN200810204514.3	一种非碳系导静电涂料及其制备方法	上海大通高科技材料有限责任公司	CN101747824A
CN200810204516.2	一种超级耐高温涂料及其制备方法	上海大通高科技材料有限责任公司	CN101747833A
CN200810207593.3	一种溶剂型树脂用铝颜料在水性涂料中的使用方法	上海涂料有限公司技术中心	CN101760071A
CN200810207682.8	醇酸聚氨酯树脂改性硝基哑光清面漆	上海富臣化工有限公司;深圳市展辰达化工有限公司;北京展辰化工有限公司	CN101760090A
CN200810218093.X	一种0.6GY 9/1.8颜料的组合物及应用于中国建筑色卡的实物样品及制备方法	深圳市海川实业股份有限公司;深圳海川色彩科技有限公司;上海启鹏化工有限公司;河源海川科技有限公司	CN101747740A
CN200810218076.6	一种0.6RP 9/1.6颜料的组合物及应用于中国建筑色卡的实物样品及制备方法	深圳市海川实业股份有限公司;深圳海川色彩科技有限公司;上海启鹏化工有限公司;河源海川科技有限公司	CN101747726A
CN200810241427.5	一种0.6YR 7.5/4.8颜料的组合物及应用于中国建筑色卡的实物样品及制备方法	深圳市海川实业股份有限公司;深圳海川色彩科技有限公司;上海启鹏化工有限公司;河源海川科技有限公司	CN101747773A
CN200810241472.0	一种1.3GY 6.5/2.8颜料的组合物及应用于中国建筑色卡的实物样品及制备方法	深圳市海川实业股份有限公司;深圳海川色彩科技有限公司;上海启鹏化工有限公司;河源海川科技有限公司	CN101747813A
CN200810241431.1	一种1.3P 6/7.6颜料的组合物及应用于中国建筑色卡的实物样品及制备方法	深圳市海川实业股份有限公司;深圳海川色彩科技有限公司;上海启鹏化工有限公司;河源海川科技有限公司	CN101747777A
CN200810241458.0	一种1.3Y 8.5/5.2颜料的组合物及应用于中国建筑色卡的实物样品及制备方法	深圳市海川实业股份有限公司;深圳海川色彩科技有限公司;上海启鹏化工有限公司;河源海川科技有限公司	CN101747802A
CN200810218092.5	一种1.3YR 7.5/5.6颜料的组合物及应用于中国建筑色卡的实物样品及制备方法	深圳市海川实业股份有限公司;深圳海川色彩科技有限公司;上海启鹏化工有限公司;河源海川科技有限公司	CN101747739A

申请号	名　称	申请(专利权)人	公开(公告)号
CN200810241473.5	一种1.9G 8.5/3.6颜料的组合物及应用于中国建筑色卡的实物样品及制备方法	深圳市海川实业股份有限公司;深圳海川色彩科技有限公司;上海启鹏化工有限公司;河源海川科技有限公司	CN101747814A
CN200810241445.3	一种1.9P 7/7.6颜料的组合物及应用于中国建筑色卡的实物样品及制备方法	深圳市海川实业股份有限公司;深圳海川色彩科技有限公司;上海启鹏化工有限公司;河源海川科技有限公司	CN101747791A
CN200810218088.9	一种1.9Y 9/2.4颜料的组合物及应用于中国建筑色卡的实物样品及制备方法	深圳市海川实业股份有限公司;深圳海川色彩科技有限公司;上海启鹏化工有限公司;河源海川科技有限公司	CN101747735A
CN200810218210.2	一种10GY 9/1.2颜料的组合物及应用于中国建筑色卡的实物样品及制备方法	深圳市海川实业股份有限公司;深圳海川色彩科技有限公司;上海启鹏化工有限公司;河源海川科技有限公司	CN101747755A
CN200810241446.8	一种10P 6.5/7.6颜料的组合物及应用于中国建筑色卡的实物样品及制备方法	深圳市海川实业股份有限公司;深圳海川色彩科技有限公司;上海启鹏化工有限公司;河源海川科技有限公司	CN101747792A
CN200810241453.8	一种10R 7/7.2颜料的组合物及应用于中国建筑色卡的实物样品及制备方法	深圳市海川实业股份有限公司;深圳海川色彩科技有限公司;上海启鹏化工有限公司;河源海川科技有限公司	CN101747799A
CN200810241425.6	一种10RP 6.5/6.8颜料的组合物及应用于中国建筑色卡的实物样品及制备方法	深圳市海川实业股份有限公司;深圳海川色彩科技有限公司;上海启鹏化工有限公司;河源海川科技有限公司	CN101747771A
CN200810218084.0	一种10Y 8.5/7.6颜料的组合物及应用于中国建筑色卡的实物样品及制备方法	深圳市海川实业股份有限公司;深圳海川色彩科技有限公司;上海启鹏化工有限公司;河源海川科技有限公司	CN101747731A
CN200810241467.X	一种2.5B 7.5/2.8颜料的组合物及应用于中国建筑色卡的实物样品及制备方法	深圳市海川实业股份有限公司;深圳海川色彩科技有限公司;上海启鹏化工有限公司;河源海川科技有限公司	CN101747808A
CN200810218090.6	一种2.5GY 9/3.6颜料的组合物及应用于中国建筑色卡的实物样品及制备方法	深圳市海川实业股份有限公司;深圳海川色彩科技有限公司;上海启鹏化工有限公司;河源海川科技有限公司	CN101747737A
CN200810241424.1	一种2.5RP 7/7.2颜料的组合物及应用于中国建筑色卡的实物样品及制备方法	深圳市海川实业股份有限公司;深圳海川色彩科技有限公司;上海启鹏化工有限公司;河源海川科技有限公司	CN101747770A
CN200810218071.3	一种2.5Y 3/1.8颜料的组合物及应用于中国建筑色卡的实物样品及制备方法	深圳市海川实业股份有限公司;深圳海川色彩科技有限公司;上海启鹏化工有限公司;河源海川科技有限公司	CN101747721A
CN200810241433.0	一种3.1RP 6.5/5.2颜料的组合物及应用于中国建筑色卡的实物样品及制备方法	深圳市海川实业股份有限公司;深圳海川色彩科技有限公司;上海启鹏化工有限公司;河源海川科技有限公司	CN101747779A
CN200810218222.5	一种3.1Y 9/1.6颜料的组合物及应用于中国建筑色卡的实物样品及制备方法	深圳市海川实业股份有限公司;深圳海川色彩科技有限公司;上海启鹏化工有限公司;河源海川科技有限公司	CN101747767A
CN200810218223.X	一种3.1YR 8/4颜料的组合物及应用于中国建筑色卡的实物样品及制备方法	深圳市海川实业股份有限公司;深圳海川色彩科技有限公司;上海启鹏化工有限公司;河源海川科技有限公司	CN101747768A
CN200810241468.4	一种3.8B 8/2.4颜料的组合物及应用于中国建筑色卡的实物样品及制备方法	深圳市海川实业股份有限公司;深圳海川色彩科技有限公司;上海启鹏化工有限公司;河源海川科技有限公司	CN101747809A

申请号	名　称	申请(专利权)人	公开(公告)号
CN200810218083.6	一种3.8GY 9/2.8颜料的组合物及应用于中国建筑色卡的实物样品及制备方法	深圳市海川实业股份有限公司;深圳海川色彩科技有限公司;上海启鹏化工有限公司;河源海川科技有限公司	CN101747730A
CN200810241449.1	一种3.8RP 7.5/5.6颜料的组合物及应用于中国建筑色卡的实物样品及制备方法	深圳市海川实业股份有限公司;深圳海川色彩科技有限公司;上海启鹏化工有限公司;河源海川科技有限公司	CN101747795A
CN200810241444.9	一种3.8Y 7.5/2.4颜料的组合物及应用于中国建筑色卡的实物样品及制备方法	深圳市海川实业股份有限公司;深圳海川色彩科技有限公司;上海启鹏化工有限公司;河源海川科技有限公司	CN101747790A
CN200810218205.1	一种4.4RP 8/5.2颜料的组合物及应用于中国建筑色卡的实物样品及制备方法	深圳市海川实业股份有限公司;深圳海川色彩科技有限公司;上海启鹏化工有限公司;河源海川科技有限公司	CN101747750A
CN200810218094.4	一种4.4Y 8.5/1.2颜料的组合物及应用于中国建筑色卡的实物样品及制备方法	深圳市海川实业股份有限公司;深圳海川色彩科技有限公司;上海启鹏化工有限公司;河源海川科技有限公司	CN101747741A
CN200810241447.2	一种4.4YR 6.5/5.6颜料的组合物及应用于中国建筑色卡的实物样品及制备方法	深圳市海川实业股份有限公司;深圳海川色彩科技有限公司;上海启鹏化工有限公司;河源海川科技有限公司	CN101747793A
CN200810218202.8	一种5.6GY 9/1颜料的组合物及应用于中国建筑色卡的实物样品及制备方法	深圳市海川实业股份有限公司;深圳海川色彩科技有限公司;上海启鹏化工有限公司;河源海川科技有限公司	CN101747747A
CN200810218217.4	一种5.6RP 8/4.4颜料的组合物及应用于中国建筑色卡的实物样品及制备方法	深圳市海川实业股份有限公司;深圳海川色彩科技有限公司;上海启鹏化工有限公司;河源海川科技有限公司	CN101747762A
CN200810241462.7	一种5.6Y 9/5.2颜料的组合物及应用于中国建筑色卡的实物样品及制备方法	深圳市海川实业股份有限公司;深圳海川色彩科技有限公司;上海启鹏化工有限公司;河源海川科技有限公司	CN101747806A
CN200810218211.7	一种5.6YR 8.5/3.6颜料的组合物及应用于中国建筑色卡的实物样品及制备方法	深圳市海川实业股份有限公司;深圳海川色彩科技有限公司;上海启鹏化工有限公司;河源海川科技有限公司	CN101747756A
CN200810241432.6	一种5P 7/7.6颜料的组合物及应用于中国建筑色卡的实物样品及制备方法	深圳市海川实业股份有限公司;深圳海川色彩科技有限公司;上海启鹏化工有限公司;河源海川科技有限公司	CN101747778A
CN200810241463.1	一种5Y 8.5/6.4颜料的组合物及应用于中国建筑色卡的实物样品及制备方法	深圳市海川实业股份有限公司;深圳海川色彩科技有限公司;上海启鹏化工有限公司;河源海川科技有限公司	CN101928495A
CN200810241436.4	一种5YR 9/1.8颜料的组合物及应用于中国建筑色卡的实物样品及制备方法	深圳市海川实业股份有限公司;深圳海川色彩科技有限公司;上海启鹏化工有限公司;河源海川科技有限公司	CN101747782A
CN200810218208.5	一种6.25G 8.5/2.4颜料的组合物及应用于中国建筑色卡的实物样品及制备方法	深圳市海川实业股份有限公司;深圳海川色彩科技有限公司;上海启鹏化工有限公司;河源海川科技有限公司	CN101747753A
CN200810218074.7	一种6.3R 7/5.2颜料的组合物及应用于中国建筑色卡的实物样品及制备方法	深圳市海川实业股份有限公司;深圳海川色彩科技有限公司;上海启鹏化工有限公司;河源海川科技有限公司	CN101747724A
CN200810218204.7	一种6.3RP 8/4.8颜料的组合物及应用于中国建筑色卡的实物样品及制备方法	深圳市海川实业股份有限公司;深圳海川色彩科技有限公司;上海启鹏化工有限公司;河源海川科技有限公司	CN101747749A

申请号	名　称	申请(专利权)人	公开(公告)号
CN200810218072.8	一种6.3Y 4/2.4颜料的组合物及应用于中国建筑色卡的实物样品及制备方法	深圳市海川实业股份有限公司;深圳海川色彩科技有限公司;上海启鹏化工有限公司;河源海川科技有限公司	CN101747722A
CN200810241451.9	一种6.9R 5.5/4.8颜料的组合物及应用于中国建筑色卡的实物样品及制备方法	深圳市海川实业股份有限公司;深圳海川色彩科技有限公司;上海启鹏化工有限公司;河源海川科技有限公司	CN101747797A
CN200810241429.4	一种7.5BG 6/2.4颜料的组合物及应用于中国建筑色卡的实物样品及制备方法	深圳市海川实业股份有限公司;深圳海川色彩科技有限公司;上海启鹏化工有限公司;河源海川科技有限公司	CN101747775A
CN200810241474.X	一种7.5G 7.5/5.2颜料的组合物及应用于中国建筑色卡的实物样品及制备方法	深圳市海川实业股份有限公司;深圳海川色彩科技有限公司;上海启鹏化工有限公司;河源海川科技有限公司	CN101747815A
CN200810218095.9	一种7.5PB 8.5/3.6颜料的组合物及应用于中国建筑色卡的实物样品及制备方法	深圳市海川实业股份有限公司;深圳海川色彩科技有限公司;上海启鹏化工有限公司;河源海川科技有限公司	CN101747742A
CN200810241426.0	一种7.5R 5.5/3.2颜料的组合物及应用于中国建筑色卡的实物样品及制备方法	深圳市海川实业股份有限公司;深圳海川色彩科技有限公司;上海启鹏化工有限公司;河源海川科技有限公司	CN101747772A
CN200810218220.6	一种7.5Y 6/2.8颜料的组合物及应用于中国建筑色卡的实物样品及制备方法	深圳市海川实业股份有限公司;深圳海川色彩科技有限公司;上海启鹏化工有限公司;河源海川科技有限公司	CN101747765A
CN200810218098.2	一种7.6Y 9.3/3.9颜料的组合物及应用于中国建筑色卡的实物样品及制备方法	深圳市海川实业股份有限公司;深圳海川色彩科技有限公司;上海启鹏化工有限公司;河源海川科技有限公司	CN101747745A
CN200810241434.5	一种8.1R 8/3.6颜料的组合物及应用于中国建筑色卡的实物样品及制备方法	深圳市海川实业股份有限公司;深圳海川色彩科技有限公司;上海启鹏化工有限公司;河源海川科技有限公司	CN101747780A
CN200810241457.6	一种8.1Y 9/5.2颜料的组合物及应用于中国建筑色卡的实物样品及制备方法	深圳市海川实业股份有限公司;深圳海川色彩科技有限公司;上海启鹏化工有限公司;河源海川科技有限公司	CN101747801A
CN200810218091.0	一种8.8P 8.5/1颜料的组合物及应用于中国建筑色卡的实物样品及制备方法	深圳市海川实业股份有限公司;深圳海川色彩科技有限公司;上海启鹏化工有限公司;河源海川科技有限公司	CN101747738A
CN200810241450.4	一种8.8RP 5.5/4.4颜料的组合物及应用于中国建筑色卡的实物样品及制备方法	深圳市海川实业股份有限公司;深圳海川色彩科技有限公司;上海启鹏化工有限公司;河源海川科技有限公司	CN101747796A
CN200810241461.2	一种8.8Y 7.5/3.2颜料的组合物及应用于中国建筑色卡的实物样品及制备方法	深圳市海川实业股份有限公司;深圳海川色彩科技有限公司;上海启鹏化工有限公司;河源海川科技有限公司	CN101747805A
CN200810218212.1	一种8.8YR 9/1.8颜料的组合物及应用于中国建筑色卡的实物样品及制备方法	深圳市海川实业股份有限公司;深圳海川色彩科技有限公司;上海启鹏化工有限公司;河源海川科技有限公司	CN101747757A
CN200810218075.1	一种9.4RP 7/5.2颜料的组合物及应用于中国建筑色卡的实物样品及制备方法	深圳市海川实业股份有限公司;深圳海川色彩科技有限公司;上海启鹏化工有限公司;河源海川科技有限公司	CN101747725A
CN200810241454.2	一种9.4Y 8/5.2颜料的组合物及应用于中国建筑色卡的实物样品及制备方法	深圳市海川实业股份有限公司;深圳海川色彩科技有限公司;上海启鹏化工有限公司;河源海川科技有限公司	CN101747800A

申请号	名　称	申请(专利权)人	公开(公告)号
CN200810218219.3	一种9.4YR 9/2.4颜料的组合物及应用于中国建筑色卡的实物样品及制备方法	深圳市海川实业股份有限公司;深圳海川色彩科技有限公司;上海启鹏化工有限公司;河源海川科技有限公司	CN101747764A
CN200810218676.2	用于室内装修及家私涂装的亮光醇酸树脂及其制备方法	广东巴德士化工有限公司	CN101724139A
CN200810219541.8	铝粉颜料及其制造方法	长沙族兴金属颜料有限公司	CN101747668A
CN200810220745.3	一种隔热涂料及其制备方法	刘志光	CN101768400A
CN200810226568.X	无机防渗涂料	北京科技桥科贸有限公司	CN101759406A
CN200810227631.1	单组分水性硅橡胶防水涂料及其制备方法	北方利德(北京)化工科技有限责任公司	CN101747834A
CN200810228084.9	一种玉石内墙涂料及其制备方法	毕福仲	CN101723706A
CN200810228085.3	一种水性绒面涂料及其制备方法	毕福仲	CN101724322A
CN200810228086.8	具有保健功能的内墙涂料及其制备方法	毕福仲	CN101724323A
CN200810228853.5	调凝型房屋保温涂料	尚东红	CN101734884A
CN200810229356.7	节能漆	胥祥进	CN101747673A
CN200810229615.6	一种环保型建筑涂料添加剂	沈阳市和平区科学技术产品交易市场管理办公室	CN101746985A
CN200810229736.0	一种醇基涂料及其制备方法	鞍钢股份有限公司;鞍山市致远精细化工厂	CN101747828A
CN200810230174.1	双组分环氧酚醛带锈底漆及其制备工艺	郭方珠	CN101760109A
CN200810230355.4	双组分环氧氟碳富锌长效防锈漆及其组分一的制备方法	郭方珠	CN101768406A
CN200810230511.7	一种利用天然彩玉生产彩玉水性色浆的方法	陈西才	CN101724317A
CN200810231247.9	一种滑板抗氧化涂料及其制备方法	郑州大学;河南省伯马股份有限公司	CN101747082A
CN200810234886.0	环保型保温涂料成分及混制工艺	贾维静	CN101734933A
CN200810239458.7	一种绿光黄色双偶氮色淀颜料	中国中化集团公司;沈阳化工研究院;鞍山七彩化学股份有限公司	CN101747656A
CN200810243030.X	铝合金精密压铸用液态脱模涂料	吴江市天龙机械有限公司	CN101758161A
CN200810244003.4	亲水涂料用亚纳米级金黄水性色浆及其制备方法	昆山市世名科技开发有限公司	CN101747687A
CN200810244006.8	水晶泥着色用水基颜料制备物	昆山市世名科技开发有限公司	CN101747688A
CN200880000746.5	水性无缝墙布涂料及其制备工艺	林万生	CN101657509
CN200880001441.6	基于C.I.颜料黄191的颜料组合物	科莱恩金融(BVI)有限公司	CN101652431
CN200880001447.3	蓝色酞菁颜料组合物及其制备	西巴控股有限公司	CN101627089
CN200880002208.X	基于二酮基吡咯并吡咯的颜料制剂	科莱恩金融(BVI)有限公司	CN101631835
CN200880003884.9	用作颜料组合物的有机/无机配合物	德克萨斯大学董事会;Mayan颜料公司	CN101652432
CN200880005159.5	用于微光学安全元件的压花漆	德国捷德有限公司	CN101636276
CN200880005434.3	颜料红149的制备方法	巴斯夫欧洲公司	CN101636454
CN200880005736.0	接枝的自氧化聚酯树脂	帝斯曼知识产权资产管理有限公司	CN101679618
CN200880006138.5	水性颜料制剂	科莱恩金融(BVI)有限公司	CN101622320
CN200880006168.6	颜料组合物	阿克佐诺贝尔股份有限公司	CN101631837
CN200880006730.5	丙烯酸系黏合剂用的底涂组合物、黏合方法及接合体	电气化学工业株式会社	CN101622321

申请号	名　称	申请(专利权)人	公开(公告)号
CN200880006932.X	水性聚氨酯类树脂组合物以及使用它的涂料组合物	日本聚氨酯工业株式会社	CN101627068
CN200880007573.X	活性能量射线固化型树脂组合物、活性能量射线固化型涂料及保护层的形成方法	DIC 株式会社	CN101657478
CN200880007602.2	纯 C.I. 颜料橙 74 的制备方法	科莱恩金融(BVI)有限公司	CN101627090
CN200880008095.4	含有硅烷的成膜物质,交联剂和涂料组合物,制备涂料组合物和经涂覆的基材的方法	巴斯夫公司	CN101631839
CN200880008133.6	中空微粒及其制造方法、涂料组合物及形成有涂膜的物品	旭硝子株式会社	CN101636348
CN200880008219.9	丙烯酸系黏合剂组合物、丙烯酸系胶黏片以及将该胶黏片黏合于汽车涂膜面的方法	日东电工株式会社	CN101652447
CN200880008326.1	中空微粒及其制造方法、涂料组合物及形成有涂膜的物品	旭硝子株式会社	CN101636349
CN200880008423.0	含有具有硅烷官能度的加合物的涂布剂和由该涂布剂制得的具有改进的耐裂性的高耐刮擦性涂层	巴斯夫涂料股份公司	CN101636459
CN200880008657.5	具有改善保留性的可喷射木材涂料体系	威士伯采购公司	CN101636545
CN200880008784.5	液晶性涂覆液以及偏光膜	日东电工株式会社	CN101636470
CN200880009048.1	防污涂料组合物、制备该组合物的方法、由该组合物形成的防污涂膜、表面具有该涂膜的涂敷物,以及通过形成该涂膜的防污处理方法	日东化成株式会社	CN101636458
CN200880009070.6	水基涂料组合物及多层涂膜形成方法	关西涂料株式会社	CN101636457
CN200880009275.4	透明颜料紫 23 的制备方法	科莱恩金融(BVI)有限公司	CN101641414
CN200880009481.5	形成改性颜料的方法	卡伯特公司	CN101646734
CN200880009530.5	含有膦酸酯的双组分漆料体系,其制备和用途	巴斯夫涂料股份有限公司;巴斯夫涂料股份公司	CN101657484
CN200880009827.1	颜料分散组合物、光固化性组合物、滤色片、以及滤色片的制造方法	富士胶片株式会社	CN101646730
CN200880010640.3	用于特效涂料的光学性能的建模和仿真和用于确定分光光度计的照射和测量几何条件的方法和设备	巴斯夫欧洲公司	CN101646928
CN200880010755.2	再乳化性树脂粉末组合物、将其再乳化的水性乳液、以及使用其的建筑饰面涂料	日本合成化学工业株式会社	CN101679755
CN200880010858.9	颜料分散组合物、固化性组合物及滤色器和其制造方法	富士胶片株式会社	CN101652433
CN200880010879.0	包含玻璃薄片基质的效果颜料	埃卡特有限公司	CN101675118
CN200880011325.2	涂布剂	NOK 株式会社	CN101652440
CN200880011429.3	含有经巯基修饰的聚硅氧烷的防反射被膜形成用涂布液	日产化学工业株式会社	CN101652442
CN200880011823.7	形成有机颜料的方法	巴斯夫欧洲公司	CN101899232A
CN200880012344.7	纳米改性的漆包线漆及其漆包线	阿尔特纳电绝缘有限公司	CN101668800
CN200880012490.X	酞菁颜料纳米粒子分散物的制造方法及含有该分散物的滤色器用喷墨油墨的制造方法、以及含有该分散物的着色感光性树脂组合物、感光性转印材料、及滤色器、使用它们的液晶显示装置及 CCD 设备	富士胶片株式会社	CN101663362

申请号	名　称	申请(专利权)人	公开(公告)号
CN200880012843.6	一种将黏合片黏接于车辆用涂膜面的方法	日东电工株式会社	CN101663369
CN200880012948.1	聚酰亚胺前体和聚酰亚胺以及形成图像的下层膜涂布液	日产化学工业株式会社	CN101663348
CN200880012970.6	单偶氮金属络合物、偶氮型颜料分散剂和包含该偶氮型颜料分散剂的颜料组合物	日本化药株式会社	CN101663361
CN200880013042.1	含氟聚合物涂覆膜、用于形成所述涂覆膜的方法以及含氟聚合物液体组合物	纳幕尔杜邦公司	CN101663367
CN200880013104.9	改进的底漆黏附增进剂、组合物和方法	陶氏环球技术公司	CN101663341
CN200880013114.2	通用底漆组合物和方法	陶氏环球技术公司	CN101663342
CN200880013185.2	可交联酰亚胺聚酯涂料	威士伯采购公司	CN101720279A
CN200880013570.7	光电池及用于该光电池的多孔质半导体膜形成用涂料	日挥触媒化成株式会社	CN101669249
CN200880013750.5	光亮性颜料、含有其的光亮性涂料组合物及汽车外板涂敷物	日本板硝子株式会社	CN101668819
CN200880014108.9	树脂被覆铝合金板及使用其的成形体	东洋制罐株式会社	CN101678645
CN200880014179.9	用于在涂敷面上涂敷液态涂料的方法及装置	罗伯特·博世有限公司	CN101674895
CN200880014604.4	紫外线固化型涂敷剂及成型品	出光技优股份有限公司	CN101675122
CN200880014618.6	制备共沉淀的混合氧化物处理的二氧化钛颜料	特罗诺克斯有限公司	CN101675119
CN200880014792.0	基于氨基甲酸酯的水基双层涂料体系，其用途和用其涂覆的基材	巴斯夫涂料股份公司	CN101675132
CN200880014943.2	可手工涂布的溶胶凝胶膜形成用涂布液	中央硝子株式会社	CN101675133
CN200880015086.8	可湿固化甲硅烷基化的聚合物树脂组合物	莫门蒂夫性能材料股份有限公司	CN101679583
CN200880015345.7	铝颜料、其制备方法和含该铝颜料的水基金属涂料组合物	东洋铝株式会社	CN101679778
CN200880015498.1	底漆组合物	PPG 有限责任公司	CN101679785
CN200880015663.3	含有有机硅树脂的涂料组合物，相关的涂布基底和方法	PPG 工业俄亥俄公司	CN101679799
CN200880015780.X	制备细粒颜料的方法	巴斯夫欧洲公司	CN101679765
CN200880015847.X	树枝状聚氨酯涂料	纳诺威尔技术公司	CN101678392
CN200880016113.3	低折射率被膜形成用涂布液、其制造方法及防反射材料	日产化学工业株式会社	CN101679805
DCN200880016170.1	酸化的聚酯聚氨酯分散体	拜耳材料科学股份公司	CN101679585
CN200880016434.3	经着色的水性涂料组合物、其制备方法和其用于制备多层漆层体系的用途	巴斯夫涂料股份公司	CN101679803
CN200880016472.9	抗微生物塑料及涂料	巴斯夫欧洲公司	CN101677575
CN200880016789.2	涂布物体	陶氏环球技术公司	CN101679655
CN200880017042.9	包括聚合物封装的颜料的热喷墨用墨	惠普发展公司，有限责任合伙企业	CN101688077
CN200880017914.1	用于起皱图案油漆的树脂组合物	巴斯夫涂料股份有限公司	CN101679789
CN200880018102.9	水分散液、涂布主体和水分散液的应用	表面化学研究所公司	CN101679783
CN200880018496.8	金属薄膜用涂料组合物及由其形成的光泽性复合涂膜	藤仓化成株式会社	CN101679782
CN200880018558.5	基于二噁嗪的颜料制剂	科莱恩金融(BVI)有限公司	CN101679766

申请号	名　称	申请(专利权)人	公开(公告)号
CN200880018587.1	基于C.I.颜料蓝15：6的颜料制剂	科莱恩金融(BVI)有限公司	CN101679767
CN200880018998.0	具有改进的颜色的低尘添加剂与颜料掺合物	巴斯夫欧洲公司	CN101679764
CN200880019075.7	含基于烯丙基和乙烯基醚的非离子添加剂的水性颜料制剂	科莱恩金融(BVI)有限公司	CN101679794
CN200880019265.9	基于丙烯酸梳形聚合物溶液和丙烯酸增稠乳液的水性制剂的制备方法、所得制剂及其在涂布纸中的用途	可泰克斯有限合伙公司	CN101679570
CN200880019273.3	黑色光辉性颜料、和含有其的化妆料、涂料、油墨或树脂组合物	日本板硝子株式会社	CN101679777
CN200880019363.2	颜料配制物及其制备方法和用途	赢创德固赛有限责任公司	CN101679763
CN200880019459.9	用于在不可电镀的基底进行无电金属电镀的底漆层制剂	马来西亚理科大学	CN101743286A
CN200880019625.5	用于非水性油墨和涂料的颜料	太阳化学公司	CN101730724A
CN200880019651.8	涂料供给装置	丰田自动车株式会社	CN101678381
CN200880020060.2	含基于烯丙基醚和乙烯基醚的阴离子添加剂的水性颜料制剂	科莱恩金融(BVI)有限公司	CN101679795
CN200880020089.0	涂料组合物	惠普发展公司,有限责任合伙企业	CN101678691
CN200880020449.7	涂料分配设备	伊利诺斯工具制品有限公司	CN101687207
CN200880020466.0	有机化黏土、其制造方法、和含有机化黏土的树脂复合体	昭和电工株式会社	CN101711224A
CN200880020851.5	反射IR辐射的暗颜料,其制备方法及其用途	埃卡特有限公司	CN101688072
CN200880021197.X	防污涂料、树脂组合物及其制备工艺	PPG有限责任公司	CN101679787
CN200880021502.5	涂料分散体的制备	阿尔发-凯尔塞特填料有限公司	CN101688372
CN200880021698.8	潜在产生低VOC和HAP的羟基官能的氨基甲酰基有机硅化合物、含有所述化合物的防腐和/或助黏涂料组合物、使用所述组合物涂布金属的对环境良好的方法以及所得到的涂布的金属	莫门蒂夫性能材料股份有限公司	CN101848913A
CN200880022250.8	含有有机黑色颜料的热塑性模塑材料	巴斯夫欧洲公司	CN101688024
CN200880022367.6	高支化、烯丙基醚官能化的不饱和聚酯树脂及其涂料组合物	威士伯采购公司	CN101688026
CN200880022630.1	具有改善的涂料黏合性的热塑性聚酰胺树脂组合物	罗狄亚聚酰胺有限公司	CN101720340A
CN200880022852.3	偶氮颜料,制备偶氮颜料的方法,和含有该颜料的颜料分散体,着色组合物和喷墨记录用墨	富士胶片株式会社	CN101720342A
CN200880023188.4	苝颜料的水相合成	巴斯夫欧洲公司	CN101688063
CN200880023697.7	用于单组分和双组分清漆的通用点状混合剂	巴斯夫涂料股份公司	CN101687976
CN200880023745.2	用于金属的抗腐蚀体系以及为此所用颜料	沃斯特阿尔派因钢铁有限责任公司	CN101730726A
CN200880023765.X	三苯并二噁嗪颜料的合成	科莱恩金融(BVI)有限公司	CN101688064
CN200880023959.X	一种高光泽聚偏氟乙烯基涂料体系和方法	威士伯采购公司	CN101754852A
CN200880024097.2	涂料辊的轴承结构及涂敷装置	富士胶片株式会社	CN101688551
CN200880024391.3	基于珍珠岩薄片的干扰颜料	巴斯夫欧洲公司	CN101688067
CN200880024793.3	含薄铝效应颜料的喷墨印刷油墨和方法	埃卡特有限公司	CN101743284A

申请号	名称	申请(专利权)人	公开(公告)号
CN200880024809.0	蜡涂料、制备涂布制品的方法以及该涂布制品	卢泽内克美国公司	CN101801662A
CN200880025001.4	防污涂料组合物、防污涂膜以及船舶和水下结构体	日本油漆船舶涂料公司	CN101755020A
CN200880025562.4	聚氨酯树脂组合物	三菱瓦斯化学株式会社	CN101778878A
CN200880025597.8	水性树脂黏结剂	PPG 工业俄亥俄公司	CN101784290A
CN200880100467.6	多层金属效应颜料、其制备方法和用途	埃卡特有限公司	CN101932660A
CN200880101529.5	光学可变效应颜料	巴斯夫欧洲公司	CN101790567A
CN200880101618.X	形成有机颜料的方法	巴斯夫欧洲公司	CN101778909A
CN200880101746.4	形成有机颜料的方法	巴斯夫欧洲公司	CN101874081A
CN200880102066.4	具有改进的抗划伤性和抗刮性的装饰性金属用涂料和施涂方法	PPG 工业俄亥俄公司	CN101815760A
CN200880102168.6	具备改进的黏合强度的阻气涂料	太阳化学有限公司	CN101772410A
CN200880102739.6	涂布用组合物	大金工业株式会社	CN101778913A
CN200880103005.X	次硝酸铋在电泳漆中的应用	巴斯夫涂料股份公司	CN101835852A
CN200880103371.5	新型聚脲-和/或聚氨酯-聚有机硅氧烷化合物	迈图高新材料有限责任公司	CN101815744A
CN200880103438.5	多色光亮珠光颜料	太阳化学公司	CN101795974A
CN200880103616.4	制备包含掺有氮的碳涂层的薄片状颜料的方法	巴斯夫欧洲公司	CN101784616A
CN200880103730.7	PC绞合线涂布用粉末涂料组合物、涂布方法和涂膜	日本油漆株式会社;住友电工钢线株式会社	CN101784624A
CN200880103965.6	涂料组合物,罩面漆涂覆方法以及经涂覆的物品	巴斯夫涂料股份有限公司;巴斯夫涂料股份公司	CN101784623A
CN200880104105.4	沥青乳液底漆组合物及使用方法	伊诺弗斯公司	CN101784612A
CN200880104155.2	再剥离型黏着片以及不完全固化涂膜的保护方法	琳得科株式会社;本田技研工业株式会社	CN101821350A
CN200880104282.2	分离液体涂料的过喷的方法和装置	杜尔系统有限责任公司	CN101808750A
CN200880104540.7	涂料填充装置	丰田自动车株式会社;得立鼎工业株式会社	CN101790424A
CN200880104889.0	用涂料前体涂覆基底形成作为酯缩合产物的涂层的方法和涂覆有此类涂料前体的产品	宝洁公司	CN101796152A
CN200880105131.9	有机硅涂料、制备有机硅涂布制品的方法以及该涂布制品	卢泽内克美国公司	CN101796120A
CN200880106072.7	防污涂料组合物、防污涂膜、带涂膜的基材、防污性基材、对基材表面的涂膜的形成方法及基材的防污方法	中国涂料株式会社	CN101796148A
CN200880106188.0	可见光响应型光催化剂粉末及其制造方法,以及使用了该粉末的可见光响应型光催化剂材料、光催化剂涂料、光催化剂产品	株式会社东芝;东芝高新材料公司	CN101821005A
CN200880106302.X	熔融黏结的环氧泡沫体涂敷用的异氰酸酯改性的环氧树脂	陶氏环球技术公司	CN101802037A
CN200880106585.8	聚氨酯/聚脲的连续制备	建筑研究和技术有限公司	CN101802038A
CN200880107527.7	激光敏感涂料制剂	巴斯夫欧洲公司	CN101801676A
CN200880107552.5	聚氨酯和聚脲、及其制造方法	株式会社丰田自动织机	CN101802045A
CN200880107694.1	用于黏合剂结合系统和涂层的底漆组合物	汉高两合股份公司	CN101802048A

申请号	名　　称	申请(专利权)人	公开(公告)号
CN200880108583.2	用于涂覆风挡刮水器的刮水片的润滑漆	罗伯特·博世有限公司	CN101809070A
CN200880108931.6	高度支化聚合物的水基分散体	巴斯夫公司	CN101842417A
CN200880109024.3	光催化涂料	美礼联无机化工公司	CN101815614A
CN200880109285.5	颜料分散助剂、含有该颜料分散助剂的颜料分散物及其用途	阪田油墨株式会社	CN101809094A
CN200880109442.2	与周围颜色调和的多色图案形成用的涂料组合物配方的确定方法和确定装置	关西涂料株式会社	CN101809098A
CN200880109582.X	聚合物染料、面漆组合物和热平版印刷版	美洲染料资源公司	CN101809103A
CN200880109720.4	防污涂料组合物、制备该组合物的方法、由该组合物形成的防污涂膜、表面具有该涂膜的被涂物体,及通过形成所述涂膜进行防污处理的方法	日东化成株式会社	CN101809102A
CN200880109887.0	ITO粉体及其制造方法、透明导电材料用涂料和透明导电膜	同和电子科技有限公司	CN101815674A
CN200880110123.3	用于电磁干扰(EMI)垫片的纳米涂料	派克汉尼芬公司	CN101816224A
CN200880110951.7	经改性的着色颜料	卡伯特公司	CN101821341A
CN200880111035.5	金属颗粒分散结构体,包含该结构体的微粒,用该结构体涂覆的制品,以及生产前述物的方法	道康宁东丽株式会社	CN101821339A
CN200880111404.0	水性聚氨酯树脂、涂膜、人造及合成皮革	三井化学株式会社	CN101821310A
CN200880111470.8	热熔黏合剂组合物作为底涂剂的用途	SIKA技术股份公司	CN101821306A
CN200880111679.4	光固化性树脂组合物	道康宁东丽株式会社	CN101827873A
CN200880111862.4	发光性颜料	日本板硝子株式会社	CN101827898A
CN200880111997.0	用于滤色器的二酮吡咯并吡咯颜料组合物	科莱恩金融(BVI)有限公司	CN101827897A
CN200880112002.2	用于单侧背接触层太阳能电池的介电涂料	费罗公司	CN101828265A
CN200880112087.4	树脂组合物	味之素株式会社	CN101827876A
CN200880112532.7	非水系颜料分散组合物	花王株式会社	CN101835843A
CN200880112925.8	自分散颜料及制造和使用该自分散颜料的方法	森馨颜色公司	CN101855302A
CN200880113068.3	有机颜料微粒及其制备方法、颜料分散组合物、光固化性组合物及含有该组合物的喷墨墨水、以及使用了该喷墨墨水的滤色器及其制备方法	富士胶片株式会社	CN101835850A
CN200880113341.2	抗腐蚀和磨损的涂料	爱苏里斯公司	CN101918613A
CN200880114357.5	颜料分散组合物、着色固化性组合物、滤色器及其制造方法	富士胶片株式会社	CN101842444A
CN200880114955.2	不含苯乙烯的不饱和聚酯树脂组合物	克雷·瓦利·艾伯利卡公司	CN101848950A
CN200880115150.X	活性能量射线固化型压敏黏合涂膜形成用组合物及使用该组合物的剥离性黏合加工纸	日本合成化学工业株式会社	CN101855310A
CN200880115261.0	含磷环氧树脂及含磷环氧树脂组合物、其制造方法和使用该树脂及该树脂组合物的固化性树脂组合物及固化物	新日铁化学株式会社	CN101883806A
CN200880115535.6	从狭缝状喷口喷出涂布液的涂布法用的涂布液	住友化学株式会社	CN101855308A
CN200880115706.5	非离子亲水化的黏合剂分散体	拜耳材料科学股份公司	CN101855262A

申请号	名　称	申请(专利权)人	公开(公告)号
CN200880116779.6	高度支化聚合物用于光泽色料的聚合物分散体中	巴斯夫欧洲公司	CN101868509A
CN200880117038.X	基于2,4′-二苯基甲烷二异氰酸酯预聚物的聚氨酯/聚脲弹性体和其的制备	拜耳材料科学股份公司	CN101868484A
CN200880117184.2	制备乳液聚合物的方法	巴斯夫欧洲公司	CN101868483A
CN200880118169.X	具有经改进的黏附性的薄膜底漆	SIKA技术股份公司	CN101878278A
CN200880118365.7	水性乳液及其制造方法	日本合成化学工业株式会社	CN101878231A
CN200880118385.4	具有增强的耐磨性和指纹痕迹可除去性的涂料组合物和涂膜	LG化学株式会社	CN101878276A
CN200880118738.0	用于电池电极的底涂料	赛昂能源有限公司	CN101884125A
CN200880118983.1	涂覆的二氧化钛颜料的生产方法	美礼联无机化工公司	CN101918501A
CN200880119100.9	防伪颜料	默克专利股份有限公司	CN101883826A
CN200880119429.5	改性萘甲醛树脂及含三环癸烷骨架的萘酚化合物以及酯化合物	三菱瓦斯化学株式会社	CN101889037A
CN200880119554.6	用荧光染料标记的不含颜料的水性聚合物分散系、其制备方法及其用途	巴斯夫欧洲公司	CN101889062A
CN200880119833.2	高电导率的光学可变颜料	默克专利股份有限公司	CN101889060A
CN200880120174.4	等轴的异吲哚啉黄色颜料	巴斯夫欧洲公司	CN101896556A
CN200880120276.6	多功能光催化卫生涂料及其施用方法	高级材料-JTJ公司	CN101896559A
CN200880120297.8	用于水性电泳涂装的不含有机溶剂的颜料分散剂	纳幕尔杜邦公司	CN101896564A
CN200880120347.2	用于制备树脂涂覆箔的固体粉末配方及其在印刷电路板制造中的用途	安美特德国有限公司	CN101896529A
CN200880120738.4	用于具有改进的保水性的纸涂浆的包含支化疏水链的丙烯酸类增稠剂	可泰克斯有限合伙公司	CN101896516A
CN200880120793.3	涂布的制品	杜邦泰吉恩胶卷美国有限公司	CN101896541A
CN200880120978.4	包含具有硅烷基团的可交联聚烯烃、硅烷醇缩合催化剂和颜料的聚烯烃组合物	北方技术股份有限公司	CN101903452A
CN200880121019.4	定子壳体单元和制造其的方法，以及涂料	ABB技术有限公司	CN101897103A
CN200880121636.4	具有导电性核的强着色和/或光学可变的颜料	默克专利股份有限公司	CN101903471A
CN200880121826.6	含醛亚胺的底涂剂组合物	SIKA技术股份公司	CN101918467A
CN200880122254.3	聚合物水分散体、其制备方法及其用途	巴斯夫欧洲公司	CN101903416A
CN200880122405.5	用于形成绝缘膜的涂料溶液、用于形成无取向电工钢板绝缘膜的方法及使用其形成的无取向电工钢板	POSCO公司	CN101910464A
CN200880122560.7	将催化剂虹吸到雾化涂料组合物中的方法	纳幕尔杜邦公司	CN101909764A
CN200880123018.3	用于将催化剂引入到雾化涂料组合物中的装置	纳幕尔杜邦公司	CN101909765A
CN200880123732.2	底漆和采用它们的涂覆方法	巴斯夫涂料股份有限公司	CN101910328A
CN200880124131.3	银微粉、银油墨及银涂料以及它们的制造方法	同和电子科技有限公司	CN101909786A
CN200880124422.2	包含具有聚(烯化氧)重复单元的全氟聚醚聚合物的硬质涂膜	3M创新有限公司	CN101910247A
CN200880124720.1	涂料组合物、涂覆制品和制备该制品的方法	陶氏环球技术公司	CN101910332A

申请号	名 称	申请(专利权)人	公开(公告)号
CN200880125256.8	防锈涂料组合物及具有使用该组合物的防锈涂膜的部件的制造方法	油研工业股份有限公司	CN101925659A
CN200880125277.X	防失光泽性涂料	恩索恩公司	CN101925553A
CN200880125294.3	具有耐腐蚀性涂膜的部件、其制造方法、及用于制造具有耐腐蚀性涂膜的部件的涂料组合物	油研工业股份有限公司	CN101925457A
CN200880126308.3	用于耐擦洗性以及湿黏附性的水性乳液聚合物	阿科玛股份有限公司	CN101932612A
CN200910000614.9	一种具有高遮盖力的无机复合白色颜料的制备方法	中国矿业大学(北京)	CN101775239A
CN200910000798.9	氟硅树脂及其制备方法和防污涂料	比亚迪股份有限公司	CN101775144A
CN200910004358.0	防止表面反射的油漆	拓普康株式会社	CN101632981
CN200910004515.8	组合物、由组合物形成的涂膜、含有涂膜的层积体以及装有层积体的电子机器	旭化成电子材料株式会社;PI技术研究所股份有限公司	CN101768357A
CN200910005878.3	高吸水性树脂制造方法	台湾塑胶工业股份有限公司	CN101798368A
CN200910007742.6	一种环保水性可交联氟树脂汽车漆面保护剂	常州奥斯达数码材料技术有限公司	CN101805553A
CN200910008997.4	水溶性涂料涂装超喷漆雾回收再利用装置	长春瑞奇汽车工程装备有限公司	CN101804395A
CN200910009337.8	高分子型分散剂及包含其的颜料组合物	财团法人工业技术研究院	CN101805440A
CN200910009479.4	垂直型单组分聚氨酯防水涂料及其制备方法	北京东方雨虹防水技术股份有限公司	CN101818022A
CN200910009485.X	刮涂型聚脲防水涂料	北京东方雨虹防水技术股份有限公司	CN101818018A
CN200910009490.0	喷涂聚脲高性能防水涂料及其制备方法	北京东方雨虹防水技术股份有限公司	CN101818019A
CN200910011001.5	以沙漠中的风沙制作的太阳能浮雕墙漆	孙新龙	CN101851440A
CN200910012135.9	一种不易褪色的新型汽车漆	肖华	CN101928501A
CN200910012136.3	一种干漆迅速的汽车用醇酸漆	肖华	CN101899232A
CN200910012750.X	邻苯二甲腈封端-含二氮杂萘酮联苯结构可溶性聚芳醚树脂、固化物及其制备法	大连理工大学	CN101619131
CN200910015998.1	铜合金用防腐涂料及制造方法	海洋化工研究院	CN101921527A
CN200910016539.5	一种高透明性聚氯乙烯树脂的制备方法	中国石油化工股份有限公司	CN101921354A
CN200910016691.3	充电辊翻新用纳米级水性导电涂液的制备	山东富美科技有限公司	CN101649159
CN200910017154.0	一种水下无溶剂环氧防腐涂料及其制备方法	青岛红树林投资有限公司	CN101619189
CN200910017538.2	一种水性面漆	赵庆利	CN101624499
CN200910017539.7	一种水性防腐面漆	赵庆利	CN101619183
CN200910018125.6	饮水管/容器内衬的涂料及制备方法和施工方法	青岛佳联化工新材料有限公司	CN101638552
CN200910018326.6	一种水性蓄能发光地坪涂料及其制备方法	山东斯泰普力高新建材有限公司;中国石油大学(华东)	CN101638547
CN200910018831.0	一种钢结构用防火涂料及其制备方法	山东中创钢构有限公司	CN101659833
CN200910019031.0	一种瓷性涂料	张运林	CN101665345
CN200910019535.2	一种单组分螺纹锁固环氧预涂胶及其制备方法	烟台德邦科技有限公司	CN101665674
CN200910019587.X	一种仿瓷涂料	周迈	CN101693614A
CN200910019594.X	聚氨酯改性丙烯酸玩具漆	王福平	CN101693805A
CN200910021056.4	一种多角度反光型涂料及其制备方法	王宽喜;陕西新高农业专业合作社	CN101798474A
CN200910023519.0	一种溶剂型哑光转移镀铝涂料及其制备方法	西安大天科技股份有限公司	CN101619186

申请号	名称	申请(专利权)人	公开(公告)号
CN200910023520.3	一种水溶性转移镀铝涂料及其制备方法	西安大天科技股份有限公司	CN101619191
CN200910024001.9	一种室温制备有机硅改性苯乙烯和甲基丙烯酸甲酯共聚乳液的方法	西北工业大学	CN101649014
CN200910024087.5	红外线辐射复合散热涂料及涂料的制备和喷涂方法	西安华捷奥海新材料有限公司	CN101659829
CN200910024223.0	一种防锈颜料及其制备方法	赵奎山	CN101838487A
CN200910024224.5	一种长效防锈颜料及其制备方法	赵奎山	CN101838488A
CN200910024498.4	消失模用耐高温涂料的制备方法	江苏卡明模具有限公司	CN101811172A
CN200910030162.9	竹炭颜料浆及其制备方法	昆山市世名科技开发有限公司	CN101760044A
CN200910030164.8	水油通用氧化铁色浆	昆山市世名科技开发有限公司	CN101760083A
CN200910030166.7	阴极电泳水性白色色浆	昆山市世名科技开发有限公司	CN101760084A
CN200910030199.1	无机颜料色浆及其制备方法	昆山市世名科技开发有限公司	CN101760085A
CN200910030200.0	纳米改性酞菁颜料机用色浆及其制备方法	昆山市世名科技开发有限公司	CN101760086A
CN200910030481.X	水油通用二氧化钛色浆	昆山市世名科技开发有限公司	CN101760087A
CN200910030482.4	水性透明颜料分散体及其制备方法	昆山市世名科技开发有限公司	CN101768390A
CN200910030484.3	纳米改性环保氧化铁机用色浆及制备方法	昆山市世名科技开发有限公司	CN101760088A
CN200910030485.8	高保湿低 VOC 的紫色色浆及制备方法	昆山市世名科技开发有限公司	CN101768391A
CN200910030561.5	环保型钢结构防火涂料及其制备方法	江苏省华建建设股份有限公司	CN101864215A
CN200910032334.6	粘蝇纸涂剂材料	陆健东	CN101921542A
CN200910032335.0	粘蝇纸涂剂	陆健东	CN101921544A
CN200910033284.3	聚氯乙烯浸涂涂料	张勤英;王文庭	CN101921518A
CN200910033286.2	聚氯乙烯颜料色浆	张勤英;王文庭	CN101921513A
CN200910033346.0	一种防腐环氧粉末涂料及其制备方法	扬州市金晨化工有限公司	CN101928502A
CN200910033347.5	一种超耐候聚酯粉末涂料及其制备方法	王仙桃	CN101899232A
CN200910033348.X	一种重防腐超耐候粉末涂料及其制备工艺	扬州市金晨化工有限公司	CN101928503A
CN200910034114.7	一种平面有光耐高温粉末涂料及其制备方法和应用	老虎粉末涂料制造(太仓)有限公司	CN101899232A
CN200910034353.2	水性超细有机颜料及其生产方法	江苏格美高科技发展有限公司	CN101665630
CN200910034372.5	一种有机硅绝缘浸渍漆及其制备方法	苏州大学	CN101649158
CN200910034468.1	精铸钢型壳黏接剂 WHN-Ⅰ型涂料	滨海县万恒铸业有限公司	CN101759423A
CN200910034479.X	凹凸棒果蔬保鲜涂料	唐敏林	CN101658201
CN200910035609.1	用于金属表面的无铬水性防腐蚀涂料及其制备方法	常州捷迈特表面工程技术有限公司	CN101693811A
CN200910036250.X	合成革用水性 PU 地震裂树脂	江苏宝泽高分子材料股份有限公司	CN101691695A
CN200910036349.X	具有仿丝绒效果的卷材涂料及其制备方法	无锡银星涂层板有限公司	CN101705045A
CN200910036350.2	超低光卷材涂料及其制备方法	无锡银星涂层板有限公司	CN101671517
CN200910036636.0	一种 100%固含量的高官能度水性 UV 树脂组合物及其制备方法	佛山市顺德区德美油墨化工有限公司	CN101659785
CN200910036977.8	一种水性紫外光固化真空镀膜底涂涂料	东莞市至诚涂料有限公司	CN101787243A
CN200910036978.2	一种水性紫外光固化真空镀膜面涂涂料	东莞市至诚涂料有限公司	CN101787240A

申请号	名　称	申请(专利权)人	公开(公告)号
CN200910037660.6	一种水性导电涂料及其制备方法和用途	佛山市顺德区锐新科屏蔽材料有限公司	CN101824241A
CN200910037825.X	一种水性金属闪光底色漆及其制备方法	汤汉良	CN101831236A
CN200910038288.0	一种低能电子束辐射固化涂料及其使用方法	恒昌涂料(惠阳)有限公司	CN101845243A
CN200910038289.5	一种低挥发性、快速干燥的水性玩具涂料及其制备方法	恒昌涂料(惠阳)有限公司	CN101845258A
CN200910039512.8	彩色与透明隔热节能防护功能涂料及其制备方法	深圳市华光业宝涂料制品有限公司;广东北科科技发展有限公司;张弛;罗仕卓	CN101885937A
CN200910039537.8	在陶瓷釉面上产生浮雕的方法及其所使用的花纸涂料	许舜兰	CN101704322A
CN200910039593.1	一种环氧薄涂地坪的生产方法	江门市卡托化工有限公司;五邑大学	CN101892002A
CN200910040126.0	新型环保保温建筑涂料用微胶囊的制备方法	广东海洋大学	CN101618307
CN200910040196.6	一种弹性质感涂料及其制备方法	广东自然涂化工有限公司	CN101633812
CN200910040457.4	可快速光固化的水性环氧丙烯酸树脂	东莞市新大发行涂料有限公司	CN101928374A
CN200910040497.9	一种内墙涂料组合物	深圳市龙富华节能技术有限公司	CN101704656A
CN200910040688.5	一种聚氨酯丙烯酸酯型水性 UV 涂料及其制作方法	广东华润涂料有限公司	CN101629050
CN200910041587.X	柔质手感涂料及其制备方法	广东嘉宝莉化工有限公司	CN101619181
CN200910041726.9	高固含纯丙弹性乳液	佛山市顺德区巴德富实业有限公司	CN101638452
CN200910042207.4	一种水性透明隔热涂料及其制备方法	广州市白云化工实业有限公司	CN101649147
CN200910042268.0	一种环保型有机无机杂化涂料及其制备方法与应用	华南理工大学	CN101649152
CN200910043159.0	高填充型镉硒硫颜料	湖南金环颜料有限公司	CN101624480
CN200910044301.3	一种能吸附室内有害气体的建筑内墙涂料及其制备方法	湖南大学	CN101659533
CN200910044628.0	一种风力发电叶片用面漆及制备方法	株洲时代新材料科技股份有限公司	CN101696343A
CN200910044657.7	地铁车辆用阻燃面漆及其制备方法	株洲市九华新材料涂装实业有限公司	CN101696335A
CN200910046189.7	一种耐高温抗油品氧化涂料及其制备方法	上海瓷龙化工有限公司	CN101805530A
CN200910047616.3	热固性金属漆及其制备方法和用途	拜耳材料科技(中国)有限公司	CN101838498A
CN200910047801.2	一种自乳化水性环氧乳液的制备方法	上海涂料有限公司技术中心	CN101838396A
CN200910050607.X	一种自干型水性醇酸树脂溶液及其制备方法	上海炼升化工有限公司	CN101880379A
CN200910050608.4	一种烘干型水性醇酸树脂溶液及其制备方法	上海炼升化工有限公司	CN101880380A
CN200910051276.1	一种多彩内墙装饰漆及其制作方法与施工工艺	鳄鱼制漆(上海)有限公司	CN101649142
CN200910051277.6	一种彩色闪光墙面漆及施工工艺	鳄鱼制漆(上海)有限公司	CN101649150
CN200910051278.0	一种矿棉吊顶板用面涂涂料的配制及施工工艺	鳄鱼制漆(上海)有限公司	CN101649148
CN200910051329.X	一种石英布用中层涂料及其制备方法	上海都市丽实业发展有限公司	CN101885932A
CN200910051330.2	一种石英壁布罩光漆及其制备方法	上海都市丽实业发展有限公司	CN101885938A
CN200910051923.9	一种透明隔热防紫外涂料及其制备方法	上海复甲新型材料科技有限公司	CN101899249A
CN200910052387.4	一种装饰用涂料转移膜的制备方法	陈武	CN101905621A
CN200910052388.9	一种装饰用涂料转移膜	陈武	CN101905622A
CN200910052919.4	一种去除钢板表面阴极电泳漆膜的脱漆剂	宝山钢铁股份有限公司	CN101921502A

申请号	名　称	申请(专利权)人	公开(公告)号
CN200910052984.7	一种耐沥青涂料及组成物聚酯树脂和它们的制备方法	上海天地涂料有限公司	CN101921520A
CN200910053706.3	一种无铬绝缘涂料及其应用	宝山钢铁股份有限公司	CN101928490A
CN200910054700.8	一种含纳米颗粒的透明隔热涂料及其制备方法	黎 源	CN101629040
CN200910056650.7	一种人防工程电磁屏蔽涂料及其制备方法	徐瑞龙;马成夫	CN101629029
CN200910057140.1	水溶性醇酸底漆配方及其制作工艺	范华兴	CN101870845A
CN200910059315.2	一种聚合物水泥防水涂料用弹性苯丙乳液及其制备方法	成都科杰高新技术发展有限公司	CN101891859A
CN200910060473.X	用于酸性介质气氛工业炉内衬的高强耐酸耐磨喷涂料	中冶集团武汉冶建技术研究有限公司	CN101774791A
CN200910060938.1	船体外涂新材料	武汉鼎超科技开发有限公司	CN101824252A
CN200910063609.2	水性环氧树脂防腐涂料及其制备方法	张凯	CN101633814
CN200910063614.3	水乳型有机硅复合丙烯酸改性沥青水泥基防水涂料及其制备方法	武汉广益工程咨询有限公司	CN101633573
CN200910063632.1	一种光催化功能涂料及其制备方法	湖北大学;武汉强力荷新材料有限公司	CN101629031
CN200910063773.3	含氟阴极电泳漆及其制备方法	武汉双虎汽车涂料有限公司	CN101638545
CN200910063778.6	一种水性羟基聚氨酯树脂的玻璃隔热涂料和制备方法	武汉力诺化学集团有限公司	CN101633816
CN200910064249.8	一种烟用接装纸涂布印刷白油墨及其生产工艺	河南省联发纸业有限公司	CN101812253A
CN200910065908.X	从泽漆中提取的一种葡萄糖苷及其制备方法	河南中医学院	CN101709070A
CN200910067139.7	隔音降噪阻尼涂料及生产工艺	长春华日涂料有限公司	CN101698768A
CN200910067249.3	一种单组分自干水性工业漆	长春华日涂料有限公司	CN101701127A
CN200910067250.6	一种单组分烘干水性汽车漆	长春华日涂料有限公司	CN101705052A
CN200910067403.7	水溶性导电聚苯胺防静电阻尼涂料及其制备方法	吉林正基科技开发股份有限公司	CN101633809
CN200910068807.8	一种建筑外墙用核壳结构高硅硅丙乳液的制备方法	天津城市建设学院	CN101781390A
CN200910069662.3	低重金属汽车零部件防腐漆及其制备方法	天津灯塔涂料工业发展有限公司	CN101684389
CN200910069747.1	轨道浇注材料水性底涂料及制备方法	天津市合成材料工业研究所	CN101643613
CN200910069936.9	高铁专用阻燃聚氨酯防水涂料及其制备方法	天津市耀新科技发展有限公司	CN101619193
CN200910070136.9	黄色颜料喷墨墨水	天津兆阳纳米科技有限公司	CN101654573
CN200910070611.2	镜面色浆在显示屏面标志上的应用	天津市中环高科技有限公司	CN101760074A
CN200910070756.2	一种飞机用防水防腐蚀阻燃涂料及其制备方法	中国民航大学	CN101665657
CN200910070763.2	运输车辆专用耐高温涂料及其制备方法	天津科瑞达涂料化工有限公司	CN101671522
CN200910070893.6	一种水系相变调温隔热涂料及其制备方法	天津市耀新科技发展有限公司	CN101693807A
CN200910070979.9	环保型水性工业涂料及其制备方法	天津灯塔涂料工业发展有限公司	CN101696342A
CN200910070980.1	环保型水溶性树脂及其制备方法	天津灯塔涂料工业发展有限公司	CN101696268A
CN200910070981.6	改性丙烯酸氨基汽车烘漆和改性丙烯酸树脂及其制备方法	天津灯塔涂料工业发展有限公司	CN101696338A
CN200910072163.X	碳纳米管聚氨酯纳米复合涂料及其制备方法	黑龙江大学	CN101906267A
CN200910073165.0	一种玻彩石漆的制备方法	王家财	CN101701123A

申请号	名　称	申请(专利权)人	公开(公告)号
CN200910074106.5	一种不含重金属的防腐蚀油漆:面漆以及相应底漆的配制方法	马超海	CN101659803
CN200910075680.2	热模法离心铸铁管铸型涂料及其制备方法	曲沃县恒通铸造有限公司	CN101693281A
CN200910075899.2	一种金属防腐氟硅涂料及其制备方法	山西省电力公司电力科学研究院;河北硅谷化工有限公司	CN101701118A
CN200910082115.9	环保型彩色隧道防火涂料	中国京冶工程技术有限公司;中冶交通工程技术有限公司	CN101863640A
CN200910083276.X	起涂料或漆作用的产品	北京创意创新经济技术中心;王晗	CN101875801A
CN200910083630.9	超耐候碱粉煤灰矿渣双组分外墙无机涂料	王建华;熊作云	CN101880151A
CN200910084217.4	一种镁合金防腐蚀涂料及其制备方法	北京化工大学	CN101885940A
CN200910084616.0	水溶性丙烯酸树脂的制备方法	北京高盟化工有限公司	CN101701049A
CN200910087090.1	一种玻璃密封胶底涂剂的制备方法	北京高盟化工有限公司	CN101698772A
CN200910087226.9	纳米自清洁涂料及其制备方法	北京中科赛纳玻璃技术有限公司	CN101928517A
CN200910089615.5	一种热塑性含氟丙烯酸树脂及其制备方法	中国海洋石油总公司;中海油常州涂料化工研究院;中海油能源发展股份有限公司	CN101619116
CN200910092428.2	耐热合金离心铸管用复合涂料	浦杰	CN101648802
CN200910092647.0	水乳化硝基漆及其制备方法	北京展辰化工有限公司;深圳市展辰达化工有限公司;上海富臣化工有限公司	CN101649140
CN200910092734.6	一种水性底面合一烘烤涂料及其制备方法	中国海洋石油总公司;中海油常州涂料化工研究院;中海油能源发展股份有限公司	CN101698771A
CN200910092735.0	聚酯改性核壳自交联苯丙乳液及其制备方法和防腐蚀涂料	中国海洋石油总公司;中海油常州涂料化工研究院;中海油能源发展股份有限公司	CN101659735
CN200910093086.6	水性水转印清漆涂料及其制备方法	北京红狮漆业有限公司	CN101659822
CN200910093438.8	一种抗熔渣高温涂料	濮阳濮耐高温材料(集团)股份有限公司;濮阳市濮耐炉窑工程有限公司	CN101665364
CN200910093507.5	复合型环氧地坪涂料及其制备方法	北京红狮漆业有限公司	CN101654583
CN200910093628.X	一种丙烯酸酯树脂石英石地坪漆及其制备方法	北京红狮漆业有限公司	CN101665649
CN200910093778.0	一种净味醇酸涂料及其制备方法	北京红狮漆业有限公司	CN101671519
CN200910094784.8	一种涂料的制备方法	云南常青树投资有限公司	CN101618957
CN200910096996.X	一种抗发白透明木器涂料及其生产工艺	陈姣英	CN101845266A
CN200910098531.8	一种相变保温涂料及其制备方法	宁波大学	CN101885939A
CN200910098901.8	一种有机硅氟改性树脂及涂层制备方法	杭州康成皮革有限公司	CN101638512
CN200910102075.X	聚乙烯醇涂布液及其生产工艺	浙江比例包装股份有限公司	CN101638540
CN200910102202.6	一种从废铁盐酸洗液制备氧化铁黄颜料的方法	浙江大学	CN101649130
CN200910102829.1	一种松香改性环氧酯树脂及制备方法	贵阳神迪化工有限公司	CN101717490A
CN200910105107.1	一种涂料及一种涂层	比亚迪股份有限公司	CN101781521A
CN200910105561.7	一种氧化锡铋水性光谱选择性纳米涂料及其制备方法	深圳大学;深圳市德厚科技有限公司	CN101629048
CN200910105700.6	一种制造新型球形铝颜料的方法	深圳市族兴实业有限公司	CN101629027
CN200910107176.6	一种环氧改性的聚氨酯和紫外光固化涂料及其制备方法	比亚迪股份有限公司	CN101875715A
CN200910108038.X	一种用于涂覆板材的组合物及其在板材上的应用	深圳市爱思宝商贸有限公司	CN101921539A

申请号	名　称	申请(专利权)人	公开(公告)号
CN200910108128.9	一种水溶性低温固化金属、玻璃烤漆及其制备方法	深圳市东方亮化学材料有限公司	CN101928482A
CN200910108848.5	激光标记用颜料组合物和含有该颜料组合物的树脂组合物及其制备方法	深圳市佳宇源油漆颜料有限公司	CN101654575
CN200910109115.3	一种防黏贴防涂鸦氟碳涂料及其使用方法	深圳市广田环保涂料有限公司	CN101629049
CN200910109126.1	一种手感涂料及其制备方法	中华制漆(深圳)有限公司	CN101619184
CN200910109521.X	用于木器漆中的水性半透明颜料型着色剂及其制作方法	刘光君	CN101619180
CN200910109856.1	无机隔热纳米材料水性浆料、建筑玻璃隔热涂料及制备方法	深圳清华大学研究院	CN101708958A
CN200910109974.2	一种水性哑光面漆及其制备方法和使用方法	深圳市广田环保涂料有限公司	CN101717603A
CN200910110450.5	一种高透明不饱和聚酯底漆及其制备方法和使用方法	深圳市广田环保涂料有限公司	CN101705048A
CN200910110468.5	一种水性带锈转锈聚合物乳液及其涂料和制备方法	深圳市海润德润滑油有限公司	CN101704914A
CN200910111018.8	润滑剂改性聚酰胺酰亚胺漆包线漆及制造方法	福州大通机电有限公司	CN101798485A
CN200910112068.8	一种金属粉末涂料及其制备方法和用途	中国科学院福建物质结构研究所	CN101928504A
CN200910112538.0	水性聚氨酯色浆的制备方法	福建宝利特集团有限公司	CN101659814
CN200910112619.0	水性阻燃隔热保温涂料及其制备方法	厦门大学;马薇薇	CN101671523
CN200910112781.2	一种水溶性紫外光固化涂料及其制备方法	厦门大学	CN101705044A
CN200910112783.1	一种水性聚酯漆配方	厦门市杏林闽粤涂料工业有限公司	CN101705046A
CN200910112979.0	一种耐贮存低温固化粉末涂料及其制备方法	漳州市万安实业有限公司	CN101709164A
CN200910114432.4	一种具有热反射与热辐射功能的涂料及制备方法	广西南宁绿晶功能高分子材料有限公司	CN101665658
CN200910116390.8	天然混合物外墙干粉涂料及其制备方法	沈礼群	CN101844900A
CN200910116393.1	天然混合物内墙干粉涂料及其制备方法	沈礼群	CN101844901A
CN200910117508.9	以有机氟硅改性弹性聚氨酯脲树脂为基料制备高性能风电涂料	西北永新化工股份有限公司;西北师范大学	CN101665655
CN200910131378.4	涂布外观缺陷得到改善的防静电聚酯薄膜及其制造方法	东丽世韩有限公司	CN101805558A
CN200910142760.5	环保型电缆防火涂料及其制造方法	海龙艾默生(镇江)能源科技有限公司	CN101654579
CN200910142761.X	防生物吸附涂料及其制造方法	海龙艾默生(镇江)能源科技有限公司	CN101654569
CN200910144346.8	高黏度松香树脂的制备方法	张家港市阳光化工有限公司	CN101649161
CN200910145092.1	一种膨胀型防火涂料及其制备方法	中国科学技术大学	CN101659823
CN200910147697.4	一种水性环氧酯树脂组合物及其制备方法以及用其制备的水性涂料	北京金汇利应用化工制品有限公司	CN101851396A
CN200910152579.2	节能保温涂料	苏州同济材料科技有限公司	CN101648801
CN200910153079.0	一种高光泽直镀法结合层涂料及其制备方法与应用	绍兴京昇光信息科技有限公司	CN101671510
CN200910153087.5	混凝土防碳化涂料	浙江大学宁波理工学院	CN101693610A
CN200910153574.1	一种钛白粉颗粒状颜料及其制造方法	杭州萧湘颜料化工有限公司	CN101693789A
CN200910153575.6	一种铁棕颗粒状颜料及其制造方法	杭州萧湘颜料化工有限公司	CN101693787A
CN200910153576.0	一种铁橙颗粒状颜料及其制造方法	杭州萧湘颜料化工有限公司	CN101693788A
CN200910153577.5	一种氧化铁黄颗粒状颜料及其制造方法	杭州萧湘颜料化工有限公司	CN101691455A

申请号	名　称	申请(专利权)人	公开(公告)号
CN200910153578.X	一种氧化铁黑颗粒状颜料及其制造方法	杭州萧湘颜料化工有限公司	CN101691456A
CN200910153758.8	氟改性甲基丙烯酸环氧粉末涂料及其制备方法	中国科学院宁波材料技术与工程研究所	CN101705040A
CN200910154405.X	环保型非铁金属表面专用附着底漆	袁泉利	CN101693802A
CN200910154481.0	纳米改性水性聚氨酯分散体的合成方法	浙江大学	CN101696321A
CN200910155349.1	一种皮革消光涂料组合物及其制备方法	浙江瑞克涂饰材料有限公司	CN101709550A
CN200910155350.4	一种水性通用色浆及其制备方法	浙江瑞克涂饰材料有限公司	CN101709185A
CN200910155396.6	漆包线脱漆剂	陆颂茵	CN101709172A
CN200910158105.9	一种墙体装饰涂料及其制备方法	王志宏	CN101619185
CN200910160734.5	应用于难涂覆底材的双固化涂料及其制备方法	东莞嘉卓成化工科技有限公司	CN101643623
CN200910160736.4	紫外光固化高耐磨哑光涂料及其制备方法	东莞嘉卓成化工科技有限公司	CN101643624
CN200910160739.8	溶剂型车灯用封闭底漆及其制备方法	深圳市嘉卓成科技发展有限公司	CN101684390
CN200910160752.3	一种环保型亮光地板油漆	三棵树涂料股份有限公司	CN101619192
CN200910161514.4	电磁波穿透性光泽涂装树脂制品及制造方法	丰田合成株式会社;欧利生电气株式会社	CN101633801
CN200910163692.0	沥青路面用热反射涂料及其制备方法	哈尔滨工业大学	CN101629042
CN200910164759.2	耐擦伤性树脂板及其用途	住友化学株式会社	CN101633257
CN200910165575.8	水性丙烯酸氨基树脂面漆银粉漆及其制备方法	深圳市嘉卓成科技发展有限公司	CN101693804A
CN200910165578.1	水性丙烯酸氨基树脂罩光漆及其制备方法	深圳市嘉卓成科技发展有限公司	CN101649145
CN200910165579.6	水性丙烯酸氨基树脂底漆及其制备方法	深圳市嘉卓成科技发展有限公司	CN101649146
CN200910165956.6	基于烯属不饱和单体改性的环氧乳液的耐腐蚀性膜	亨克尔两合股份公司	CN101633771
CN200910167006.7	兼作底漆的水性涂装基底处理剂、表面处理金属材料及预涂金属材料	日本帕卡濑精株式会社	CN101649156
CN200910167633.0	一种自干型金属闪光漆的制备方法	四川普什宁江机床有限公司	CN101654591
CN200910168424.8	聚苯乙烯泡沫消失模用涂料	泰州市永昌冶金设备有限公司	CN101642795
CN200910168794.1	遮光颜料颗粒	罗门哈斯公司	CN101665632
CN200910169313.9	一种用于炊具的发光涂料及其制备方法	李扬德	CN101665634
CN200910169702.1	新型铝粉沥青船底漆及其制备方法	安徽省金盾涂料有限责任公司	CN101629053
CN200910169703.6	新型氯化橡胶防腐漆及其制备方法	安徽省金盾涂料有限责任公司	CN101629039
CN200910170006.2	混凝土结构钢筋防腐涂料及其制备方法	中国人民解放军海军后勤技术装备研究所	CN101671515
CN200910170590.1	涂料组合物、含氟层积体以及树脂组合物	大金工业株式会社	CN101698777A
CN200910171647.X	含无机助滤剂的颜料颗粒	朗盛德国有限责任公司	CN101665631
CN200910172218.4	干粉型隔热防水涂料	吕海涛	CN101648794
CN200910172327.6	纳米载银纸抗菌涂料的制备方法及应用	河南省新斗彩印刷有限公司	CN101671977
CN200910172650.3	用于厚大铸钢件的镁铝尖晶石粉醇基涂料及制备方法	中国一拖集团有限公司	CN101704062A
CN200910173977.2	一种超微细氧化铁红的制作方法	南通宝聚颜料有限公司	CN101659795
CN200910174256.3	膨胀型钢质防火涂料涂层质量检测的新方法及专用装置	郭绍强	CN101813456A
CN200910174603.2	耐指纹性光固化性组合物和设置了耐指纹性涂层的涂敷物	日本油漆株式会社	CN101676310

申请号	名　称	申请(专利权)人	公开(公告)号
CN200910175871.6	基于多烷氧基甲硅烷基官能化预聚物的聚合物材料、和由其组成的黏合剂和涂覆组合物	赢创戈尔德施米特有限公司	CN101684176
CN200910179096.1	隐形涂料专用纳米铁粉的制备方法	王惠民	CN101758222A
CN200910179328.3	一种硅氧烷改性氟硅氧烷及含有该硅氧烷改性氟硅氧烷的氟硅氧烷涂料及其制备方法	比亚迪股份有限公司	CN101817928A
CN200910179335.3	纳米银负离子潮固化哑光地板漆	广东三和化工科技有限公司	CN101705049A
CN200910180256.4	防强腐蚀油漆专用树脂及其制备方法	青岛昊成实业有限公司	CN101671414
CN200910181098.4	一种防霉阻燃隧道装饰涂料及其制备方法与应用	广东省长大公路工程有限公司;宝鸡市铁军化工防腐安装有限责任公司	CN101712836A
CN200910181136.6	一种高含氟量低温固化的氟弹性体涂料及其制法	胡小林;胡吉;姜辉	CN101659817
CN200910181880.6	无氯无苯多功能复合脱漆剂及其生产方法	南京师范大学	CN101684213
CN200910181921.1	一种用于半导体台面钝化的复合保护涂料及其制备方法	常州银河电器有限公司	CN101712845A
CN200910181932.X	水性环保全丙接枝环氧树脂乳液及制备方法	朱爱萍	CN101628958
CN200910181994.0	一种弹性漆	徐贵才	CN101624487
CN200910183151.4	颜料红 HT 的生产工艺	南通市争妍颜料化工有限公司	CN101624476
CN200910183272.9	一种具有抗菌功能的粉末涂料及其制备方法和应用	老虎粉末涂料制造(太仓)有限公司	CN101665652
CN200910183515.9	一种低溶剂海洋纳米防腐涂料及制备方法	江苏工业学院	CN101654584
CN200910184341.8	一种具有超耐候性的粉末涂料及其制备方法和应用	老虎粉末涂料制造(太仓)有限公司	CN101671518
CN200910184371.9	一种带保护基团的反应型颜料墨水及水性 ε-己内酯保护的 HDI 预聚体的制备方法	郭振荣	CN101633807
CN200910184753.1	有机脱漆剂和制法及其在脱除特种设备表面漆层中的应用	南京市锅炉压力容器检验研究院	CN101633803
CN200910184903.9	一种稀土改性外墙水性氟碳涂料及其制备方法	合肥华清金属表面处理有限责任公司	CN101693801A
CN200910185227.7	一种有机—无机复合型砂壁状建筑涂料	安徽省建筑科学研究设计院	CN101704654A
CN200910185443.1	一种涂料喷涂装置及应用该喷涂装置的隔热玻璃生产工艺	安徽省嫦娥电子科技有限公司	CN101717200A
CN200910185546.8	混合型粉末涂料用聚酯树脂及其制备方法	黄山永佳三利科技有限公司	CN101704945A
CN200910185547.2	一种粉末涂料用聚酯树脂及其制备方法	黄山永佳三利科技有限公司	CN101704939A
CN200910186310.6	复合型云母铈钛珠光颜料及制备方法	江西理工大学	CN101693790A
CN200910186327.1	浓缩广告颜料及其制备方法	南昌航天文体用品有限公司	CN101696330A
CN200910186409.6	紫外光固化真空喷涂色漆	东周化学工业(昆山)有限公司	CN101696341A
CN200910187305.7	有机硅改性丙烯酸酯水性木器漆乳液及其合成方法	大连工业大学	CN101649153
CN200910187323.5	汽车用水性金属光泽漆及其制备方法	铁岭永新涂料有限公司	CN101643617
CN200910187836.6	一种氧化铁复合颜料掺杂稀土与氧化硅的制备方法	沈阳化工学院	CN101671499
CN200910189362.9	环保水性气雾漆及其制备方法	珠海市虹彩精细化工有限公司	CN101775253A
CN200910189363.3	水性纳米透明玻璃隔热涂料及其制备方法	珠海市虹彩精细化工有限公司	CN101735723A
CN200910189488.6	一种变色颜料	深圳云之彩美术工艺用品有限公司	CN101805534A

申请号	名　称	申请(专利权)人	公开(公告)号
CN200910189489.0	一种环保颜料	深圳云之彩美术工艺用品有限公司	CN101805550A
CN200910189522.X	一种高耐候性抗沾污弹性氟碳拉毛涂料及其制造方法	中华制漆(深圳)有限公司	CN101709189A
CN200910189523.4	一种环保型水性马路漆及其制造方法	中华制漆(深圳)有限公司	CN101724324A
CN200910189578.5	环保型低温固化金属金色涂料、制造工艺及作为印铁制罐涂料直接辊涂的应用	深圳市威凯士化工涂料有限公司	CN101735714A
CN200910189579.X	可在金属表面直接使用的可重涂的单组分金属光固化涂料、制造工艺及作为金属涂料直接喷涂的应用	深圳市威凯士化工涂料有限公司	CN101709192A
CN200910189580.2	高效节能可重涂可调色单组分光固化涂料、制造工艺及作为塑胶涂料直接喷涂的应用	深圳市威凯士化工涂料有限公司	CN101724304A
CN200910190959.5	石蜡微胶囊相变蓄热保温涂料及制备方法	中国人民解放军后勤工程学院	CN101659816
CN200910191910.1	水性环保包装钢桶漆及其制备方法	重庆斯耐博涂料有限公司	CN101735703A
CN200910191911.6	水性环保罩光漆及其制备方法	重庆斯耐博涂料有限公司	CN101712833A
CN200910192563.4	真石漆纯丙乳液	佛山市顺德区巴德富实业有限公司	CN101665650
CN200910192666.0	一种水溶性烤漆	谢乃金	CN101665651
CN200910192795.X	一种防污隔热外墙漆	黄宏亭	CN101671511
CN200910193125.X	水性玩具涂料纯丙乳液	佛山市顺德区巴德富实业有限公司	CN101671513
CN200910193126.4	一种流平性良好的苯丙乳液	佛山市顺德区巴德富实业有限公司	CN101671416
CN200910193169.2	一种金属用纳米复合水性隔热防腐涂料及其制备方法	华南理工大学;广州集泰化工有限公司	CN101665645
CN200910193333.X	丙烯酸酯聚合物乳液及其制备方法	华南理工大学	CN101696253A
CN200910193352.2	建筑干粉涂料及其制备方法和使用方法	华南理工大学	CN101696334A
CN200910193445.5	水性防涂鸦涂料及其制备方法	广东嘉宝莉化工有限公司	CN101698770A
CN200910193775.4	一种抗冲击、不黄变的木器漆	黄宏亭	CN101760119A
CN200910193776.9	一种抗刮伤木器漆	黄宏亭	CN101760116A
CN200910193778.8	一种抗菌、除醛型木器漆	黄宏亭	CN101760117A
CN200910193806.6	一种抗菌型木器漆	黄宏亭	CN101705047A
CN200910193857.9	一种除醛防霉无黄变白色木器漆	黄宏亭	CN101831223A
CN200910193858.3	一种水性荷叶漆	黄宏亭	CN101760096A
CN200910193884.6	一种低 VOC 的纯丙乳液及其制作方法	佛山市顺德区巴德富实业有限公司	CN101704922A
CN200910193928.5	一种可室温固化的耐高温环氧-钛硅树脂及其制备方法和应用	广东工业大学	CN101712762A
CN200910193946.3	环氧漆稀释剂及其配制方法和应用	广州市宝力达电气材料有限公司	CN101712820A
CN200910193974.5	水性烤漆及其制备方法	东莞市新达水墨有限公司	CN101701121A
CN200910194206.1	一种纺织物印花涂料色浆	王文力	CN101705630A
CN200910194229.2	一种快干耐醇的塑料用水性涂料及其制备方法	广州擎天实业有限公司	CN101747818A
CN200910194230.5	一种用于金属材料的水性装饰涂料及其制备方法	广州擎天实业有限公司	CN101928491A
CN200910194231.X	一种低温固化环氧低光粉末涂料及其制备方法	广州擎天实业有限公司	CN101747826A
CN200910194232.4	一种防涂鸦粉末涂料及其制备方法	广州擎天实业有限公司	CN101712834A

申请号	名称	申请(专利权)人	公开(公告)号
CN200910194394.8	自干型低脂肪链硅氧烷改性的水性丙烯酸树脂及其制备方法	广州千江油漆化学有限公司;华南理工大学;肇庆千江高新材料科技有限公司	CN101735379A
CN200910194759.7	半无机型环保无取向硅钢绝缘涂料及其应用	上海迪升防腐新材料科技有限公司	CN101643625
CN200910195473.0	人民防空工程内墙涂料及其制备方法	徐瑞龙;马成夫	CN101649132
CN200910195533.9	一种电工钢绝缘涂料,其制备方法及涂覆方法	艾宝魁	CN101659799
CN200910195788.5	镁合金金属型铸造涂料及其制备方法	上海交通大学	CN101658899
CN200910196060.4	丙烯酸超支化树脂及其在镜背涂料中的应用	江苏柏鹤涂料有限公司;江苏柏鹤化工集团	CN101659727
CN200910196504.4	基于载流子控制技术的阴极电泳漆的制备方法	上海大学	CN101693806A
CN200910196505.9	基于载流子控制技术的改性双组分聚氨酯漆的制备方法	上海大学	CN101693808A
CN200910196506.3	基于载流子控制技术的改性聚氨酯漆的制备方法	上海大学	CN101671520
CN200910196528.X	红外光谱法快速测定彩涂钢板氟碳涂料中聚偏二氟乙烯含量的方法	上海大学	CN101672774
CN200910196764.1	底涂涂料用苯丙乳液及其制备方法和应用	上海东升新材料有限公司	CN101704913A
CN200910196765.6	一种涂布纸面涂涂料用苯丙乳液	上海东升新材料有限公司	CN101704930A
CN200910196767.5	聚合物水泥防水涂料	上海东升新材料有限公司	CN101704658A
CN200910196768.X	外墙聚合物水泥防水涂料组合物	上海东升新材料有限公司	CN101704655A
CN200910196772.6	造纸用涂料分散剂及其制备方法	上海东升新材料有限公司	CN101705637A
CN200910197433.X	水性仿大理石多彩漆的制作方法与施工工艺	鳄鱼制漆(上海)有限公司	CN101693800A
CN200910197605.3	基于载流子控制技术的聚氨酯桔形漆的制备方法	上海大学	CN101671521
CN200910197647.7	一种新型环保隔热涂料及其制备方法	东华大学	CN101696336A
CN200910198203.5	涂料用水性超支化聚酯树脂的制备方法	上海大学	CN101717564A
CN200910198607.4	一种环保型彩瓦涂料及其制备方法	上海漠王复合材料科技有限公司	CN101724329A
CN200910198971.0	一种纳米氧化锌抗菌抗污涂料及其制备方法	上海波平航空科技有限公司	CN101701120A
CN200910199797.1	一种可镭射模压醇溶性镀铝转移涂料及其制备方法与应用	上海凯兰达实业有限公司	CN101701117A
CN200910199891.7	一种剥离涂料用聚氨酯乳液的制备方法	上海维凯化学品有限公司	CN101709107A
CN200910199893.6	一种可降解的聚氨酯水分散体及其制备方法	上海维凯化学品有限公司	CN101717486A
CN200910199894.0	一种环氧树脂改性水性聚氨酯乳液及其制备方法	上海维凯化学品有限公司	CN101717488A
CN200910199954.9	一种具有自散热功能的环保型纳米瓷膜涂料及其制备方法	上海瓷龙化工有限公司	CN101781479A
CN200910199955.3	环保型自散热纳米生态涂料及其制备方法	上海瓷龙化工有限公司	CN101781480A
CN200910199956.8	一种自散热环保型纳米涂料及其制备方法	上海瓷龙化工有限公司	CN101781481A
CN200910199957.2	一种光催化自洁净纳米生态涂料及其制备方法	上海瓷龙化工有限公司	CN101781482A
CN200910199958.7	环保型耐高温纳米涂料及其制备方法	上海瓷龙化工有限公司	CN101781483A
CN200910199959.1	一种光催化环保型纳米瓷膜涂料及其制备方法	上海瓷龙化工有限公司	CN101781484A
CN200910200069.8	一种水性聚氨酯乳液涂料及其制备方法	上海乘鹰新材料有限公司	CN101709198A
CN200910200363.9	一种脱漆剂及其制备和应用	上海立昌环境工程有限公司	CN101724312A

申请号	名　称	申请(专利权)人	公开(公告)号
CN200910200366.2	环氧丙烯酸预聚体树脂及其制法和在光固化涂料中的应用	上海新天和树脂有限公司;南通天和树脂有限公司;浙江天和树脂有限公司	CN101747594A
CN200910201058.1	一种适合无版缝模压工艺的镭射镀铝转移涂料及制备方法	上海维凯化学品有限公司	CN101724325A
CN200910201059.6	一种低挥发性有机物含量丙烯酸树脂的制备方法	上海维凯化学品有限公司	CN101735380A
CN200910201060.9	一种适合凹印的单涂镀铝转移涂料及其制备方法	上海维凯化学品有限公司	CN101724327A
CN200910201061.3	一种适合凹版印刷的镭射镀铝转移涂料及其制备方法	上海维凯化学品有限公司	CN101760107A
CN200910201062.8	一种耐温环保型水性转移涂料及其制备方法	上海维凯化学品有限公司	CN101760121A
CN200910201063.2	一种单涂型哑光转移镀铝涂料及其制备方法	上海维凯化学品有限公司	CN101760091A
CN200910201230.3	一种水性耐温型单涂转移镭射镀铝涂料及其制备方法	上海维凯化学品有限公司	CN101768398A
CN200910201231.8	一种环保型水性复合镭射镀铝涂料及其制备方法	上海维凯化学品有限公司	CN101768399A
CN200910201484.5	节能型铸造用水基消失模涂料	上海市机械制造工艺研究所有限公司	CN101708528A
CN200910205602.X	一种防返黏连纳米杀菌花纹基硝面漆及其制备方法	广东三和化工科技有限公司	CN101693798A
CN200910205604.9	一种长效夜光聚氨酯锤纹涂料及其制备方法	广东三和化工科技有限公司	CN101693809A
CN200910206134.8	一种无腐蚀性金属脱漆剂的制备方法	河北理工大学	CN101792621A
CN200910206588.5	压敏黏接纸的原纸、其制造方法、及其制造方法中使用的压敏黏接剂组合物涂料	纪州制纸株式会社	CN101725079A
CN200910206829.6	散热器前护栅镀铬用底漆的组成物	SSCP 株式会社;现代摩比斯株式会社	CN101818016A
CN200910207716.8	通用底漆组合物和方法	陶氏环球技术公司	CN101696344A
CN200910208562.4	一种预防流感病毒涂料及其制备方法	佛山夫田涂料化工有限公司	CN101698769A
CN200910210384.9	连铸板坯高温防氧化涂料及其制备工艺	北京科技大学	CN101693791A
CN200910213055.X	一种减震隔热涂料及其制备方法	无锡市虎皇漆业有限公司	CN101709188A
CN200910213100.1	预分散金红石型钛白颜料浆的制备方法	江苏镇钛化工有限公司	CN101705035A
CN200910213284.1	纳米级水性无毒旧漆膜覆盖带锈防腐涂料	郝煜林	CN101709200A
CN200910213606.2	一种防污闪涂料及其制备方法	广东电网公司电力科学研究院;福建瑞森华工有限公司	CN101735727A
CN200910213812.3	一种抗回黏性能优良的环保型涂料印花乳液	佛山市顺德区巴德富实业有限公司	CN101736607A
CN200910213813.8	一种高湿擦牢度的环保型涂料印花乳液	佛山市顺德区巴德富实业有限公司	CN101736609A
CN200910213950.1	弹性烤漆组合物	深圳市永盛辉实业有限公司	CN101735715A
CN200910214235.X	一种耐水煮性能佳的耐候型聚酯树脂及其制备方法	广州擎天实业有限公司	CN101735431A
CN200910214238.3	一种用于电木板涂装的纯环氧型粉末涂料及其制备方法	广州擎天实业有限公司	CN101709195A
CN200910214239.8	一种混合型粉末涂料用低温固化端羧基聚酯树脂及其制备方法	广州擎天实业有限公司	CN101735432A
CN200910214493.8	环保型粉末涂料树脂的制备方法	广东银洋树脂有限公司	CN101787239A
CN200910216281.3	一种含镀锡镍硅酸钙镁矿物晶须的电磁波屏蔽复合涂料及其制备方法	成都理工大学	CN101701124A

申请号	名　称	申请(专利权)人	公开(公告)号
CN200910219419.5	光纤用黑消光保护涂料及其生产方法	北方涂料工业研究设计院	CN101759377A
CN200910219544.6	漆酚有机硅树脂及其制备方法	中华全国供销合作总社西安生漆涂料研究所	CN101747483A
CN200910219545.0	一种古建筑装饰漆	中华全国供销合作总社西安生漆涂料研究所	CN101709199A
CN200910219546.5	一种漆酚硼树脂及其制备方法	中华全国供销合作总社西安生漆涂料研究所	CN101747484A
CN200910219547.X	生漆古建筑装饰漆	中华全国供销合作总社西安生漆涂料研究所	CN101712846A
CN200910219824.7	防水保温涂料	王金凤	CN101698585A
CN200910220243.5	海洋环境下 GH907 材料制件用涂料及其制备、使用方法	沈阳黎明航空发动机(集团)有限责任公司	CN101709162A
CN200910220333.4	适用涂覆带电设备之防污闪涂料制备方法及其防污闪涂料	刘晓强	CN101717607A
CN200910220334.9	电力接地网导电防腐涂料及其制备方法	刘晓强	CN101717608A
CN200910220792.2	一种含钛高炉渣无机抗菌涂料及其制备方法	东北大学	CN101709160A
CN200910225853.4	用于保护车体下部底盘涂层面的带	汉高两合股份公司	CN101747846A
CN200910225896.2	数码预涂膜	胡敏生	CN101705060A
CN200910226556.1	漆制剂	德古萨股份公司	CN101712847A
CN200910226710.5	一种复合铁红防锈颜料	湘潭市双马世纪新材料有限公司	CN101760050A
CN200910227526.2	工业用保温涂料干粉料及其制作方法	河南省绿韵建材有限公司	CN101811854A
CN200910227530.9	聚合物水泥基防水涂料干粉	河南省绿韵建材有限公司	CN101811851A
CN200910227836.4	架空导线防覆冰涂料及制备方法	华北电网有限公司大同超高压供电公司;北京中水科工程总公司	CN101735701A
CN200910227878.8	煤矿井下煤层防水涂料	山西大学	CN101723636A
CN200910227964.9	煤矿井下煤层防火涂料	山西大学	CN101759407A
CN200910228194.X	一种碱性面漆清洗剂及制备方法	国家纳米技术与工程研究院	CN101709175A
CN200910228609.3	一种用于针织内衬手套水性涂饰剂的聚氨酯乳液和涂饰剂及其制备方法和涂覆方法	天津碧海蓝天水性高分子材料有限公司	CN101717487A
CN200910228922.7	金属膜电阻器用耐湿热丙烯酸/酚醛树脂/nano-SiO2 涂料及其制备方法	天津大学	CN101724330A
CN200910229376.9	木蜡漆及其制备工艺	姜桥	CN101698779A
CN200910229671.4	一种改性脲醛树脂胶及其生产方法	曲阜市慧迪化工有限责任公司	CN101709206A
CN200910231194.5	一种具有含氟侧基或含氟支链的氟烯烃共聚氟树脂	济南大学	CN101747464A
CN200910231321.1	轻质无机硅酸盐纤维增强防火涂料及其制法	山东鲁阳股份有限公司	CN101724302A
CN200910232095.9	一种粉末画颜料	张奕	CN101709165A
CN200910232096.3	儿童可洗手指画颜料	张奕	CN101709166A
CN200910232350.X	一种聚合物乳液及其制备方法	南京工业大学	CN101724116A
CN200910232536.5	水乳液型非硅类消泡剂及其制备方法	江苏赛欧信越消泡剂有限公司	CN101780383A
CN200910233434.5	水性聚氨酯美术颜料及其制备方法	宋健	CN101760122A
CN200910234031.2	颜料红 122 中间体 DTTA 的生产工艺	南通市争妍颜料化工有限公司	CN101717334A
CN200910234111.8	提高六甲氧基甲基三聚氰胺树脂醚化度方法	江苏国立化工科技有限公司	CN101696258A
CN200910234315.1	一种耐电晕漆包线漆的制备方法	丹阳四达化工有限公司	CN101735716A
CN200910234322.1	一种耐高温反红外热辐射节能涂料的制备方法	南京工业大学;南京钛威科技有限公司	CN101723707A

申请号	名　称	申请(专利权)人	公开(公告)号
CN200910234428.1	利用类乳液或溶液技术制备有机—无机高分子复合导电涂料的方法	徐州工业职业技术学院	CN101712839A
CN200910234657.3	水性环氧云铁防锈漆及其制备方法	江苏兰陵高分子材料有限公司	CN101701125A
CN200910234658.8	水性双组分聚氨酯防腐涂料及其制备方法	江苏兰陵高分子材料有限公司	CN101701128A
CN200910234879.5	用废旧聚苯乙烯塑料制备涂料用树脂的方法	常州市邦杰化工有限公司	CN101704932A
CN200910235222.0	含砂稠油集输管线耐磨耐高温防腐蚀涂料及制造方法	中国石油天然气集团公司;中国石油集团工程技术研究院	CN101691473A
CN200910236236.4	适用于镁合金表面的有机/无机硅杂化水性耐蚀涂料及其制备方法	北京航空航天大学	CN101709163A
CN200910236237.9	一种适用于钢铁表面的水性防腐透明涂料及其制备方法	北京航空航天大学	CN101921516A
CN200910236584.1	一种连苯三酚与二乙烯基苯缩聚树脂及其合成方法	北京师范大学;泰兴市东方实业公司	CN101696265A
CN200910237648.X	一种水性带锈防腐蚀涂料及其制备方法	中国电力科学研究院	CN101701126A
CN200910238063.X	水性丙烯酸乳液、珠光膜复合材料用水性黏合剂及其制备方法	北京高盟化工有限公司	CN101717467A
CN200910242173.3	氟树脂改性丙烯酸耐久型隔热防腐涂料	中国建筑材料科学研究总院	CN101735699A
CN200910243507.9	涂覆材料及其制备方法	北京联飞翔科技股份有限公司	CN101724336A
CN200910243717.8	一种应用于高温合金热处理的抗氧化涂料	北京科技大学	CN101736138A
CN200910247214.8	陶瓷涂料、其制备方法、以及防止陶瓷涂膜开裂的方法	上海金力泰化工股份有限公司	CN101760057A
CN200910247868.0	建筑用硅丙乳液及其制备方法	上海富臣化工有限公司	CN101724123A
CN200910248588.1	一种水性多彩保温涂料及其制备方法	大连海事大学	CN101712832A
CN200910250515.6	一种耐高温阻燃防锈漆及其制备方法	多奇志	CN101705039A
CN200910253119.9	定子线圈表面覆膜形成方法及涂料喷射装置	三菱电机株式会社	CN101902102A
CN200910258130.4	用于固体喷墨应用的保护涂料	施乐公司	CN101746142A
CN200910258346.0	具有改进的可分散性的C.I. 颜料红 112	克拉里安特国际有限公司	CN101831196A
CN200910259698.8	一种水性不粘涂料的面漆	深圳市一涂美科技有限公司	CN101717601A
CN200910259748.2	一种隧道用防火防水涂料	唐山市思远涂料有限公司	CN101734938A
CN200910260914.0	人造革着色用的黑色预分散颜料无苯配方及其制作方法	佛山市顺德区天隆颜料有限公司	CN101735670A
CN200910262636.2	二氧化钛颜料及其制备方法	堺化学工业株式会社	CN101760052A
CN200910263087.0	紫外光固化硅溶胶改性水性聚氨酯丙烯酸酯分散体的制备方法	江南大学	CN101747487A
CN200910263092.1	用于电磁波吸收涂料的 C-SiO_2-Fe/M 磁性介孔复合材料的制备方法	南京航空航天大学	CN101819842A
CN200910263913.1	单组分水性氟碳涂料及其制备方法	山西北辰涂料有限公司	CN101717600A
CN200910264746.2	镜面涂料及其在彩色涂覆层钢板上的应用	常熟华冶薄板有限公司	CN101768407A
CN200910265016.4	一种玻璃基高光泽高耐候珠光颜料的制备方法	福州坤彩精化有限公司	CN101768379A
CN200910266820.4	高光泽度的增量的醇酸树脂乳胶漆	罗门哈斯公司	CN101768408A
CN200910272837.0	下转换频移红外辐射强化涂料及其制备方法	武汉因福瑞新材料有限公司	CN101712816A
CN200910273028.1	一种彩钢防水保温涂料及其制作方法	张贵连	CN101792293A

申请号	名　称	申请(专利权)人	公开(公告)号
CN200910302136.7	一种含氟树脂乳液及其制备方法	大连理工大学	CN101633715
CN200910305005.4	通用防腐底漆及其生产方法	天津灯塔涂料工业发展有限公司	CN101624495
CN200910305006.9	高固体金属内腔防腐涂料及其生产方法	天津灯塔涂料工业发展有限公司	CN101629045
CN200910305953.8	纳米耐磨乳液	浙江久盛地板有限公司	CN101665636
CN200910305985.8	一种强力脱漆剂	长沙艾森设备维护技术有限公司	CN101629036
CN200910307690.4	一种无机富锌涂料及其制备方法	杨晓琳	CN101691457A
CN200910308013.4	水性氟碳涂料及其制备方法	杭州之江有机硅化工有限公司	CN101831221A
CN200910309128.5	机车顶盖防滑涂料及制备方法	株洲市九华新材料涂装实业有限公司	CN101693810A
CN200910309156.7	中温高性能水性阻尼涂料及制备方法	株洲市华晟实业有限公司	CN101693799A
CN200910309975.1	一种抗污自洁外墙漆	黄宏亭	CN101705038A
CN200910309995.9	一种抗油污自洁水性氟碳漆	黄宏亭	CN101701119A
CN200910311746.3	汽车用铜金锤纹美术涂料及制备方法	浙江吉利汽车研究院有限公司;浙江吉利控股集团有限公司	CN101906263A
CN200910311766.0	一种水性低表面能涂料及其制备方法	威海新元化工有限公司;济南大学	CN101712838A
CN200910311998.6	一种机箱用漆及其喷涂工艺	中国航空工业集团公司第六三一研究所	CN101768383A
CN200910312186.3	一种紫外光固化有机硅改性聚氨酯水分散体及其制备方法	华南理工大学;东莞市英科水墨有限公司	CN101735599A
CN200910312397.7	一种强闪烁铝银浆的制造方法	长沙族兴金属颜料有限公司	CN101735671A
CN200920007296.4	一种建筑涂料喷涂装置	巢启	CN201420379
CN200920007961.X	可同时喷涂多种建筑涂料的喷涂装置	巢启	CN201395929
CN200920045783.X	粉末涂料加工设备	江苏华光粉末有限公司	CN201445974U
CN200920047818.3	涂料或油漆制备中使用的冷却装置	阿克苏诺贝尔防护涂料(苏州)有限公司	CN201449183U
CN200920058504.3	具有防下陷清底漆的木器	黄志流	CN201626932U
CN200920096719.4	带有涂料、油漆加热装置的喷漆设备	常虎	CN201454756U
CN200920097009.3	测试涂料散热节能效率的评价装置	河北工业大学	CN201434852
CN200920109003.3	带有氯醚树脂防火涂料涂层的工字钢	天津中油渤星工程科技有限公司	CN201437618U
CN200920110992.8	一种液体涂料的涂敷装置	李晋云;李川;蔡榆;毛伟弘	CN201399419
CN200920120240.X	涂料生产反应釜自动控制装置	浙江天女集团制漆有限公司	CN201404803
CN200920130381.X	一种涂料喷涂装置	深圳市科荣兴实业有限公司	CN201454745U
CN200920147918.3	干燥工艺段节能环保及涂料溶剂回收装置	王晓军	CN201524440U
CN200920169778.X	涂料连续供给装置以及喷涂设备	ABB技术有限公司	CN201579143U
CN200920174585.3	一种钛聚合物树脂防垢防腐注聚合物井油管	大庆石油管理局;大庆油田龙阳实业公司	CN201521253U
CN200920187368.8	移动式涂料喷射装置	安徽佳泰矿业科技有限公司	CN201474274U
CN200920192773.9	一种可移动双向流电泳涂料闭路循环超滤装置	胡菊祥;浙江大学	CN201470315U
CN200920198957.6	一种用于涂料生产线的粉料投料装置	浙江悉奥涂料有限公司	CN201529506U
CN200920198960.8	一种可升降的涂料产品灌装装置	浙江悉奥涂料有限公司	CN201530717U
CN200920204028.1	一种玻璃隔热涂料淋涂装置	深圳市景江化工有限公司	CN201505614U
CN200920213612.3	涂料实验用简易过滤装置及其加速装置	立邦涂料(中国)有限公司	CN201543295U
CN200920214144.1	一种测定涂料涂膜气味散发速度的装置	立邦涂料(中国)有限公司	CN201575987U

申请号	名　称	申请(专利权)人	公开(公告)号
CN200920216461.7	一种天然沸石抑菌除味涂料添加剂节能制备装置	刘严蓬;张茂勇	CN201567303U
CN200920245427.2	热熔型道路标线涂料高温黏度测试装置	长安大学	CN201540238U
CN200920255837.5	涂料喷涂设备	江阴市天邦涂料化工有限公司	CN201537573U
CN200920273453.6	数码预涂膜	胡敏生	CN201587922U
CN200920288829.0	一种消失模铸造涂料性能测试装置	华中科技大学	CN201540236U
CN200920316366.4	汽油驱动涂料喷射装置	林茂贤	CN201579152U
CN200930121363.0	涂料散热性能及节能效率测试装置	河北工业大学	CN301170550S
CN200980000097.3	用于预涂钢板的树脂组合物以及具有良好的加工性、耐热性以及耐蚀性的钢板	POSCO公司	CN101720344A
CN200980100293.8	涂布剂及其制备方法	DIC株式会社	CN101796149A
CN200980100649.8	水性复合树脂组合物、含有其的涂布剂、以及使用其的层压体	DIC株式会社	CN101821318A
CN200980100746.7	颜料分散剂和易于分散的固体颜料制剂	科莱恩金融(BVI)有限公司	CN101827868A
CN200980101353.8	用缔合聚合物将醇酸树脂分散在水中的方法、由此获得的制剂和含有该制剂的水性漆	可泰克斯有限合伙公司	CN101896532A
CN200980103005.4	硅氧烷组合物,硅氧烷黏合剂,涂布和层压的基底	陶氏康宁公司	CN101925656A
CN201010000166.5	水性无机富锌涂料及其制备方法	中国人民解放军海军后勤技术装备研究所	CN101735674A
CN201010003704.6	一种艺术工艺颜料及其在美术书法作品制作中的应用	陈雁	CN101747674A
CN201010011356.7	一种聚苯胺/聚(苯乙烯-苯乙烯磺酸钠)核壳结构微乳液	山东大学	CN101775176A
CN201010011449.X	一种水性聚吡咯防腐涂料及其制备方法	日照君青能源科技材料有限公司	CN101851459A
CN201010017963.4	原位聚合技术制备抗沉降丙烯酸夜光树脂	南京林业大学	CN101735401A
CN201010019342.X	一种抗老化环氧涂料及其制备方法与应用	广州飞宇建材科技有限公司	CN101735708A
CN201010019493.5	耐磨双组分水性聚氨酯涂料及其制备方法	华南师范大学	CN101787242A
CN201010022447.0	一种侧链含氟烷基的聚醚多元醇树脂及其制备方法	上海应用技术学院	CN101768262A
CN201010022502.6	一种水性聚氨酯改性环氧钢结构防腐涂料及其制备方法	同济大学	CN101735706A
CN201010022547.3	一种弹性真石漆	上海雅达特种涂料有限公司	CN101774784A
CN201010028970.4	一种高固含量低黏度核壳结构苯丙乳液的制备方法	湖北大学;武汉强力荷新材料有限公司	CN101838371A
CN201010029008.2	一种石头纸涂料及其制备方法以及利用石头纸涂料制成的石头纸	武汉大学	CN101768893A
CN201010029015.2	一种环氧改性水性醇酸树脂及其制备方法	武汉力诺化学集团有限公司	CN101838389A
CN201010030813.7	以贝壳粉为主要成分的内墙涂料	吉林省兰舍硅藻新材料有限公司	CN101774785A
CN201010031369.0	一种水分散型短油聚酯树脂的制备方法	天津市新丽华色材有限责任公司	CN101768256A
CN201010031370.3	一种油基树脂的制备方法	天津市新丽华色材有限责任公司	CN101787106A
CN201010034225.0	一种光敏涂料的低温节能固化方法及其固化装置	刘思健	CN101786075A
CN201010042095.5	抗石击汽车中涂漆	重庆三峡油漆股份有限公司	CN101747829A

申请号	名称	申请(专利权)人	公开(公告)号
CN201010044807.7	建筑外表面用热反射隔热涂料及其制备方法	福建欧诺漆科技有限公司	CN101735700A
CN201010046563.6	水基脱漆剂及其制备方法和使用方法	安徽江南机械有限责任公司	CN101747677A
CN201010100964.5	高温型保温涂料及其制备方法	莱州明发隔热材料有限公司	CN101792298A
CN201010101626.3	一种水下涂装重防腐涂料及其制备方法	沈阳中科腐蚀控制工程技术中心;中国石油集团工程设计有限责任公司辽阳分公司	CN101781505A
CN201010101825.4	一种超大型铸钢件用水基锆英粉快干涂料	上海市机械制造工艺研究所有限公司	CN101890475A
CN201010101901.1	一种架空高压电线用绝缘涂料及其制备方法	中国人民解放军理工大学工程兵工程学院	CN101781498A
CN201010101960.9	醇溶性常温固化双组分聚氨酯-丙烯酸酯树脂的制备方法	安徽大学	CN101787170A
CN201010101991.4	用于飞机铝合金蒙皮脱漆处理的脱漆剂	合肥华清金属表面处理有限责任公司	CN101724311A
CN201010102363.8	一种高发射率高抗热震性红外涂料的制备方法	华南理工大学	CN101781121A
CN201010102676.3	一种乳胶涂料用纳米级硅丙核壳型复合乳液的制备方法	陕西科技大学	CN101921360A
CN201010103175.7	一种大型铸件用水基铸造涂料及其制备方法	德阳立达化工有限公司	CN101767183A
CN201010103408.3	一种环保型硝基木器漆及其制造方法	中华制漆(深圳)有限公司	CN101781495A
CN201010103489.7	一种耐高温反辐射无机涂料及其制备方法	张春雨	CN101760058A
CN201010103646.4	聚偏二氯乙烯用水性底涂剂的制备方法	北京高盟新材料股份有限公司	CN101818021A
CN201010103831.3	底层涂料组合物以及使用该底层涂料组合物的光半导体装置	信越化学工业株式会社	CN101792632A
CN201010104103.4	一种自干型可稀释醇酸漆的制备方法	东营利丰化工新材料有限公司	CN101735718A
CN201010104510.5	锂离子电池正极极片的涂料、涂料制造方法及正极极片	深圳市创明电池技术有限公司	CN101771148A
CN201010104823.0	利用天然绿色纳米无机材料改性有机颜料的制备方法	天津城市建设学院	CN101787220A
CN201010105129.0	水性丙烯酸酯-聚氨酯树脂乳液及其应用	江苏柏鹤涂料有限公司;江苏柏鹤化工集团	CN101775106A
CN201010105132.2	丙烯酸乳液及其应用	江苏柏鹤涂料有限公司;江苏柏鹤化工集团	CN101775189A
CN201010105144.5	环氧改性含硅水性丙烯酸树脂及其涂料	江苏柏鹤涂料有限公司;江苏柏鹤化工集团	CN101775109A
CN201010105507.5	一种防粘贴涂料及生产方法	辽宁胜吉科技发展有限公司	CN101781499A
CN201010105706.6	一种防止碳缺陷的消失模铸造铸铁涂料及其制备方法	西安理工大学	CN101767184A
CN201010105813.9	一种软包装挤出复合用底涂剂及其应用	广东国望精细化学品有限公司;河北华腾万富达精细化工有限责任公司;北京华腾工程新材料有限责任公司	CN101781516A
CN201010107091.0	一种双组分环氧树脂涂料及其制备方法	海洋王照明科技股份有限公司;深圳市海洋王照明工程有限公司	CN101781510A
CN201010107840.X	反射隔热金属氟碳漆	安徽天锦云漆业有限公司	CN101775250A
CN201010107851.8	外保温弹性自洁防水漆	安徽天锦云漆业有限公司	CN101735702A
CN201010108931.5	一种阳离子光固化含氟有机硅复合涂料及其制备方法	中科院广州化学有限公司	CN101775142A
CN201010108953.1	一种含有含氟聚硅氧烷的紫外光固化复合涂料及其制备方法	中科院广州化学有限公司	CN101775143A
CN201010109007.9	一种用于多孔墙板的水性导电高分子/金属复合纳米涂料及其制备方法	北京航空航天大学	CN101781520A

申请号	名　称	申请(专利权)人	公开(公告)号
CN201010109159.9	一种水性无机合成液体涂料及其制造和使用方法	王仙桃	CN101899232A
CN201010109843.7	有机硅/羟基磷酸酯复合改性水乳型丙烯酸树脂及其制备方法和应用	广东工业大学	CN101775101A
CN201010110203.8	高柔感环保弹性漆及其制备方法	商丘市博大化工有限公司	CN101781513A
CN201010111977.2	一种用于铝合金砂型低压铸造的醇基铸型涂料及其涂敷工艺	南通爱尔思轻合金精密成型有限公司	CN101773980A
CN201010112111.3	一种钢坯防氧化涂料	武汉钢铁(集团)公司	CN101760599A
CN201010113614.2	一种水乳型荧光颜料的合成工艺	黄山加佳科技有限公司;黄山佳彩科技有限公司	CN101787100A
CN201010113878.8	亲水涂层铝箔用高耐腐蚀水性防腐涂料及制备和使用方法	江苏常铝铝业股份有限公司	CN101798479A
CN201010114199.2	电工钢用耐强压水性绝缘涂料及其制备方法	武汉科技大学	CN101792635A
CN201010115169.3	自阻燃型水性聚氨酯工业木器漆	合肥市科天化工有限公司	CN101781517A
CN201010115181.4	单组分硅/氟改性水性聚氨酯树脂及其制备方法	合肥市科天化工有限公司	CN101775116A
CN201010115506.9	水性冷颜料双涂层多功能隔热外墙涂料及制备方法	刘立新	CN101870842A
CN201010115776.X	一种能产生负离子耐气流冲刷的涂覆材料及其制备方法	北京联飞翔科技股份有限公司	CN101735720A
CN201010117799.4	一种陶瓷用高温节能涂料	成都普兰斯纳科技有限公司	CN101875566A
CN201010118171.6	常温多重固化有机-无机杂化水性纳米聚氨酯木器涂料及其制备方法	四川大学;辛中印	CN101798483A
CN201010118179.2	树枝形有机-无机杂化水性纳米聚氨酯-环氧防腐涂料及其制备方法	四川大学;辛中印	CN101798484A
CN201010118244.1	耐水化铝颜料分散液的制造方法、耐水化铝颜料及含有其的水性墨液组合物	精工爱普生株式会社	CN101824248A
CN201010118868.3	丙烯酸酯杂合乳液的制备方法及其应用	华南理工大学	CN101787098A
CN201010119090.8	一种低碳漆	李乾元	CN101760112A
CN201010119449.1	复合硅酸盐多功能涂料及其制备方法	蒋发学	CN101792290A
CN201010119475.4	适于与外涂敷的光刻胶一起使用的涂料组合物	罗门哈斯电子材料有限公司	CN101900943A
CN201010120270.8	尼龙基材用涂料及其使用方法	汉森漆业(福建)有限公司	CN101845270A
CN201010120281.6	一种玻璃基材用水性烤漆及制备与使用方法	汉森漆业(福建)有限公司	CN101845255A
CN201010121712.0	可紫外光固化的水性隔热纳米复合涂料及其制备方法	中国科学技术大学	CN101792636A
CN201010121966.2	紫外光固化阻燃涂料及其制备方法	苏州市明大高分子科技材料有限公司	CN101781486A
CN201010122482.X	配方黏度可调的中性强效水溶性脱漆剂	南昌航空大学	CN101792622A
CN201010122503.8	水性全氟烷基氟碳乳液和含有该乳液的水性电缆防结冰涂料及其制备方法	常州光辉化工有限公司	CN101798366A
CN201010122519.9	一种水白透明耐黄变醇酸树脂及其制备方法	江门市制漆厂有限公司	CN101792522A
CN201010122555.5	高度甲基醚化氨基树脂的制备方法	浙江奥仕化学有限公司	CN101817913A
CN201010125814.X	一种导电涂料及其制备方法	山东天诺光电材料有限公司	CN101792634A
CN201010127372.2	水性双组分聚氨酯橡胶涂料及其制备与应用	上海集宝材料科技有限公司	CN101781515A

申请号	名　称	申请(专利权)人	公开(公告)号
CN201010128173.3	水性调配物、由此形成的水性聚合物乳液及其用途	长兴化学工业(中国)有限公司	CN101838370A
CN201010130465.0	喷涂型紫外光固化木器清面漆	北京雷特新技术实业公司	CN101787229A
CN201010131150.8	水性封边漆及其加工工艺	珠海飞扬化工有限公司	CN101812266A
CN201010131901.6	具有降黏结和防锈蚀功能的涂料及其在连接法兰垫上的应用	王哲	CN101824276A
CN201010132113.9	一种含氟树脂的光固化光纤涂料组合物及其制备方法	谭远清	CN101792619A
CN201010132181.5	水性功能化聚氨酯弹性乳液的制备方法	浙江大学	CN101798453A
CN201010132532.2	一种水性疏水型纳米树脂和玻璃隔热涂料及制备方法	武汉力诺化学集团有限公司	CN101845124A
CN201010133580.3	非水系颜料墨	理想科学工业株式会社	CN101845247A
CN201010133718.X	一种固态水彩颜料及其制作方法	贝碧欧美术颜料(昆山)有限公司	CN101831210A
CN201010134531.1	一种流彩颜料组合物及运用其绘制流彩油画的方法	刘比华	CN101838481A
CN201010135492.7	PP专用固体热塑性丙烯酸树脂及其制备方法	扬州市政兴树脂有限公司	CN101805425A
CN201010135885.8	水性丙烯酸改性聚酯树脂生产工艺及其生产线	鞍山润德精细化工有限公司	CN101798373A
CN201010136334.3	UV抗菌涂料及其制备方法和所含抗菌剂的制备方法	上海长悦涂料有限公司	CN101792620A
CN201010136346.6	紫外光固化记忆型涂料及其制备方法	上海长悦涂料有限公司	CN101805560A
CN201010136490.X	一种防污闪绝缘子涂料及其制备方法	陈俊光	CN101787244A
CN201010136496.7	硅树脂型涂敷料及其制备方法	陈俊光	CN101805562A
CN201010137070.3	一种高疏水导静电防冰涂料及其制备方法	国家电网公司;海洋化工研究院	CN101792631A
CN201010137189.0	涂布纸涂料耐水剂及其制备方法	上海东升新材料有限公司	CN101831072A
CN201010137190.3	改性涂布抗水剂及其制备方法	上海东升新材料有限公司	CN101831070A
CN201010137208.X	涂布纸底涂涂料用细粒径丙苯胶乳及其制备方法和应用	上海东升新材料有限公司	CN101812152A
CN201010137532.1	高自洁防污闪涂料及其制备方法	福建瑞森化工有限公司	CN101870847A
CN201010137556.7	阻燃导热硅橡胶绝缘涂料及其制备方法	福建瑞森化工有限公司	CN101899263A
CN201010137559.0	刚性自洁防污闪涂料及其制备方法	福建瑞森化工有限公司	CN101899244A
CN201010137571.1	光催化自洁涂料及其制备方法	福建瑞森化工有限公司	CN101845272A
CN201010137602.3	稀土改性锆钛酸钡纳米粉作为导电填料的抗静电涂料及其制备方法	哈尔滨工业大学	CN101781511A
CN201010137870.5	一种自闭型聚合物水泥防水涂料及其制备方法	苏州市姑苏新型建材有限公司	CN101899243A
CN201010138074.3	一种耐磨抗刮耐候聚氨酯涂料及制备方法	德莱特恩环保涂料(北京)有限公司	CN101792639A
CN201010138075.8	无铬环保环氧防腐底漆	德莱特恩环保涂料(北京)有限公司	CN101792285A
CN201010138652.3	消除甲醛的乳胶漆、水性木器漆及其配制方法	湖北饰乃康涂料有限公司	CN101824277A
CN201010139412.5	屏蔽型涂料组合物及其涂料的制备工艺	深圳市景鼎现代科技有限公司	CN101817058A
CN201010139637.0	水性氟改性聚氨酯树脂及制备水性氟改性聚氨酯树脂涂料	杭州之江有机硅化工有限公司	CN101838383A
CN201010140748.3	一种自清洁涂料及其制备方法	北京工业大学	CN101818017A

申请号	名称	申请(专利权)人	公开(公告)号
CN201010140807.7	一种含氟聚合物/无机纳米杂化粒子改性的紫外光固化涂料及其制备方法	中科院广州化学有限公司	CN101824273A
CN201010141468.4	固化性涂料、耐擦伤性树脂板和携带型信息终端的显示窗保护板	住友化学株式会社	CN101851465A
CN201010142353.7	变色龙涂料及其在彩色涂覆层钢板的使用方法和彩色涂覆层钢板	常熟华冶薄板有限公司	CN101824263A
CN201010142993.8	一种聚酯多元醇水分散体的制备方法	湖南大学	CN101824208A
CN201010142998.0	一种水乳液型有机硅防污涂料及其制备方法与应用	中科院广州化学有限公司	CN101818024A
CN201010143001.3	聚酯丙烯酸酯杂化水分散体的制备方法	湖南大学	CN101824209A
CN201010143663.0	一种中空微珠改性氟硅乳液及其外墙隔热涂料的制备方法	武汉力诺化学集团有限公司	CN101805433A
CN201010143873.X	纳米稀土隔热透明涂料及其制备方法	中国建筑科学研究院深圳分院	CN101831224A
CN201010144493.8	一种室外使用超薄型钢结构防火涂料及其制备方法	云南省建筑科学研究院	CN101824256A
CN201010144756.5	一种丙烯酸组合物涂料及其制备方法	湖南晟通科技集团有限公司	CN101824257A
CN201010145514.8	一种免底漆装饰件用聚酯材料及其制备方法	四川中物材料有限责任公司	CN101838444A
CN201010146105.X	一种水性太阳热反射隔热涂料及其制备方法	深圳清华大学研究院	CN101880498A
CN201010146477.2	一种双亲 UV 光固化树脂及其制备方法	江门市制漆厂有限公司	CN101792421A
CN201010146690.3	一种单组分无溶剂抗震防噪涂料及其制备方法	上海大通高科技材料有限责任公司	CN101805555A
CN201010147079.2	低碳环保双组分水性木器漆	林玉财	CN101831225A
CN201010147685.4	水性硅丙耐候自洁型乳胶涂料及其生产方法	杭州美多乐化工有限公司	CN101812263A
CN201010148759.6	全水性多彩涂料及其制备方法	杭州德尔福涂料有限公司	CN101845260A
CN201010149358.2	一种氟碳树脂涂料	中国科学院长春应用化学研究所	CN101824250A
CN201010149759.8	生物基涂料组合物及其涂覆物品	日本碧化学公司;国立大学法人京都工艺纤维大学;丰田自动车株式会社	CN101845265A
CN201010149854.8	颜料、颜料的生产方法、颜料分散体和黄色调色剂	佳能株式会社	CN101864192A
CN201010149871.1	颜料及其制造方法、颜料分散体和黄色调色剂	佳能株式会社	CN101864193A
CN201010150600.8	一种含双固化基团树脂的制备方法及其应用	深圳职业技术学院	CN101824152A
CN201010151343.X	UV 擦拭漆	东莞大宝化工制品有限公司	CN101845244A
CN201010152910.3	一种新型的外墙自洁性涂料及其制备方法	徐州工业职业技术学院	CN101824262A
CN201010153497.2	一种不粘油涂料及其用途	仲立军	CN101824267A
CN201010153642.7	一种工业防腐用丙烯酸乳液的合成方法	无锡市南雅化工有限公司	CN101838381A
CN201010153683.6	一种涂料	上海电机学院	CN101830683A
CN201010154169.4	一种塑胶专用铝颜料及其制备方法	长沙族兴金属颜料有限公司	CN101805457A
CN201010154496.X	高抗污性道路标线涂料及其制法	山西长达交通设施有限公司	CN101805552A
CN201010154576.5	用于双面涂布白板纸涂布层的面涂料及其制备方法和应用	远通纸业(山东)有限公司	CN101806013A
CN201010154767.1	一种多功能水性白底漆及其制备方法	中华制漆(深圳)有限公司	CN101812260A
CN201010155451.4	树脂组合物	日本化药株式会社	CN101857659A

申请号	名 称	申请(专利权)人	公开(公告)号
CN201010156461.X	用于造纸的包括烷基乙烯酮二聚物和烷基琥珀酸酐的涂料组合物	斯派克特拉-科特公司	CN101864690A
CN201010156779.8	一种紫外光固化涂料及其应用	惠州市嘉淇涂料有限公司	CN101837667A
CN201010156945.4	用于氧化铝-碳化硅-碳砖表面的抗氧化涂料	常州市武进第一耐火材料厂	CN101830732A
CN201010157631.6	一种水性丙烯酸卷尺底漆及其制备方法	常州市科祥化工有限公司	CN101805548A
CN201010157632.0	水性丙烯酸卷尺底漆及其制备方法	常州市科祥化工有限公司	CN101818011A
CN201010157634.X	卷尺专用水性环氧改性丙烯酸树脂及其制备方法	常州市科祥化工有限公司	CN101817930A
CN201010157765.8	一种低成本红外辐射涂料的制备方法	上海臻广新材料科技有限公司	CN101823871A
CN201010157986.5	超疏水纳米复合涂料及其制备方法	四川大学	CN101845242A
CN201010158484.4	耐水性铝颜料分散液及其制法、及含其的水性墨液组合物	精工爱普生株式会社	CN101885931A
CN201010158952.8	一种提高氧化铁黄黄色调的方法	南通宝聚颜料有限公司	CN101824234A
CN201010158963.6	一种耐中温氧化铁黄的制作工艺	南通宝聚颜料有限公司	CN101824235A
CN201010158966.X	一种耐中温氧化铁黑的制造工艺	南通宝聚颜料有限公司	CN101824236A
CN201010158975.9	颗粒状氧化铁黑颜料的制造方法及实现该方法的对辊粉碎机	南通宝聚颜料有限公司	CN101845240A
CN201010159093.4	一种防微生物附着稀土复合环氧富锌涂料及制备方法	哈尔滨工程大学	CN101831232A
CN201010159338.3	一种水性木器漆	汕头大中三联制漆有限公司	CN101838497A
CN201010159338.3	一种水性木器漆	王仙桃	CN101899232A
CN201010159689.4	一种水性丙烯酸系木器封闭涂料及其专用乳液的制备方法	北京化工大学	CN101817906A
CN201010160420.8	一种水性隔热阻燃多功能纳米涂料及其制备方法	长沙新凯化工有限公司	CN101824270A
CN201010160713.6	水基快干高光泽室温交联指甲漆树脂及其制备方法	北京卡尔化工研究所	CN101810548A
CN201010160715.5	水基室温交联型丙烯酸酯类木器漆树脂及其制备方法	北京卡尔化工研究所	CN101812156A
CN201010160716.X	耐高温热黏合漆包线漆及其制备方法	广东省石油化工研究院	CN101818023A
CN201010160791.6	铌钛镍合金改性缩醛树脂超导体漆包扁线的绝缘涂漆	江苏宝杰隆电磁线有限公司	CN101831231A
CN201010160875.X	铌钛镍合金改性缩醛树脂超导体漆包扁线的生产方法	江苏宝杰隆电磁线有限公司	CN101834034A
CN201010161578.7	一种含氟硅的两亲性嵌段共聚物及其制备方法和水乳液	中科院广州化学有限公司	CN101812164A
CN201010162556.2	羟基型含氟水性丙烯酸树脂-聚氨酯杂化体的制备方法	广东天银化工实业有限公司;武汉工程大学	CN101845118A
CN201010162721.4	一种水分散聚芳醚砜类乳液的配方及生产工艺	吉林大学	CN101831177A
CN201010162787.3	一种电磁屏蔽功能涂料及其制备方法	中国人民解放军第三军医大学	CN101818004A
CN201010162986.4	用于聚氯乙烯输送带的耐溶剂涂覆料及其制备和用途	上海永利带业股份有限公司	CN101824249A
CN201010164030.8	一种核壳导电聚苯胺水性抗静电涂料及其制备方法	山东大学	CN101824264A

申请号	名 称	申请(专利权)人	公开(公告)号
CN201010164949.7	涂布纸面涂涂料用细粒径丙苯胶乳及其制备方法和应用	兖州明升新材料有限公司	CN101817903A
CN201010166172.8	聚偏氟乙烯型氟碳树脂超耐候涂料及其生产方法	杭州美多乐化工有限公司	CN101824251A
CN201010166175.1	中空微珠保温隔热涂料及其生产方法	杭州美多乐化工有限公司	CN101831229A
CN201010167648.X	一种树脂包覆型铝颜料及其制造方法	长沙族兴金属颜料有限公司	CN101812249A
CN201010168398.1	实木制品用水性胶固底漆及其制备方法	武汉海斯普林科技发展有限公司	CN101831227A
CN201010168553.X	一种耐热节能环保环氧无溶剂漆及其生产方法	陕西宏业机电化工有限公司	CN101805533A
CN201010168878.8	一种苯甲酸改性水性醇酸树脂及其制备的氨基树脂烤漆	浙江工业大学	CN101831061A
CN201010170020.5	一种聚氨酯改性丙烯酸树脂及其制备方法	钟文军	CN101899127A
CN201010171299.9	一种高光泽阴极电泳涂料及其制备方法	湖南伟邦汽车涂料有限公司	CN101851456A
CN201010173322.8	一种颜料红 3BL 缩合中间体的生产方法	南通市争妍颜料化工有限公司	CN101830836A
CN201010173324.7	颜料红 254 的高遮盖力品种 HL 的生产工艺	南通市争妍颜料化工有限公司	CN101831197A
CN201010173621.1	一种吸音防辐射涂料及其制造方法	谢绍何	CN101831211A
CN201010175777.3	一种氨基烤漆用醇酸树脂及其制备方法	江门市制漆厂有限公司	CN101831062A
CN201010177045.8	高防腐性高粘结性环保低耗的水性树脂和涂料及制备方法	肖磊	CN101831025A
CN201010177479.8	一种平版油墨改性颜料 174 黄的制备方法	杭州新晨颜料有限公司	CN101845238A
CN201010177566.3	一种颜料洋红 57：1 的制备方法	杭州新晨颜料有限公司	CN101851433A
CN201010178065.7	磷钼酸铝锌复合型防锈颜料及其生产方法	广西新晶科技有限公司	CN101864214A
CN201010178513.3	基于糠胺的苯并噁嗪树脂和组合物及制备方法	北京化工大学	CN101899155A
CN201010179084.1	一种不饱和聚酯树脂复合材料及其制备方法	厦门大学	CN101845208A
CN201010180013.3	一种用于钢带保护的光固化涂料的连续涂布及固化装置	上海华有光工贸有限公司；江南大学	CN101829642A
CN201010180083.9	一种水性透明防腐涂料及其制备和使用方法	资阳赛特化工有限公司	CN101899256A
CN201010180090.9	水性金属防腐漆及其生产方法	成都天合宏业科技发展有限公司	CN101864205A
CN201010180266.0	用于稳定金属颜料防止放气的方法	PPG 工业俄亥俄公司	CN101875794A
CN201010180489.7	一种水性防静电环氧地坪涂料及其制备方法与应用	广州飞宇建材科技有限公司	CN101818015A
CN201010181123.1	涂料机输送挡板调整装置	江苏华宇印涂设备集团有限公司	CN101823041A
CN201010181670.X	一种水性丙烯酸改性醇酸树脂涂料的制备方法	北京化工大学	CN101831234A
CN201010182123.3	车用橡塑密封条的水性双组分涂料及其制备方法	吕相洋	CN101824271A
CN201010185620.9	水性散热涂膜材料	上海大学	CN101864203A
CN201010186464.8	用于非金属材料化学镀的底漆	余章军	CN101875803A
CN201010187302.6	一种底面合一防腐漆	刘昆虎	CN101838489A
CN201010187321.9	一种仿金属面外墙漆	刘昆虎	CN101875798A
CN201010187333.1	一种纯树脂用于非晶 C 型磁芯黏合的浸漆方法及专用设备	佛山市中研非晶科技股份有限公司	CN101840777A
CN201010187493.6	水溶性抛光漆液的制备方法	王仙桃；吴承斌	CN101899232A

申请号	名 称	申请(专利权)人	公开(公告)号
CN201010187680.4	一种激光陶瓷合金涂料及其制备方法和应用	广州富通光科技术有限公司;广州市富通激光有限公司	CN101880483A
CN201010188776.2	不透明颜料颗粒	罗门哈斯公司	CN101891970A
CN201010189174.9	一种环保无取向硅钢绝缘涂料及其应用	上海迪升防腐新材料科技有限公司	CN101857761A
CN201010190216.0	一种抗静电耐磨UV涂料及其制备方法	长沙华良涂料有限公司	CN101851466A
CN201010190317.8	一种高耐磨弹性橡胶漆	深圳市千浪化工有限公司	CN101845256A
CN201010190680.X	一种金属表面保护涂料及其制备方法	钟文军	CN101899246A
CN201010190701.8	一种木器上光漆及其制备方法	钟文军	CN101899247A
CN201010190703.7	抗涂鸦涂料及其使用方法	彭文表	CN101845257A
CN201010190723.4	一种无机车间底漆的配制方法	彭文表	CN101857751A
CN201010191318.4	一种超支化环氧树脂/聚吡咯复合防腐涂料及其制备方法	北京化工大学	CN101864239A
CN201010191362.5	一种水性吸波涂料及其制备方法	福建泉州市建田漆业有限公司	CN101857758A
CN201010191377.1	一种油性吸波涂料及其制备方法	福建泉州市建田漆业有限公司	CN101838501A
CN201010192669.7	一种静音环保涂料及其制备方法	青岛爱尔家佳新材料有限公司	CN101864246A
CN201010192741.6	一种低温域水性阻尼涂料及其制备方法	青岛爱尔家佳新材料有限公司	CN101851452A
CN201010192745.4	一种高固含量水性阻尼涂料及其制备方法	青岛爱尔家佳新材料有限公司	CN101864227A
CN201010193230.6	一种墙体硅酸铝复合保温涂料	刘国尚	CN101844895A
CN201010193417.6	熔炼铝合金用铁坩埚复合涂料	哈尔滨工业大学	CN101830720A
CN201010193805.4	多重光学频率变换防伪涂料的制备方法及防伪检测方法	天津大学	CN101880487A
CN201010194010.5	一种耐高温荧光颜料及其制备方法	丽王化工(南通)有限公司	CN101864292A
CN201010194024.7	一种低温型荧光颜料及其制备方法	丽王化工(南通)有限公司	CN101851504A
CN201010194026.6	水性色浆及其制备方法	丽王化工(南通)有限公司	CN101845252A
CN201010194986.2	一种烧蚀隔热涂料及其制备方法	湖北航天技术研究院总体设计所	CN101845273A
CN201010195594.8	溶剂型氟碳树脂	徐州中研科技工业有限公司	CN101838367A
CN201010195657.X	一种高性能汽车车灯反射镜专用紫外光固化真空镀膜底漆	宜兴市宏泰化工有限公司	CN101864204A
CN201010197516.1	高档酞菁绿颜料的生产工艺	丽王化工(南通)有限公司	CN101880471A
CN201010197528.4	新型酞菁蓝颜料的生产工艺	丽王化工(南通)有限公司	CN101864198A
CN201010197541.X	红色及黄色有机颜料热水方法的颜料化处理	丽王化工(南通)有限公司	CN101880472A
CN201010197575.9	一种可驱蚊型水性环保内墙涂料及其制造方法	中华制漆(深圳)有限公司	CN101851451A
CN201010197742.X	一种水性无卤无苯钢结构超薄膨胀型防火涂料及其制备方法	东莞市大兴化工有限公司	CN101851457A
CN201010198521.4	一种厚浆型自发光交通标线漆及其制备方法	王大鹏	CN101864228A
CN201010199580.3	一种红外屏蔽型玻璃隔热涂料及其制备方法	重庆龙者低碳环保科技有限公司	CN101864230A
CN201010199610.0	一种热反射-发射型薄层仿砖隔热涂料及其制备方法	重庆龙者低碳环保科技有限公司	CN101851453A
CN201010199646.9	激光冲击强化不锈钢的专用保护涂料及其制备、使用方法	陕西德立特种漆业有限责任公司	CN101864231A
CN201010199777.7	适用于海洋环境的自释型船舶防污漆及其制备与用法	徐友志	CN101864240A

申请号	名称	申请(专利权)人	公开(公告)号
CN201010199785.1	新型抗藻涂料及制法与治理湖库藻类水体的应用	连云港市源吉微生物研究所	CN101864232A
CN201010200026.2	一种隧道防火涂料及其制备和施工工艺	成都威邦科技有限公司	CN101880145A
CN201010200048.9	含茶多酚的卷烟成型纸用水性涂料	玉溪市星源油墨厂	CN101864693A
CN201010200053.X	含茶黄酮的卷烟成型纸用水性涂料	玉溪市星源油墨厂	CN101864694A
CN201010200066.7	含茶多糖的卷烟成型纸用水性涂料	玉溪市星源油墨厂	CN101864695A
CN201010200067.1	含茶色素的卷烟成型纸用水性涂料	玉溪市星源油墨厂	CN101864696A
CN201010200070.3	含儿茶素的卷烟成型纸用水性涂料	玉溪市星源油墨厂	CN101864697A
CN201010200267.7	选择性降低烟气中苯酚等有害物卷烟成形纸功能涂料	湖南中烟工业有限责任公司	CN101858042A
CN201010200384.3	一种铝合金型材用辐射型隔热粉末涂料及其制备方法	上海工程技术大学	CN101864241A
CN201010202813.0	一种用于铝合金型材的超声波改性纳米隔热粉末涂料及其制备方法	上海纳米技术及应用国家工程研究中心有限公司	CN101857768A
CN201010203030.4	一种淋涂用氟碳闪光快干烘漆	太仓市高分子材料研发中心有限公司	CN101857745A
CN201010203032.3	一种淋涂用氟碳快干罩面漆	太仓市高分子材料研发中心有限公司	CN101864216A
CN201010204005.8	一种微表面自由基聚合超细包覆有机颜料的制备方法	江南大学	CN101864194A
CN201010204459.5	一种微凝胶反应性乳液型水性油墨的制备方法及其制品	东莞市凯迪克高分子材料有限公司	CN101851447A
CN201010204592.0	一种易擦洗的水彩涂鸦艺术颜料和制造方法	宋健	CN101845245A
CN201010204605.4	一种易擦洗的水粉涂鸦艺术颜料和制造方法	宋健	CN101845246A
CN201010204630.2	一种阳图热敏 CTP 涂布液及其制备方法	刘华礼	CN101870848A
CN201010204893.3	真空纳米涂敷材料及其制备方法	苏州市江南精细化工有限公司	CN101914342A
CN201010205336.3	一种纺织品用防水透湿聚氨酯涂料及制备方法	辽宁恒星精细化工(集团)有限公司	CN101864671A
CN201010205645.0	一种耐酸乳胶漆及其制备方法	蒋江峰;郭茂祥;齐树忠	CN101845276A
CN201010207687.8	一种防腐涂料、其涂装方法和应用	深圳大学;中山骏业佳安特电器有限公司	CN101857753A
CN201010208699.2	一种用于制作木纹的涂料及其制备方法	武义富华科技发展有限公司	CN101899242A
CN201010208700.1	一种水性仿铜涂料及其应用	武义富华科技发展有限公司	CN101914327A
CN201010208713.9	钢坯轧制过程中防氧化脱碳涂料及其制备方法	攀钢集团钢铁钒钛股份有限公司;攀钢集团研究院有限公司;攀钢集团攀枝花钢铁研究院有限公司;攀钢集团攀枝花钢钒有限公司	CN101857452A
CN201010209458.X	悬浮法乙烯-醋酸乙烯酯-氯乙烯共聚树脂的制备方法	上海氯碱化工股份有限公司	CN101864037A
CN201010210145.6	一种水溶性感光荧光粉体涂料及用其制作阳极荧光粉体层的方法	彩虹集团公司	CN101891999A
CN201010210791.2	一种高强度 RTV 憎水长效防污闪涂料及其制备方法	成都拓利化工实业有限公司	CN101857771A
CN201010211655.5	一种活性预聚体、其制备方法、及含有该活性预聚体的聚脲胶粘剂和环氧树脂胶黏剂	广东新劲刚超硬材料有限公司	CN101880372A
CN201010213177.1	一种水性氟碳质感涂料及其制备方法和应用	上海衡峰氟碳材料有限公司	CN101851450A
CN201010213217.2	PET 膜用氟碳涂料及其制备方法和应用	上海衡峰氟碳材料有限公司	CN101864217A
CN201010213859.2	一种用于平织窗纱的涂料	天津横通工贸发展有限公司	CN101851858A

申请号	名　称	申请(专利权)人	公开(公告)号
CN201010214269.1	抗湿耐油电磁线环氧自粘漆	溧阳市佳禾电子材料有限公司	CN101857764A
CN201010214302.0	一种环氧树脂涂料及其制备方法	广东嘉宝莉化工集团有限公司;华南理工大学	CN101857765A
CN201010214310.5	一种带锈涂料及其制备方法	广东嘉宝莉化工集团有限公司;华南理工大学	CN101851458A
CN201010214692.1	耐热缩醛漆包线漆的制备方法	溧阳市佳禾电子材料有限公司	CN101891994A
CN201010215868.5	抗划伤纳米水性无机-有机聚合物涂料及其应用	北京红狮漆业有限公司	CN101857772A
CN201010215870.2	防渗色木材底漆及其应用	北京红狮漆业有限公司	CN101864243A
CN201010215899.0	一种水性丙烯酸改性环氧酯底面合一防腐烤漆	湖南湘江涂料集团有限公司	CN101864236A
CN201010217662.6	邻苯二甲腈封端含二氮杂萘酮联苯结构聚酰亚胺树脂、固化物及其制备方法	大连理工大学	CN101880389A
CN201010217781.1	一种环保型防锈底漆	江门市制漆厂有限公司	CN101899248A
CN201010217801.5	一种水性超薄膨胀型钢结构防火防腐涂料及其制备方法	华东理工大学	CN101857760A
CN201010218394.X	风能电机用高固体分耐磨涂料及其制备方法与应用	长沙湘江生力重防腐涂料有限公司	CN101851462A
CN201010218395.4	一种丙烯酸树脂金属闪光烘漆	江门市制漆厂有限公司	CN101891996A
CN201010218462.2	预涂卷材用电子束固化聚氨酯涂料及其制备工艺	张家港顺昌化工有限公司	CN101864244A
CN201010219797.6	钢铁铸造中间包的工作层涂料	德清县凯瑞新材料有限公司	CN101921121A
CN201010219932.7	一种水性电热涂料及其用途	王沛	CN101892008A
CN201010220458.X	一种超固化丙烯酸色漆及其制备方法	漳州鑫展旺化工有限公司	CN101891997A
CN201010220488.0	一种纳米负离子双组分水性木器漆	泉州市新协志特种涂料有限公司	CN101880506A
CN201010220509.9	一种纳米杀菌负离子双组分水性木器漆	泉州市新协志特种涂料有限公司	CN101880500A
CN201010220814.8	汽车罩光清漆用水分散型改性丙烯酸酯树脂的制备方法	广东雅图化工有限公司	CN101880360A
CN201010221163.4	一种防腐纳米水性建筑涂料及其制备方法	内蒙古兴泰建筑有限责任公司	CN101857737A
CN201010221634.1	船舶用醇酸涂料及其制备方法	庞贝捷(涂料)昆山有限公司	CN101875811A
CN201010221646.4	厚膜型防锈涂料及其制备方法	庞贝捷(涂料)昆山有限公司	CN101880505A
CN201010221648.3	工业防护用涂料及其制备方法	庞贝捷(涂料)昆山有限公司	CN101875809A
CN201010221784.2	一种星型超支化聚合物树脂的合成方法及其水性汽车罩光清漆	广东雅图化工有限公司	CN101914201A
CN201010222104.9	一种消光固化剂、含消光固化剂的粉末涂料及其用途	宁波南海化学有限公司	CN101880490A
CN201010222184.8	一种熔模铸造用加固层涂料及其制备方法	三一重工股份有限公司	CN101891444A
CN201010222979.9	岩石漆	郎叶龙	CN101880484A
CN201010224643.6	一种水性灯泡漆	福州德贤化工有限公司	CN101885935A
CN201010225507.9	一种用于家电板底漆的聚酯改性环氧树脂的制备方法	中国海洋石油总公司;中海油常州涂料化工研究院;中海油能源发展股份有限公司	CN101885831A
CN201010225572.1	钢管内壁涂料喷涂机	上海沪能防腐隔热工程技术有限公司	CN101920239A
CN201010226044.8	一种高硬度耐指纹涂料及其制备方法	中国科学院宁波材料技术与工程研究所	CN101891991A
CN201010226534.8	一种渗透结晶型防水涂料	江苏博特新材料有限公司;江苏省建筑科学研究院有限公司	CN101891432A
CN201010226775.2	反光水漆	宋光华	CN101870840A

申请号	名　称	申请(专利权)人	公开(公告)号
CN201010227660.5	一种无铬锌铝防腐涂料及制备方法	襄樊普士利工程器材有限公司;武汉科技大学	CN101899254A
CN201010228098.8	应用于激光打印膜的抗静电涂料及其制备方法	上海复旦天臣新技术有限公司	CN101870837A
CN201010228588.8	金属镁用耐蚀涂料及其制备方法	南京信息工程大学	CN101875810A
CN201010228590.5	钢用耐蚀涂料及其制备方法	南京信息工程大学	CN101891415A
CN201010228623.6	醇酸树脂及制备方法	江苏三木化工股份有限公司;江苏三木集团有限公司	CN101875719A
CN201010228676.8	基于改性丙烯酸树脂的防腐蚀涂料及其制备方法	江苏科技大学	CN101892001A
CN201010229290.9	经处理的颜料及其用途	阪田油墨株式会社	CN101914307A
CN201010229313.6	丙烯酸酯类高分子光聚物乳液的制备方法	天津市化学试剂研究所	CN101885800A
CN201010229949.0	一种微凝胶树脂的制备方法及其用微凝胶树脂制备的紫外光固化抗沾污涂料	湘潭大学;宜兴市宏泰化工有限公司	CN101870760A
CN201010230147.1	有机硅聚酯树脂涂料及其生产方法	昆山市东亚树脂涂料厂有限公司	CN101885944A
CN201010230484.0	一种隔热保温涂料	长治市新举涂料有限公司	CN101913796A
CN201010231027.3	大面积固体场温度分布测量用温敏漆及其制备方法	长春理工大学	CN101899250A
CN201010231057.4	高性能紫外光固化色漆及其制备方法	苏州皇冠涂料科技发展有限公司	CN101870846A
CN201010231162.8	油墨专用钛白粉颜料及其制备方法	无锡豪普钛业有限公司	CN101880492A
CN201010231176.X	色母粒专用钛白粉颜料及其制备方法	无锡豪普钛业有限公司	CN101891973A
CN201010231505.0	一种憎水耐磨防腐蚀涂料及制造方法	天津中油渤星工程科技有限公司;中国石油集团工程技术研究院	CN101885942A
CN201010232627.1	一种砺金颜料及其制备方法	郑希林	CN101880488A
CN201010232638.X	一种环保颜料铋黄及其生产方法	株洲冶炼集团股份有限公司	CN101914310A
CN201010233040.2	一种水性隔音阻尼涂料及其制备方法	株洲时代新材料科技股份有限公司	CN101891990A
CN201010233081.1	马铃薯淀粉接枝乳液及其制备和应用	西北师范大学	CN101906189A
CN201010233474.2	一种紫外光固化耐热涂料及其制备和应用方法	东北大学	CN101892004A
CN201010234001.4	一种脱漆剂的配方	西安北方光电有限公司	CN101875796A
CN201010234003.3	一种脱漆剂的制备工艺	西安北方光电有限公司	CN101880491A
CN201010234239.7	羟基型水性聚氨酯-丙烯酸酯树脂杂化体的制备方法	武汉工程大学	CN101875711A
CN201010234717.4	一种PVC防石击涂料及其制备方法	核工业二〇三研究所技术开发部	CN101880496A
CN201010236473.3	环氧膨胀型防火涂料及制造方法	天津中油渤星工程科技有限公司	CN101880486A
CN201010236840.X	裂纹漆及其制备方法和施工工艺	深圳市天健涂料科技开发有限公司	CN101913280A
CN201010236872.X	一种应用于静电喷涂的UV面漆	佛山市顺德区鸿昌涂料实业有限公司	CN101880503A
CN201010237585.0	一种防辐射涂料及其用途	扬州市革领高科技纳米环保设备有限公司	CN101892007A
CN201010237787.5	纳米玻璃隔热涂料及其制备方法	富思特制漆(北京)有限公司	CN101885943A
CN201010238043.5	氧化锌避雷器阀片侧面绝缘涂层及其涂覆方法	深圳市银星电气股份有限公司	CN101891992A
CN201010238543.9	一种耐晒颜料黄G的制备方法	吴江市屯村颜料厂	CN101914301A
CN201010238757.6	含多孔淀粉的卷烟成型纸用水性涂料	玉溪思润印刷有限公司	CN101914869A
CN201010238777.3	含凹凸棒石的卷烟成型纸用水性涂料	玉溪思润印刷有限公司	CN101914870A
CN201010238792.8	含沸石分子筛的卷烟成型纸用水性涂料	玉溪思润印刷有限公司	CN101914871A

申请号	名　称	申请(专利权)人	公开(公告)号
CN201010238802.8	含壳聚糖的卷烟成型纸用水性涂料	玉溪思润印刷有限公司	CN101914872A
CN201010238805.1	含无定形硅酸铝的卷烟成型纸用水性涂料	玉溪思润印刷有限公司	CN101914873A
CN201010239651.8	颜料混合物	默克专利股份有限公司	CN101891969A
CN201010240454.8	二氧化硅包覆铝浆与PVDF高氟乳液的相容促进剂及相容方法	叶聪	CN101891982A
CN201010240836.0	指示灯导光油墨配方及涂刷工序	福建捷联电子有限公司	CN101864208A
CN201010240884.X	一种水性酚醛环氧树脂乳液及其制备方法	华南理工大学	CN101899196A
CN201010241934.6	一种多功能溶剂性涂料	肖子双	CN101913837A
CN201010243298.0	一种高速列车涂装用涂料	唐山市思远涂料有限公司	CN101899261A
CN201010244768.5	一种水性聚氨酯-丙烯酸酯复合乳液的制备方法	中山大学	CN101906192A
CN201010245909.5	聚酯型漆包线漆的制备方法	常熟理工学院	CN101899258A
CN201010245988.X	一种高白度铝银浆的制造方法	长沙奥特金属颜料有限公司	CN101914315A
CN201010246143.2	低电阻导静电粉末涂料及其制备方法和应用	浙江华彩化工有限公司	CN101899255A
CN201010246953.8	碳纳米管复合碳晶涂料及其制备碳素晶体电热材料的方法	龚亮;唐谊平	CN101914347A
CN201010247914.X	一种零VOC纳米安神水性色浆	广东三和化工科技有限公司	CN101891989A
CN201010248968.8	复合材料卫生洁具表面涂装用涂料及其制备方法	上海珑达投资发展有限公司;上海广翰新材料科技有限公司;青海西旺高新材料有限公司	CN101899251A
CN201010250681.9	一种耐高温防腐蚀涂料面漆	自贡拓利化工有限公司	CN101875813A
CN201010250683.8	一种耐高温防腐蚀涂料底漆	自贡拓利化工有限公司	CN101875814A
CN201010250785.X	一种自引发紫外光固化双亲性高分子树脂的制备方法	江南大学	CN101914175A
CN201010251173.2	分散性良好的二氧化钛颜料的制造方法	山东东佳集团股份有限公司	CN101921498A
CN201010251581.8	一种常温固化的水基耐高温固体润滑涂料及其制备方法	安徽工业大学	CN101906347A
CN201010251613.4	一种水性纳米超薄型钢结构防火涂料及其制备方法	安徽工业大学	CN101914333A
CN201010252307.2	一种具有优异耐候性的舰船用可复涂有机硅丙烯酸面漆	厦门双瑞船舶涂料有限公司	CN101921537A
CN201010253051.7	一种隔热卷材涂料及其制备方法	华南理工大学	CN101906264A
CN201010253320.X	一种自乳化非离子型水性酚醛环氧树脂乳液的制备方法	武汉工程大学	CN101899163A
CN201010253651.3	一种环保型氯化聚丙烯改性丙烯酸树脂底漆及其制备方法	广东省石油化工研究院	CN101914337A
CN201010254135.2	一种聚氨酯-脲防水涂料及其制备方法	上海应用技术学院	CN101899262A
CN201010255769.X	一种碳酸钙/镍复合导电材料基抗静电涂料及其制备方法	池州学院	CN101921528A
CN201010256437.3	耐高温无溶剂浸渍漆及其制备方法	东华大学;上海睿兔电子材料有限公司	CN101921529A
CN201010256494.1	一种磺酸型UV固化水性环氧乳液及其制备方法	华南理工大学	CN101914171A
CN201010256502.2	一种丙烯酸改性环氧树脂乳液及其制备方法	华南理工大学	CN101921373A
CN201010257876.6	免离型镭射电化铝烫印箔成像层涂料及其制备方法	张学毅	CN101921523A

申请号	名　称	申请(专利权)人	公开(公告)号
CN201010257891.0	环保节能型镭射电化铝烫印箔成像层涂料及其制备方法	张学毅	CN101921524A
CN201010258464.4	一种水下环氧树脂涂料及其制备方法	湖南先悦科技有限公司	CN101885941A
CN201010258673.9	一种弱溶剂颜料墨水	北京联创佳艺影像新材料技术有限公司	CN101928488A
CN201010259772.9	自乳化非离子型萜烯基环氧树脂多元醇乳液及制备方法、用途	中国林业科学研究院林产化学工业研究所	CN101914194A
CN201010261036.7	包含金刚石颗粒的不粘涂料组合物和其上涂有该组合物的底物	纳幕尔杜邦公司	CN101914320A
CN201010261213.1	一种热镀锌钢材用低表面处理带锈防锈底漆	中国电力科学研究院;湖南大学	CN101928507A
CN201010261313.4	一种氟硅改性丙烯酸树脂疏水防腐涂料	中国电力科学研究院;海洋化工研究院	CN101928498A
CN201010261999.7	一种低表面能树脂及其制备方法	上海应用技术学院	CN101914205A
CN201010262617.2	聚乙烯大棚膜用水性涂覆液	骆增来	CN101914336A
CN201010262966.4	蓄光水漆	宋光华	CN101914334A
CN201010262995.0	一种环保型丙烯酸酯涂料印花黏合剂乳液及制备方法	华南理工大学	CN101928367A
CN201010263009.3	纸塑复合用单组分低温自交联乳液胶黏剂及其制备方法	华南理工大学	CN101928534A
CN201010263021.4	一种聚乙二醇改性的环氧丙烯酸酯涂料及其制备方法	华南理工大学	CN101899232A
CN201010264526.2	一种改性聚氨酯树脂乳液染料墨水及其应用	鲁继烈	CN101914324A
CN201010264602.X	一种长效抗菌型纳米复合改性环氧-聚酯粉末涂料及其制备方法	四川大学;成都飞亚粉漆有限公司	CN101928506A
CN201010265632.2	一种无毒生物防污涂料及其制备方法和基材的防污处理方法	清华大学	CN101921530A
CN201010270014.7	一种用于修补铸造炉用成型挡风圈的涂料	吴江市液铸液压件铸造有限公司	CN101928154A
CN201010270174.1	水性丙烯酸树脂基双组分表面涂覆改性液及其制备方法	哈尔滨工业大学	CN101899232A
CN201010270445.3	氟-硅丙烯酸酯共聚物及其作为漆面密封剂的使用方法	北京奥力助兴石化有限公司	CN101921358A
CN201010270988.5	一种浅色导电重防腐涂料及其制备方法	太仓市高分子材料研发中心有限公司	CN101914341A
CN201010271588.6	一种用于水性金属漆的合成乳液的制备方法	苏州凯康化工科技有限公司	CN101914177A
CN201010271601.8	一种具有弹性的反射隔热防水保护性涂料及其制备方法	苏州凯康化工科技有限公司	CN101914335A
CN201010272760.X	一种弹性手感漆	东莞市佩琦涂料有限公司	CN101921538A
CN201010274674.2	一种活性酞酰亚胺环氧型无溶剂滴浸漆及其制备方法	东华大学;上海睿兔电子材料有限公司	CN101921531A
CN201010275039.6	一种深色系反射型外墙隔热涂料及其制备方法	沈阳建筑大学	CN101921517A
CN201010275111.5	用于球团回转窑的防止粉尘粘结的涂料	武汉钢铁(集团)公司	CN101921129A
CN201010275369.5	一种羟基丙烯酸树脂水分散体及用其制备的水性涂料	廊坊金汇利工业涂料有限公司	CN101914185A
CN201010276825.8	一种合成树脂及利用该合成树脂制备的背涂液	焦作市卓立烫印材料有限公司	CN101921363A
CN201010277648.5	一种无铬水性有机耐指纹涂料及其制备方法	上海丰野表面处理剂有限公司	CN101914344A
CN201010279973.5	防水阻燃快干半透明不饱和聚酯绝缘涂料及其制备方法	吉林大学	CN101921535A

申请号	名　称	申请(专利权)人	公开(公告)号
CN201010284833.7	纳米材料改性双组分水性环氧防腐漆及其制作方法	天津灯塔涂料工业发展有限公司	CN101921532A
CN201010285232.8	一种水性颜料分散色浆组合物及其制备方法	天津市海山化工科技开发有限公司	CN101914326A
CN201010288222.X	防渗漏增强修复建筑涂料	夏凤君	CN101913819A
CN201010293450.6	建筑用沥青防水涂料及其制备方法	杭州中富彩新材料科技有限公司	CN101921545A
CN201010293456.3	涂料用环保型水性导电黑浆及其制备方法	杭州中富彩新材料科技有限公司	CN101922122A
CN201010300160.X	一种塑料涂料基料多重交联聚氨酯-乙烯基聚合物无皂微乳液及其制备	东莞市大兴化工有限公司	CN101798389A
CN201010300668.X	一种颜料油墨组合物及其使用方法	珠海保税区天然宝杰数码科技材料有限公司	CN101735688A
CN201010301339.7	一种合成含氟聚芳酰胺树脂的方法及其合成的树脂及应用	四川辉腾科技有限公司	CN101781400A
CN201019050011.X	一种单组分彩色聚氨酯防水涂料及其制备方法	广州市台实防水补强有限公司	CN101781518A
CN201019050013.9	一种双组分聚氨酯防水涂料及其制备方法	广州市台实防水补强有限公司	CN101768409A
CN201019087014.0	含镀镍铜硅酸钙镁晶须的电磁波屏蔽涂料及其制备方法	成都理工大学	CN101735707A
CN201020117266.1	具有变频控制的连续彩涂生产线涂料固化室循环加热装置	浙江华东轻钢建材有限公司	CN201644351U
CN201020119666.6	一种新型涂料桶的开启装置	刘有发	CN201660416U
CN201020142770.7	用于钢坯防氧化涂料的实验装置	武汉钢铁(集团)公司	CN201622256U
CN201020145086.4	水性丙烯酸改性聚酯树脂生产装置	鞍山润德精细化工有限公司	CN201678616U
CN201020169278.9	一种涂料过滤装置	力同化工(佛山)有限公司	CN201676581U
CN201020199839.X	钢管内减阻、防腐用双组分涂料喷涂成套装置	天华化工机械及自动化研究设计院	CN201684701U
CN201020209450.9	用于防水涂料试验的环保回收装置	翟云鹏	CN201669115U